U0059770

1927 反共之年

余杰

Yu Jie

目錄

第三卷　軍人

第四卷　文人

第五卷　海歸

第六卷　商人

第七卷　檻外人

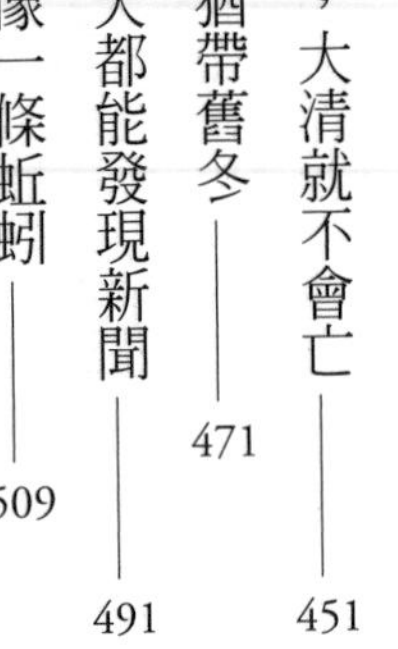

自序

從俄國運來的午餐肉罐頭及共產主義與中國之命運

那次會議，那些美味的午餐肉罐頭

一九二七年四月十二日，蔣介石在上海清共；七月十五日，汪精衛在武漢分共。八月七日，中共在武漢祕密召開「八七會議」，以年輕氣盛的瞿秋白取代對抗共產國際的陳獨秀，確立武裝暴動對抗國民黨的新路線。

毛澤東與鄧小平在此次會議上第一次碰面，此刻他們在黨內人微言輕，不會料到瞿秋白只是一名曇花一現的領袖，而他們兩人未來將分別統治中國超過四分之一世紀。

「八七會議」與會者之一、後來出任中共宣傳部長的陸定一回憶說：「中午，洛卓莫娃為大家準備了午餐，我們吃的是麵包和午餐肉罐頭，一個罐頭有好幾斤重，我從來沒有見過這麼大的罐頭，因此印象很深。吃完午飯，又繼續開會了。下午首先討論羅明納茲的報告，然後瞿秋白代表常委會作報告。」

陸定一的回憶提供了一個值得注意的細節：與會代表的食物是麵包和午餐肉罐頭。麵包大概是洛卓莫娃現烤的，應當是香噴噴的白麵包，而非瞿秋白在旅俄期間難以下嚥的劣質黑麵包；特大號的午餐肉罐頭，是從蘇聯運來的，連見多識廣的陸定一都未見過，對於大多數出身貧寒、生活粗糙的與會者來說，是一種相當美味的食物。

午餐肉（lunch meat）是一種經預先烹煮、加工及壓縮過的罐頭肉類食品，由豬肉、澱粉、鹽和香料混合製成。陸定一的記錄顯示，蘇聯人早在一九二七年就將此食品帶到中國，讓年輕而激進的中國革命者由衷地對富裕而強大的蘇俄五體投地、言聽計從。蘇聯爲遙控中國革命、在東方扶持一個共產黨執政的衛星國，從出錢、出槍、出顧問到出午餐肉罐頭，以舉國之力輸出革命。

歷史學者李懷印指出，在中共成立的最初二十年中，它屬於共產國際的一個支部；在決策、政治合法性甚至資金方面，都在一定程度上依賴於共產國際。而對於當時的蘇聯來說，決定它與中共關係的關鍵因素，始終是蘇聯自身的國家利益和地緣政治安全。中共每月從共產國際收到津貼以及不同數量、不同外幣的不定期匯款，一九二七年之前這些匯款數額爲每月數千美元，一九二八年增加到兩萬多美元，在接下來的幾年約爲每月一萬五千美元。此外在一九二七年八月，中共還收到一筆三十萬美元的資助。共產國際的資助在某種程度上影響到中共黨員數量和活動範圍的擴張；當莫斯科的資助增加時，中共的規模便擴大並變得活躍，反之亦然。

蘇聯的經濟和軍事援助也是廣東國民黨部隊崛起及其早期北伐成功的關鍵。一九二七年六月，史達林在給莫洛托夫和布哈林的信中明確主張，爲穩住汪精衛和武漢國民黨人，蘇聯應該給武漢追加三百萬到五百萬盧布的援助款項。據此，蘇共中央政治局通過臨時動議：一千五百萬貸款暫時無法滿足，但可以「再給武漢政府撥款兩百萬盧布」，並不拒絕以後重新討論貸款問題。然而，金錢和武器無法繼續籠絡武漢國民黨人，國民黨和共產黨爲爭奪政權的鬥爭愈來愈劇烈，在馮玉祥與蔣介石合作反共之後，武漢將如法炮製。反共成爲一九二七年下半年中國大部分地方的「關鍵詞」。一九二七年，成爲「反共之年」。

魔鬼隱藏在細節之中，歷史也隱藏在細節中。

從蘇聯運來的午餐肉罐頭及共產主義改變了中國的命運，卻不能改變中國人頑固的胃口。多年以後，改變中國人胃口的是美國食品——文革結束後，曾被毛澤東斥爲「邪惡資本主義走狗的鴉片」的可口可樂，在一九七九年獲准進入中國市場，短短十多年間，在中國開設數十家工廠，擁有中國將近百分之六十的軟性飲料市場。然後是遍地開花的麥當勞、肯德基與星巴克。

再後來，連蘇聯也擋不住作爲美式快餐及美國生活方式代表的麥當勞，第一家麥當勞在莫斯科開幕時人山人海。學者瑞秋・勞丹在《帝國與料理》一書中認爲，麥當勞在莫斯科開設一事，已然預示了蘇聯的結果——還有人認爲是加速其終結。然而，二〇二二年，普丁入侵烏克蘭導致西方與俄國脫鉤，麥當勞關閉了在俄國的店鋪。看來，吃什麼？怎麼吃？確實是一個政治問題。

跟隨共產黨，就能從青菜豆腐走向土豆加牛肉？

八年之後，瞿秋白大概不記得午餐肉的味道了。他的一生，成也「八七會議」，敗也「八七會議」。一九三五年五月二十三日，在被國民政府槍決前夕，他寫下「人之將死，其言也善」的《多餘人的話》，哀歎說：「滑稽劇始終是完全落幕了。舞臺上空空洞洞的。有什麼留戀也是枉然的了。好在得到的是『偉大的』休息。至於軀殼，也許不能由我自己作主了。」他留下的最後一句話是：「中國的豆腐也是很好吃的東西，世界第一。」

旅居瑞士日內瓦的女詞人呂碧城，或許不同意這一說法。這位信奉佛教、虔心茹素的先鋒才女，儘管同意中國的豆腐比西方的奶酪美味，但在她的心目中，竹筍才是世界上最美味的食物，在瑞士的雪山上，她對中國的思念只剩下對竹筍的思念，在〈綠意〉一詞中詠歎：「春泥乍坼。記小鋤親荷，簾外尋采。市共朱櫻，嚼伴青蔬，鄉園雋味堪買。虛懷密籜層層褪，只玉版、禪心誰解。盡抽成、嫩筱新蓀，遮斷野溪荒靄。」

也是一九二七年，時任美國駐華使館武官的史迪威到山西考察，閻錫山請他吃飯。閻向來以節儉出名，北洋閒人張廷諤認爲，閻在中原大戰中失敗，鄙吝是一大因素：「激戰時，各軍分配麵粉，閻錫山命傳作義軍的軍需官照平常一樣，把麵粉袋如數交還。」但閻錫山在款待外人時，還是很要面子、很講排場，以西餐隆重款待史：「晚餐時，閻坐在主座上，旁邊是他在牛津受過教育的秘書，餐桌的擺設都是西式的，有緞子桌布、銀器、石榴色水晶葡萄酒杯以及疊成玫瑰花、小鳥及塔形的餐巾。晚飯後僕人用長竹竿挑著罩在塗有彩畫的薄紗中的燈籠，陪著客人到月光下的花園。」

山東軍閥張宗昌在衙門宴請《紐約時報》駐華記者哈雷特・阿班時，更是奢華已極，「滿席價值連城的山珍海味，外交法國香檳和高級白蘭地，豐盛到罪惡的程度」。與此同時，山東正發生一場饑荒。

阿班筆下的盛宴，還有很多西方記者在中國不同地方享用到。一九四三年二月，吳鼎昌、張季鸞、胡政之主持的最具公信力的報紙《大公報》，因報導河南大饑荒被重慶國民政府勒令停刊三天。重慶政府卻不能阻止西方記者的報導，《時代週刊》駐華記者白修德走訪了人吃人的人間地獄，哀歎「這個國家正在我的眼前死去」。當他離開河南時，鄭州政府長官請他享用盛宴，他留下一份菜單：蓮子羹、辣子雞、栗子燉牛肉，此外還有炸春捲、熱饅頭、大米飯、豆腐煎魚等，還有兩道湯、三個餡餅，餅上灑滿了白糖，「這是我平生吃過最精緻，最不忍吃的一桌菜」。這張菜單亦可看作是對腐敗無能的蔣介石政權的死刑判決書。

從蘇聯運來的午餐肉俘獲了一群中共黨員的心，他們又將「土豆加牛肉」的願景許諾給數億民眾，更高的目標則是建設一個強大的、工業化的國家。中國的農民接受前一個願景，城市居民則相信了後一個願景，他們全心全意地跟隨共產黨。一九四九年六月七日，中共前軍事將領、新任上海市長陳毅對一批舊警察代表發表講話說：「光我們講共產黨如何好，國民黨如何不好是不夠的，還靠你們從事實上來觀察。你們看到過日本人侵占上海，國民黨接收上海，再看看今天共產黨接管上海的情形，就會感到大不相同。國民黨的接收大員一下飛機，就忙於『五子登科』，我們的負責同志和大家同甘共苦，我的口袋裡連一張票子都沒有。」人們相信了陳毅的講話，得到的卻是永無休止的政治迫害和亙古未有的大饑荒。一九六一年，大多數中國人在饑荒中掙扎，始作俑者毛澤東卻享受御廚為之擬訂的西餐菜譜。毛並非只喜歡吃紅燒肉的土鱉，他更喜歡吃考究的西餐。其中，僅是異國風味的魚蝦就有若干種做法。

中共政權沒有因毛的驕奢淫逸而垮臺，也沒有因毛造成餓死數千萬人的大饑荒而垮臺，毛將中國打造成水潑不進、針插不進的「美麗新世界」——正如二〇二二年春，習近平以抗疫為名，將兩千五百萬上海人封閉在家中，任其自生自滅，早已被馴化為奴的民眾只能默默等死，不知反抗為何物。一九二七年，中國人反共未能成功，註定此後百年不會有一天好日子過。

他們的愛與怕，能不能成爲我們的經驗與希望？

一九二七年，民國已死，共和亦崩潰。國民黨與共產黨殊死搏鬥——國民黨方面：蔡元培這位讓人如坐春風的謙謙君子，爲共黨之暴行怒髮衝冠，投出一張反共鐵票；白髮的吳稚暉赤膊上陣，喊出反共最強音；青年書生陶希聖迷途知返、反戈一擊。共產黨方面：文學評論家瞿秋白當上黨魁，如犬耕田，力不從心，死不瞑目；周恩來身穿軍裝，秀才造反，屢敗屢戰，死裡逃生，殺人如麻；特務頭子和工運領袖顧順章，將革命當成一場五光十色的魔術秀，走向一條不歸路。

作爲軍人，他們全身心投入戰場，卻很少思考爲何而戰：閻錫山周旋與南北左右之間，希望將山西治理成「模範省」，讓山西成爲酵母，發酵大中國這團死麵；唐生智是北伐的導火線，將兩湖作爲戰利品，企圖拉攏共產黨，與蔣介石爭鋒，卻才德皆不配位，兵敗如山倒；張發奎在戰場上如鋼如鐵，在政治上卻像棉花一樣柔軟，若干身爲共產黨祕密黨員的部屬發動南昌暴動和廣州暴動，讓其一世威名付諸東流；夏斗寅的副手和參謀長萬耀煌推動了一場奇襲武漢政府的兵變，雖未攻入武漢城，卻爲武漢政府敲響了喪鐘。

作爲文人，他們多半明白「國家不幸詩家幸」的道理：民國第一詩人楊雲史對窮途末路的吳佩孚不離不棄，與失敗者同行，未嘗不是一種大勇；民國第一女詞人呂碧城在環球旅行的路上，將一路見聞熔鑄在古典詩詞中，她看到左派暴徒正在爲禍歐洲；自詡爲歷史學界新宗師的顧頡剛南下追求「進步」，要融入「工人階級」，卻喪失了知識人獨立人格，歷史研究淪爲政治之婢女；旅居北京的黃尊三從報上看到北伐軍勢如破竹，卻對新發於硎的南京政府毫無好感，如先知般預見到國民黨「國未治而黨先崩」之結局。

作爲海歸，他們回到故國，或如魚得水，或格格不入：留法的李璜，以青年黨領袖和大學教授身份，在北京、上海和四川處處反共，在國共兩黨血腥纏鬥中，卻找不到第三黨的生存和發展空間；作爲一名英國律師和「無根遊士」，不會華語的陳友仁成了戰狼外交部長，對帝國、殖民、租界皆恨之入骨，失敗後偏偏逃到作爲英國殖民地的香港；作爲中國第一個留法女博士、第一個女律師和女法官的鄭毓秀，遊走於玫瑰、槍與法典之間，後來成爲不受台灣人歡迎的第一任「台灣省主席」夫人，晚年寂寞地在美國去世。與今日中國數百萬海歸一樣，他們未能改變中國，卻被中國所改變。

作爲商人，他們在一個商業大大受制於政治的時代裡，一度多財善賈，最終卻折翼墜地，「節制資本」的國民黨和實行公有制的共產黨，對商人和資本家都不友善：張元濟在焚書時代印書，打造出民營企業的旗艦——商務印書館，卻成爲綁匪綁架的對象；穆藕初「商而優則仕」，由紡織大王成爲南京政府財經高官，卻因抵制腐敗文化而出局；吳鼎昌以報紙打造「第四權」，造就輿論重鎮《大公報》，進而主政貴州，讓貧瘠之邊陲煥發生機；林獻堂爲台灣的獨立和自由尋覓出路，踏遍五洲，殫精竭慮，日後國民政府「光復」台灣，他卻只能遠遁日本。

還有一些與時代潮流格格不入的「檻外人」：二十二歲的前清遜帝愛新覺羅·溥儀，備受民國政府和民眾霸凌，與中國斷絕關係、重建滿洲帝國的理想日漸豐滿；釋太虛希望通過與蔣介石結交，在革命與殺戮的時代，爲佛教留下一方淨土；《紐約時報》駐華記者哈雷特·阿班一路從廣州到上海再到北京，目睹了這場辛亥以來最大的變局，沐浴在「血的蒸氣」之中，但中國之於他，仍宛如一幅朦朦朧朧的水墨山水畫；日本政府駐南京武官、軍部

「第一支那通」佐佐木到一，熱情支持黨軍北伐，卻沒有想到北伐帶來赤潮與新軍閥，使中日互為敵國，自己在撫順戰犯管理所被囚至死，他是中國的朋友，還是敵人？恐怕連他自己也弄不清楚。

我追尋他們的人生，他們的故事，他們的悲歡離合，他們的恩怨情仇。我向他們獻上贊美、愛慕、批評、譴責。我寫他們，也是在寫我自己。我寫逝去的歷史，也是在寫當下的現實和遙遠的未來，如喬治·歐威爾所說，「誰控制了過去，就控制了未來；誰控制了現在，就控制了過去」。真正的反共、反獨裁、反極權，乃是奪回書寫歷史的權利。

赤潮洶湧，凜冬將至

一九二七年的反共之役，一時間成功了，長遠而言卻失敗了。二十二年之後，中共捲土重來，戰無不勝、攻無不克。反共失敗，不是國民黨人不夠心狠手辣、沒有斬草除根，而是反共者大都不明白這是一場觀念之戰、思想之戰、信仰之戰。單單靠殺人不能取得終局之戰的勝利，正如二十九歲的共產黨人夏明翰（一九二七年初，他服務於毛澤東主持的武漢中央農民運動講習所，擔任全國農民協會秘書長，並兼任毛的秘書）在一九二八年三月被國民黨捕殺前的宣稱：「砍頭不要緊，只要主義真。殺了夏明翰，還有後來人。」他信奉的主義並不「真」，他卻以為是「真」的，並願意為之而死，而且確實有很多「後來人」。可見，要消滅共產黨，必須在觀念、思想和信仰上壓倒並摧毀它。

蔣介石直到被共產黨趕到台灣之後都未能明白這個道理，他用半吊子的極權主義無法擊敗中共升級版的全套的極權主義。歷史學家高華指出：「以俄為師」這個思路是孫文定的，孫文對蘇聯革命的總結是，蘇聯最成功的經驗是建立了黨軍，這是一支由黨和黨的領袖完全控制的軍隊，而蔣介石在到蘇聯考察後也基本認同孫文的看法，就是以黨治國、以黨治軍——蔣介石以後竭力反共，但其「以黨治國」的思路並未改變。國民黨以半吊子的蘇聯經驗對抗共產黨本土化的蘇聯經驗，失敗的結局可想而知。孫文漏洞百出的三民主義意識形態無法與精密嚴整的馬列主義、共產主義抗衡，看看今天在台灣仍聲稱信奉三民主義的國民黨淪爲共產黨之隨附組織，道理不言自明。

只有奠基於喀爾文神學、清教秩序和英美保守主義的強大而整全的觀念、思想和信仰體系，才能對抗並打敗共產主義。這個道理，自稱虔誠的基督徒的蔣介石不明白，世上大部分人也不明白。一九二七年十一月七日，俄國布爾什維克奪權十週年之際，爭取印度獨立的國大黨總書記尼赫魯訪問這個遍布列寧塑像的國家，他觀察到：「這裡沒有明顯的貧富懸殊，也難以覺察階級與種姓階級制度」，「與資產階級國家相比，蘇聯對工人、農民、婦女、孩童，甚至是犯人的待遇更好」。他看到蘇聯工業的奇跡，認爲國有制比私有制好，國家計劃經濟比市場機制更有效率。他的蘇聯遊記以華茲華斯對法國大革命的評論作爲開頭：「活在此等黎明之中如此幸福，但擁有青春則是無限美好。」尼赫魯對蘇聯的迷戀超過正在莫斯科受訓的鄧小平。幸運的是，印度獨立之後沒有像中國那樣成爲共產國家，這並非尼赫魯比蔣介石更聰明、更強大，而是因爲印度被英國殖民百年，英國爲印度留下自由與法治的制度和精神遺產。中國沒有像印度那樣整個成爲英國殖民地（僅有香港和包括上海租界在內的少數幾處租界，不足以像閻錫山使用的「酵母」與「麵團」的比喻讓中國發酵，文明的孤島很快被野蠻暴政吞噬），不是中國的幸運，而是中國的悲劇。

一九二七年，共產主義的幽靈在中國、土耳其等崩解後的東方帝國遊蕩，也在西方蠢蠢欲動。德國社會學家桑巴特斷定，共產主義不會在美國如野草般生長，並非事實。黃尊三在八月十一日記載：「報載美工黨二人處死刑。」旅英的林獻堂在八月十一日記載：「新聞載，昨夜十一時有一萬之社會主義者在美國大使館前示威運動，美國有一社會主義者，七年前曾犯殺人罪逃亡，月前被拿，判決死刑，今朝將在美執行。美國社會主義運動要求死刑執行停止，故英國亦爲響應，聞已決定延期十二日，未知此後作何處置。」兩人之記載在細節上有所出入，但所指的是同一件事。

比爾．布萊森在《那年夏天：美國一九二七》一書中詳細記載了此一事件：信奉無政府主義（某種程度上的社會主義）的意大利裔移民薩科和萬澤蒂因從事恐怖主義活動被捕。一九二一年七月十四日，經過五個小時審議，陪審團宣布兩人有罪，處以死刑。爲抗議這一判決，美國各地爆發抗議活動，包括多起炸彈襲擊，僅對摩根公司的一次炸彈襲擊就造成三十八人死亡和一百四十三人重傷。兩人的死刑判決拖延到一九二七年八月二十二日晚才執行。隨即，抗議活動席捲全球並演變成暴力衝突：德國有九人喪生；在倫敦海德公園，抗議者和警察發生衝突，有四十人受傷；在哈瓦那，美國大使館被炸；在如世外桃源的日內瓦，騷亂者襲擊國際聯盟大廈，混亂中有人開槍，致使一名男子死亡。好長一段時間，美國人在任何地方都沒有安寧可言。這不是單一事件，對兩名證據確鑿、身負多條人命的恐怖分子的同情以及由此引發的暴事件顯示，一種邪惡幽暗的意識形態已躍出潘朵拉的盒子。多年後，九一一恐怖襲擊發生，紐約雙子塔倒下，世界各地有更多人爲恐怖分子賓拉登叫好——最多叫好者的地方，除了伊斯蘭世界，就是共產中國。

一九二七年，因政治維安法遭到日本總督府拘捕的台灣詩人楊華，被關入台南刑務所。他在獄中寫下詩集《黑潮集》。其中，第一首詩寫道：「黑潮！掀起浪濤，顛簸氾濫，搖撼著宇宙。」他還寫道：「時想引黑潮之洪濤，環流全球！把人們利己的心洗滌得乾淨。唉！洪濤何日發漫流？唉！世人何日回頭？」事實上，氾濫的不是黑潮，而是赤潮。台灣的左派們種下的是龍種，收穫的是跳蚤——多年後，台灣左派文化圈的教父陳映真支持中共的六四屠殺，並赴北京接受中共之包養，左派的虛僞與醜惡暴露無遺，但其追隨者至今仍然絡繹不絕。

在一九二七年夏天的烈日之下，很少有人意識到，赤潮洶湧，凜冬已至。

二〇二二年四月二十四日初稿，十月九日定稿
美利堅合眾國維吉尼亞共和國費郡綠園群櫻堂

平　簡　表

1927年前後之主要身份	教育背景	1927年活動區域
中共中央軍事部部長	南開大學肄業，留日、留法、留蘇	上海、江西南昌、廣東、香港
中共中央政治局委員、中央交通局局長	未受正規教育，莫斯科特務訓練	上海、湖北武漢
作家，記者，大學教授，中共中央總書記、政治局常委、宣傳部長	外交部俄文專修館	武漢、上海
學者，北京大學校長、國民黨中央監察委員、大學院院長、中央研究院院長	前清進士，翰林院編修，留日及留歐	福建、浙江、南京、上海
學者，政論家，國民黨中央監察委員	前清舉人，留日、留歐	上海、南京
社會學家，中央軍事政治學校武漢分校中校教官、中央獨立師軍法處長和特務組長	北京大學	武漢、上海
國民革命軍北路總司令、第三集團軍總司令	日本陸軍士官學校	山西太原
武漢國民黨中央政治委員會委員、軍委會七人主席團成員、武漢國民政府委員、國民革命軍第四集團軍總司令	保定陸軍軍官學校	武漢、長沙
國民革命軍第四方面軍第一縱隊司令兼第四軍十一軍軍長	武昌第二軍官預備學校	武漢、南昌、廣州
國民革命軍獨立第十四師副師長兼參謀長	陸軍大學	四川宜昌

人　物　生

書中人物	性別	民族或國籍	出生地	生卒年份	1927年的年齡
周恩來	男	漢	江蘇淮安	1898-1976	30
顧順章	男	漢	江蘇寶山	1904-1935	24
瞿秋白	男	漢	江蘇宜興	1899-1935	29
蔡元培	男	漢	浙江紹興	1868-1940	60
吳稚暉	男	漢	江蘇武進	1865-1953	63
陶希聖	男	漢	湖北黃岡	1899-1988	29
閻錫山	男	漢	山西五臺	1883-1960	45
唐生智	男	漢	湖南東安	1889-1970	39
張發奎	男	漢（客家）	廣東始興	1896-1980	32
萬耀煌	男	漢	湖北黃岡	1891-1977	37

1927年前後之主要身份	教育背景	1927年活動區域
詩人，十四省聯軍總司令部幫辦秘書	前清舉人	武漢、河南鄭州、江蘇
獨立作家、詩人、翻譯家、動物保護主義者、佛教推廣者	私塾教育、美國哥倫比亞大學進修	上海、歐美各國
歷史學家，北京大學教授、廈門大學教授、廣州中山大學教授	北京大學	北京、廈門、廣州
北京政府編譯處編譯、民國大學教授、教務長	日本早稻田大學、明治大學	北京
學者，中國青年黨領袖、成都大學教授	法國巴黎大學文科碩士	四川成都
武漢政府外交部長、漢口英租界臨時管理委員會主席	千里達聖瑪麗學院、英國牛津大學	廣州、武漢、上海、莫斯科
律師，江蘇省政務委員會委員、國民黨上海市黨部委員、上海臨時法院院長、江蘇地方檢察廳廳長、上海法政大學校長	法國巴黎大學法學博士	上海、南京
學者，企業家，商務印書館董事長	前清進士、翰林院庶吉士	上海
學者，工程師，企業家，德大紗廠經理、上海公共租界工部局顧問、上海總商會臨時委員會執行委員、國民政府工商部常務次長	美國德州農工大學農學碩士	上海
銀行家，報人，鹽業銀行董事長、天津《大公報》社長	留日、前清翰林院檢討	天津

書中人物	性別	民族或國籍	出生地	生卒年份	1927年的年齡
楊雲史	男	漢	江蘇常熟	1875-1941	53
呂碧城	女	漢	安徽旌德	1883-1945	45
顧頡剛	男	漢	江蘇蘇州	1893-1970	35
黃尊三	男	漢	湖南蘆溪	1880-1951	48
李璜	男	漢	四川成都	1895-1991	33
陳友仁	男	漢（客家及中美洲土著混血）	英屬千里達	1878-1944	50
鄭毓秀	女	漢	廣東新安	1891-1959	37
張元濟	男	漢	浙江海鹽	1867-1959	61
穆藕初	男	漢	上海浦東	1876-1943	52
吳鼎昌	男	漢	四川成都	1884-1950	44

1927年前後之主要身份	教育背景	1927年活動區域
企業家，社會活動家，新民會會長、台灣文化協會總理、《台灣民報》社長、大東信託株式會社董事長	私塾教育	台中、歐美各國
前清遜帝	帝王特殊教育	天津日租界
上海法苑主持、廈門南普陀寺主持、閩南佛學院院長	佛教寺廟教育	上海、廈門南普陀寺、浙江奉化、杭州
北京《英文導報》主編、《紐約時報》駐華記者	美國史丹福大學肄業	北京
日本駐北京大使館武官輔佐官、日本與南京政府聯絡官	日本陸軍大學	北京、廣州、南京

人物生平簡表

書中人物	性別	民族或國籍	出生地	生卒年份	1927年的年齡
林獻堂	男	漢	台灣台中	1881-1956	47
愛新覺羅・溥儀	男	滿	北京	1906-1967	22
釋太虛	男	漢	浙江海寧	1890-1947	38
哈雷特・阿班	男	美國	俄勒岡州波特蘭市	1884-1955	44
佐佐木到一	男	日本	愛媛縣松山市	1886-1955	42

國民黨人

第一卷

1

蔡元培

謙謙君子的衝冠一怒

要知道中國的病，好像一個患虛弱症的人，要用補藥來救治，而俄國鮑羅廷要拼命用大黃去瀉他，試問這樣一個虛弱的人，經得起瀉麼？

——蔡元培

二〇一九年十一月十三日，香港華人永遠墳場的蔡元培墓碑被人破壞。香港警方稱，警方到場調查後列爲財物損毀，事件沒有刑事成份。如此大事化小小事化了，香港警察已然退化爲中國公安，根本不在乎這個修建於上個世紀的小小墓碑，或許不知道蔡元培爲何許人也。

次日，中國網民「哀極無淚」在微博上載照片，承認他是破壞蔡元培墓碑的人。他說，他在墓碑上張貼被國民黨槍殺的中共早期工運領導人汪壽華和趙世炎（趙爲中共前總理李鵬的舅父）的照片，譴責蔡元培是兇手：「在知識分子們的吹噓下，蔡元培成了完人，彷彿四一二大屠殺中血流成河，與蔡元培無關一樣，然而蔡元培的命是命，汪壽華、趙世炎的命就不是命嗎？……我不信那麼多熱血青年的人頭，因爲是北大教授所殺，就會在人們的記憶裡蒸發。」

蔡元培被這個當代紅衛兵盯上，是因爲在香港逆權運動中中大校長段崇智曾發公開信，支持反送中的學生，中大學生會向校長贈送「良知不會被威權滅聲」的大型橫幅，有人寫下「世上可能沒有第二個蔡元培，但有的是多一位値得敬佩的校長」字句，感謝段校長與學生同行。

「哀極無淚」此前曾發文不滿「反送中」運動，「恨屋及烏」，蔡元培成爲其炮灰。他在微博上說：「段崇智也好，蔡元培也罷，大學校長們風度翩翩的外表下面，並不總代表社會的良知與正義。」他形容反送中大學生爲「廢青」，並得意洋洋地說，「各位鄉親，這事與任何人無關，警察要來抓，打個電話就行，咱自己走過去」。當然，中共警察不會來抓自己的走狗。

北京大學香港校友會發出聲明，「對此次卑劣的暴力行徑表示極大的憤慨和強烈譴責」，同時對蔡的親屬致以誠摯慰問。「哀極無淚」又回應指，「堂堂北大，一點面對眞相的勇氣都沒有！」

「眞相」，就是蔡元培一生反共。共產黨掌控的北大已淪爲第二黨校，不願提及蔡元培的反共經歷，也正因爲蔡元培反共，以及對自由和獨立精神的鼓吹，使中共竭力貶低蔡元培在北大校史和二十世紀中國文化史和教育史上的地位。中共在未名湖邊修建了跟北大無甚淵源的美國左派記者斯諾的墓地，卻不讓蔡元培的墓地回到北大。在北大百年校慶時，中共禁止上演由沙葉新創作的戲劇《先生蔡》，表明中共非常害怕蔡元培及其思想遺產。

「哀極無淚」是中共洗腦教育的典型標本。他喜歡使用正義、良知、眞相等「大詞」，但這些抽象、宏大的詞彙背後，卻沒有數據、事實、分析和邏輯推理。這是具有中國特色的「第三帝國語言」。德國學者維克多．克萊普勒指出，納粹對政治的敗壞，首先是對語言的敗壞：「納粹主義是通過那一句句的話語、那些常用語、那些句型潛入衆人的肉體與血液的，它通過成千上萬次的重複，將這些用語和句型強加給了大衆，令人機械地和不知不覺地接受下來。」中共是納粹的衣缽傳人，中國社交媒體上充斥著納粹式仇恨言論，千千萬萬個「希特勒的孩子」正在茁壯成長。

「哀極無淚」是一個憤怒的「失敗青年」，他將爲自由而戰的香港「覺青」貶爲「廢青」，正如香港警察將抗爭者稱爲「曱甴」，希特勒將猶太人稱爲「跳蚤」，先將對方物化，下一步就可用處理垃圾的方式清除。文革中將老師打死的女學生並未消失，在北京街頭對學生和市民開槍的士兵並未消失，在沒有言論自由和思想自由的中國，他們如野草般生生不息。德國詩人海涅說過：「他們先是焚書，然後是焚人。」今天，他們先損毀蔡元培墓地，然後就要焚人了。

清黨須堅決，殺人要謹慎

對於蔡元培來說，一九二七年參與清共事業，不是一段遮遮掩掩、羞羞答答的歷史，而是大義凜然的正義之舉。

一九二六年二月，在歐洲遊學的蔡元培接到北京政府教育部電報，返回中國。當時，他尚未辭去北大校長之職。到了上海，他發現京、津交通斷絕，無法北上。他留在上海，參加皖、蘇、浙三省聯合會。該組織係響應國民革命而成立，反對控制東南五省的孫傳芳。年底，他因加入國民黨浙江政治分會，被孫傳芳通緝，避往象山，又改往臨海，再乘帶魚船往福州。在福州和廈門停留兩個月後，由集美學校借捕魚船至溫州，又換船至寧波，再由寧波到杭州。此時，北伐軍已佔領浙江大部。[1]

蔡元培很快發現，中共在各地煽動工農運動，暴力氾濫、血流成河。如果中共奪取政權，中國將淪為蘇聯的殖民地：「國民革命軍到上海後，俄國共產黨又欲利用我黨，以為攻打英國之工具。因俄國目的專在倒英，而無其力，故欲用我與英衝突，而後澳洲及印度，可以繼起。當時主我攻入上海租界，使風潮擴大；鮑羅廷謂中國要死五百萬人，革命可以成功，其意即以我國為犧牲。鄙人當時大不贊成。」[2] 他挺身而出，與吳稚暉、李石曾等國民黨元老一起，發出清黨呼籲。

1 蔡元培，《蔡元培自述》（鄭州：河南人民出版社，2004），頁139。

2 此為一九二七年十月十六日，蔡元培在國民黨滬寧、滬杭甬兩路特別區黨部發表之黨務演說。孫常煒，《蔡元培先生年譜傳記》（中冊）（台北：國史館，1986），頁907。

一九二七年三月十四日，蔡元培由杭州到上海。三月二十八日，中國國民黨中央監察委員會舉行預備會議，由蔡擔任主席。會上，先由吳稚暉提議對共產黨「應行糾察」。蔡元培立即附議，並主張「取消共產黨人在國民黨黨籍」。這次會議上，把清黨定名爲「護黨救國運動」。此爲「護黨救國運動」第一次會議。三月十八日是清黨起始之日，其歷史意義高於「四一二」——後者只是一個地方性事件，是上海駐軍解除工人糾察隊武裝。

四月二日，國民黨中央監察委員會分會再度召開預備會議，蔡元培任主席，此爲「護黨救國運動」第二次會議。全體監察委員二十人，僅蔡元培、吳稚暉、李石曾、張靜江、古應芬、陳果夫、李宗仁、黃紹竑等八人出席，不足半數。會議通過吳稚暉草擬的〈請查辦共產黨呈文〉。蔡繼之提出〈中國共產黨陰謀破壞國民黨之證據〉，及〈浙江共產黨破壞本黨之事實〉兩個文件，交由各監委傳閱。前者列舉共產黨歷次會議所作關於破壞國民黨之議決案、通告及共產黨員李俠公與君偉（軍委的代稱）的祕密通訊等；後者列舉共黨在浙江「阻止入(國民)黨」、「煽惑民眾」、「擾亂後方」、「搗毀米鋪」、「壓迫工人」等罪狀。其他監委分別報告共產黨在湘、鄂、浙。皖、滬等地的叛亂活動。會議決議按照吳稚暉所擬辦法，備文咨送中央執行委員，請採取非常緊急處置，將各地共黨首要的危險分子，就地知照治安機關，分別看管，制止活動。監委會不具備執法權，只是建議中執會採取行動。四月十八日，南京國民政府成立當天發布的通緝共產黨人的名單，大致以此爲基礎。[3]

四月五日，蔡元培主持「護黨救國運動」第三次會議，通過對武漢不合法之行爲提出彈劾案。

3 中華民國史事紀要編輯委員會，《中華民國史事紀要‧中華民國十六年（一九二七年）一至六月份》，頁511-512、頁762-763。

四月八日，蔡元培主持「護黨救國運動」第四次會議，討論通過對武漢方面的警告書。四月九日，蔡元培等以國民黨中央監察委員名義聯合發表「護黨救國」通電，斥責武漢聯席會議成立以來之種種乖謬舉措，「自命爲中央所在地之武漢，一般的人權毫無保障，殘忍慘劇，演成恐怖」，號召「全體同志念黨國之危機，凜喪亡之無日，披髮纓冠，共圖匡濟；扶危定傾，端視此舉」。

四月十三日，蔡元培與蔣介石、李石曾、張靜江等商議時局。[4] 同日，又出席國民黨中央監察委員會正式會議，決定將武漢派之罪狀通電全國。

在清共一事上，蔡元培是先知先覺，且態度堅決。左派認爲這是蔡一生中最大之污點，名列通緝令之上的詩人柳亞子批評說：「蔡先生一生平和敦厚，藹然使人如坐春風。但在民國十六年上半年，卻動了一些火氣參加過清黨運動，犧牲了不少青年。一張用中央監察委員會名義發表的通緝名單，眞是洋洋大觀，連我也大受其影響，只好亡命日本。」[5] 柳亞子偏偏忘記蔡元培在溫文爾雅之外還有嫉惡如仇的另一面——清末革命中，蔡親自研製炸彈，書生意氣與怒目金剛並不矛盾。

蔡元培在理念上反共，但他反對不經法律程序大肆殺戮，在執行方式上主張從寬，給誤入歧途的青年一條生路。上海清黨之後，東南各省展開清黨。浙江清黨始於四月十六日，成立清黨委員會，蔡元培爲委員之一，蔡元培的學生姜紹謨兼情報處及審查處主任。

清黨之前，共產黨人爲非作歹，殺人放火，無所不爲，遭到陷害的國民黨人頗多，使

4 《蔣中正事略稿本：民國十六年五至六月》，1927年6月12日。

5 王世儒，《蔡元培先生年譜》（下）（北京：北京大學出版社，1998），頁479。

國民黨人對共產黨人深惡痛絕。清黨委員會成立那天，群情激憤，主張用最嚴厲手段對付共黨，凡涉嫌的人，抓到就殺。當天晚上，從陸軍監獄提出二十多人槍決。第二天早晨，蔡將姜叫到房裡，很嚴肅地說：

> 我們萬不能隨便殺人！昨天那樣辦，太草率，太不好了！此後必須審慎！抓人，必須事先調查清清楚，始可逮捕；定罪，必須審問清楚，證據明白，才可判決；殺人，必須其人罪大惡極，經會議決定，始可執行。青年誤入歧途的很多，必須使人有個反省的機會才好。[6]

後來，浙江成立特別法庭和反省院，都是受蔡元培這些訓示的影響。[7]

五月八日，張靜江發急電給蔣介石，建議「共黨除重要與陰謀分子外，其餘宜待全國代表大會發落」，並請蔣嚴令上海的陳群、楊虎等「勿過度殺戮，致招反感」。張靜江稱，次日將到杭州與蔡元培共同協商如何處理此類事宜。[8] 在此期間，蔡元培營救了不少被捕的青年人。

6 高平叔，《蔡元培年譜長編》（第三卷）（北京：人民教育出版社，1998），頁41。本文以下引自此書的內容，不再一一註明出處。

7 堅決反共的白崇禧等人，對特務濫殺無辜表示不滿，通電要求蔣加以規範：「近月以來，因清黨運動，往往有任意拘押人犯，徑行審判……情事。……職等為統一事權，慎重人命計，特照戒嚴法組織臨時法庭，請派專員秉公辦理並通令淞滬軍警及各團體，此後不得任意拘人。」上海建設委員會通電表示憂慮：「現在各軍部各師部各政治部以及特別軍法處綏靖處、特務處、諜報處、稽查處、警察廳等均得逮捕人員，機關既多，政令不一，人權或失保障，民眾不免危懷。」再三強調「清黨，就是要消滅共產黨」的南京中央政治會議主席胡漢民批評說：「清黨，清黨，許多罪惡，借之而生。土豪劣紳，彈冠相慶，振臂大呼曰：清黨。清黨把許多健全忠實的少年同志，一網打盡。……CP（中共）大笑，黨員大哭，國民黨之基礎乃大危。」楊奎松，《國民黨的「聯共」與「反共」》（北京：社會科學文獻出版社，2008），頁250-252。

8 〈張人傑電蔣中正：共黨除重要與陰謀分子外，其餘宜待全國代表大會發落。請嚴囑陳群、楊虎等勿過度殺戮、致招反感。及明日赴杭當與蔡元培斟酌辦理馬事〉，國史館，《蔣中正總統文物》，1927年5月8日。

授國民政府之印，證蔣宋之婚

辛亥革命期間，孫文、陳其美派遣蔣介石刺殺光復會領袖陶成章，蔡元培心中對動輒殺人的孫文一系人物自有論斷。一九二〇年代初，孫文在廣州建立割據政府、投靠蘇聯、建軍北伐，蔡冷眼旁觀。但當他看到共產黨的狼子野心，最終選擇站在國民黨一邊，在二月十八日的日記中記載一首言志之詩：「見慣風濤了不奇，好憑實習養新知。強權外海得開展，記取青天白日旗。」[9]

一九二七年，是蔡元培與蔣記國民黨（南京政府）走得最近的時刻。蔣介石在全國乃至國民黨內部資歷及聲望皆不足、被人們視爲武夫，需要蔡元培等元老爲之裝點門面，故給予蔡以相當的榮譽與禮遇。但蔡對蔣有限度的支持，並非爲謀求自身地位——他在北洋政府中早已擔任過教育總長，卻屢屢辭官，一向兩袖清風、榮辱不驚。

在寧漢對立中，蔡站在蔣一邊，反對私人關係更密切的汪精衛。[10] 他這樣做，乃是將公理置於私誼之上——蔣清共，而汪親共，蔡支持蔣而疏遠汪。蔡與蔣共進退，一九二七年底，當蔣爲促成寧漢和解而下野時，蔡亦隨之辭職。

武漢對蔡元培等元老發起攻擊，認爲他們攀附蔣是爲了個人私利。胡漢民在給時任江西

9 王世儒編，《蔡元培日記》（北京：北京大學出版社，2010），頁355。

10 一九一三年，蔡元培旅居德、法，從事教育、哲學和美學研究，在法國時與汪精衛比鄰而居，蔡頗欣賞汪文采風流。期間，袁世凱、克定父子透過朱芾煌匯來三千元給汪和蔡，邀請他們回國任高級顧問，被兩人拒絕。一九一五年，汪回國後，將子女委託在波爾多的蔡元培照看。

省主席、國民黨中央執行委員的朱培德的一封信中，駁斥說：「微聞彼方造舌者……甚且謂吳（稚暉）、李（石曾）、蔡（元培）乃動於功名富貴而來，此其厚誣，眞不値識者一哂。吳、李、蔡之淡於利祿功名，數十年如一日，非盜虛聲者可比。」

一九二七年四月十三日，蔡元培參加完國民黨中央監察委員會的會議之後，與吳稚暉、白崇禧等離開上海，到南京參與組建國民政府。

四月十四日，蔡元培在南京主持國民黨中央監察委員會第五次會議，提出遷都南京。十五日，蔡主持監委第六次會議，致電各中常委，促速赴南京執行職務。[11] 十七日，國民黨中央政治會議正式在南京開會，決議國民政府於十八日在南京辦公。胡漢民被推舉爲中央政治會議主席，吳稚暉、李石曾、蔡元培爲國民革命軍政治訓練指導員。蔡兼任中央宣傳委員會委員、中央政治會議浙江分會委員、中央研究院組織法起草員等職。

四月十八日上午十點，國民黨政府在南京丁家橋舊江蘇省議會原址舉行遷寧成立典禮，正式奠都南京，並發表宣言，揭示定都南京意義及革命建國方略。此時南京政府實際控制的僅有江蘇、浙江、福建、江西等東南數省。蔡在日記中只有一句平淡的記載：「國民政府設於丁家橋舊省議會。」[12]

在典禮上，蔡元培代表國民黨中央黨部授印，由胡漢民代表國民政府受印。這個程序清楚地表明，南京政府是一個黨高於國的「黨國」。

隨後，南京各界舉行盛大的慶祝國府遷都大會及閱兵典禮。蔣介石、吳稚暉、胡漢民、

11　王世儒，《蔡元培先生年譜》（下），頁475。
12　王世儒編，《蔡元培日記》，頁356。

蔡元培、李石曾等均發表演說。蔡指出，國民政府建都南京，「完全是爲了救國，爲了救黨」，「現在我們的責任更大了，一面要打掃遊蕩的北京僞政府，一面還要掃蕩操縱的武漢僞政府，然後三民主義的精神才可發揚光大了」。

九月二十日，國府委員及軍事委員會委員在紫金山側大操場舉行就職及閱兵典禮。蔡元培在此典禮上的身份跟四月十八日國民政府遷寧典禮上的身份顛倒過來：張繼代表中央特委會授印，蔡元培則代表國民政府受印並致答詞。然後，中央特委會代表、國民政府代表、軍事委員會委員就位。蔡代表中央特委會致訓詞說：

> 人云，共產主義不對，而方法可行。又云，官僚之學識不好，而經驗可取。但同人深知共產黨官僚之足以亡國，絕對不取共黨之方法及官僚之經驗。……吾人應為建設的政府，不願為破壞的政府。[13]

然而，蔡元培的期待很快落空。蔣介石心胸狹窄，各地方諸侯虎視眈眈，很快由黨爭演變成戰爭。而共產黨的武裝暴動亦此起彼伏、不絕於縷。

蔡蔣之間的和諧關係只維持到蔣宋之婚禮。十二月一日，蔡到上海爲蔣宋證婚。蔡知道蔣企圖借用其聲望爲這一樁政治婚姻背書，他勉爲其難。下午四點十分，正式婚禮在大華飯店舉行。蔡先登台中立，何香凝、王正廷、蔣錫侯站在左邊，李德全、譚延闓、余日章站在右邊。新郎新娘立定，全體起立，向國旗、黨旗及孫文遺像行三鞠躬禮，再由蔡宣讀證婚

13 王世儒，《蔡元培先生年譜》（下），頁492-493。

書。這是南京政府成立後首次舉行此種模式的新式婚禮。

蔡元培宣讀證婚書：「茲者樂安蔣中正先生與京兆宋美齡女士，舉行結婚典禮於春江大華禮堂，瑟好琴耽，雙心默契。良辰吉日，六禮告成。一則威震寰中，德孚袍澤；一則名聞海外，才盛唐虞。兒女英雄，神仙眷屬。當茲一陽來復，正旋乾而轉坤；須知萬古長經，乃齊家以治國。柳營桴木蘭之鼓，應助北伐成功；竹簡傳大家之書，用迓東萊喜氣。合作家庭模範，倍增我黨光彩。」此證婚書應是出自蔡親筆，用文言寫成，又巧妙嵌入若干新語。

讀書不忘救國，救國不忘讀書

一九二七年一、二月間，北伐軍在東南諸省一路凱歌，蔡元培隨即北上，會見各界人士，發表演講。據姜紹謨回憶：「蔡先生平居儉樸，此行所帶行李，僅鋪蓋袋一個，手提箱一個，並未隨帶工友。手提箱內，除換洗衣物以外，全是書籍文具及日常用品。他左腳因病，早年曾動過手術，步行不太方便，每天都在寓所讀書看報，晚間寫信。他每天都有一信寄給夫人周女士，從不間斷，信交我代發。」、「先生年屆花甲，身體健康，事必躬親，從不假手於人。我們在象山旬日之間，四遷住所。每次搬動，我想替他整理行裝，收拾零星物件；但是早晨起床，他就將鋪蓋及零星物件整理好了。隨侍十餘日，每天除替他寄信以外，實無一事要幫忙。」蔡與夫人伉儷情深，其夫人周養浩曾是張元濟之子的家庭教師，是一位新女性，在這一年還出任上海婦女慰勞前敵兵士會贊助人。

在動蕩時代，作爲教育家的蔡元培必然面對青年學生的追問：「救國重要，還是讀書重要？」這如同二戰中牛津大學學生對C.S.路易斯的追問：「在納粹的飛機飛臨倫敦上空時，讀書何用？」

蔡元培對亂如麻的國事憂心忡忡。入民國後，他毅然放棄政府中的高位，重新以學生身份遊學歐洲，希望找到救國良方。他對中國政治的腐敗痛心疾首，既然成年人如此無能，又豈能批評年輕人的愛國熱忱、即便這種熱忱有其非理性的一面？

據顧頡剛回憶，一月三十一日，蔡先生到廈門大學時，「校中招待他，我也作陪。席上有人罵當時學生不守本分讀書，專喜歡政治活動的。蔡先生就正色說道：『只有青年有信仰，也只有青年不怕死，革命工作不由他們擔任，該什麼人擔任？』他這樣疾言厲色，我還是第一次見呢。當日他應廈大浙江同鄉會之招，報告浙江革命工作，說到工作不順利處，他竟失聲哭了。那時他已經六十歲，就在這般淒風苦雨中度過了他的誕辰。」

但另一方面，蔡元培不贊同五四之後愈演愈烈的學潮。很多學潮不是學生自發的，而是政黨和政治勢力在背後策動的，從最初單純的學生運動變成「運動學生」。

這一年，蔡元培參與調解廈門集美學校和中央大學等多所學校的學潮，苦口婆心、精疲力盡。二月一日，他給夫人的信中說，今日參觀集美學校，「學生一部分尙反對校長，我亦想爲他們調和，看情形如何耳」。二月十日，他致電集美學校創辦人陳嘉庚，勸說其不要停辦學校。陳同意不停辦，但提出三個條件：原校長葉淵改任監督，仍留校；政府明令保護以後不再受任何擾亂；運動風潮學生，查明決開除，否仍決停辦。蔡與省政府同意了前兩個條件，仍對陳開除學生條件斡旋，令學生致電陳嘉庚道歉。

三月十二日，蔡元培在杭州之江大學發表題爲〈讀書與救國〉之演說，全面闡述對學生運動的看法。之江大學爲教會學校，正面臨國民政府「收回教育權」運動之威脅，教會學校學生常被批評對政治冷淡和不愛國。蔡對此提出不同看法：「現在國內一般人們，對於收回教育權的聲浪，皆呼得非常之高……試問國立的幾所少數學校，是否能容納中國的學生，而使之無向隅之憾呢？中國目下的情形，是需要人才的時候，不應該拘執於微末之爭。至於教會學校的學生，對於愛國運動很少參與，便是無愛國的熱忱，這個見解更是錯了。」他進而指出：

> 總要能愛國不忘讀書，讀書不忘愛國，如此方謂得其要旨。至若現在有一班學生，借著愛國的美名，今日罷課，明天遊行，完全把讀書忘記了，像這樣的愛國運動，是我所不敢贊同的。我在外國已有多年，並未多見罷課的事情。……而我國自五四以後，學潮澎湃……罷課遊行，成為司空見慣，不以為異。不知學人之長，惟知採人之短，以致江河日下，不可收拾，言之實甚痛心啊！

最後，蔡元培忠告說：「救國問題，決非一朝一夕空言愛國所可生效的。……我很希望諸位如今在學校，能努力研究學術，格外窮理。因爲能在學校多用一點功夫，即爲國家將來能多辦一件事體。……一校之學生如是，全國各學校之學生亦如是，那麼中國的前途，便自然一天光明一天了。」

蔡元培堅持自由主義立場，將自己定位爲影響公眾生活的獨立的個人，而非以革命事業消滅個性的激進派。[14]然而，中國越來越激化的政治形勢將學生捲入激進政治運動之中，他的勸告並未被學生們接受。一九三一年十二月十五日，數百名大學生（含北大學生）從北平

14 傑羅姆·B·格里德爾，《知識分子與現代中國》（天津：南開大學出版社，2002），頁397。

前來南京中國國民黨中央黨部請願，蔡聞訊前往勸說，卻遭學生綁架，甚至毆打致傷。此一遭遇表明，一九二七年以後，政黨及政治組織在「誰有青年，誰有將來」的觀念下，要取得青年的信仰，來領導青年，青年運動就會變成政治運動的一部分，運動青年學生變作獲得政權的手段，於是「學生運動」成了「運動學生」。[15] 這不是蔡元培所樂見的結局。

從北大校長到大學院院長，再到中央研究院院長

蔡元培一生最大的成就，是讓北京大學鳳凰涅槃、浴火重生，樹立「思想自由，兼容並包」之學風。[16]

蔡元培雖離開北大多年，但直到一九二七年九月，蔡元培的北大校長的名義才最終取消。蔡回憶說：「我在大學院，試行大學區制，以北大劃入北平大學區範圍，於是我的北京大學校長名義，始得取消。綜合計我居北京大學校長的名義，十年有半；而實際在校辦事，不過五年有半。一經回憶，不生慚悚。」、「我於民國十二年離北大，但尚居校長名義，由蔣君夢麟代理。直到十五年自歐洲歸來，始得完全脫離。」[17] 但無論此後蔡擔任何種職務，皆被北大學生和知識人視爲「永遠的北大老校長」，此後沒有一位北大校長享有此種殊榮。

蔡元培在參與南京政府及國民黨中央政治會議期間，短期目標是清共，長遠使命是教

15 呂芳上，《從學生運動到運動學生：民國八年至十八年》（台北：中央研究院近代史研究所，1994），頁434-435。

16 一九一七年一月四日，蔡元培就任北大校長後，改革領導體制和學科、學制設置，採取「囊括大典，網羅眾家，思想自由，兼容並包」方針，大量引進一流人才。他支持新文化運動，倡導以「科學」和「民主」爲內容的新思潮，使北大成爲新文化運動的中心。

17 王世儒，《蔡元培先生年譜》（下），頁496。

育。等清共告一個段落，其重心自然轉向教育。一九二七年，在國民政府第二十六會議上，他與孫科共同提出教育經費獨立案，希望國民政府通令全國財政機關，所有各省學校專款，及各種教育附稅，和一切教育收入，永遠悉數撥歸教育機關保管，實行教育經費獨立制度，不准絲毫拖欠，亦不准擅自截留挪用，並設立教育銀行。然而，此提案只是空中樓閣，國民政府控制區域只有東南數省，且此後戰禍連綿，統治者無暇顧及教育。

蔡元培促使南京政府施行大學院制度，但一年後即半途而廢。六月七日，蔡出席國民黨中央政治會議，提請變更教育行政制度，以大學院爲教育行政之單元案，獲得通過。中央政治會議當即咨請國民政府辦理。蔡氏指出：「大學院組織與教育部大概相同，因李君石曾提議試行大學區制，選取此名。大學區的組織，是摹仿法國的。法國分全國爲十六大學區，每區設一大學，區內各種教育事業，都有大學校長管理。這種制度優於省教育廳與市教育局的一點，就是大學有多數學者，多數設備，決非廳局所能及。我們爲心醉合議制，還設有大學委員會。」[18] 六月十三日，他向國民黨中央政治會議提出設立中華民國大學院案，認爲「欲改官僚化爲學術，莫若改教育部爲大學院」。中央政治會議通過決議，任命蔡爲大學院院長，其組織條例交法制委員會修訂。六月十七日，國民政府任命蔡元培爲大學院首任院長。[19] 七月四日，國民政府公布《大學院組織法》。

六月二十七日，蔡元培出席國民黨中央政治會議第一〇九次會議。會議決議：大學區新制度，准先在江、浙兩省試辦。粵省暫緩實行。後來，試辦地區又加入北平（包括河北）。

18 蔡元培，《蔡元培自述》，頁140。

19 〈國民政府令特任蔡元培爲大學院院長〉，國史館《大專院校教職員任免（一）》，1927年6月17日。

十月一日，蔡宣誓就職。十月二十五日，蔡發出就中華民國大學院院長職通電。十一月六日，蔡在上海召集召開各大學校長會議。

大學院制度實施不久，人們即發現，這種法國式中央集權的教育體制並不適應中國。各地除各類公立大中小學之外，還有若干私立大中小學和教會辦的大中小學，不可能全都合而爲一。在此體制下，北京大學劃歸北平區，改稱京師大學。雖然蔡元培向北大校友解釋，北大在前清就名爲京師大學，「此爲恢復原有名稱，並非創舉」，但北大校友和師生仍不能接受改名。

更爲關鍵的是，國民黨在大學院制中塞入「黨化教育」，無法得到自由主義知識分子認同。就連一向支持蔡元培的胡適，也在十月二十四日致信蔡元培，表示不願加入大學委員會：「例如勞動大學是大學院的第一件設施，我便不能認同。勞動大學的宗旨在於『無政府化』中國的勞工……以政府而提倡無政府，用政府的經費來造無政府黨，天下事的矛盾與滑稽，還有更甚於此的嗎？」

大學院制激起的反彈太大。蔡元培承認，反對的人紛紛質疑命名「大學」，有蔑視普通教育的趨勢，提議於大學院外再設一教育部。「我遂自動地辭職，而政府也就改大學院爲教育部；試辦的三大學區，從此也取消了。」[20]

大學院制雖取消，但在這一年多裡，蔡元培規劃成立了國立音樂院和國立藝術院。[21] 對音樂和美術的重視，是蔡元培「以美育代宗教」觀念的貫徹。但這一觀念有一致命缺陷：美

20 蔡元培，《蔡元培自述》，頁140。

21 一九二七年十一月二十七日，蔡元培請來蕭友梅，在上海創辦國立音樂院（即現上海音樂學院），該校是中國最早建立的高等音樂院校。次年，蔡又請來林風眠，於杭州西子湖畔創立國立藝術院（即現中國美術學院），該校是中國的最高美術學府。

育與宗教屬於人類的兩個精神領域，並不能彼此替代。蔡元培這一代近代知識人大都排斥宗教，背後還是儒家人倫傳統在作祟。

蔡元培又倡議建立中央研究院。一九二七年五月十一日，南京政府成立不到一個月，就下令設立中研院籌備處，並派蔡元培爲籌備員。[22] 次年四月二十三日，中央研究院成立，國民政府特任蔡元培爲院長。十月以後，蔡辭去大學院院長之職，專任中央研究院院長，「與教育界雖非無直接關係，但對於教育行政，不復參與了」。[23]

一九二八年八月，蔡元培離開南京，定居上海，淡出國民政府。十月，蔡元培致信吳稚暉，對與蔣介石走得太近的吳稚暉、張靜江、李石曾委婉提出批評意見：「此次國府委員名單及院長與主席人選，完全由先生及張、李兩位提出；諸先生不避嫌疑之勇氣，固有可佩，然未免太露骨。」而在吳稚暉看來，蔡的消極，令蔣「覺得面子不好看」。被北大學生羅家倫形容爲「仿佛代表著一種道德的勢力」的「商山四皓」已然出現裂痕。

蔡蔣關係破裂的轉折點是一九二九年的蔣桂戰爭，蔡元培等「四老」到上海勸說李濟深前往南京與蔣談判，結果李濟深到南京後卻遭到蔣扣留。蔡對此種背信棄義的作爲十分氣憤。

一九三〇年十月，毛澤東的夫人楊開慧在湖南被捕，蔡元培聯合幾名社會知名人士，致電湖南省主席何鍵，要求保釋。何鍵槍殺楊開慧之後回電說，蔡的電報來遲了。[24] 蔡不認同

22 〈中國國民黨中央執行委員會政治會議秘書處函國民政府秘書處，爲設立中央研究院籌備處並派蔡元培等爲籌備員〉，國史館《中央研究院官員任免》，1927年5月11日。

23 蔡元培，《蔡元培自述》，頁142。

24 蔡尚思，《蔡元培》（南京：江蘇人民出版社，1982），頁67。

共產黨，救楊乃是基於「禍不及妻子」的理念。

一九三一年以後，蔡與蔣的關係日趨疏離乃至緊張。蔣處決鄧演達之後，蔡公開譴責蔣「專橫獨裁，實爲古今中外罕有」。一九三三年六月十八日，國民黨特務暗殺了蔡的好友、中研院總幹事和中國民權保障同盟總幹事楊杏佛，當時外間即有「殺楊儆宋（慶齡）、蔡」之傳聞。蔣在刺楊後四天，即在日記中辱罵蔡說：「教育之敗壞，一至於此……蔡元培之沽名釣譽，其鄉愿之惡，害世禍國爲尤甚也。」

一九四〇年三月七日，蔡元培剛去世兩天，蔣即在日記中評價說：「孑民逝去，蓋棺論定，其在中國文化上之影響如何，吾不敢武斷，惟其在教育上與本黨主義之功罪而言，以吾所見者，但有罪過而已，尤其是教育受其鄉愿式之影響爲更惡劣也。」

蔡元培死後多年，蔣仍疑忌蔡在學術教育界「人多勢大」。一九四四年八月四日，行政院秘書王子壯在日記中轉錄國民黨高官丁惟汾的話：「北大雖在歷史上有其成績，但爲蔡先生一手所創，社會上亦因其人多勢大，呼曰學閥，中研院承其緒，蔣先生恐因此不欲擴充，非不注意科學也。」可見，蔣心胸狹窄，僅僅因爲忌憚蔡，就不願讓中研院擴充發展。[25]

蔡元培若是討好蔣介石，或許有機會當上作爲虛位國家元首的國民政府主席。一九三一年，蔣、汪、胡在上海和談，有記者問汪精衛：「設將來主席有更動，對繼任人有諒解否？」汪即回答：「假若余投票，願投孑民也。」然而，汪到南京後，看到蔣及胡都不贊同蔡，就不敢提蔡。蔣本屬意于右任做主席，但更多人傾向於更爲「年高德劭」的林森，於是

25 王奇生，〈蔣介石與黨國元老（1925-1932）〉，收入黃自進、潘光哲主編，《蔣介石與現代中國的形塑．第一冊．領袖的淬煉》（台北：中央研究院近代史研究所，2013），頁459-461。

于右任的目的沒有達到，據說還哭了一場。蔡對此頭銜卻從來不以爲然。蔡、于境界之高下立現。[26]

晚年的蔡元培去了香港，死在太平洋戰爭爆發前夕的香港，那是一個由英國秩序治理的城市，可見他對南京政府和蔣介石完全絕望，對中國的未來完全絕望。

詩人瘂弦一廂情願地感歎說：「國民黨是個健忘的政黨。像蔡元培這樣民國的締造者，他的墓還在香港一個荒涼的墓園中，沒有人把他的墓遷到台灣。當時在台灣那麼需要大師、偉人的年代，如果能把蔡元培的墓從香港的亂葬崗中遷出，在日月潭好好給修個墓，那多好啊！可惜沒人記得這件事。」他卻不知道，對於眞正反共的蔡元培，蔣介石偏偏恨之入骨。

26 金以林，《國民黨高層的派系鬥爭：蔣介石「最高領袖」地位是如何確立的》（北京：社會科學文獻出版社，2009），頁367。

2 吳稚暉

以非常之處置，護救非常之巨禍

共產主義成什麼主義，搶產主義、強盜主義而已，所謂唯物史觀、辯證法等等，無非為其階級鬥爭加些油水，還成什麼學說。

——吳稚暉

一九二七年三月六日，在上海環龍路二十六號鈕永建寓所，國民黨元老吳稚暉與中共總書記陳獨秀、中共江浙區委書記羅亦農有一場會談。

吳稚暉說：「研究共產學說，自爲共產黨之責；若實行共產，五六年前蘇俄代表越飛在廣州語孫總理，當在二百年之後；以我理想，二百年尚嫌不足。」

陳獨秀笑吳太迂，認爲共產革命很快就會在全球鋪開。

吳稚暉回應說：「急切輕掛招牌，止是贋鼎。」

陳獨秀說：「你更瘋癲，請問中國現在的共和不是僞的麼？你以爲康有爲之復辟，與共和孰優？」

吳稚暉又問了一個根本性的問題：「你定中國實行列寧式共產主義是若干年？」

陳獨秀毫不遲疑地回答：「二十年。」

吳稚暉聽罷，驚駭之極，隨即請坐在旁邊的國民黨上海市特別黨部執行委員會委員楊銓特別加以注意。坐在陳獨秀旁邊的羅亦農則對陳如此坦率不以爲然。在座諸人一時間陷入沉默。

然後，吳稚暉故意插科打諢說：「如此，國民黨生命只剩十九年了。前時孫總理答越飛：『國民革命完成，應需三十年。』若你們共產黨急迫至此，未免取得國民黨的生命太快了一點，應當通盤商量才好！」雙方強笑而散會。[1]

這番談話，讓吳稚暉從對蘇聯和中共的幻想中清醒過來。左傾是絕大多數人必經的人生階段，從清末即走上激進革命道路的吳稚暉也不例外。他多年追隨孫文的武裝革命，一九

1 中華民國史事紀要編輯委員會，《中華民國史事紀要·中華民國十六年（一九二七年）一至六月份》，頁513-514。

○五年在英國遊學期間加入同盟會。對於孫文的聯俄容共政策，他一開始舉雙手贊成。吳稚暉曾在北京辦了一所海外預備學校，當奉軍和直軍攻入北京、馮玉祥的國民軍敗退之時，他攜全體學生至東交民巷蘇聯駐華使館躲避，暫住該館小客廳中，後來才混入難民中逃離北京。[2]可見那時他是親蘇派。

一九二六年，吳稚暉將蘇聯使館視爲避難的天堂；一九二七年，他卻發現蘇聯和中共是不共戴天之仇敵。前一年，他將李大釗視爲同道；後年，他卻恨不得食其肉寢其皮。這一轉變是如何發生的？與陳獨秀的這場談話是一個分水嶺。

根據陳獨秀的這段談話以及中共的若干公開宣示，吳稚暉在呈送國民黨中央監察委員會的報告中指出，以共產黨首領二十年之定期而論，「二十年內中國國民黨滅亡，中國實行列寧式共產主義，似已爲難逃之巨禍」。他呼籲說：「本委員特將亡黨賣國之逆謀，十萬急迫，提呈本會，伏祈迅予公決，得咨交中央執行委員會非共產黨委員及未附逆委員，臨時討論，可否出以非常之處置，護救非常之巨禍，則國民黨幸甚，中國幸甚。」羅家倫認爲，吳稚暉、蔡元培、張靜江、李石曾等「商山四皓」在當時「仿佛代表一種道德的力量」，他們直接參與發起清黨運動，爲蔣介石贏得了一定的社會道德基礎。[3]吳稚暉主持的中央監察委員會對共產黨的彈劾，爲蔣介石的清黨提供了合法性保障，正如蔣對黃埔軍校學生所說，他不願服從武漢的中央執行委員會的決議案，是因爲「本黨是有監察委員的，若監察出會議手

2 當時，李大釗與國共兩黨在北方的領導機關遷入蘇聯使館所屬的一個廢棄兵營。在狹窄的空間中，吳稚暉常常與李大釗等人碰面，儘管處於寄人籬下境地，他仍時不時與李大釗等作理論上的辯論。楊愷齡，《民國吳稚暉先生敬恆年譜》（台北：台灣商務印書館，1981），頁65。

3 羅家倫，〈商山四皓〉，《羅家倫先生文存補遺》（台北：中央研究院近代史研究所，2009），頁28。

續不全，或違反主義黨綱，就可以宣告無效」。[4]

「有賣國與俄羅斯，我力除之也」

一九五三年十月三十日，吳稚暉在台北去世，享年八十九歲。蔣介石召開中常會討論治喪事宜，舉行公祭之時，黨政軍高層全都親臨默哀，蔣介石主祭致詞。吳稚暉的骨灰由專機送往金門附近的海面海葬。軍艦之上，槍聲大鳴，哀樂大作。蔣經國與親屬一道手執粗繩，將其靈柩沿著船舷緩緩放入大海。

一九七五年，蔣介石去世後，國民黨在台北市中心區的圓形廣場上爲之立銅像，並特地立了唯一一尊陪祀銅像，陪祀人正是吳稚暉。環顧政壇，此種殊榮，只有吳稚暉一個人享有。

國民政府在褒揚令中寫道：「於國家危難之際，則常定大計，決大疑於機先，而以民國十六年之清黨，二十六年之抗戰，與三十八年之遷台建立反共抗俄基地，翼贊中樞，厥功尤偉。」[5]在此三大功勞中，又以清黨爲首。

以抗戰而論，吳稚暉並非在前線衝鋒陷陣的將軍，只是在後方宣傳鼓吹，算不得首要功臣。以遷台而論，國民黨被共產黨擊敗，失去統治權，吳只是陪蔣逃亡的「難民」之一。以清黨而論，清黨除惡未盡，陳獨秀在吳稚暉面前宣稱共產黨二十年後奪權的預言，僅僅晚了

4 楊奎松，《國民黨的「聯共」與「反共」》（北京：社會科學文獻出版社，2009），頁171、頁242。

5 趙淑敏，《吳稚暉傳：永遠與自然同在》（台北：雨墨文化，1994），頁267。

兩年。不過，若非吳稚暉在一九二七年第一個發出清黨呼聲，共產黨或許在當時就要取國民黨而代之。一九六九年三月二十九日，蔣介石在國民黨第十次全國代表大會上，以總裁身份表示：「每當黨國危疑震撼之際，對吳先生所提之警語，必重複浮現於胸中腦際。」[6] 這句話並非虛言。

在文人中，吳稚暉反共最堅定；在軍人中，則新桂系將領比蔣介石更堅定。[7] 吳稚暉比大部分國民黨人更早洞悉蘇聯及中共的狼子野心，是因爲早年他送青年到法國勤工儉學，不料若干人成爲共產黨骨幹，對他這位老師展開批判。青年黨領袖李璜在回憶錄中寫道：吳稚暉於民初革命失敗後，亡命英國。此老稟賦特強，能惡衣粗食，受一切苦，毫不生病。其生平以「素貧賤行乎貧賤」爲信條，有一時期在倫敦雜處黑人區域中，殘肉劣菜，甘之如飴，所費甚儉。吳氏之老朋友石蘅青告訴李璜：「吳稚暉那種亡命客，跑碼頭式的外國留學辦法，不是一般知識分子所宜效法。要想眞的去讀書求學，像他每天費心思與時間搜買低廉的

---

6 陳洪、陳淩海，《吳稚暉先生大傳》（台北：穎慶印刷，1964年），頁169。

7 新桂系將領黃旭初認爲，當時的革命軍，多數不熱心清黨，甚至反對清黨，黨部慷慨決議，如無實力擁護，統帥是很難決心下令行動的，而堅決以實力貫徹此舉的，除何應欽外，只有李宗仁、李濟深、黃紹竑和白崇禧，碰巧四人都屬桂籍。所以廣西軍人成爲助蔣清黨的中堅力量。在上海龍華的北伐軍前敵指揮部召開清黨會議時，蔣顧慮重重，舉棋不定，認爲對付共產黨沒有把握。白崇禧挺身而起厲聲說：「你們怕共產黨，我不怕；你們不幹，我白某一個人也要幹。我馬上就要從我的防區內殺起！」廣西捕殺共產黨人數多於上海。新桂系將領胡宗鐸回憶，李宗仁召他到九江討論清共之事，李認爲，決定態度的標準在計算雙方實力。國民革命軍北伐共八個軍，第一軍是蔣的基本力量，但薛岳的第二師是擁汪的。第二軍軍長譚延闓，現在漢口，支持武漢政府。第三、四軍是親共的，程潛的第六軍與唐生智的第八軍更不用說，第五軍只出來兩團人，不必說。也就是說，八個軍中已有五個軍站在武漢一邊，桂系第七軍反對也沒有用。胡勸李宗仁道：「革命不能只計算力量。當初我們在廣西不過幾千人，照樣能統一全桂。可見力量不足爲憑，只看我們願不願做共產黨。」恰好白之電報在此時到達，聲稱反共沒有什麼可討論的，請李快到南京。李之態度於是決定。此爲反共之一大關鍵。黃旭初，《黃旭初回憶錄》（台北：獨立作家，2015年），頁48；夏連蔭訪談，《張發奎口述自傳》（台北，亞太政治哲學文化出版社，2017），頁192-193；郭廷以、沈雲龍、夏沛然等，〈胡宗鐸先生訪問紀錄〉，《口述歷史．第七期．軍系與民國政局》（台北：中央研究院近代史研究所，1996），頁71。

死魚爛肉，也就無有工夫再去安心學業。」當時，吳稚暉宣揚俄式促進世界大同的無政府主義，與中國原有的「天下」觀念及大同思想相近，他誤以爲這是一種「原始共產主義」，都有「共產」之一義，卻未了解到俄共式的一黨集權與一人獨裁與他的無政府主義有天淵之別。當中共成立時，中國有不少「書呆子」式的無政府主義者，居然加入其中，國民黨理論家戴季陶一度也要當發起人，而受老莊及陶淵明思想感染甚深的沈定一等人也爲之鼓吹。[8]

一九二六年九月，吳稚暉被廣東國民黨中央派赴上海，以江蘇特務委員會委員身份從事反對孫傳芳的地下工作（比共產黨派遣的周恩來早了兩個月到上海）。[9] 這段時間，是國共合作反對北洋政府的蜜月期，吳稚暉與羅亦農、汪壽華、侯紹裘等共產黨人多有來往，但摩擦開始出現。

吳稚暉剛到上海一個多月，中共即發起上海工人第一次武裝暴動。吳認爲汪壽華等「圖於國民黨外，要在上海另植一種革命勢力，以爲共產黨之地」。同時，他對蘇聯產生戒懼，對蘇聯駐滬領事館人員表示，俄國人不要對中國革命「伸縮操縱」。[10]

第一次上海工人暴動失敗後，中共又積極策動第二次暴動。一九二七年二月二十一日，中共中央及上海區委決定，積極準備，組織市民暴動，進而成立「臨時市民代表大會」（國民革命的蘇維埃）。當天晚上，中共上海區委與鈕永建、吳稚暉等決定，將國民黨江蘇特務委員會、江蘇省黨部、上海特別市黨部等合組聯席會議，準備成立上海市政府。

8 李璜，《學鈍室回憶錄》（台北：中國青年黨黨史委員會，1985），頁57。

9 吳稚暉痛恨北洋政府，一九二六年，他在北京險些被張作霖抓捕，對北洋各派系爭戰不已給百姓帶來的痛苦感同身受。一九二七年一月二日，農曆除夕，傅斯年從山東到上海，造訪吳，告知山東近況：「山東之民太苦，田地皆爲張宗昌所荒蕪，幾同廢墟。鄉間不見耕牛，市貨亦無定價。」陳淩海，《吳稚暉先生年譜》（台北：作者自印，1975），頁66。

10 吳稚暉，〈初以眞憑實據與汪精衛商榷〉，《吳稚暉先生全集》（台北：中國國民黨中央委員會黨史史料編纂委員會，1969），頁876。

二十二日上午，羅亦農、鈕永建、吳稚暉及上海總工會、上海學聯、商會等各方代表再次開會，汪壽華提議成立上海市民臨時革命委員會。對於這一名目，吳稚暉極為敏感，當即反對：「何以今日合了換湯不換藥之諸人，又欲別立一名目？難道國民黨還不夠革命嗎？倘共產黨必欲自立名目者，乃無意與國民黨合作。吾立國民黨地位，敢提出抗議。」當晚，吳在日記中寫道：

余言有人蔑視國民政府者，吾反對之，三十年內，有議共產者，吾反對之，有賣國於俄羅斯，我力除之也。[11]

當時，對於國共之裂痕，上海資產階級尚懵懂無知，商人代表王曉籟聽了吳的發言之後，「不知所措」。吳緩緩向其解釋，強調這是「朋友忠告」。很快，上海商人就體驗到「無產階級的鐵拳」。

吳稚暉等國民黨人不同意倉促發動工人暴動，但共產黨擅自做出發動起義的決定。當天下午五點半，羅亦農、汪壽華代表中共上海區委將起義計畫通知鈕永建，要求他以國民革命軍總參議的名義簽署命令。鈕問：「何以午前不早言？」他指責中年上海區委擅自做出決定，毫無合作「誠意」，但仍勉強簽署命令。

當晚，投靠南方的海軍開炮時間延誤，工人糾察隊已散去，暴動很快失敗。吳稚暉在日記中嘲諷說：「夜，我正倦睡而起食晚餐，杏佛、濟滄先後來言，頃在二十六號樓上聞炮聲十餘發甚厲，不知何物狂奴為此滑稽之舉動。」國共兩黨要人齊聚鈕永建寓所，卻等來失敗

11 楊天石，〈四一二政變前夕的吳稚暉〉，《蔣介石崛起與北伐》（台北：風雲時代，2009），頁409-410。

的噩耗，吳表示：「後當愼之又愼，如此無謂之犧牲，應當切戒。」

當晚，陳獨秀致信吳稚暉，解釋此次暴動是因爲「軍閥肆意屠殺，群眾忍耐不住，自由行動，甚至於影響海軍革命，行動中自不免無窮錯誤」，並「以人格擔保」共產黨並非故意拋開國民黨鬧革命。次日下午，羅亦農將此信交給吳，羅解釋說：「此皆人民忿無可洩，故輕舉妄動。」吳稚暉並不接受此種解釋，立即起草一封長信加以駁斥。他認爲，共產黨人追求「大人格」，忽略「小人格」，雖信誓旦旦，但所言皆不可信。

第二次工人暴動失敗後，中共仍不甘心，繼續煽動工運，罷工事件風起雲湧。三月五日，吳稚暉對羅亦農表示，「暴動工黨太激烈」。但中共不予理會。

清黨反共第一功臣

吳稚暉寄希望於蔣介石。三月十六日，他致信蔣強調上海的重要性：「當此宇內萬國，劃界分立之際，兵可百年不用，不可一日無備。上海方面應駐兵十萬。」他指出共產黨煽動的工運的危害性：「至於罷工諸問題，時時不免逾軌……」他提出殲滅肇事首腦的建議，與蔣一拍即合。[12]

三月二十六日，蔣介石抵達上海，駐上海龍華交涉署，以該地爲總司令部。吳稚暉與蔡元培等趕赴總司令部，與蔣朝夕討論清黨事宜。三年前，蔣說：「必能容納共產黨，始爲眞正之國民黨。」此時，蔣卻說：「如果國民黨要成功，非先消滅中國共產黨不可。」蔣對共

12 陳洪、陳淩海，《吳稚暉先生大傳》，頁169。

產黨的態度發生了天翻地覆的變化。吳稚暉何嘗不是如此？

吳稚暉主張，爲保密計，與會諸人均不得離總司令部外出。蔣夢麟回憶說：「當時先生（吳稚暉）約蔡元培先生、邵元沖先生及余四人與總司令鄰室住宿。吳、蔡兩先生與蔣總司令朝夕討論清黨大計，吳先生相約清黨明令未宣布以前我們四人不得離此外去，以免外人探知吳、蔡兩公行蹤，多所推測。而這一『無盔甲的袁世凱』（指吳）尤爲共產黨人所注目。」[13]可見情勢何其緊張。

四月二日，國民黨中央監察委員會分會召開會議，通過吳椎暉草擬的《請查辦共產黨呈文》，並審定應進行處置的共產黨及國民黨左派名單，計一百七十九人。

在國民黨中央監察委員會推動下，國民黨中央執行委員會連續發佈多份清黨文件，如《中國國民黨宣言宣布共產分子三種罪狀》、《中國國民黨宣言宣佈中國共產黨罪狀》、《中國國民黨宣言武漢會議當然無效》、《告全國同志書》等，與共產黨決裂。

在一九二七年的清黨運動及國民黨內部不同派系的合縱連橫中，吳稚暉以蔣介石代表的身份，出面助蔣拉攏盟友。他遊說汪精衛，但汪不願屈居蔣之下並對中共心存幻想，吳當面叱罵之。汪悄然赴武漢，吳寫信譴責說：「先生之離奇怪誕，眞使人莫名其妙。如先生果已歸化共產黨，不過借國民黨爲一種見客之面具，是則先生已服膺陳獨秀而爲之第二矣。」

吳亦屈尊與西山會議派接洽，希望聯合西山會議派一起清共。但西山會議派自詡爲清共的「先覺」，要求先獲平反，不願繼續背著罵名，吳與蔣卻要求西山會議派「不居名分」。

13 蔣夢麟，〈一個富有意義的人生〉，《傳記文學》，第4卷第3期。

鄒魯記載說：「我大怪起來，與吳稚暉同志辯論了三四個鐘頭。」[14] 最後，西山會議派沒有與蔣合作。

六月，吳稚暉前往徐州，參加為期三天的徐州會議，出席者有蔣介石、馮玉祥、張靜江、胡漢民、李宗仁、白崇禧等人，吳稚暉擔任主席。會議討論了清黨反共、寧漢合作、繼續北伐等問題。會議結束時，蔣、馮發表聯合聲明，蔣馮合作，對武漢而言，不啻是當頭棒喝。

吳稚暉首倡清共，功不可沒。多年以後，胡適在紀念吳稚暉百年誕辰時，撰寫〈追念吳稚暉先生〉一文指出：「我們從歷史上面看三十六年前，方可更深刻的了解當時蔣介石先生清黨反共的重大意義，方可更深刻了解吳稚暉先生舉發共產黨叛國陰謀的呈文的重大意義。」當時，胡適正在從美國回國的途中，哈佛大學教授赫貞（Manly O. Hudson）認為最近中國發生的政變「是一個大反動」，胡適反駁說：「蔣介石將軍清黨反共的舉動能得著一班元老的支持。你們外國朋友也不認得吳敬恆、蔡元培是什麼人，但我知道這幾個人，很佩服他們的見識與人格。這個新政府能得到這一班元老的支持，是站得住的。」經過日本時，他對中國學生和日本報人談話說：「蔡元培、吳敬恆不是反動派，他們是傾向無政府主張的自由論者。我向來敬重這個人。他們的道義力量，支持的政府，是可以得著我的同情的。」他認為，蔡、吳「確是一種重大的道義的力量。這種道義的力量在我們無黨派的自由主義者的心目中，是確會發生很大影響的」。

胡適在一九二八年五月十八日的日記中，記載了在南京與吳稚暉一起吃飯和暢談的情

14 羅平漢，《風塵逸士：吳稚暉別傳》（北京：華夏出版社，1999），頁207。

形，其中有這一段寫道：「稚暉先生總憂慮共產黨還要得大志一番，中國還免不了殺人放火之劫。我卻不這樣想。」現在，胡適承認自己錯了，吳的遠慮很可以佩服：「他是個先見的哲人，他對於共產黨的『巨禍』，確有很深刻的觀察。……他當日挺身出來控訴共產黨盜國的陰謀，是根據他親自經驗觀察得來的事實，在精神上也還是他一生信仰的『實事求是，莫作調人』八個字的表現。」[15]

聯俄容共是孫文生前留下的三大政策之一，國民黨一方面要神化孫文，一方面又要反共，難免左支右絀，難以自圓其說。作爲與孫文同代的革命前輩，吳稚暉高舉反共的旗幟，讓蔣介石終於得以放手大幹。但清黨最終虎頭蛇尾，共產黨再度死灰復燃，原因在於國民黨意識形態的混亂及內部派系的駁雜，正如反共最堅決的桂系將領黃旭初所感歎的那樣：清黨是國民黨史上的大事，也似乎是國民黨命運安排所難免的事情。在事件過程中，有幾點滑稽可笑的：一，清黨已在行動了，卻還標榜聯俄容共。二，西山會議派本反共的祖宗，但清黨中卻仍叫打倒西山會議派的口號，又下令查封其黨部。三，汪回國復職到滬，蔣與其懇談後，即通電率全軍而服從之，表示竭誠擁戴，但汪復職後，竟下令將蔣撤職通緝，並開除黨籍，凡此之類，無異演劇。[16]

15 陳洪、陳淩海，《吳稚暉先生大傳》，頁179-182。
16 黃旭初，《黃旭初回憶錄》，頁48。

無政府主義、共產主義與三民主義能相容嗎？

吳稚暉反共思想的形成，除了通過在現實政治中與共產黨人接觸、交往而發現共產黨人的謊言、殘暴和卑劣的品性和手腕之外，更是因爲他在思想觀念上與共產主義（列寧主義）的分歧與對立。

吳稚暉在從事社會政治活動同時，積極投身於文化教育事業，在語音、文字、哲學、教育、書法、翻譯諸方面都有很深造詣與很高成就。他愛好極爲廣泛，對各種新生事物有強烈好奇心。一九二七年一月，他在上海處理嚴峻紛繁的政治事務，與共產黨鬥法，卻不忘忙裡偷閒，「在寓所增設沖洗攝影暗房，以研究美術照相之用」。[17] 一月二日，他應邵元沖邀宴，赴宴者有教育家蔣夢麟、經濟學家馬寅初、氣象學家竺可楨等人。邵氏本意，是商談編譯事宜。吳稚暉卻暢談科學與工藝之重要，先從製造軍械談起，一經發言，勢如長江大河，不可遏制，娓娓不倦，一座粲然，始終未及正題。他是在座諸人的長輩，沒有人敢打斷他。

北大校長蔣夢麟稱讚吳稚暉是「中國學術界一顆光芒四射的彗星」，新文化運動領軍人物胡適評價其爲「中國近三百年來四大反理學思想家之一」。從清末公車上書到民國新文化論戰、「科玄論戰」、國共論戰等，他無役不與，嬉笑怒罵皆成文章，其雜文洛陽紙貴、風靡一時。

吳稚暉一生都在尋找「一個新信仰的宇宙人生觀」，在新與舊的夾縫中一路狂奔。其性

17 楊愷齡，《民國吳稚暉先生敬恆年譜》，頁67。

格好走極端，好作驚人之語。一九〇二年，他留學日本，因鼓吹反滿革命，被清廷駐日公使蔡鈞向日本警方告發，強令其歸國，他在獄中寫下絕命書：「信之以死，明不作賊，民權自由，建邦天則，削髮維新，片言可決。以屍爲諫，懷憂曲突，唏噓悲哉，公使何貴。孔曰成仁，孟曰取義，亡國之慘，將有如是，諸公努力，僕終不死。」他在被警察押送途中從橋上跳水自盡，被警察救起。之後，在友人蔡元培陪同下乘船回國。

吳稚暉是最後一代受過完整、系統、扎實的中國傳統文化（儒家）教育的士大夫，中舉之後再也考不上進士，科場崚嶒，與梁啓超相似。他留學日本、英國和法國，對西方先進學說和文化頗爲了解。然而，他並未深入接觸和研究英美的自由、民主、共和、憲政的學說，更未透徹掌握政制背後的民情、宗教與秩序。他將近代激進主義一脈的無政府主義這一糟粕當做寶貝，樂顛顛地捧回國。一九〇七年，他與李石曾等在法國創辦《新世紀》週刊，「多介紹蒲魯東、巴枯寧、克魯泡特金、拉馬爾克等學說，一時頗有影響」。

吳稚暉曾說：「我是三民主義的忠實信徒，但把吳稚暉化了灰，也還是個無政府主義的信仰者。」他的無政府主義者同志卻稱他是「一個壞透了的好人」。「好」與「壞」、「進步」與「落後」，在無政府主義、共產主義和三民主義的不同思想譜系中，是彼此牽扯甚至對立的。

一九〇五年，吳稚暉在英國第一次會晤孫文，此後一直追隨之。在孫文與陶成章、章太炎等的分歧與爭鬥中，他都站在孫文一邊，爲之保駕護航。[18] 但他對三民主義的接受卻是

18 吳稚暉對孫文頗爲敬重：「國父是一個很誠懇、平易近人的紳士。然而只覺是偉大，是不能形容的偉大，稱爲自然偉大，最爲適當。世俗所謂偉大，都是有條件襯托出來的，或者是有貴人氣，又或者有道學氣，又或者有英雄氣，或者擺出名士氣，而國父品格的偉大，純出於自然。」他諱言孫文身上的重大缺陷以及聯俄容共的重大錯誤。

一個漫長過程。他是同盟會老會員，入民國後，對由同盟會改組而成的國民黨卻若即若離。一九一二年，孫文在南京就任臨時大總統，請他出任教育總長，他婉拒說：「我願任奔走之勞，做官我是做不像的。」他並不認同孫文在二次革命後重建的中華革命黨，直到一九二四年，在廣州召開國民黨一大，他才出任中央監察委員。孫文在北京去世前夕，他參與起草孫文遺囑。三民主義的成形，有他一份功勞。三民主義是一個大雜燴，無法形成一套自圓其說的思想體系。無政府主義對吳稚暉的吸引力更大。

在西方現代政治思想脈絡中，無政府主義是共產主義之前身，共產主義是無政府主義之升級版，吳稚暉不可能不知道這個常識，他承認共產主義是無政府主義的「灰孫子」。一九二四年五月十五日，他在〈致華林書——無政府黨人進入國民黨的理由〉一文中指出：

> 無政府主義是拿信仰道德為基礎，他雖不恤破壞，但要合理的破壞及教育而成。不是列寧式的用獨裁權，掛招牌便算……克魯伯特（克魯泡特金）先生熱心的加入同革俄皇之命，即無異國民黨之所為，亦是無政府主義未成熟，就作成較低的共產主義生吞活剝。[19]

吳稚暉對無政府主義及理想主義層面的共產主義抱同情的理解，克魯泡特金等無政府主義者皆具有崇高人格和犧牲精神，對知識分子頗有感召力，後來的五四一代青年中，巴金等人成爲無政府主義的信奉者和鼓吹者。吳的理想是「三千年之後」達到無政府之治的境界（後來又說兩萬年）。

19 趙淑敏，《吳稚暉傳：永遠與自然同在》，頁150。

吳稚暉認爲，理想主義層面的共產主義可以接受。他曾向汪壽華等表示：「勿急躁。如國民革命完成，貫徹中山先生之遺囑，將來進一步，中山先生亦非不能共產者，何必圖掛招牌，仍賣假藥，學上海書商輒賣預約劵，作朝生暮死之事乎！」他強調，其國共合作理想是「現在共助國，將來國變共」，時間早晚，可以商量。

但吳稚暉不贊成列寧式共產，不贊成中共「卑詞厚貌」地稱譽「蘇俄建設」。他在給陳獨秀的信中說，「弟之爲人，有極端矛盾兩性質，語其卑，雖康有爲果能佐宣統皇帝而行明治天皇之政，弟惟不與其謀而已……語其高，不惟共產實行，無政府速現，莫不願共邪許……」但又指出，即便爲達成崇高的理想，也不可一再耍手段、用權術，而列寧（史達林）、托洛斯基之間已分爲「彼此」，共產黨內鬥太過殘酷。

關於國共之區別，吳稚暉有一對有趣的比喻：「國民黨實在太老大了！也太陳舊了！共產黨則確實很新鮮，又漂亮。不過國民黨好像一頂破氈帽，摘下來落在地上，被人家踏上幾腳，拾起來，抖一抖灰，戴在頭上，仍然還是一頂氈帽。共產黨呢？固然漂亮、新鮮，也正像廣東人說的『電燈膽』。可是一不小心，掉在地上，嘩啦一聲，就粉碎了。」[20] 後來，他又用另一比喻：

> 共產黨實在是一只神通廣大的狐狸精，若不是親自窺見過他的原形，儘你說他如何兇妖可怕，終不肯相信；被他已經迷得痛骨支離，見他回眸一笑，還是立刻愛情濃郁，不顧生命地向他了。[21]

20 羅平漢，《風塵逸士：吳稚暉別傳》，頁205。

21 吳稚暉，〈書汪精衛銑電後：述民國十六年四月汪精衛、陳獨秀聯合宣言與寧漢分裂經過〉，《吳稚暉全集》，卷9，頁99。

吳稚暉更指出，因爲列寧式共產主義「兇暴無比」，「列寧之對面，已生莫索利尼」。[22]這句話，顯示出其先知般的洞見：表面上看，墨索里尼作爲列寧的對立面出現在歷史舞台上；但實際上，墨索里尼是列寧的同類，都是激進左派（法西斯和納粹不是保守傳統的右派），都是極權主義者，都是殺人不眨眼的屠夫。

可惜，當蔣介石在一九三〇年代試圖效法法西斯和納粹，掀起中國的法西斯運動時，與蔣介石的戰車緊緊捆綁在一起的吳稚暉卻保持沉默，既沒有公開批評，也沒有在體制內做出諫言。

不是老狗，而是蔣家兩代人的帝王師

在民國歷史上，吳稚暉是一名毀譽參半的奇人、怪人。

當南京政府成立後，蔣介石任命吳稚暉爲國民革命軍總政治部主任，他堅辭不就：「我是無政府主義者，脾氣也不好，不敢當呀！」一九四三年，國民政府主席林森病逝陪都重慶，蔣力邀吳出任新主席，吳推辭不就。[23]吳的原則是：「官是一定不做的，國事是一定不可不問的」以及「居於世而不入世，甘爲士而不入仕」。

吳稚暉是比孫文還要年長一歲的黨國元老，沒有人的資格比他更老。他喜歡罵人，用嘴

22 楊天石，〈四一二政變前夕的吳稚暉〉，《蔣介石崛起與北伐》，頁414-416。

23 吳的的理由是「三不」：「我平常的衣服穿得很隨便很簡單，做元首要穿燕尾服、打領結領帶，我覺得不自在；我臉長得很醜，不像一個大人物的模樣；我這個人愛笑，看到什麼會不自主地笑起來，哪天外國使節來遞國書，會不由得笑起來，不雅。」他聽說請他出山的人快來了，便在前門貼張條子，寫著「吳稚暉先生吃油條去了」，人卻從後門溜掉了。

巴罵，更用筆罵，其毒舌和刀筆，堪稱民國兩大絕技。

吳稚暉罵馮玉祥是「治世之能臣，亂世之奸雄」，罵閻錫山是「治世的村中俏，亂世的狐狸精」，罵汪精衛是「鬥昏雞」，罵胡漢民是「宋襄公」。他曾掄著枴杖追打戴笠，戴笠跑得快，他追不上，氣呼呼地罵道：「可惜，攆不上這個狗雜種。」

別人罵吳也不留情。馮玉祥罵他「變節為一人之老狗」，章太炎罵他是「康有為門下之小吏，盛宣懷校內之洋奴」，汪精衛罵他「昏庸老朽」、「老狗」，魯迅罵他「吳老頭子老益壯，放屁放屁來相嚷」。

吳稚暉與陳獨秀因理念對立而反目成仇。四一二清共之後，陳獨秀撰寫〈所謂無政府主義本來就是這樣〉、〈速成的無政府主義者吳稚暉〉、〈還是吳稚暉說老實話〉、〈吳稚暉識主〉等文攻擊之：「昔史憲誠謂唐詔使曰：『我本奚，如狗也，唯知識主。』蔣介石車駕南都，李烈鈞避之府中，獨吳稚暉以黨國元老而郊迎蔣於車站。君子曰：吳稚暉可謂識主矣！」[24] 中共栽贓說，吳向上海警備司令楊虎告密，致使陳獨秀的兒子陳延年被捕殺。但並無任何證據表明吳這樣做過。[25]

吳稚暉只有「三不罵」——蔡元培、蔣介石和蔣經國，從來不罵。蔣在北伐初期展露出軍事和政治才華後，吳將黨國命運寄託在蔣身上。當蔣於一九二七年三月二十六日抵達上海，吳以前輩身份忠告說：「你今天身負軍事和黨國責任，此刻之心情，正如經書所說：

24 陳獨秀，〈吳稚暉識主〉，《陳獨秀文章選編》（北京：三聯書店，1984），頁489。

25 吳確實對陳延年被捕幸災樂禍：「老陳沒有用了，小陳可怕，太可怕，勝過其父十倍。捉到小陳，天下從此可以太平了。」但陳延年在獄中早已暴露身份，蔣下了處決手令，陳延年之死跟吳並無直接關係。一九四二年，吳稚暉聽到陳獨秀在四川江津貧病而逝，寫了一副頗有諷刺意味的輓聯：「思想極高明，對社會有功，於祖宗負罪，且累董狐尋直筆；政治大失敗，走美西若輩，留楚囚如斯，終輸阿Q能跳樑。」

『懷乎若朽索之馭六馬』，只有出之以戒懼恐懼，採持堅確的毅力與決心，乃能無畏於橫逆，而終底於成功。」[26] 蔣欣然笑納此一諫言。

在「四大元老」中，蔡元培、張靜江先後與蔣關係破裂，李石曾亦淡出政治第一線。[27] 唯有吳稚暉一直追隨蔣介石，善始善終（一九三一年以後，蔣主動征詢吳氏意見的機會日漸稀少。直至抗戰後期，這一局面才有所改觀，但已不復南京政府初期的情形），其香火情傳遞到蔣經國那裡。

一九二七年清共之後，吳稚暉與蔣介石如影隨形，即便蔣下野、落魄、失敗、逃遁台灣，亦不離不棄。蔣三次被迫下野，他都居間遊說、周旋，促成蔣復出。蔣打壓各路諸侯，主要用三樣法寶：一是依靠強大的中央軍武力討伐；二是以江浙財團爲後盾，用「銀彈」收買對手；三是依靠以吳稚暉爲首的一幫名人大佬，幫著搖旗吶喊，用「中央」、「法統」的牌子壓制各路軍閥，占有心理和輿論上的優勢。吳稚暉與陳布雷、陶希聖等蔣的筆桿子、御用文人、文膽不同，他是以長輩和前輩的身份給蔣「幫腔」，聲音更大，說服力也更強。

蔣六十大壽時，吳稚暉將其比喻爲成吉思汗和華盛頓。他還專門發表廣播講話：「一定要煩勞蔣主席，到了整一百歲，看他開了一個革命成功的慶祝會，方才讓他告老，再享一百年清清閒閒的老福。」這種吹捧，實在太過肉麻。吳投之以桃，蔣報之以李，在吳去世後親筆題寫「痛失師表」的匾額，稱讚吳是「當代偉大的文學家、哲學家、教育家、書法家、社

26 趙淑敏，《吳稚暉傳：永遠與自然同在》，頁68。

27 蔣批評這些元老「主觀太深，不通現代政治」、「徒尚意氣而不顧黨國之存亡」、「不思究竟與是非，而徒重利害，並逼人爲劊子手」，在其第三次下野時總結失敗原因，第一條就是「始誤於老者」。王奇生，〈蔣介石與黨國元老（1925-1932）〉，收入黃自進、潘光哲主編：《蔣介石與現代中國的形塑．第一冊．領袖的淬煉》（台北：中央研究院近代史研究所，2013），頁463。

會改革家，不但是國民革命的先覺，而且國父孫中山先生特別推重其是一位革命的聖人」。

蔣介石是吳稚暉的後輩，對吳執弟子禮，逃到台灣的國民黨元老中唯有吳一人享受此種優待。一九二五年，吳在北京辦海外預備學校時，蔣介石將十五歲的蔣經國送去住宿攻讀。吳單獨授課，並讓其加習俄語。[28] 十五歲的蔣經國是第一個離開的學生，要到蘇聯「革命去」。吳告訴這名少年人，革命不是簡單的事，要他再考慮一下。隔了兩個星期，蔣經國仍決定要去蘇聯。吳說「試試也好，青年人多嘗試一次，都是好的」，並親自送其出行。

兩人再相見時，已是十四年後。老師見到學生，第一句話就是問嘗試的經過如何。蔣經國以千言萬語無從說起，寫了一份報告給老師（也交給父親）。吳看了後感歎，這名學生已嚐過人間最苦的滋味，萬幸的是，總算「沒把命試掉」。

一九四九年，蔣介石派專機「美齡號」將吳稚暉從廣州接到台北。吳稚暉生命中最後四年是在台灣度過的。有一次，蔣經國問：「先生，你看我們今後成功的希望怎麼樣？我們重新站起來的希望怎麼樣？」吳的答覆非常簡單：「你想成功，就會成功，你不想成功，就永遠不會成功。」將心比心，吳何嘗不想成功呢，何嘗不想將中共斬草除根呢？他沒有成功，至死不得歸家。[29]

---

28 楊愷齡，《民國吳稚暉先生敬恆年譜》，頁63。

29 畢業於蔣經國創辦的幹校的軍中詩人瘂弦認爲，吳稚暉的風範影響了蔣經國，比如蔣經國的平民化、有文藝傾向、重視文化，這些都和吳稚暉的影響有關。

3

陶希聖

分共之後，仍然革命

民國十六年一月，我回武漢；十二月，我離武漢。有如黃鶴樓與晴川閣對峙之下，滾滾江流之中，一葉扁舟，翻騰風浪之際，死裡逃生，仍返上海。……在此一年中間，我見知與觀察所及，對國際共產黨之思想理論與戰略戰術，有深切之瞭解。

——陶希聖

一九二四年，北大法學科畢業的陶希聖應聘到上海商務印書館當編輯，辛苦編書和著述，隨後「斗膽回鄉，決心搬家眷到上海」。那個年代，一個鄉紳子弟帶家眷出來，意味著放棄祖業家業，不是一件容易的事情，陶深有感觸地說：「從此以後，我們是失去家鄉根基的都市人海裡的漂泊之人，只有努力向前。」[1]

但是，都市生活充滿不確定性，陶希聖的收入不足以抵禦生活中的變數。一九二六年六月，他患傷寒轉肋膜炎，病勢危急，家中卻一名不文。他發函老家請求匯醫藥費來，說「與其等我死後，寄錢來買棺材，不如先寄點錢來，救我的命」，其語悲涼哀絕，卻有帶有流氓無產者的痞子氣。

陶希聖讀了不少左派書籍，從心底裡反對地主和資本家——包括他自己的家族，卻毫不愧疚地向家人索取錢財。他早已成年，本應自力更生、自給自足。然而，他是那種受過新式教育、心比天高、命比紙薄的「邊緣知識人」，不能養活自己，卻有匡扶天下的志向，上也上不去，下也下不來。毛澤東、鄧小平等人皆如此，毛到岳父家騙錢，鄧結婚時向多年不來往的父親索取婚禮費用。

一九二七年一月，陶希聖到武昌之後，寫信讓一名葉姓佃農到武昌來，對後者說：「田地於我沒有幫助，我也決意不靠家產爲生計。請你們把我自己的應得的一份田地分了吧！」但此人不肯接受。陶氏家族中人據此認爲他已加入共產黨，他到漢口去拜見三叔公時，三叔公劈頭就是一句「你回來了，你做共產黨了」。[2]

1 陶希聖，《潮流與點滴》（台北：傳記文學出版社，1979），頁66。
2 李楊、范泓，《重說陶希聖》（台北：秀威資訊，2008），頁24。以下引自本書之內容不再一一標註。

一九二七年，北伐勝利進軍，陶希聖看到生命中的轉機時刻來臨，辭掉商務印書館編譯所的工作，欣然接受中央軍事學校武漢分校政治教官的任命，一家人從上海啓程前往武漢——若他留下來，以他偏左的立場，四一二清黨之役，能倖免於難嗎？

上層權力變遷劇烈，下層社會則採取「水來土擋，兵來將擋」的方式應對。陶希聖夫婦和三個小孩上船後，爲避免孫傳芳的查緝，躲在房裡，不敢露面。輪船大廳的牆壁上，掛著一面鏡框，其中是「五省聯軍總司令孫」的布告，那是嚴重的警告。但輪船一過安慶，船員將那鏡框翻轉來，另一布告顯示在旅客眼前，是「國民革命軍總司令蔣」保護行旅的命令。這是中國人的生存智慧。

五月，陶希聖被中央獨立師黨代表兼政治部主任惲代英任命爲獨立師軍法處長兼特務組長，隨獨立師出發抗擊進軍武漢的夏斗寅部。不知前途是禍是福，他安排妻子冰如帶三個孩子到黃岡老家躲避。陶母不滿媳婦沒有阻止兒子上前線，逼迫媳婦去把兒子找回來。在這非常爲難的氣氛裡，陶希聖的一位堂嫂，也是冰如的姨姊妹，挺身而出，陪她去武漢找人。這位萬大嫂正是率領夏斗寅先頭部隊的萬耀煌的姐姐，她對陶妻說：「我們（家中的男子）在前方是敵人，（但我們）在後方仍是姊妹和妯娌。」[3]

一九二七年十二月，武漢政府覆滅。陶希聖不願隨由軍校學生改編的教導團南下，遁入法租界（此前他是竭力叫囂收回租界的人士），並且接洽了一艘帆船——那是一個族人的帆船（此前他主張打破宗族束縛），他躲藏在船中逃離武漢。出發前，船停泊在一個碼頭的鐵

3 陶希聖的外孫沈寧撰文透露：萬耀煌是外婆冰如的堂兄，從小讀軍校，一直讀到陸軍大學畢業，論打仗很有一套，武漢軍校一班文人墨客和講習所一批農民，非他對手。所以陶希聖隨軍出發時，陶太太早有交代，如果軍校打敗，乖乖舉手投降，叫夏軍捉去，只說是萬師長的親戚。實際上只是虛驚一場，夏斗寅爲保存實力，並不想眞打仗，一見武漢出兵，就把萬耀煌部隊撤走了。

橋下，就在此時，西征軍下江輪進漢口，一批一批從這艘船頂上的橋上走過。這一幕真實場景，充滿隱喻。

一九二八年初春，陶希聖一家五口躲過長江中部的大風暴，到上海大沽路居住下來。族姪陶祖蔭從故鄉來，告訴他說：「二叔！你的家產已經分配完了。你們家的現錢已被大叔在漢口耗盡，現貨是搬到大姑的家裡去了。」[4] 從此，他再也不能用道德和情感勒索的方式向家族要錢了。

工人階級是中國的救星嗎？

一月，陶希聖剛在漢口上岸，就看見白布黑字的標語，高張在街頭——「打倒昏庸的老朽！」、「反對軍事獨裁！」前者指向國民黨元老、中常會主席張靜江，後者指向國民革命軍總司令蔣介石。那些標語讓手持蔣介石簽發的任命狀的陶希聖觸目驚心，他意識到國民黨高層的裂痕如此之深。

陶希聖生前從未承認加入過共產黨，也找不到檔案材料證實。用他的話來說，「我的社會政治關係左至共產主義，右至國家主義，可以說是廣泛。但是我的社會政治思想路線，左亦不至共產主義，右亦不至國家主義」。整體而言，他的政治立場中間偏左，一九二六年在上海即已接觸瞿秋白與蔡和森等編譯的介紹共產主義的小冊子，其中有布哈林的《唯物史觀》。他還購買馬克思與列寧著作的英文和日本版本，進一步研究。對馬列原典的掌握，他

4 陶泰來、陶晉生，《陶希聖年表》（台北：聯經，2017），頁99。

超過大部分共產黨領袖。

陶希聖在上海時，與周佛海來往密切。戴季陶將周佛海推薦給蔣介石，周得到蔣的重用，出任中央軍校武漢分校秘書長兼政治部主任。周又向蔣推薦陶，陶被任命爲中央軍校政治教官、兼任總政治部政工人員訓練委員會常務委員。[5] 陶同時在武漢大學任教。他在兩所學校講授的課程包括《社會科學概論》、《各國革命史》、《無產階級政黨史》、《帝國主義侵華史》，均著重於列強的侵略與不平等條約的束縛，以闡明國民革命的本質與意義。

陶希聖發現，武漢各界不知道國民黨中央，只看見總司令部總政治部主任鄧演達的活動，及軍方政治工作人員的宣傳活動，還有總工會與農民協會。漢口新市場的一個大廳裡，經常有工會集會，高唱國際歌，遊人都聽得見。

這一年的五一國際勞動節，武漢舉行五十萬人遊行示威，陶希聖代表軍校政治部到新市場參加。他觀察到：「那講台上排列著三張像片，中間是馬克思，右邊是孫中山，左邊是列寧。登台演說的是瞿秋白，鄧中夏等。中國國民黨湖北省黨部代表鄧初民最後說話。他自稱代表本黨向無產階級道歉。他鞠了躬又鞠躬，以示對工人階級的尊崇。」

在會場四周，工會的童子軍把守路口，不准穿長袍的人進入會場，「誰穿長袍，就就是劣紳」。每逢穿長衣的人經過，都要攔截剪長衣，「這些穿長衣的先生們，在大路上遠遠望見那些虎虎的童子軍，便雞飛狗跳的往小巷亂鑽，秩序那樣的凌亂，武漢眞有岌岌不可終日

5 武漢分校爲國民黨左派和共產黨所控制，鄧演達任代校長，代黨代表爲顧孟餘，教育長爲張治中，政治部主任爲周佛海，政治總教官爲惲代英。一九二六年，在國民革命軍中有八百七十六名政治工作者，百分之七十五是共產黨和國民黨左派。陶希聖被歸入國民黨左派。學校教育方針爲政治與軍事並重，政治重於軍事，「這種政治的訓練，實爲本校制度之特點，亦本校精神之寄託」，這在中國近代軍校史上前所未有。

之勢」。[6] 一向好穿長袍馬褂的陳獨秀對著武漢工會主席向忠發拍桌大罵：「你們搞什麼名堂？這是胡鬧，這是無政府主義。爲什麼不能穿長袍？我也穿長袍嘛。」然而，穿長袍的陳獨秀很快被共產國際和黨內激進派打成右傾投降主義，開除出黨。

動蕩中的武漢，人人自危。軍校有一句口號：「防友如防敵。」此後，國共兩黨的政治運動都將這一理念發揮到極致，自己人整肅自己人最殘酷。陶希聖的朋友們一個個離開武漢，沿江而下投奔蔣介石，只剩下周佛海、陶希聖。陶希聖勸周佛海夫婦到漢口進租界：「我是本地人，只要換一件便服，到處可以躲藏。」本是好友的周懷疑陶偵查他們的行蹤，不敢答話。周太太拿出一件長衫送給陶。陶從前門告辭而去，周氏夫婦即從後門出去，立刻過江，然後搭輪船往上海。

有了這段「革命」經歷，陶希聖看清了激進左派言行之荒腔走板，更看到教育程度有限的工人階級並不足以充當革命中流砥柱。此後數年，他淡出政治前線，在上海多所大學任教，著書立說，創立「食貨學派」。在「社會史論戰」中，他指出中國社會並非如左翼所說是封建社會或半封建半資本主義社會，而是由士大夫和農民兩大階級組成，「兩年來的經歷與思考，更加深了我對社會組織的認識與分析的能力」。

殺人放火不能讓農民「起來」

一九二七年五月，陶希聖隨葉挺部迎戰夏斗寅部。夏部虛晃一槍後撤退，葉部收復咸寧

6 陳公博，《苦笑錄》（北京：東方出版社，2004），頁79。

等地。身爲中央獨立師軍法處長和特務組長的陶希聖，也負責指導咸寧的政治工作隊。

萬耀煌任命的縣長等官員已逃走，陶希聖召集工會、農民協會、商民協會、學生聯合會、婦女會的代表，組成咸寧縣政府，自任縣政府司法科長。

陶希聖發現，中共與國民黨左派發動農民鬥爭地主，破壞了農村經濟，受害者仍是農民，農民憎恨共產黨。農民協會是實力派，有槍彈，有力量打倒地主。但一般農民對於農民協會，大抵是一團怨恨。尤其開大會，要大眾參加，農民協會的命令是「不來就綁起來」。農民敢怒而不敢言。

農民合作社更是農民頭上的重擔。大眾出糧出布出錢，卻分不到紅利，買不到日用品。農民對合作社的怨恨到了極點。

萬耀煌的軍隊開進咸寧時，農民群眾數百人自發包圍合作社，要求退股，還打了合作社職員。當中央獨立師重新佔領咸寧後，農民協會拘押其中五人，扣押在看守所內。

這時恰逢五卅慘案兩週年，農民協會召開紀念大會，書記是一名青年學生，是共青團員，跑來跟陶希聖匯報工作——

他說：「打合作社的五個農民，必須捆到大會，當眾槍斃。」

我問他說：「為什麼明天的大會要當場槍斃人？」

那書記說：「每次大會照例都要槍斃人，否則農民不從命令。」

我問：「誰決定槍斃那五個農民？農民協會常務委員會開會決定呢？還是你書記決定。」

他說：「書記下條子決定。」

我用最嚴厲的語氣，説道：「你聽著！我現在是中央獨立師軍法處長對你說話。我決定廢止大會殺人的慣例。農民大會要殺人，我就要先槍斃你！」[7]

這是陶希聖一生中少有的書生之怒。他傳訊那五個農民，發現他們都是小農，其中還有一個孤苦的寡婦。他判他們無罪，將他們釋放。

但那個書記逃回武漢，控訴陶希聖是「反動軍閥」。惲代英將陶希聖召回武漢。

這個細節生動地說明了激進農民運動是殺人放火。中共領袖李立三的鄉紳父親被砍了頭，李立三對此保持沉默。張國燾在回憶錄中記載，李立三的父親跑到武漢來避難，拿著兒子親筆致湖南負責同志的信，擔保這位老人不會有反對農協的態度和行爲，高高興興地回湖南去了。不料消息傳來，李立三的保證並無任何效力，這位老人被農協「亂幹」掉了。

毛澤東在《湖南農民運動考察報告》中指出：「每個農村必須造成一個短時期的恐怖現象，非如此不能鎮壓農村反革命派的活動，決不能打倒紳權。矯枉必須過正，不過正不能矯枉。」毛深信最弱者是最強者，正如歷史學家余英時所說：

一九二七年以後毛澤東「革命」的社會基礎主要是農村的邊緣人，而不是普通的工人和農人。[8]

7 陶希聖，《潮流與點滴》，頁95。

8 余英時，〈打天下的光棍〉，收入氏著《歷史人物與文化危機》（台北：聯經，1999年），頁52。

余英時借顧炎武的話說，「毀方敗常之俗，毛澤東一人變之而有餘」。陶希聖也算是「農村邊緣人」，但他比毛澤東更成功地融入城市——一九二〇年代末、一九三〇年代初，他在上海晉升爲大學教師和商務印書館編輯，算是體面的中產階級。

陶希聖的上司鄧演達也是激進農民運動的狂熱鼓吹者。曾擔任中共湖北省委書記的張太雷說過：「鄧演達比我們更左、更激烈。」[9] 張治中也認爲，鄧演達「左傾的態度，還超過共產黨」。[10] 陶希聖發現，鄧演達以農民領導者自任。一個大會明明只有三千人，他相信至少有兩萬人，每次到武漢分校演講，鄧演達常用手指著聽眾，高呼「現在，農民起來了。」[11]

陶希聖不以爲然，尤其是親身經歷農民運動的血腥暴力之後，公開表達反對意見。此時，周佛海逃往上海，政治部主任出缺，由施存統接任。陶在施存統未到武昌之前，代理主任一職。他召集軍校學生，介紹前方情勢，指出農民運動完全落空，且造成社會經濟危機，招致一般小農的怨恨。他針對鄧演達的口號，舉手指著會場說：「現在，農民並沒有起來。」中央獨立師駐金口的一團請他前去演講。他說農民運動完全失敗，團部官長冷淡相待，不替他安排回程。

陶希聖在鄉下的家人大都反對暴虐的農民運動。夏斗寅進軍武漢期間，他在出發前安排妻子和三個孩子回老家，但他母親和姊妹們逼迫他妻子回武漢將他帶回家。他妻子帶著最小的孩子出門，將七歲和四歲的兩個孩子留在老家。兩個孩子在老家備受虐待：「每人的小臉

9 鄭超麟，《鄭超麟回憶錄》（北京：東方出版社，2004），頁259。
10 張治中，《張治中回憶錄》（上冊）（北京：文史資料出版社，1985），頁61。
11 李楊、范泓，《重說陶希聖》，頁107。

上只剩下兩隻眼眶，他們面無人色，骨瘦如柴。他們的衣服滿都是土色。原來他們兩個在老家，無人看管，夜間都睡在地上……」[12]照理說，奶奶、姑姑們不應如此惡待小孩，陶希聖在回憶錄中對孩子遭受虐待的原因語焉不詳，當時四歲的泰來，後來爲父親整理年表時也未特別加以說明。但大致可推測，因陶希聖加入武漢政府、參與激進工農運動，激起家族內部極端反感，導致孩子被遷怒而受罪。「革命」的最可怕之處，就是讓家人之間猜忌怨恨，讓家庭和家族分崩離析。

軟弱，讓他苟全性命於亂世

七月十五日，汪精衛在武漢「分共」。陶希聖一直追隨被共產黨人稱爲「甘地」的總政治教官惲代英，惲將陶視爲「自己人」，在校本部找到他說：「今日時局在變化中。程潛主張東征，張發奎主張南下。我們決定將軍校改編爲教導團，跟隨第二方面軍南下，回到廣州。第二方面軍政治部主任是郭沫若，請你擔任教導團政治指導員。你的辦公廳有一個秘書，十個幹事，幫你做工作。」

陶希聖當面唯唯諾諾，告辭後卻趕回政治部，整理文件，準備移交。一名身爲軍校共產主義青年團支部書記的程某前來報到，聲稱是政治指導員辦公廳秘書。陶告知：「以前國共合作，我和你們也就合作。現在國民黨已經分共了，我以何種立場與你們合作？」

陶希聖的書生本性再次畢露，他不願南下，自然就失業了。沒有收入，他又向母親要

12 陶泰來、陶晉生，《陶希聖年表》，頁92。

錢：「時局有變化。我必須隱藏。我手裡只有國庫券，也用完了。只要你給我五十元或二十元，度過兩三個月，我就可以出頭做事。」然而，「母親和五妹未曾留下一元，第二天一早就動身回鄉去了」。字裡行間，他對母親和妹妹沒有雪中送炭充滿怨毒。

隨即，陶希聖躲藏在福壽庵一間屋子內，「每日躺在竹床上，把僅餘的一部鉛印《資治通鑒》，從頭到尾，讀了一遍」。[13] 跟毛相似，陶對西方的馬列等社會科學的興趣遠不如《資治通鑒》。真正融入他血液的是儒家文化——但革命潮起，將家庭和家族的血緣倫理關係破壞殆盡，連母子關係都被革命和金錢所毒化。

陶希聖未隨軍南下，在這場大動蕩中活下來。教導團的一部分參加南昌暴動，另一部分參加廣州暴動，很多人都死於非命。中共「七八會議」之後，陶希聖的直接上級施存統被清除出黨。後來，施與陶重逢時告知：「共產黨未拉你入黨，是留下一個左派，在黨外與他們合作。如果你入了黨，今天的生命如何，就不可知了。」陶驟聞此言，直如冷風灌背，不禁毛骨悚然。

有一天，《中央日報》副刊主編孫伏園刊登一個啓事，尋找陶希聖。陶知道教導團已開拔，向南進軍，這才走出寓所，過江到報館去。他爲副刊撰稿，提出「分共之後，仍然革命」的口號，博得國民黨內的同情與響應。然而，他不明白，「革命」是一個左派的觀念和語彙，一旦投身革命，很難遏制革命不斷激化。

不久，陶希聖正式辭職，脫離軍校，既不從汪精衛，也不從惲代英，遠離政治，專心研究中國社會史。唐德剛認爲，陶是一位「開創學派的社會史教授」；顧頡剛說，陶是研究中

13 陶泰來、陶晉生，《陶希聖年表》，頁95。

國社會經濟史「最早的一位大師之一」；一位日本學者說「陶希聖是代表東方文化的，而胡適代表了西方文化，因此，陶比胡更重要」。這些評價未免言過其實。陶的學問，原創性不足，只是拿一些西方新理論來套用到中國歷史上。

陶希聖在上海做了幾年學問，再度參政。這次他又選錯陣營，投入汪精衛一邊。一九三九年八月二十八日，他從香港抵達上海，參加汪組織的「中國國民黨第六次全國代表大會」，出任中央宣傳部部長。他自稱這段時間是「委屈周全，腆顏支撐」。實際上，他工作非常賣力。資深新聞人金雄白指出：「此前，汪精衛、陳公博、周佛海等僅提出和戰意見之不同，對蔣個人從無一語之攻擊。但陶對蔣的態度，比陳、周激烈得多。陶擔任中宣部長後，積極對蔣攻擊，親手訂製宣傳大綱，一開頭即寫道：『蔣以國殉共，以黨殉人，挾持軍民，誣主和者爲漢奸，以暴力相摧毀。」』[14]

金雄白認爲，高宗武、陶希聖之出走，絕非「深明大義，幡然變計」。以高、陶的對於和平運動，均以勞苦功高之開國元勛自命，對權位志不在小。汪所內定的，是政府成立後，陶除「中宣部」外，兼任政府的「宣傳部長」，陶則不願任空洞的「宣傳部」，志在取得「實業部」。但實業部汪曾面許梅思平擔任。在重慶特工的誘勸之下，陶決定叛汪。一九四〇年一月，陶、高脫離汪組織，在香港聯名揭發「汪日密約」。金雄白歎道：「高、陶的手段，眞無愧於一翻雲覆雨的能手！」

一九四二年初，陶希聖逃離香港，在杜月笙幫會勢力幫助下，經韶關、桂林回歸重慶。他回憶說：「當時我走東江，我家人走柳州、桂林去重慶，都是靠他們幫忙照應，才順利抵

14 朱子家（金雄白），《汪政權的開場與收場》（上冊）（台北：風雲時代，2020），頁62-65。

達重慶。」[15]王世杰等人勸蔣不要再用牆頭草一般的陶，但在陳布雷強力推薦下，陶很快出任委員長侍從室第二處第五組組長。

雷震晚年曾批評蔣在軍事委員會辦公所之外設置「侍從室」是「過皇帝癮」。胡適也曾說：「一個民主國家的組織，竟敢用『侍從室』的稱呼，那末，中華民國不如改爲『中華帝國』還恰當些！軍事委員會下面的組織，用『侍從室』而不用『辦公所』或『秘書所』，眞是荒唐之極。蔣的思想，整個是帝王思想和獨裁思想，無怪他一生之不能建立民主制度了。」[16]陶畢業於五四時代的北大，當過教授，卻以加入侍從室爲榮，可見其從未具備「獨立之人格，自由之思想」。

陶希聖的兒子陶恆生如此描述父親的這段經歷：

> 一回到重慶，陳布雷馬上帶他去見蔣介石。蔣先生說：「你回來了，很好，你馬上開始做宣傳方面的工作。」父親有失眠的問題，本來想開口說等休息幾天再工作，陳布雷偷偷捅了捅他沒讓他張口。出門時陳布雷對父親說：「你跟老先生說失眠，他也不懂，他軍人出身從來不失眠。」
>
> 父親很快被任命為侍從室第五組組長。學生何茲全問他：既然已經脫離政治，為何又回到蔣身邊？父親半是自嘲地說：「你有所不知，如果不在蔣身邊工作，不知多少人指著我罵我；現在我在這裡，他們背後可以罵我，當面卻要奉承我，說我好

15 陶希聖口述，《陶希聖先生訪談錄》（台北：國防部史政編譯局，1994），頁148。

16 雷震，《雷震回憶錄之新黨運動黑皮書》（台北：遠流，2003），頁421-422。

話。」蔣介石對父親一直很好，蔣介石很重要的兩本書《中國之命運》與《蘇俄在中國》都是由父親捉刀代筆的。……對蔣介石，父親是內疚加感恩的心態。父親在蔣介石身邊工作，算是「大隱隱於朝」。[17]

從此，陶的後半生一直追隨蔣，再無反覆。陶在蔣心目中地位之高，從一個細節即可看出：一九四九年五月，陶與蔣乘軍艦到上海吳淞口一帶，他特地請求蔣稍停兵艦，派一隻小汽艇接女兒陶琴薰。這是陶身居要職數十年，很少有地爲個人私事向蔣張口。蔣特許了這個要求。但陶琴薰及其丈夫選擇留在中國。[18]

蔣介石的文膽爲什麼鬥不過毛澤東的文膽？

一九四二年十月十日雙十節慶典後，蔣介石決意出版一本著述，指定陶希聖搜集資料、整理文稿。陶記載：「十月十日，蔣委員長於重慶夫子祠慶祝國慶會場宣佈英美放棄在華的不平等條約，並發表文告。會後委員長找我去，要我寫本書……我就接下來。」這本書就是《中國之命運》。

蔣介石之所以找陶希聖而非陳布雷起草此書，自有其考慮。除了當時陳布雷生病休養

17 陶恆生，〈我的父親與高陶事件始末〉http://mjlsh.usc.cuhk.edu.hk/Book.aspx?cid=4&tid=1808。

18 陶琴薰的丈夫沈蘇儒是沈鈞儒的堂弟，他們的選擇也或多或少地受沈鈞儒的影響。在共產黨公布的國民黨首批戰犯名單裡，陶希聖列第四十一位。在共產政權下，身爲「戰犯」的女兒，陶琴薰面對的生活可想而知，艱難熬過文革後，於一九七八年病逝，年僅五十七歲。陶希聖在海峽這一端，寫下：「生離三十年，死別復茫然；北地哀鴻在，何當到海邊。」陶恆生，〈我的父親與高陶事件始末〉，http://mjlsh.usc.cuhk.edu.hk/Book.aspx?cid=4&tid=1808。

之外，更重要的是陶比陳掌握更多新式社會科學理論。「蔣要他來寫這本書，顯然不僅僅因爲他會寫文章，蔣下面會寫文章的人很多，蔣要求於他，正是他在中國政治思想史和中國社會史上的研究成就，來補充蔣自己在理論上的不足。這是除了陶希聖外，任何別人都做不到的。」還有一個原因是，陶曾與汪合作，政治名譽不佳，政治地位岌岌可危，必然顧及自身和家人安危，在準備書稿時對蔣的指示言聽計從——有歷史污點的人用起來比較順手。

與其說《中國之命運》是陶爲蔣代筆的，不如說這本書大部分是蔣完成的，是蔣本人的理念。陶三萬多字的初稿，經過蔣將近二十六次修改，已在十萬字以上。修改結束後，原稿上密密麻麻布滿蔣的紅色批語，完全覆蓋陶的黑色字跡。[19] 該書出版後，國民政府命令各級政府機關、各級黨部、各大中學、各戰區、各級政治部，及全體官兵，均必須深入學習。在政府強力推廣下，該書印刷發行數百萬冊，家喻戶曉。

中國結束了不平等條約下的「百年國恥」，是蔣寫作《中國之命運》的最初動機以及貫穿全書的主題。蔣（以及參與此書寫作的陶）寫作該書的用意，一方面是闡明廢除不平等條約的意義，同時提升國民黨的民族主義威望。蔣把國民黨視爲中國偉大傳統的肩負者和帶領中國走向富強的先驅。與此相對的是，中共放棄了中國的偉大傳統，轉而擁護新帝國主義和新軍閥式的政策。[20]

蔣和陶在此書中重新定義「中華民族」這個由梁啓超發明的概念，認爲中華民族是一個

19 蔣在一九四二年聖誕節的日記中寫道，他在前一天花費很大精力修訂此書，以至於失眠（兩蔣經常失眠，小蔣更甚，陳布雷所謂老蔣不失眠，是爲之掩飾）。蔣在日記中記載：「本日增補文稿指斥共產黨爲變相軍閥與新式封建一段時，誠精思入神。此文若非自撰，恐任何人不能深入此境也。」

20 羅丹（Daniel D. Knorr），〈辯論《中國之命運》：在抗戰時期書寫中華民族的過去和未來〉，收入周錫瑞、李皓天主編，《1943：中國在十字路口》（北京：社會科學文獻出版社，2016），頁157。

整體，否定了孫文「五族一家」的民族觀。這就徹底斷絕少數民族實行民族自決的可能性，任何少數民族的離心離德都被視爲分裂民族團結的行徑。《中國之命運》對民族自決的嚴厲否定，並不符合當時國民黨實施的民族政策。從政治上來說，在書中繼續堅持這種中華民族的僞歷史敘述顯得得不償失。同時，該書又高舉反帝大旗，對西方特別是西方的民主自由理念發起攻擊，倡導「一個領袖、一個主義和一個政黨」。這使中國的知識階層、中共以及西方全都對此書表示強烈不滿。歷史學者張瑞德認爲：「《中國之命運》一書所具有的濃厚民族主義和反自由主義色彩，在外交上確未帶來任何效益，在國內也無助於爭取少數民族和知識分子的支持。」[21]

延安的毛澤東命令秘書陳伯達撰文反駁，毛對陳說，「看來，蔣介石給你們出題目了」。陳奉命「筆淚俱下」地寫出〈評《中國之命運》〉，毛也跟蔣一樣，親自在陳的文章中添加「好些尖銳、精彩的句子，並把文中提到『蔣介石先生』處的『先生』二字都勾掉了」。[22] 中共將《中國之命運》視爲國民黨發動第三次反共高潮的「宣戰書」和「動員令」。

蔣承認，《中國之命運》出版以來，最反感者一爲英國，一爲中共，「此乃預想所及，然未料其反感有如此之大也」。蔣以亂世之英雄自居，他的自負導致《中國之命運》的失敗。陶敢於說謊，卻又猶抱琵琶半遮面；陳更敢於說謊，且完全沒有底線和下限。同樣，蔣「獨裁無膽，民主無量」，毛則「和尚打傘，無法（髮）無天」。勝負的結果，可想而知。

21 張瑞德，《無聲的要角：蔣介石的侍從室與戰時中國》（台北：台灣商務印書館，2017），頁315。

22 陳伯達，《陳伯達：最後口述回憶》（香港：陽光環球，2005），頁70-71。

隨後，陳伯達又寫了《中國四大家族》和《人民公敵蔣介石》等批判國民黨和蔣介石的小冊子，在國共宣傳戰中，完勝陶希聖。蔣的文膽（陳布雷、陶希聖等）鬥不過毛的文膽（陳伯達、胡喬木等），實際上是蔣鬥不過毛。

多年後，陶希聖哀歎說：「當時委員長集黨、政、軍權於一身，在當時的環境之下，不該做的，被迫非做不可，該做的，卻又不能去做，最後被迫下野，撤到台灣。」正如歷史學者李懷印分析的那樣：一九二八年定都南京之後，蔣介石政權在追求黨內政治統一方面困難重重，更無力建立一個全國範圍的高度統一的行政管理體系。三民主義本身缺乏嚴密的理論建構，容易被挑戰國民黨政權的各種勢力進行不同解讀和操縱。蔣介石因此不得不轉向國家主義，甚至引入法西斯主義，以聚集人氣支持其獨裁，同時依靠特務機構（軍統和中統）以及法西斯組織（藍衣社）來增強自己的力量。由於缺乏基於共同理念和使命的政治認同，蔣介石不得不依靠傳統的人際關係和小團體的忠誠來進行統治，以暴力和恐怖手段來對付持不同政見者。蔣介石只是在上層的正式結構方面實現了相當程度的集中化（半集中主義），而未能在意識形態和組織控制方面建立一個強有力的黨治國家，也無法在其追隨者和支持者中打造高度的政治認同，更沒有動員社會底層資源的能力。而國民黨和蔣介石沒有做到的地方，共產黨和毛澤東全都做到了。[23]

歷史學家高華認爲，雖然國共兩黨都迅速意識到革命理論的重要性，但國民黨在這場宣傳戰中迅速敗下陣來。原因在於：中共的領導人都是理論家，中共很快形成具有自己鮮明的階級意識的獨特話語，主要強調兩個特點——階級鬥爭和訴諸底層（打土豪分田地）；相

23 李懷印，《現代中國的行程：1600-1949》（桂林：廣西師範大學出版社，2022），頁295-297。

比之下，國民黨只有很少的理論家，後來雖然提出「反共剿匪」、「抗戰建國」等口號，但並未深入人心，國民黨的體制、結構、話語體系都無法勝過共產黨，國民黨的宣傳家，如戴季陶、陶希聖等人，早年都是左派，還有曾經擔任過國民黨代理宣傳部長的葉青（又名任卓宣）也是早期的中共黨員和托派，一九二七年被國民黨抓住要槍斃，從死人堆裡爬出來，投降國民黨後寫了一本名叫《毛澤東主義》的書，但沒有形成朗朗上口的中心概念，影響也不大。[24]

跟隨國民黨敗軍退到台灣的詩人瘂弦也在回憶錄中寫道，國民黨標語做不過共產黨。國民黨檢討在國共鬥爭中失敗的原因，其中一個就是標語口號的失敗，是語言的失敗。共產黨的標語「人不犯我，我不犯人，人若犯我，我必犯人」等常常是全新的句子，而國民黨這邊的標語非常老套，沒有宣傳效果。[25]這也跟國民黨宣傳口負責人的學究氣太重，脫離工農大眾的生活有關。

跟隨蔣氏政權逃到台灣之後，陶希聖沒有像雷震、殷海光那樣走向民主自由，反倒忠心耿耿地充當蔣家看門狗，誰批評蔣，他就跟誰翻臉。他不願承認，侍從室的幕僚人員「每多將忠蔣視為愛國，將領袖利益置於黨國利益之上，未能對蔣忠言直諫」，對於政權崩潰難卸其責。[26]

雷震案爆發之後，陶希聖出任「雷震小組」召集人之一，當胡適等自由主義知識分子為

24 高華，《歷史筆記》（二）（香港：牛津出版社，2014），頁500-504。
25 瘂弦口述、辛上弦記錄，《瘂弦回憶錄》（台北：洪範書店，2022），頁184。
26 張瑞德，《無聲的要角：蔣介石的侍從室與戰時中國》，頁333。

雷震辯護時，他卻發起對雷震的攻擊和誹謗。[27] 雷震出獄後，重新撰寫回憶錄，在《新黨運動黑皮書》中，用幾乎一半篇幅反駁陶希聖。[28]

陶希聖的知識結構和思維方式，在時代交替中，半新半舊——舊，舊不過王國維；新，新不過胡適。他的學術成就和政治活動，大都毀譽參半。陶希聖是國民黨官方意識形態三民主義的重要闡釋者之一，但三民主義從未成爲南京政府打造政治認同的有效工具。自由派知識分子胡適批評說：「三民主義算不上是什麼主義，只是一個『大雜燴』罷了。」三民主義最大的弱點，在於它當初只不過是一個無所不包的政治行動，用來解決革命者所面臨的各種現實挑戰，而不是一種邏輯一貫、理論複雜和有說服力的成熟思想體系。歷史學者李懷印評論說：「儘管占據著意識形態的正統地位，並且在維護國民政府合法性方面起著核心作用，但三民主義並未成爲國民黨塑造政治認同的思想基礎。相反，由於缺乏理論連貫性且只是一個無所不包的框架，三民主義被賦予不同的解釋，因此實際上助長了政治分裂和對立。」[29]

陶希聖比他的論敵陳伯達幸運：陳在一九七〇年被毛打倒，關押至一九八八年才被釋放，哀歎「我的人生是一個悲劇，我是一個悲劇人物」。中國禁絕其著作，其著作在解嚴

27 陶以國民黨代言人的身份（時任國民黨中央常務委員會委員）在台北市「華僑救國聯合會」發表演講，凌駕於法官之上定調說，雷震確實與中共匪諜來往；還追溯國共內戰前夕政治協商會議的歷史，認爲時任政協秘書長的雷震，中了「聯合政府，國共和談」的毒最深，「倘如『國際調處，政治協商，聯合政府』這一套東西成功，尤其是政協以常設政權機關而凌駕於國民政府之上，那雷震的前途如何，可以想見。所以雷震中了不可解之毒，也是人之常情」。他又說，雷震及《自由中國》雜誌「到了最近，採取最後的一步，鼓吹流血暴動，否認中華民國政府，這一政治的路線，不但是『言之有序』，而且『言之有物』」。

28 雷震指出，陶的文章和言說「眞是極盡其栽誣之能事」，「大家在談話時，都稱『陶希聖是衣冠禽獸』，眞是一點也沒有說錯啊！」雷震還說：「陶希聖爲人之陰險奸詐，詭計多端，面似老成，心懷狠毒者，凡是和他共過事的人，無不知之。北京大學的同學輩，如傅斯年、羅家倫、楊振聲、段錫朋、周炳森等；北京大學的老師，如胡適、蔣夢麟、王世杰等，沒有一人不是厭惡他的。」

29 李懷印，《現代中國的行程：1600-1049》，頁277。

後的台灣得以重版。立場反蔣的台灣一橋出版社在新版導讀中指出：「陳伯達的《蔣宋孔陳——中國四大家族》於一九四七年出版，揭露四大家族斂財的魔術，比一顆原子彈的威力還大，炸得風雨飄搖的蔣氏政權搖搖欲墜。」陶希聖也承認：「他們宣傳是很有效的，這本書的毒，對我們影響不少，甚至我們很多黨員都中了他的毒。共產黨善於運用宣傳戰，像在抗戰勝利後的政治協商，他們運用分化的宣傳，把我們的黨給瓦解了。」

陶在台灣安享晚年，在《八十自序》中得意地回顧說：「區區一生，以讀書、作文、演說、辯論爲業，人自稱爲講學，我志在求學。人自命爲從政者，我志在論政。我不求名，甚至自毀其名，而名益彰。」陶一生都處在「革命」浪潮中，「革命與海潮一樣的，有起有伏，有高有低，很多人都在退潮後成爲一堆堆的魚蝦」，他則炫耀自己「像岩石上的樹一樣，趁這一潮流，下工夫，扎腳跟，潮水全退之後，還可生存下去」。[30]

30 陶希聖，《潮流與點滴》，頁106。

第二卷

共產黨人

4 周恩來

始信秀才能造反

我所領導的南昌起義及其後的南征都以失敗告終，喪失了吾黨重要的人才與財產，其責任全都在身爲軍事部長的我身上。我違背了共產國際與黨中央的指令，發起冒險主義的暴動，而且在撤退戰中判斷錯誤，使黨蒙受重大的損失。我對黨的任何處罰沒有異議，而且尊重「八七會議」的結果。

——周恩來

一九二七年，是周恩來在中共黨內崛起又遭遇重挫的一年，他先後在上海、南昌和廣東經歷了一敗、二敗、三敗。這一年，也是周恩來展現出其「不倒翁」特質的一年，他在兵敗如山倒之後，居然又忍辱負重、東山再起、再上層樓。

南昌暴動的紅軍殘部潰敗之際，周恩來已病臥不起，被轎伕用擔架抬著，與葉挺、聶榮臻等撤往海陸豐方向。負責警衛的龔楚回憶說，他們在陸豐縣的一所教堂開會，出教堂後發現抬擔架的民伕已逃亡，周恩來由隨從攙扶著，在小溝中喘息著艱難地走著，「在深秋的夜裡，海風淒厲，寒氣襲人，他的病更加重，發著高燒，不斷呻吟」。[1] 周恩來實在無法隨軍行動，勉強同意單獨乘船到香港接受治療。龔楚是最後與之告別的軍官，周臨走時吩咐，剩下的黨政軍各機關幹部一百多人和二十多個士兵，由龔楚和周其鑑率領，開赴陸豐的金廂鎮，將武器交與地方農會，覓船赴香港再行聯絡。

周恩來一生不寫日記，沒有口述史。中共高官大都如此，即便有官方傳記，細節大都不可靠。反倒是後來脫離中共、流亡海外的一些人留下眞實記錄，如龔楚、張國燾。張的回憶與龔略有不同，龔所說的教堂，張說是「道旁一所相當雅緻的小廟」。張記載，周恩來向在場的賀龍、葉挺等官兵宣稱：「現在我們奉中央命令，我們共產黨，不再用中國國民黨這面旗幟了，將在蘇維埃旗幟之下，單獨的幹下去。現在中國國民黨革命委員會，事實上已不存在了。你們各位，願脫離隊伍的，就在這裡分手。」周說，這是此前張太雷帶來的中央命令，他以前敵委員會書記的身份作此決定。「這一決定成爲歷史上中共與國民黨左派最終的分離、中共扯出蘇維埃這面旗幟的開始，也是中共所領導的革命運動更陷入歧途的標

1　龔楚，《龔楚將軍回憶錄》（香港：明報月刊出版社，1978），頁91。

誌。」[2]

周恩來從海陸豐逃亡香港的旅途，大致與張國燾相似。張與周在教堂（或小廟）分手後，與李立三、賀昌等四人由一名當地嚮導帶領，連夜趕路一百多里，來到一個名叫甲子港的小漁村。起先找到一條船，船主要價一百大洋，可將人送到香港。天黑時，嚮導趕來說，那是一艘海盜船，船老闆偵知你們是大軍官，一定帶有金銀財寶，可能在海上謀害你們，決不能坐！他們只好另外僱一條船。一路風平浪靜，「有時，途中偶然發現可疑的船隻在遠處航行，船主便立即請我們臥在艙內，免得暴露目標。……艙房不過三英尺高，我們睡在裡面，起臥稍不留神，頭就可能碰著艙面」。

當時港英當局的邊境管控相當鬆懈。如同上海租界一樣，香港屢屢成爲政治鬥爭中失敗的中國政客和軍人的「逃城」。若沒有香港，周恩來等人就是死路一條，「西方人所管轄的城市又一次爲他提供了避難所，使他免遭同胞的殘害」。[3]

多次靠香港蔭蔽的周恩來、鄧小平等中共領導人，掌權後卻煽動民族主義情緒，攻擊香港這個英國殖民地是「帝國主義的淵藪和中國的恥辱」。

六十二年之後的一九八九年，香港成爲被共產黨通緝的民主人士的避難地和中轉站，香港人組織「黃雀行動」營救了若干學生領袖和知識分子。數百名被中共通緝的民主人士如同當年的周恩來等人那樣逃亡到香港。

一九九七年，中共再殖民香港之後，這座東方之珠逐漸淪爲臭港。如今輪到香港人逃離

2 張國燾，《我的回憶》（二）（香港：明報月刊出版社，1974），頁728-729。

3 迪克．威爾遜，《周恩來》（第二部）（北京：中央文獻出版社，2003），頁97。

香港。二〇二〇年八月二十三日，十二名年齡在十八歲至三十歲的、參與香港反送中運動的香港年輕人，從香港西貢出發，原計劃偷渡至台軍駐守的東沙群島，最終前往台灣本島，但在南海水域被中共警方抓捕。[4] 一九二七年，反共力量未能剿滅中共，將近一個世紀之後，香港及世界正在被中共推入黑暗的深淵。

曇花一現的「上海公社」

一九二四年，作爲蘇聯訓練的特務，周恩來隨同蘇聯給廣東國民黨割據政權的經濟和軍事援助一起，作爲「附贈品」空降黃埔軍校，出任地位顯赫的政治部主任——在黃埔，他幾乎就是地位僅次於孫文和蔣介石的第三號人物。[5] 直到一九二六年「中山艦事件」後，他才被迫辭去黃埔軍校政治部主任之職。

一九二六年十一月初，周恩來告別身在廣州、已經懷孕的妻子鄧穎超（或許因爲缺乏丈夫的照顧，鄧穎超後來流產，周恩來從此再無子嗣），抵達上海，肩負兩個任務：第一，組織一支祕密的工人武力，效法俄國十月革命，發起武裝暴動，進而建立中共的黨軍——紅軍。第二，一旦暴動成功，順勢建立蘇維埃或巴黎公社式的政權，造成既成事實，讓上海成

4 十二名香港逃亡者被拘留在深圳公安局鹽田分局，其中十人因組織、參與偷越邊境罪被判處七個月至三年徒刑（兩人免於起訴）。〈12港人偷渡案：8人刑滿回香港　因涉觸犯本地法律料被還押〉，BBC中文網，2021年3月22日，https://www.bbc.com/zhongwen/trad/chinese-news-56480082。

5 周恩來在黃埔軍校主持成立了由共產黨骨幹組成的「葉挺獨立團」，參與國民革命軍第一、二次東征，期間兼任國民革命軍第一軍政治部主任、副黨代表，被授予國民革命軍少將軍階。

爲中共取之不竭的財源。[6] 然而，兩大任務都功敗垂成。

十月二十三日，中共已組織上海工人發起第一次暴動，但迅速失敗。隨後，中共中央與上海區委召開會議，決定擴大武裝組織，成立一個有總書記陳獨秀在內的八人委員會和另行設置一個包括周恩來在內的五人軍委，作爲武裝工人起事的主要組織者。二月二十二日，第二次武裝暴動發生，數十萬工人發起大罷工，工人糾察隊突襲警察局、奪取武器。孫傳芳部的李寶璋將軍實施鐵腕鎮壓，將被捕的二十名工人斬首示眾，工人作鳥獸散。周恩來不得已決定暫停武裝鬥爭，「爲進而退」。[7] 之後，周恩來重新結集工人武裝，訓練二千名工人糾察隊槍械使用和巷戰戰術，並從租界獲得更多武器。

三月二十一日，白崇禧部迫近上海郊區龍華。若是國民黨軍隊佔領上海，共產黨手中煮熟的鴨子就飛走了。於是，周恩來在俄國軍事和政治顧問協助下，發起第三次暴動。這場暴動，不僅爲中共興衰的一個關鍵，亦爲第三國際領導中共革命的一個重大步驟。

駐守上海的奉軍已經與北伐軍接洽投降事宜，面對工人武裝的襲擊，猝不及防，無心戀戰。當晚，工人糾察隊掌握了上海華界大部分地區。次日晚六點，又佔領了奉軍在閘北的最後一處據點——北火車站。周恩來的指揮部在寶山路商務印書館的職工醫院內。時任中共閘北區委員的黃逸峰多年後回憶：「周恩來同志身穿一身灰色棉袍，頭戴一頂鴨舌帽，圍了一條深灰色圍巾，西裝褲子黑皮鞋，完全是一個地下工作者的形象。」周恩來在指揮部的房間內攤開地圖、接收報告，並穿梭在火車站、東方圖書館和商務印書館之間指揮戰鬥。[8]

6 嚴靜文，《周恩來評傳》（香港：波文書局，1974），頁88。

7 謝·列·齊赫文斯基，《周恩來與中國的獨立和統一》（北京：中央文獻出版社，2000），頁157-158。

8 邁克·迪倫（Michael Dillon），《周恩來：毛澤東背後的力量》（台北：時報文化，2021），頁85。

奪取了政權，如何運行它呢？周恩來召集有五千人參加的「市民大會」，選出三十五人爲代表，再以十九人爲委員，組建「上海市民政府」，蘇聯學者稱之爲「整個中國歷史上第一個民主選舉出的城市自治機關。」但誰都知道，這是共產黨操縱下的假選舉，其公正性遠遠比不上租界工部局華人董事選舉。

由周恩來親自圈定的十九名「上海市民政府委員」名單，極見政治技巧。名單中包括國民黨的白崇禧、鈕永建，代表資本家的虞洽卿、王曉籟，共產黨則有顧順章、羅亦農、汪壽華等人。周恩來本人不在其間，他更喜歡躲在幕後操縱。他拉來國民黨人和資本家裝點門面，展現該「政府」的多元性，但司馬昭之心、路人皆知。白崇禧及虞洽卿等人拒絕就職。

周恩來心目中的政權，不是民選的、多元的政府，而是蘇式極權政府。在周氏抵達上海之前一個月，在上海的共產國際遠東局蘇聯代表團會議即已決定，上海起義必須組織「無產階級的獨立行動」。[9]共產國際在上海的表曼達良、阿爾布列赫等向中共中央建議，在忠於蔣介石的軍隊到達上海之前，「建立一個能抵制廣州軍隊指揮人員的革命政權」，「我們認爲完全有可能和有必要按照蘇維埃制度建立起稱之爲『人民代表會議』的政權，這個會議基本上採取蘇維埃制度」。在三月三日中共上海區委軍事委員會的會議上，周恩來表示贊同共產國際決議，未來中國「將是工人、農民和其他被剝削階級的民主主義專政」。他在中共江浙區委在一次會議上更坦白說明：

9 〈共產國際執行委員會遠東局俄國代表團會議記錄〉，收入《聯共（布）、共產國際與中國國民革命運動（一九二六－一九二七）》（上）（北京：北京圖書館出版社），頁580-581。

上海市民政府是無產階級的，實際上說，就是蘇維埃巴黎公社——這個市民政府是沒有法律的，執委決議案就是法律。[10]

這是標準的立法、行政和司法合一的蘇維埃制。

但表面上，共產黨不能拋開國民黨左派鬧革命。四月四日，周恩來徑自前去拜訪剛從國外歸來的汪精衛。汪年長周十五歲，是風度翩翩的「熟男」，比他晚一輩的周是共產黨內的美男子。兩人都是肌肉結實、高大魁梧，同樣具有一張意志堅定的方形臉，白皙濃髯、濃眉、炯炯有神的眼光、充滿陽剛之氣的大嘴、高挺的鼻樑……兩人都讓人覺得極為精悍，威風凜凜。[11]

周告訴汪，共產黨並無取代國民黨的「陰謀」，共產黨願意與國民黨親密合作、共同革命。他拿出陳獨秀起草的《國共合作宣言》呈上，以示誠意。汪看完之後，當場打電話給陳，提出兩、三處修訂意見。陳同意後，汪當著周的面在電話中說：「陳先生，這樣就可以了。我簽了聲明交給周君之後，請立刻發表。共產黨有周君這樣優秀的年輕人，眞叫人羨慕，實在是後生可畏！」周完滿達成拉攏汪的任務，他促成的《汪陳宣言》暫時鞏固了國共聯盟。當天，汪精衛乘船赴武漢，主持親共的武漢政府。[12]

隨後，武漢方面承認「上海市民大會為上海市民正式代表機關」。但武漢的承認遠水

10　嚴靜文，《周恩來評傳》，頁90-91。

11　松本一男，《周恩來之路》（台北：新潮社，1993），頁128-130。

12　《汪陳宣言》寫道：「中國共產黨無論如何錯誤，也不至於主張打倒自己的友黨，主張打倒我們的敵人（帝國主義與軍閥）素所反對之三民主義的國民黨，使敵人稱快。」宣言呼籲「國共兩黨的統治們」應當「立即拋棄相互間的懷疑，不聽信任何謠言，相互尊敬，事事開誠，協商進行，政見不盡相同，（然）如兄弟般親密，反間之言，自不得乘間而入也。」

解不了近渴，周恩來掌握的數千工人糾察隊不足以維持「上海市民政府」。蔣介石拒絕承認其合法性，命令其「暫緩辦公」。四月八日，在當地駐軍支持下，蔣主持成立上海臨時政治委員會，由吳稚暉代理主席，負責規劃指導上海市黨政，接收了上海市的行政權力。四天之後，蔣介石動用上海黑幫及駐軍發動清黨，共產黨在上海建立的政權及武裝力量土崩瓦解。

三十年後，周恩來如此反省這段歷史：「我負責領導武裝起義，但是缺乏經驗，對政治動力也理解不足。我是一位出自封建家庭的知識分子，同工農群眾的聯繫很少，因爲我沒參加過生產勞動。我的革命生涯是在國外開始的。革命知識有限，僅僅是些書本知識。……我們不知道如何利用我們的勝利成功，也不懂得退卻的策略。上海工人和鄰近鄉村的農民們都有準備，可是，我們卻沒有準備好聯盟組織。結果，蔣才能打敗我們。」[13] 這不是周的自我貶低，這是他說過的少數實話。

當天早上，周恩來在工人糾察隊本部與總隊長顧順章一起被捕。當時，二十六軍的師長斯烈出現在商務印書館俱樂部，一派安然地邀請周恩來去師部商議如何維持治安。周欣然前往，卻被關入一處營房內，雙手被銬起來，腳也加上腳銬，全身動彈不得，等待他的將是被槍決的下場。周在一九五七年對當時起事的倖存者坦承他被欺騙了，斯烈是他在黃埔軍校時一位學生的兄長。

千鈞一髮之際，周在黃埔軍校教過的學生白修（白崇禧的弟弟）趕來將其釋放。作爲獲釋條件，周簽署了一份以伍豪之名的脫離中共的聲明，並在《申報》發表。這份聲明後來成爲周恩來政治生涯中的一大污點，晚年的周恩來一直試圖擺脫「叛徒」之烙印，在即將被推

13 迪克．威爾遜，《周恩來》（第二部），頁87。

進手術室動癌症手術時還大聲高呼：「我是忠於黨，忠於人民的，我不是投降派！」在場的人莫不愕然相視。[14]

槍桿子裡出政權：南昌暴動的幕後總指揮

死裡逃生之後，周恩來化妝乘坐英國輪船奔赴武漢。此時，武漢名義上是國民黨中央所在地，卻在鮑羅廷和中共控制之下。四月二十七日，中共第五次全國代表大會在武漢召開，七十多人參加。周恩來第一次缺席被選為中央委員，同時獲得政治局委員、中央軍事部長的重要頭銜。他在上海的失敗並未受到追究，反倒躋身最高領導層。

當時，在武漢政府的主力軍中，共產黨可支配的軍隊，至少有三分之一，總計五、六萬枝槍。若迅速加以運用，共產黨必能在湖北有所作為。但作為軍事部長周恩來卻指揮無能，像個交際花一般從事「組織和聯絡工作」，今天謁汪精衛，明天謁唐生智，欲藉疏通，以維持殘局。七月中旬，汪精衛及唐生智決定分共，武漢形勢已無法挽回。惲代英主張將擁有槍枝一萬四千以上的中央政治學校武漢分校的學生軍全副武裝，以演練為名出城市，一去即不復返。但周恩來猶豫不決，不敢承擔責任，以致學生軍的武裝全被唐生智部繳下，失去戰鬥力。緊接著，已在共產黨控制下的省府警備隊、張發奎總指揮部的警衛團、七十七團、三十五團等亦被繳械，以致共產黨勢力，一蹶不振。有史家評論說，一九二七年共產黨之失敗，

14 高文謙，《晚年周恩來》（香港：明鏡出版社，2003），頁590。

「周恩來實爲第一罪人」。[15]

七月十五日，汪精衛在武漢宣佈分共。七月二十六日，中共中央在漢口召開中常委會議，討論發起南昌暴動之事宜。周恩來鑒於中共在武漢失去對軍隊的掌握，提出一個進取的方案：爲避免在張發奎軍中的中共力量被清除，與其受人宰割，不如先發制人。若葉挺、賀龍部在南昌首先發難，聯絡湘鄂贛一帶的工農群眾，形成反武漢、反南京的中心。萬一不能固守南昌，亦可移師廣東東江，從汕頭獲得蘇聯從海上來的援助，進而將廣東納入共產黨的勢力範圍之內。[16]

加侖將軍反對發動南昌暴動，認爲忠於共產黨的軍隊應隨張發奎返回廣東，然後在廣州發動暴動，取張而代之，一舉佔據整個廣東。從事後的結果看，加侖將軍的意見是正確的。南昌暴動消耗了張發奎軍中大部分中共勢力，使年底張太雷發動廣州暴動時，基本實力太弱，很快被擊潰。但國產國際和中共中央偏偏採納並不懂軍事的周恩來的意見，決意發動南昌暴動，派遣周恩來前去指揮。

周恩來臨危受命，希望在新的舞台上一雪在上海失敗之恥。七月二十七日，周恩來到達風暴中心南昌，住在朱德的寓所，在賀龍軍部所在的江西大旅社主持成立前敵委員會（四名成員爲周恩來、李立三、惲代英、彭湃），制定起義計畫。[17] 南昌暴動完全由周恩來設計，並由他全責執行。

周恩來評估，南昌附近忠於共產黨的軍隊佔絕對優勢。共產黨猛將大都雲集南昌（中共

15 龜年，〈武漢時代的周恩來——一個最卑鄙最庸俗的小人物〉，收入《現代史料》（第四集）（上海：海天出版社，1935）。
16 在周恩來看來，以獲得蘇聯的軍火和物資的接濟最爲重要，但蘇聯從未同意運送軍火和物資到汕頭港。
17 中共中央文獻研究室編，《周恩來年譜》（北京：中央文獻出版社、人民出版社，1989），頁119。

十大元帥中有七人），總兵力約三萬。忠於蔣的軍隊僅三千人。暴動必定穩操勝券。[18]

箭在弦上、不得不發。然而，七月三十日，中共政治局常委張國燾趕到南昌，傳達共產國際和中共中央的命令——取消南昌暴動。眾人面面相覷。一向強調組織紀律的周恩來提出反對意見：「這個意思與中央派我來的想法不吻合，如果我們此時不行動，我只有辭職，也不再出席今天的特別委員會會議。」他的憤怒使極度緊張的會議達到沸騰點。除了葉挺和張國燾外，所有與會的人都不願停止暴動，有人建議如果作爲共產國際代表的張國燾不接受多數意見的話，就要把他綁起來，張退讓接受了。次日，前敵委員會沒有討論改變計畫，決定按原計劃發動暴動。[19]

與上海工人暴動一樣，周恩來在南昌暴動中擔任不公開出名的前敵委員會書記，凡是出名的公開職務一律由其他人擔任。在軍事方面，總指揮爲賀龍、前敵總指揮爲葉挺。這也是周恩來的精心安排：賀龍掌握最多軍隊，爲拉攏賀，給他總指揮的名義，但又任命葉挺爲前敵總指揮，掌握精銳部隊，對賀龍起制衡作用。周本人僅任參謀主任，卻暗中負責指揮軍事的全權。

周恩來的障眼法非常成功。多年以後，張發奎仍然認爲南昌暴動的領導人是葉挺[20]，對中共內部權力運作如同霧裡看花，失之毫釐謬以千里。實際上，葉挺是職業軍人，在黨內地

18 葉挺爲中共祕密黨員，賀龍已倒向中共，南昌市警備司令兼軍官學校校長朱德是周恩來介紹入黨的，其他身爲共產黨員的高級軍官還有周恩來在巴黎時代即認識的聶榮臻、陳毅，以及來自四川的劉伯承，第四方面軍參謀長葉劍英等人。

19 張國燾，《我的回憶》（二），頁700-713。

20 張發奎說：「他（葉挺）在共產黨內擁有很高的地位，並且指揮正規部隊。然而，如果沒有賀龍與蔡廷鍇，他不會具備足夠的力量發難……南昌暴動被稱爲『賀葉暴動』絕非偶然。」張發奎口述、夏蓮蔭訪談，《張發奎口述自傳》（台北：亞太政治哲學文化出版社，2017），頁216。

位很低。

果然，南昌暴動一舉成功。[21] 南昌暴動之日，成爲紅軍（後來的解放軍）建軍紀念日。中共對南昌暴動的定位，從最初的「軍事機會主義不成功的嘗試」轉變爲「中國革命史上的一個偉大壯舉」。周恩來由此奠定了在軍界的超然地位：

> 作為軍隊的締造者，周受到了人們的擁護。也因為他終於領導共產黨擺脫了在國民黨內寄人籬下的生活走向獨立而受到贊揚。[22]

佔領南昌後，暴動者建立了名爲「中國國民黨革命委員會」的臨時政府，仍以三民主義爲旗號，討伐南京和武漢的「叛逆」。但並無國民黨左派頭面人物（發佈的文告中將宋慶齡、鄧演達、何香凝、張發奎等列入，但他們並不知情）參加暴動。這是中共經常玩弄的拉大旗作虎皮的障眼法。

勝利曇花一現。叛軍並未得到南昌民眾支持，南昌周邊駐紮著大量國民黨軍隊，而周恩來在宣言中同時向南京和武漢兩方宣戰：「武漢與南京所謂黨部政府，皆已成爲新軍閥之工具，曲解三民主義，毀棄三大政策，爲總理之罪人，國民革命之罪人。」朱培德部和張發奎部迅速進逼南昌，成合圍之勢。周恩來嘗到了「冒險主義」的苦果。

「冒險主義」是周恩來後來招致中央處分時的罪名。最初不同意發動南昌起義的張國燾

21 八月一日凌晨，只經過幾個小時的戰鬥，駐屯南昌的第三、六、九軍留守部隊（戰力較弱的部隊才會被安排留守）約四個團全部被繳械。叛軍劫奪了儲存在銀行的銀元及鈔票共一百七十餘萬元。據時任團長的龔楚回憶，當他們衝入敵軍營房時，由於敵軍營長事前毫無戒備，全營官兵都從睡夢中驚醒，被俘後到操場集中，很多人驚慌得連鈕扣都扣不上。整個過程只響起兩聲駁殼槍，己方沒有人員傷亡。

22 迪克·威爾遜，《周恩來》（第二部），頁96。

批評說：「周的注意力集中在軍事上，也許他認為軍事勝利才是首要的……他們強調起義的必要性，把所有懷疑和反對起義的人都視為不可靠的人或動搖分子。這種無視一切就是冒險主義的根源。」

屢戰屢敗、潰不成軍的「南征」

中共的兵力不可能保衛南昌，周恩來沒有愚蠢到要死守南昌的地步。為保存實力，他決定率領這支三萬人的軍隊發動「南征」。他的如意算盤是：抄襲國民黨北伐成功的經驗，大軍向南進軍，進入福建和廣東，在那裡建立蘇區。然後控制汕頭等港口，以取得蘇聯運來的武器、彈藥，建立赤色黃埔軍校。蘇區的行政鞏固後，重新整編軍隊，建立強大的紅軍，再次北伐，一舉消滅南京和武漢兩個國民黨政權，統一中國。

「南征」是周第一次指揮大軍作戰，其軍事才能和人格缺陷暴露無遺。周是參謀和管理之天才，卻不足以運籌帷幄、決勝千里。

八月三日，這支叛軍撤離危城南昌。第一天行軍，就已顯得七零八落。當天走了九十華里，很多幹部腳板上都起了水泡，他們要坐轎子，轎伕又不易找到。人們被迫扔掉多餘的行李，在李家渡河邊的沙灘上，各種漂亮衣物堆積得像一座五顏六色的小山一樣，叛軍將其引火焚燬，以示決心。

次日，作為先頭部隊的蔡廷鍇第十師脫離序列，東行投靠南京政府，並捕殺共產黨政工幹部。周恩來對此引咎自責：「這件事是我的大意，我應完全負責。」並提出辭職。張國燾勸他不要公佈此事，以免動搖軍心，「你也不要灰心，不要提出引咎辭職這一類的話，還是咬緊牙根的幹下去吧」。周這才表示繼續勉爲其難。

八月七日，叛軍抵達臨川，官兵非戰鬥減員嚴重，軍心渙散。前敵委員會決定在當地修整幾天。周恩來等前委成員改變以往派款、借款的辦法，實行徵發地主糧食，沒收地主財產的措施，此種「財政政策」比土匪的搶劫還要嚴酷。

同日，在漢口召開的中共中央「八七」會議上，周恩來被降級爲政治局候補委員。臨時中央政治局並未及時掌握南昌起義軍隊的動向，在此後兩天的會上，仍授予周若干重要職位：中央軍事部部長、南方局軍事委員會主任——周手上的軍隊，是唯一由共產黨獨自掌控的軍隊。

這支軍隊一路上已醜態百出。龔楚發現：「二十軍軍紀敗壞，沿途放冷槍，拉伕、捉牲口，鬧得民眾雞犬不寧，紛紛逃避。」隨軍文職人員更上演一出出「東遊記」。郭沫若不帶家眷走，在路上姘識了一個人盡可夫的彭亦蘭，與之白晝宣淫，當眾性交。[23]

八月十八日，叛軍抵達廣昌，周恩來患上惡性瘧疾，無法吃喝，神志不清。八月二十六日，全軍抵達瑞金以北的壬田，與追兵發生激戰。賀龍的弟弟任第二師副師長兼第四團團長，在前方指揮作戰，本已大勝，忽菸癮發作，急命勤務兵在陣地鋪席而臥，大抽特抽，不料敵彈飛來，適中其頭顱，打個粉碎。

八月三十日，前委決定兵分兩路，一路繼續南下，另一路回師迎戰結集於會昌的錢大鈞、黃紹竑部。周恩來與葉挺等指揮第十一軍擊潰錢部，佔領會昌，再返回瑞金，但損失極

23 王唯廉，〈南昌暴動外史〉，《現代史料》（第一集）。

爲慘重。[24]

此刻，擺在周恩來面前的進軍路線，有三個方案：第一，繼續追擊錢、黃二部，經尋鄔入廣東，經梅縣趨潮汕；第二，以瑞金和長汀爲根據地，分兵攻取梅縣、潮汕地區；第三，迂迴福建，經長汀、上杭，從閩西入廣東，趨潮汕。

周恩來選擇了作爲下策的三方案，不敢置之死地而後生，害怕與實力尚存的錢、黃二部硬碰。結果貽誤戰機，使廣東軍事當局從容調集陳濟棠、徐景唐、薛岳部生力軍，連同錢、黃兩部，以優勢兵力、以逸待勞。周氏明智有餘，韜略不足，顧慮太周祥，缺乏大開大闔的氣度。[25]

很多職業軍官都不認同此一方案，龔楚後來說：「周恩來極力反對（第一、二方案）……深覺我們黨中央這一班領導人物，缺乏軍事常識，令人失望。」

九月五日，周恩來率軍抵達福建長汀。他致信中共中央說：「經此兩戰（瑞金、會昌），我雖勝敵，但兵員與子彈之缺乏，實成爲入潮、梅後必勝之最大困難。」並促請中央電告共產國際在軍隊抵達潮汕後，支援經費和槍支彈藥。[26]

南征軍於九月二十四日抵達汕頭，以汕頭爲臨時首都。周恩來在一九二五年曾出任東江行政主任，對當地情況比較熟悉。他任命李立三爲公安局長，致力於社會秩序。但眾人很快發現，這裡的中共地下組織微弱而沒有力量，當地人民對這支外來軍隊多持冷漠和觀望態度。

24 據參謀團參謀陳賡回憶，這是他遭遇的第一個惡戰，比他參加的兩次東江戰役的戰況更激烈。在會昌城下進行肉搏戰時，雙方作戰的中下級幹部，多是黃埔同學，有許多還是兒時好友。在肉搏戰中，竟彼此叫出對方的小名或諢名對罵。雙方都有些人，一面像瘋狗一樣廝殺，一面又忍不住暗暗掉眼淚。這就是「主義殺人」，被意識形態催眠的人，不再有人性，而淪爲殺人機器。

25 嚴靜文，《周恩來評傳》，頁106-107。

26 中共中央文獻研究室編，《周恩來年譜》，頁123。

兩天後，張太雷從香港抵達，帶來「八七」會議之後改組的中央政治局的命令：一切事宜由周恩來負責。周卻絕望地發現：蘇聯的援助無望，「南征」完全喪失了意義，即將爆發的湯坑之戰變成一場垂死掙扎。

大戰爆發時，周恩來再次犯錯：將兵力分散，朱德留守三河壩，被錢大鈞部截斷；賀龍在順豐；只有葉挺的第二十四師單獨作戰。黃紹竑等部兩萬多人，佔據潮汕西面湯坑一帶險要陣地，居高臨下，葉挺以五千孤軍仰攻，遭受重大損失，未能取勝。賀龍部趕來增援時，卻大勢已去、於事無補。十月三日，國民黨軍發動全面反攻，趕來支援的陳濟棠部將共軍攔腰截斷，葉挺部遂土崩瓦解。[27]

剩下的戰鬥就是一邊倒了。當時在陳濟棠部任副師長兼團長的粵軍將領余漢謀回憶，叛軍已是強弩之末。共產黨在當地施行暴政，民心盡失。共產黨殺了很多人，用人的鮮血在牆上寫標語：「建設布爾什維克蘇維埃政府。」他們並訓練婦女殺人，開群眾大會時，將小孩拋向天空，要婦女拿標槍在下面接。[28] 共軍之殘暴，如同數十年前的太平軍。共軍潰敗後，遭到地方民團擊殺，下場極慘。

27 薛岳爲前敵總指揮，率所部及第十三師抵湯坑，與葉、賀主力發生戰鬭，苦戰一夜後，陳濟棠部亦到留隍，趕速加入作戰，戰局轉敗爲勝。戰鬭至下午三時，彼此短兵相接，火炮亦不敢發射，戰況至爲激烈，再苦戰一夜後，葉、賀殘部，即向海豐、陸豐退卻，翌日，追擊至普寧之烏石，始將葉、賀殘部三千餘人繳械。陳濟棠感歎：「余自從戎以來，歷經大小戰役不少，而以此役爲最慘烈，因戰事緊急，傷創官兵亦無法救護，除十三師及新編第一師傷亡慘重外，余師追擊至烏石時，原有五千餘人，亦僅餘一千七百餘人，傷亡之慘重，於此可見。」陳濟棠，《廣東現代化的傳奇推手：南天王陳濟棠自傳》（台北：新銳文創，2019），頁53-54。

28 余漢謀等消滅葉、賀主力之後，一個村一個村的逐步清剿，清了一縣，再清一縣。每當抓到共匪，他就請地方人出來公認，大家說是好人，他就釋放，說是壞人，他就殺掉。余漢謀被稱爲「余屠戶」。國共雙方之殺戮，基本沿襲太平軍與清軍之間的殺戮方式。郭廷以、李毓澍、周道瞻，〈余漢謀先生訪問紀錄〉，《口述歷史・第七期・軍系與民國政局》（台北：中央研究院近代史研究所，1996），頁215-217。

從特科「總管家」到毛澤東的「妾婦」

軍隊潰散後，周恩與葉挺、聶榮臻及當地共產黨員楊石魂一起乘坐一條小船。聶榮臻在回憶錄中寫道，這條可憐的小船對於他們四個人來說顯得太小，這是一段可怕的旅程。到香港後，楊石魂安排周恩來住在九龍油麻地廣東道一處祕密住所，經過兩個星期的醫治和養病，得以康復。

十一月七日，周恩來乘船到達上海，出席十一月九日召開的中共臨時中央政治局擴大會議。會議通過羅明那茲起草的《中國現狀與共產黨的任務決議案》，試圖在全國各地掀起武裝暴動。此時，革命陷入低潮，中共黨員人數從六萬減少到一萬多人。雖然上海和南昌失敗的教訓十分沉重，但作爲敗軍之將的周恩來，是共產黨內少數的擁有軍事經驗的高級官員，他經過不斷檢討，只是得到一個犯了「機會主義」錯誤的警告，而被重新任用，被增選爲政治局委員、軍事部長並兼任特務工作。[29] 不願認錯的張國燾和譚平山均遭免職或降職處分。張國燾感歎說：「周恩來的權術很厲害。一回到上海就反對過去的當權者陳獨秀，而發誓服從新的黨中央，遵守共產國際的指示。所以，不但沒有被追究失敗的責任，反而越爬越高。他這個傢伙在任何狀況下都能跟他人相處得很好，眞是所謂的君子豹變。」一九二七年中共的敗局，周恩來、陳獨秀、瞿秋白等中共領導人確實不應當承擔主要責任，他們原本就缺乏

29 廣州暴動失敗後，中共中央意識到暴動無效，被迫改變鬥爭策略。十二月二十九日、三十日，周恩來起草中共中央致碩夫（尹寬）和福建臨委的指示信。信中說：「凡是鬥爭就認爲暴動的觀念要糾正過來。」中共中央文獻研究室編，《周恩來年譜》，頁131。

經驗，更重要的是，他們必須對共產國際言聽計從，這是一場共產國際——更準確地說，是蘇聯，是史達林——領導的革命，關於這場革命的性質和策略發生的爭論（主要反對的對象是資產階級還是封建勢力），是托洛斯基與史達林的政治鬥爭的延伸。[30]史達林在莫斯科大獲全勝，意味著包括周恩來在內的中共領導人都必須接受史達林的觀點。

此後，周恩來在上海從事地下工作。早在一九二七年五月，周恩來即在武漢設立安排中共要人的藏身處和會議地點的安全與情報組織——總務科。十一月十四日，中央委員會指示周恩來重新組織下轄部門，並增設一常設都市情報機構。在周恩來的籌劃下，中央特別行動科在上海建立。中央特科是專爲保衛中共中央組織安全，最早設立的情報、保衛工作機構，是周恩來直接領導下的「戰鬥堡壘」，其職責包含保護中央領導階層、整合情報、暗殺並綁架敵人及叛徒、拯救入獄的同志，以及維護無線電台和密碼。[31]在十一月十四日的中央常委會上，規定特科由組織局（周恩來任代理主任）直接領導。多年後，周恩來回顧特科的歷史時說：

> 情工發展是在一九二七年黨登上政治舞台的時期，而不是在大革命失敗以後。最初黨還不懂得組織情報，遭到敵人襲擊即失敗，故在武漢成立特務工作處，附屬於軍委。但由於整個政治路線的錯誤，雖有情報，還是麻木不仁。主要問題上我們都有情報，結果清清楚楚地看著失敗了，政治上的幼稚招致如此結果。[32]

---

30 阿里夫·德里克，《革命與歷史：中國馬克思主義歷史學的起源，1919-1937》（南京：江蘇人民出版社，2018），頁53-54。

31 彼得·馬提斯（Peter Mattis）、馬修·布拉席爾（Matthew Brazil），《中共百年間諜活動》（台北：麥田，2021），頁40-41。

32 穆欣，《隱蔽戰線統帥周恩來》（北京：中國青年出版社，2002），頁533-534。

早在留歐期間，周恩來就加入共產國際，成為季米特洛夫的門徒，接受軍事和情報訓練。他在這一領域輕車熟路。一九二八年，他赴蘇參加中共六大時，向蘇聯「契卡」學習情報工作。回國後，他親自開班學習班，培訓特科人員二十多人，又頒發第一個情報工作文件《中央通知第四十七號：關於在白色恐怖下黨組織的整頓、發展和祕密工作》，確定祕密工作的方針和方法。他還親自編制中共第一部密碼「豪密」，其夫人鄧穎超是第一個譯電員。

在上海，周恩來的生活處於極端祕密狀態：身穿中式長袍，戴著大眼鏡，裝扮成一家古董店老闆。店裡出售古代藝術品，他要見的人就裝扮成顧客到店裡找他。特務頭子需要心狠手辣，周恩來溫文爾雅的外貌下隱藏著一顆蛇蝎心腸。顧順章滅門案即是其親手操作的傑作。一九三四年冬，紅軍「長征」出發前，為了不暴露行蹤，擔任紅軍總政委的周恩來悍然下令殺害上萬名傷病號以及「政治不可靠」份子。在接下來的數十年間，周恩來在中共情報界扮演了三種角色：高層政治監督、資深導師與任務領袖，以及重要特務網絡的組織者。[33]

從一九二〇年代末開始，在農村發展根據地的毛澤東已不受上海中央轄制，毛在一九三一年創建的中央政治保衛處（局）也不受中央特科管轄——儘管李克農、錢壯飛、鄧發等剛逃離城市的中央特科老手，皆進入政治保衛局接手單位主管。到了一九三〇年代中期，周恩來的城市特務網絡逐漸式微，中央特科在一九三五年遭到廢止。周的地位下降，毛的地位上升。

一九二〇年代末，在上海的周恩來與在井岡山的毛澤東分別代表了共產黨中兩個群體和兩個發展方向。周出身於江蘇富裕士紳家族，從小養尊處優，在天津南開學校接受近代教育，先後留日、留法、留俄。但他對中國的基層社會並不了解，如同油浮在水面一般，他腳

33 彼得・馬提斯、馬修・布拉席爾，《中共百年間諜活動》，頁137。

上穿著皮鞋，不是光腳者的對手。光腳者是毛澤東，毛是湖南富農出身，對民間社會和底層社會了如指掌，如同鹽融入水中。近代以來湖南即有尚武傳統，迴異於吳儂軟語的江浙。毛的厚黑與殘暴，讓周大爲歎服。周在中共領導層的地位長期都比毛高，但周是最先向毛輸誠的高級領導人之一，他發現最有資格坐上龍椅的是毛，不是自己。

周恩來的性格中最大的特徵是善於隱忍。一九二七年六月二十八日，此前支持武漢的湘軍將領何鍵發表反共宣言，要求汪精衛驅逐武漢的共產黨員。此前，何鍵的部下許克祥已在長沙發動「馬日事變」，清除共產黨人。曾在許克祥部擔任政治部主任的共產黨人柳寧差點被砍頭，逃到武漢後，在市內貼大字報，散發傳單，控訴許克祥。

周恩來以軍事部長的身份勸誡說：「柳寧同志，你的憤怒是可以理解的。但目前本黨的政策是與國民黨合作，你不能這樣反對國民黨。」

柳反駁說：「周部長，我們是國民黨的妾嗎？被他們侮辱、痛打，也要默默忍受、一味忍耐嗎？」

周恩來回答說：「忍字心上一把刀，我們共產黨員必須爲革命咬緊牙關，堅持百忍。爲了革命，必要時做妾、做娼妓，又何嘗不可！」[34]

後來，周恩來從國民黨的「妾」轉而成爲毛澤東的「妾婦」。中共建政後，周恩來擔任總理到死，是中共政壇的不倒翁，除了他甘心成爲毛的「妾婦」之外，還因爲他具備卓越的行政管理能力，毛作惡亦離不開他。而且，周恩來從一九二七年起就牢牢掌控特務系統，雖後來被康生分權，但從未眞正放手，陳賡、李克農等特務系統高官都忠於周，這使得毛對其

34 松本一男，《周恩來之路》，頁138-139。

投鼠忌器。

一九二七年，周恩來獨當一面的嘗試慘敗，放棄了問鼎最高權力的野心，當毛在黨內冉冉升起時，他選擇毛爲其「主公」，而且只當毛及其接班人之後的第三號人物。歷史學者薩孟武在討論「吳用何以只能做第三把交椅」時說，士大夫階級不配做人君，只配做人臣，「他們知識愈高，顧慮愈多，而喪失冒險精神」，「他們中了宋儒的毒，寒酸而不豪爽。他們無法謀生，雖然也想鋌而走險，然而只能攀龍附鳳，做謀臣策士，決不能獨樹一幟，逐鹿中原。一部二十四史，由知識階級而做皇帝的，恐無一人」。[35] 這也是北大高材生張國燾鬥不過北大圖書館臨時工毛澤東的原因所在。周恩來是中共這座水泊梁山的吳用，如學者宋永毅所說，周不是「儒相」，而是「奴相」。余英時亦指出，周恩來當了二十七年總理，卻沒有半點足以稱道的「政績」，無非是幫助毛收拾殘局：

> 毛在四七年渡黃河時，周搶先在浮橋上走了一個來回，也是為了證明浮橋是不是穩當。這正是孟子所謂以「妾婦之道事君」，哪裡有半點「宰相」的體統？但我們也許不能用儒家的觀點來苛責於周，也許在周的心中，他已打定主意作「革命的螺絲釘」了。這裡面的分寸，只有周本人才知道，甚至連他自己也未必清楚。[36]

中共的宣傳機構將周恩來打造成聖人，直到今天，不少共產黨的批評者，獨獨推崇周恩來。周恩來是共產黨的多米諾骨牌中最後倒下的那一塊。

35 薩孟武，《紅樓夢與中國舊家庭．水滸與中國社會．西遊記與中國政治》（長沙：嶽麓書社，1998），頁118。

36 余英時：《歷史人物與文化危機》（台北：聯經，1995），頁94。

5

顧順章

一名魔術大師的恐怖分子之旅

偉大的社會是我的學校，艱難困苦的環境是我的導師，各種實際問題是我的書本和實驗的材料。自我參加特務工作到現在，無時不刻不是抱著創造和學習的精神去努力一切，從沒有偷閒過，亦沒有自驕自矜過。

——顧順章

二〇一九年六月十九日，中共中央紀委國家監察委網站刊出一篇題爲〈永不叛黨不僅僅是一句誓言〉。這篇文章圍繞一個在中共黨史上消失了數十年的人物展開，年輕一代中共黨員幾乎沒有聽過這個名字：顧順章。

該文開頭寫道：顧順章是中共早期領導人之一。一九三一年四月，顧順章在武漢被捕，旋即叛變。當時，中共中央專門針對此一事件發出通知：

中央通知第二二三號

——永遠開除叛徒顧順章的黨籍並號召全黨同志和一切叛徒作鬥爭

（一九三一年五月二十一日）

過去中央負責之一的顧順章(原名顧風鳴，又名黎明或張華)最近在漢口被捕後，立刻投降了中國工農群眾的劊子手國民黨軍閥。……中央決定永遠開除顧順章的黨籍，並號召全黨同志，更加緊我們在群眾中的工作，更嚴密我們的組織，更特別注意我們的秘密工作，更堅決的實行兩條戰線上的鬥爭，一致起來消滅中國工農群眾的敵人顧順章以及一切共產主義的叛徒！[1]

在中共官方黨史敘述中，顧順章成了臭名昭著的叛徒的代名詞。二〇一九年出爐的這篇得到最高當局授權發表的文章指出：「在中國革命、建設、改革各個時期，中國共產黨的入黨誓詞幾度變化，但『永不叛黨』作爲一條鐵的紀律，一直保留下來。」該文強調：「習

1 〈永不叛黨不僅僅是一句誓言〉，中共中央紀委國家監委網站，2021年6月19日，https://www.ccdi.gov.cn/yaowen/202106/t20210619_244195_m.html。

近平總書記多次對共產黨員諄諄教導，強調對黨忠誠、永不叛黨，是黨章對黨員的基本要求。」按照中共的習慣做法，最高領導人越是強調什麼，就說明當下黨內缺少什麼。習近平用顧順章這個前車之鑒來教訓全黨上下，正說明中共黨內想成爲顧順章的人越來越多，習近平正陷入空前的不安與恐懼之中。

然而，這篇文章只說出顧順章的部分生命履歷，最驚心動魄、血腥殘暴的部分依舊沉澱在幽暗的歷史河道中。由於北京的政治宣傳者對於呈現顧順章最不堪的樣貌具強烈企圖心，欲從有關他的故事情節中梳理出事實眞相，仍然是未竟之功。[2] 顧順章究竟是如何在中共黨內崛起的？他的下場又是如何「慘淡」？若不講出全部歷史事實，怎能警戒全黨？

在二十世紀二〇年代末、三〇年代初的上海灘，顧順章是一個謎：在大世界遊藝場觀眾面前，他以「魔術大師化廣奇」的藝名博得滿堂喝彩；對於左翼工人來說，他是工會領袖，是第三次上海工人武裝起義總指揮、工人糾察隊總隊長；在江湖當中，他是青幫、洪幫許多大爺的座上客；在國民黨特務機關看來，他是隸屬共產黨特科的「紅隊」恐怖分子首腦；在中共黨內，他是天字第一號特工，是中共歷史上最年輕的中央政治局委員，也是以一人之力差點讓一黨傾覆的可恥的叛徒。

從鮑羅廷的保鏢到凌駕於周恩來之上的工運領袖

顧順章存世的唯一一張照片，是一九二七年三月，上海工人第三次武裝暴動勝利後，組

2 彼得・馬提斯（Peter Mattis）、馬修・布拉席爾（Matthew Brazil），《中共百年間諜活動》，頁91。

建上海市民政府時，與諸多名流的合影。年僅二十一歲的顧順章登上人生巔峰，這個苦寒人家出身的青年，手上掌握著數千全副武裝的工人糾察隊，剛剛擊潰奉系軍閥在上海的殘餘勢力，儼然是喊水水會凍的「上海王」。他站在第二排中間位置，戴著流行的大禮帽，身穿長袍馬褂，老照片雖然模糊卻難掩意氣風發。

後來，中共出版物刻意醜化其相貌說：「顧順章身矮體胖，圓面孔，比較黑，鼻子先凹後又凸出來，眼睛兇惡，滿臉殺氣。」這就如同六四屠殺之後，中共發布的通緝令上對被通緝的學生領袖和知識分子外貌的惡意描述。顧順章唯一存活的女兒顧利群如此回憶父親：「（印象中父親的外貌）中等身材，人長得很結實的，眼睛也蠻大，鼻梁也很高的。我的母親講，你父親眼睛都能說話，他眼睛怎麼樣一來，他手下人全部知道的。」[3] 這個描述則充滿家人的美化。

顧順章早年從江蘇寶山縣到上海謀生，進入英商南洋菸草公司當鉗工。他先加入青幫，再加入工會，在兩者之間游刃有餘，因聰明伶俐、能說會道，很快當上「拿摩溫」（工頭）。一九二〇年代的上海灘，在共產黨領導的工運中，與幫會結盟是必要策略，一份英國警務處報告稱：「青紅幫與工運鼓動者相聯合。」隨後北伐時期的反軍閥主義和反帝主義又將不同派系的工人組織結合起來。政治危機有助於使陌生的同盟者走到一起。[4]

顧順章崛起的速度比杜月笙還快。他在一九二四年加入中共，擔任南洋菸草公司製菸廠工人支部書記，成功領導幾次工人罷工後，進入中共上海區委。一九二五年，五卅運動期

3 〈鳳凰衛視專訪顧順章遺孀張永琴、女兒顧利群〉，「民間歷史」網站（香港中文大學中國研究服務中心）http://mjlsh.usc.cuhk.edu.hk/Book.aspx?cid=4&tid=4386。

4 裴宜理，《上海罷工：中國工人政治研究》（南京：江蘇人民出版社，2001），頁114、頁120。

間，他帶領工人罷工，展現出謀略和勇氣，又奉命祕密組織工人糾察隊，並成爲上海碼頭工人工會主席。很快，他被調到中共中央機關工作，因身手不凡，一度到廣州擔任鮑羅廷的貼身護衛，進入莫斯科的視野。

一九二六年九月，中共派遣顧順章、陳賡等人到莫斯科、伯力和海參崴接受爲期數月的情報、保衛工作訓練。期間，顧順章等學到了爆破、偵訊、槍法、實地調查、政治保護行動和軍事等的相關知識。一九二七年二月，從格別烏這所「虐待狂的精修學校」回國後，顧順章和陳賡皆得到重用，並成爲親密戰友。日後顧順章主持中央特科時，陳賡擔任其下屬的特二科（情報科）的科長。曾長期與顧順章相處的中統資深特務萬亞剛回憶說：

> 顧順章在蘇俄受訓的時間並不長，但憑他聰明機警的天賦，學到一身本領回來。文的方面：如化裝、表演魔術、操作和修理機械、心理學等都很精；武的方面：雙手開槍、爆破、室內開槍而室外聽不到聲音、徒手殺人而不留痕跡等等，可說是全能特務，夠得上稱為大師。在他以後，特務行列中，無人能望其項背。[5]

在上海工人第三次武裝暴動中，顧順章任工人武裝糾察隊總指揮，周恩來屈居副總指揮——周甘願做顧的副手，一方面是藏拙，另一方面也有「強龍不敵地頭蛇」的考量。顧是指揮起義特別軍事委員會成員，具有決策權。他攜帶蘇聯資助的一萬三千多元到兵工廠購買了大量武器。他還直接到前線打打殺殺：在浦東地區指揮戰鬥，兩小時內攻佔浦東警察署；隨後，又趕到閘北前線，打著紅旗帶頭衝入上海市政府。暴動勝利之後，論功行賞，在中共

5 穆欣：《隱蔽戰線統帥周恩來》，頁489。

操縱的上海市民大會上，顧「當選」為「上海特別市臨時政府」委員和副市長。

三月二十八日，中共在〈為上海巷戰告中國工人階級書〉中聲稱，正因為工人武裝暴動響應，北伐軍始「不經戰鬥」安全占領上海。共產國際執行委員會致電中共中央委員會，對上海勝利表示祝賀。蘇聯《眞理報》發表社論，認為「上海工人成了革命力量取之不盡的源泉，中國共產黨的影響正在增長。上海的無產階級已經在他們的旗幟上寫上了世界革命的口號。」[6]上海無產階級的代表，就是「藍領」的顧順章和汪壽華，而不是「白領」的周恩來與羅亦農。

然而，其興也勃焉，其亡也忽焉。在蔣介石授意下，白崇禧先後發布「飭民眾軍隊令」、「取締上海總工會武裝糾察隊佈告」、「戒嚴期間嚴禁煽惑罷工佈告」、「捕獲叛亂份子經予嚴辦佈告」、「飭淞滬警察廳嚴防罷工令」等，痛斥顧順章等「流氓匪類假借工會聯合會之名義，劫持工友，煽動罷工，破壞各廠工友安全之生活」，進而展開清剿行動。[7]一旦軍方出手，顧手下的工人武裝毫無還手之力。模仿巴黎公社和蘇維埃的「上海市民政府」如同沙灘上的城堡，很快灰飛煙滅。《申報》報導，顧順章從湖州會館被騙至寶山路第二師司令部後即被拘押，直到四月十二日下午三時許才被釋放。在顧順章和周恩來被扣押期間，商務印書等處的工人糾察隊已被軍方繳械。

四月十五日，蔣介石在南京發布通緝令，顧順章名列其間。他隨中共中央逃亡至武漢，在中共五大上當選中央委員並任中央軍委特務科科長。在「八七」會議上，他以工人出身的

6 郭恆鈺，《共產國際與中國革命：第一次國共合作》（台北：東大圖書公司，1991），頁294-295。

7 黃嘉謨編，《白崇禧將軍北伐史料》（台北：中央研究院近代史研究所，1994），頁60。

優勢，當選爲中國歷史上最年輕的政治局委員（比任弼時還年輕兩歲），躋身決策層，這是他在中共黨內取得的最高位置。[8]

一九二七年七月十五日，武漢政府分共，中共中央遷往上海租界，作爲交通局負責人，顧順章安排中共領導人陳獨秀、瞿秋白、蘇兆徵、李維漢等人乘坐英國輪船從武漢到上海，從未引起國民黨方面的注意。在租界，周恩來重建中共特科，特科在上海的主要據點有泰亨源水電行、三民照相館、瑞生布行等。特科下轄四個科，一科科長洪揚生主管總務、二科科長陳賡主管情報、三科科長顧順章主管「紅隊」、四科科長李強主管通訊。顧的地位有所下降，但掌握生殺予奪之實權以及所有中共最高層的安全事務。

在此期間，顧順章既展示出「特務大師」卓越的「專業素養」，也表現出心狠手辣、殺人不眨眼的暴戾性情。他統領的「紅隊」，也叫赤衛隊或「紅色恐怖隊」，一般都叫它「打狗隊」——它的工作之一是殺死那些對應盡義務發生動搖或者背叛的共產黨員。

從一九二七年中開始，「紅隊」實施了一系列攻擊和暗殺。上海市警察局檔案記載，僅在公共租界，從一九二七年到一九三一年，「紅隊」打死了至少四十人——一個最低限度的數字。[9]

一九二九年八月二十四日，在叛變的中央軍委工作人員白鑫通風報信之下，國民政府逮捕了中共農民運動領袖彭湃，計畫出席同一個祕密會議的周恩來也險些被捕。當天晚上，周

8 正是在此次會議上，毛澤東被免去政治局後補委員一職，一直到六年後的一九三三年，毛才重新躋身最高領導層，成爲相當於政治局委員或後補委員的「中央局委員」。

9 「紅隊」實施行動時用盡各種各樣的花招和僞裝。槍手們有時會裝扮成乞丐和沿街叫賣的小商販。女追捕隊員們有時會化妝成家庭女傭；更爲精心策劃的行動的槍手會裝扮成拍電影的攝影師和技術員。但是「紅隊」手法的戲劇性決不能掩蓋他們的任務的生死攸關或行動的殘忍。約翰·拜倫、羅伯特·帕克：《龍爪：毛澤東背後的邪惡天才康生》（台北：時報文化，1998年），頁98。

恩來召集緊急會議，命令中央特科營救出被捕者，並策劃對白鑫的暗殺行動。顧順章和陳賡被任命爲行動負責人。顧順章命令救援小組僞裝成一群去看電影的人。顧順章的手下李強回憶，有二十名紅隊成員參與了該次行動。八月二十八日，接連失誤導致行動受挫，彭湃等人遭到處決。但針對白鑫的暗殺計畫仍持續進行，他於十一月遭槍擊身亡。[10]

一九二九年下半年，「紅隊」的力量發展到頂點：人員有四十多名，武器有白朗寧手槍、左輪手槍、駁殼槍，另有一批化學武器。顧順章能隨時調動槍支，甚至能調來機槍——特科還與國民黨軍隊駐浦東的炮兵營的炮兵建立聯繫。特科隨時從洋行買槍，由洋行派人送來。遇到重要行動時，派人到米店購買成批的大米，把米袋裝上卡車作爲射擊的掩體，搞成一個活動的堡壘開到現場擊殺目標。在顧順章的策劃下，「紅隊」暗殺了曾出賣周恩來的黃埔一期畢業生黃第洪、上海警備司令部打入中共的內線戴冰石等人。

「紅隊」在極爲嚴峻的形勢下，還建立了安全屋和祕密指揮所，其成員爲掩人耳目，還會假裝組成家庭——看上去很正常的家庭，其實是中共的一個聯絡點。「紅隊」還向一些特別重要的機構進行滲透，如軍隊的參謀和後勤部門、警方的情報部門以及日常行政部門。[11]

10 一九二九年十一月，顧順章帶人在霞飛路設埋伏，槍殺叛徒白鑫，之後特科人員迅速撤離，沒有留下任何痕跡。白鑫死後，鑒定法醫在其頭上發現四個彈孔，法醫判斷，白鑫同時中了三槍，三顆子彈從不同部位打進，從同一個部位穿出。可見，顧順章及其培養出來的特科人員都是神槍手。在此一暗殺行動中，另有保鏢、巡捕、司機等五人被殺，被當時的媒體形容爲「東方第一謀殺案」。

11 魏斐德（Frederic Evans Wakeman,Jr.），《上海三部曲：1927-1937》（長沙：岳麓書社，2021），頁176-177。

「魔術大師」與「特務大師」雙重身份之流轉牽扯

一九二八年六月至七月間，中共六大在莫斯科召開，與直線上升的總書記向忠發相比，顧順章失去了政治局委員的身份，只缺席當選爲普通的中央委員，地位有所下降。但他掌握了諸多實權，於一九三〇年二月出任中共中央軍事部委員、中共中央軍委委員；同年七月，又任中共中央總行動委員會軍事委員會成員、中共中央總行動委員會主席團成員；九月，在中共擴大的六屆三中全會上，又與毛澤東、李維漢等一起被補選爲政治局候補委員。[12]

一九三一年春，周恩來派顧順章送張國燾、陳昌浩前往鄂豫皖根據地。顧實際主管中共中央通往各地和各蘇區間的交通。張國燾在回憶錄中寫道：「我還是在五卅運動時與顧順章認識的，那時我欣賞他的能幹，這次重逢，已相隔五年多了，他的才華更是令人佩服。不過他的儀表談吐，多少有些海派味道。」[13]

顧安排張、陳等人水路兼程，從上海到武漢，每個環節都絲絲入扣。船到漢口是下午六點，因此這艘船快到碼頭時減低速度，直到六點後才停泊好，「顧順章認爲六點多鐘是暗探們用膳的時間，那時登岸，危險性可能少些」。他們進入日租界的一處房子，顧告知，這裡相當安全，漢口有些大商人和富人曾拜他爲師，學習魔術，只知道他是「魔術大師化廣奇」，不知道他就是顧順章。

12 劉育鋼，《顧順章：中共歷史上最危險的叛徒》（北京：當代中國出版社，2016），頁66。

13 張國燾，《我的回憶》（三）（香港：明報月刊出版社，1974年），頁908-909。

返程時，顧順章經過武漢，「魔術大師」手癢了，情不自禁登台表演魔術。他在台上衣冠楚楚，相貌堂堂，像位西方紳士。他聲音洪亮，動作瀟灑，堪稱萬人迷。顧順章在共產黨內身居高位，過著刀口上舔血的生活，卻念念不忘「魔術大師化廣奇」的身份。他曾在上海時尚地標大世界遊藝場表演「大鋸美人」（「美人」由他的妻子張杏華扮演，夫妻二人心有靈犀一點通）、「骷髏說話」等節目，「紅隊」隊員譚忠餘、張阿蓮、張文虎、張文龍等人都充當過配角。他還在斜橋路二十二號開過一家「奇星魔術社」，出售玩魔術道具，玻璃櫥窗內陳列著光怪陸離的各種小玩意。他很享受在舞台中央聚光燈下得到觀眾喝彩的成就感，在工人暴動中衝鋒陷陣、在特科工作中殺人如麻，也是一種「超現實主義表演」。表演久了，他已分不清哪些是舞台藝術，哪些是真實生活。

四月二十五日，顧順章在漢口被捕。主持此一抓捕行動的是年僅二十三歲的兩湖特派員、少將參議、偵輯處處長蔡孟堅。此前，蔡偵破了一起共產黨人暗殺蔣介石的行動，獲得嘉獎和重用。蔡得到武漢警備司令夏斗寅配合，成為國民黨在湖北對付中共特工的最高負責人。有一共犯尤崇新，被捕後自首，再又叛變，企圖殺害蔡，再度被捕後在獄中要求再給帶罪立功機會，咬破指頭，寫一血書。此人有分析頭腦，文筆也好，蔡決定再給他一次生存機會，派員隨尤去街頭遊弋，指認匪共。這一天，尤崇新在漢口特三區（英租界）小高爾夫球場前發現顧順章與另一共黨在街頭接談，尤大呼「暴動總指揮」，顧自知無法否認，從容就逮。國共雙方特務首長均知己知彼，顧被捕後要求見蔡孟堅，蔡對顧的重要性也瞭如指掌：

> 顧不僅係周匪同級親信，其實等於周匪化身。因之顧又兼任紅色政治保衛局局長，主持該特務委員會執行全權。故英、法、日及公共租界內所有共黨機關與全部匪黨

人員生命的安全保障，均掌握在顧一人手中。[14]

顧見到蔡，不肯透露更多情報，提出到南京面見蔣，願意幫助國民黨徹底擊潰在上海的中共組織。蔡電告南京，已將顧抓捕，租一招商局小輪派憲兵一排押赴南京，他先一日飛到南京作安排。

顧所乘輪船到達南京下關，蔡乘車迎顧，駛往中央路三〇五號即中央調查科（後擴為中央調查統計局）科長徐恩曾的秘密辦公處。顧一看到路名門號，即告知：此處即為共黨在南京負責人通訊處。他低聲說：「速將徐先生的機要秘書錢壯飛扣留，如錢逃亡，則全功盡棄。」他的話，令蔡震驚。錢氏一向是該辦事處重要辦事人（主管電文），與蔡有過多次公務接觸。蔡立即將此驚人消息告訴徐。徐驚惶之下，即派人查究錢某行動，旋據答覆：「錢某先日將我自漢口發出報告顧某被捕願自首密電譯出呈閱後，即不知去向，似已證明在逃。」[15] 顧順章先後向徐恩曾及其上司陳立夫交代了共產黨的諸多祕密情報。

次日，蔡帶顧去見蔣。蔡先趨前向蔣報告，待蔡介紹後，蔣顧相互站著，顧竟伸手欲與蔣握手，蔣不予理會，僅說：「你投向我方，甚為欣歡，中央必對你寬大，望以後多多尊重蔡同志的話，事事與他合作，藉獲帶罪圖功機會。」

在等候蔣接見時，陳立夫的秘書張道藩也在座。蔡拉張耳語告知：顧已供出中央調查

14 蔡孟堅：〈兩個可能改寫中國近代歷史的故事——兼述顧順章自首，匪穴瓦解以及我黨清除奸細之經過〉，《傳記文學》，總第222號（1980）。

15 蔡之電報發到南京時，當天恰逢周末，徐恩曾去上海度假，電報落在主任秘書錢壯飛手中。錢壯飛是打入國民黨內部的中共地下黨員，他拆開電報，譯出電文後，大吃一驚，旋即派女婿趕往上海，通知中央特科立即轉移。兩天之後，當上海的國民黨軍警和租界巡捕房展開大搜捕時，若干中共祕密機關已是人去樓空。

科錢壯飛秘書及調查科駐滬的楊登瀛處長，均是重要匪諜，且錢已逃滬。張急不擇言，僅囑「這是黨內大事，只能告知立夫先生，切不可逕向蔣公報告。」且說：「你不可多事。」張道藩了解陳立夫組織內藏了大間諜，自必受到大懲罰，他「自顧自的團體」，就不談忠黨愛國了。

顧順章供出了中共總書記向忠發的住址和向忠發右手食指斷缺半截的特徵。一九三一年六月二十二日，向忠發在法租界英商探勒汽車行租車時被捕，後被處決。顧順章還向國民黨提供了陳賡及其家屬的有關情況，導致陳賡夫婦被捕，他多次前去勸降陳賡，軍統給顧順章安排的保鏢林金生回憶說：「陳賡被捕後，顧順章曾幾次和他說話。我每次都跟著去，記得當時的陳賡身著西裝，高高的個子，光頭。」國民黨特務部門會將抓到的共產黨人的照片送給顧順章，他往往會一眼就認出他們是改換了姓名的重要共產黨人。這樣一下子就改變了一批案子的全貌，對中共造成了大規模的破壞。比如，中共領袖惲代英已被捕，由於身份尚未暴露，即將獲釋。因顧的出賣，惲身份曝光，兩天後被槍決。顧還帶中統特務到香港，抓捕中共領袖蔡和森，蔡隨後也遭處決。

「唯有共產黨才能制服共產黨」

顧順章加入中共，是一種投機、一種賭博。[16] 早期中共黨員王凡西回憶說：「顧順章那時主持著中央的特務。這個人流氓氣極重，思想談不到，雖然工人出身，爲人機警異常；但

16 王彬彬，〈假如顧順章沒有被捕〉，《同舟共進》，第4期（2008）。

領導革命特工終究不能靠這種人，他後來的叛變與作惡，我認爲賞識他與提拔他的人也不能沒有責任的……中共的領袖們不接受這個教訓，以致在長年的革命工作中，吃過流氓無數次的虧，顧順章不過是其中最著名的一個例子罷了。」[17]

一九三八年，住在蘇聯克拉奇克療養院的瞿秋白遺孀楊之華，以杜寧的筆名寫了〈叛徒顧順章叛變的經過和教訓〉一文。楊之華曾與顧同在中央機關工作，兩人有諸多工作上的接觸，她概括顧的幾種特點：人矮，精幹，多計謀，滑頭，勇敢，變戲法的技術很高明；不多說話，不曾對同志說過自己的履歷和社會關係；平日不看文件，開會不常說話；生活浪漫──「浪漫」是隱晦的說法，其實是「吸鴉片、玩妓女、打老婆」。[18]

顧是城市流氓，毛澤東則是農村流氓。上海這個城市是近代文明的「惡之花」，移植西方秩序，城市流氓「盜亦有道」。相比之下，農村流氓更是「和尚打傘，無髮（法）無天」。毛比顧更流氓。顧出局，毛勝出，驗證了余英時所說的中共內部「農村邊緣人」擊敗「城市邊緣人」的權力轉移。

歷史有諸多偶然性，若非國民黨內部的派系鬥爭、官僚主義及遭中共滲透，若按顧順章的規劃，上海一幫共產黨要人包括周恩來和鄧小平都會被一網打盡，此後中國的歷史走向必定不同。蔡孟堅認爲，顧順章被捕可能「改寫中國近代歷史」。不過，蔡並不理解該「轉折」的眞實含義。一九三〇年代初，中共在白區的組織瀕臨滅頂之災，國民黨「堅決、適時、明確的鎮壓措施」有效地控制了城市革命運動。整體而言，超過百分之四十的中共中央

17　王凡西，《雙山回憶錄》（北京：東方出版社，2004）。

18　楊之華，〈叛徒顧順章叛變的經過和教訓〉，《黨的文獻》，第3期（1991）。

一級黨員被捕，有八百名重要的地區級中共黨員被捕。警方根據特務機構提供的情報，破獲了一個又一個中共祕密機關。[19] 但蘇區領導人卻獲得更大的行動自主權。美國學者魏斐德指出，具有諷刺意味的是，國民黨的反間諜成功無意中調節了共產黨內部的權力結構，為一九三五年遵義會議後毛澤東上升到至高無上的地位打下基礎。蔣的祕密警察切斷了共產國際上海局與莫斯科共產國際常務委員會之間的電信通訊，中共從此基本孤立於外部世界，這對其今後的發展造成不可估量的影響。莫斯科無法如臂使指地遙控中共，毛自行其是，積聚力量，形成一個新的鄉村戰略，這一戰略最終使他戰勝了蔣介石及其追隨者們。[20]

毛澤東上位，使得顧順章曾經的戰友們——包括在上海等「白區」從事地下工作的各類共產黨人——被邊緣化。劉少奇一度成為毛的接班人，最後被毛整死；周恩來戰戰兢兢地維持毛的副手的地位，仍不斷遭毛敲敲打打；作為顧順章接班人的康生，生前無比顯赫，身後被鞭屍；更多像潘漢年那樣的高級特工「狡兔死、走狗烹」——不是叛徒，也被戴上叛徒的帽子。

顧順章投誠後，陳立夫主持的中統將其控制起來，抓捕顧的蔡孟堅被排除出此後的行動。中統在全國各地的戰績突然輝煌起來，破獲很多中共地下組織。徐恩曾說，顧順章「好像一部活動的字典，我們每逢發生疑難之處只要請助於他，無不迎刃而解」。徐藉機大肆擴大編制，充實員額，在南京道署街瞻園成立特工總部，中統組織自誇這是特務史上的「黃金時代」。

19 魏斐德，《上海三部曲：1927-1937》，頁198。

20 魏斐德，《間諜王：戴笠與中國特工》（南京：江蘇人民出版社，2007），頁219-220。

左翼作家丁玲被捕後，顧多次前往誘勸，「這人五短身材、身板結實、動作伶俐，兩個圓圓眼睛，很有點神采。……每次來都擺出是鄰居，像串門的樣子，像找老朋友聊天，來了就講一些社會新聞，他對社會人情講得頭頭是道。他講生意，講買賣，顯得精明；他玩魔術，手法乾淨」、「有一天，他在外邊廳裡催眠一個看守，我不懂催眠術，但那個看守的確被催眠過去了，完全依從他，聽顧的命令，做他平日所不能做的，一個普通人所不能做的事。隨後這個看守有整整三天疲倦得不能動彈，一點也不知道他被催眠過去後所講的話和所做的事」。[21] 丁玲被其說動，在顧拿來的一張八行信紙上寫了「回家養母，不參加社會活動」，還加一句「未經審訊」，表示沒有受刑、這張字條是自願寫的。[22]

顧順章的第二任妻子張永琴晚年回憶說：「我很同情她（丁玲），我總幫助她的。他們把她關起來，我偷偷地把他們帶出去買東西。所以我們的感情蠻好。他（顧順章）對他們也同情，所以就由我去帶他們出去買東西。這個風險蠻大的。丁玲逃掉，他交不了差了。所以他也很矛盾。」[23]

顧順章被任命爲調查科行動隊長，除了親自帶隊抓捕中共黨員外，還開班授課，培訓國民黨特務。他勸說國民黨改變「殺頭政策」，改爲「自首政策」，消滅共產黨不能靠殺人，應該攻心爲上，「用共產黨來制服共產黨」，他本人就是活生生的例子。顧所辦的特務訓練班得到國民黨高層的好評。據參加第二期特務訓練班的林成蔭說：「訓練內容是由顧順

21 丁玲，《魍魎世界》，收入《丁玲文集》第8卷（長沙：湖南人民出版社，1993），頁48-53。

22 蔣祖林，《丁玲傳》（北京：人民文學出版社，2016），頁178-179。

23 〈鳳凰衛視專訪顧順章遺孀張永琴、女兒顧利群〉，香港中文大學中國研究服務中心主辦之「民間歷史」網站，http://mjlsh.usc.cuhk.edu.hk/Book.aspx?cid=4&tid=4386。

章主講《特務工作的理論與實踐》。都是一些打槍、擒拿、格鬥、化裝、盯梢、守候等特務技術。顧順章的文化水平並不高，但對此道卻經驗豐富，不愧老手。結合他過去的經歷，侃侃而談，頗能吸引人。……兩人把他講的內容整理彙編成單行本，專供中統特務業務學習之用。」[24]

顧在中統人員幫助下，將其特務工作心得整理成《訓練工作》、《情報工作》、《行動工作》、《審理工作》、《組織工作》等六冊教材，稱作《特工叢書》。他在代筆者王一心協助下，寫出《特務工作的理論與實踐》，這本十多萬字的專著，堪稱現代中國第一本特務培訓教材，連軍統特務訓練班也拿去使用。[25]

對於特務工作，顧順章既有理論，也有實踐經驗。徐恩曾說：「顧順章是上海機器工人出身，曾在莫斯科受過嚴格的特務訓練，加上他在這一方面是天才，聰明、機警和技巧都是高人一等，因此造成了他的特務工作的卓越才能，他精於射擊，能設計在房內開槍而使聲音不達於戶外，他可以用兩手輕巧地掐死一個人而不顯露絲毫痕跡。他對各種及其的性能都能很熟悉，對爆破技術有獨到的研究。這一切，使顧順章成為赤色特務中的空前絕後的人物。」[26]

顧精通易容術，不亞於武俠和諜戰小說中的情節。林金生說：「顧順章的化裝技巧非常高明。一個人經他稍許化裝，你就很難再認出來。我記得他曾用一種假牙往嘴上一套，人

24 林成蔭，〈中統走卒〉，《中統特工祕錄》（南京：江蘇文史資料編輯部，1991），頁68-69。

25 該書論及中共的特務工作，指出有五個原則：第一，要這工作打到敵人的中心裡去；第二，要利用敵人的一切為我們而工作；第三，要完全社會化，社會化可解決工作上的一切困難；第四，一切問題要向敵人方面同社會方面去解決；第五，工作絕對祕密。

26 徐恩曾，《細說中統軍統》（台北：傳記文學，1992年）。

的模樣就全變了。據他自己講，在中共特科時，頗有神出鬼沒之譽，主要就是靠的這種本領。」其女兒描述說：「我的父親化妝的手法很高明，一經化妝，人家認不出他來的。有一次他從家裡後門出去，前門有保衛。他在前面講，我要找某人，他們就帶他進去，進去後，我跟我母親在客廳裡面。他們說，找顧順章。我媽媽說，你等一下吧，叫毛毛去叫爸爸。我進去以後發現沒有人呢，就出來說，爸爸沒在裡面，到啥地方去了？結果，這個來的人把眼鏡拿掉，把假鬍子拿掉，假牙齒拿掉，是我父親。我跟我母親大笑，怎麼是儂嘛。」[27]

誰能逃得過國民黨與共產黨的輪番殺戮？

中共對顧恨之入骨。一九三一年十二月一日，在江西中央蘇區的毛澤東以中華蘇維埃共和國臨時中央政府主席的名義簽發對顧的通緝令，要求蘇區各級政府、紅軍、赤衛隊以及全國工農群眾一體緝拿顧順章，每一個戰士和工農都有責任將他「撲滅」。這份通緝令是對顧下達的「格殺勿論」命令。在中共歷史上，由中央政府對一個叛徒發出這種「通緝令」是絕無僅有的。

一九三一年五月，周恩來、康生獲悉顧順章投降後，率領洪楊生、陳養山、王世德（化名王竹友）等十餘人，將顧家全家八口包括岳父母、妻子、內弟、保姆以及當時在他們家中

27 〈鳳凰衛視專訪顧順章遺孀張永琴、女兒顧利群〉，香港中文大學中國研究服務中心主辦之「民間歷史」網站，http://mjlsh.usc.cuhk.edu.hk/Book.aspx?cid=4&tid=4386。

打麻將的多名外人全部勒斃，埋屍於院內滅跡。[28]

殺手之一的王世德四個月後被捕，被顧順章認出。王爲莫斯科中山大學出身，曾任顧的助手和科長。經過多次審訊，王表示願意「轉變」，向顧懺悔說：「請原諒我，這不是我的罪惡，我是奉命執行的，周恩來親自召見我，要我把你的家眷統統解決。」

軍統人員押著王來到上海法租界甘斯東路愛棠村十一號的一所空房子，指著一處僅有一丈見方、長滿雜草的空地說，人就埋在那裡。中統向法租界警務當局接洽，租界當局一開始不相信，經過確切保證、中方願意負責之後，才同意發掘。此事爲新聞界所悉，消息傳布出去，致發掘工作進行之時，市民聚集在附近圍觀。

在充滿驚駭與懷疑的氣氛之下，一尺復一尺挖下去，數小時後，挖到三、四尺深，發現血跡和屍體。四具赤裸裸的屍體，三男一女，排列在一起，每兩個人顛倒捆成一紮，臭氣熏天，目不忍睹。

隨後，又在公共租界武定路修德坊六號及麥特赫斯脫路、新聞路陳家巷九十一號等四、五處，掘得三十九具屍體，大都是顧的親屬和同事，及中共認定的「敵人」。[29] 有些地方埋葬方法更周密：

28 一九九八年，中共高調紀念周恩來百年誕辰，由北京新華書店出版《生死搏殺——周恩來與顧順章》一書，後發覺其中內容有所不妥，又加以收回。在台灣已九十四歲高齡的蔡孟堅得到此書，發現其中有周恩來主持殺害顧順章家人的事件，「這是歷史人物周恩來的創舉」。蔡孟堅：〈有關周恩來殺顧順章滅門血案之澄清〉，《傳記文學》，總第448號（1999）。

29 上海法租界巡捕房在姚主教路愛棠村三十七號發現四具屍體：顧維楨——顧順章胞兄，住機關當燒飯師傅；吳韶蘭——顧維楨之妻，做掩護和交通工作；張阿桃——顧順章岳父；張愛寶——顧順章的妻妹。在姚主教路愛棠村三十三號發現的三具屍體爲：葉小妹——顧順章妻子的表妹；吳克昌之妻——顧順章嫂子吳韶蘭的弟媳；一名麻臉男傭。上海公共租界戈登路捕房在武定路修德坊六號發現四具屍體：張杏華——顧順章的原配妻子，魔術商店營業員，擔任通訊聯絡任務；張陸氏——顧順章岳母；吳克昌——顧順章嫂子吳韶蘭之弟；斯勵。在新閘路陳家巷九十一號還發現黃弟洪、鄒志淑、朱完白夫婦、王盤等五人的屍體。

> 共產黨特務把人弄死之後，埋在一丈一下的地底，上面蓋四、五尺泥土，再澆上一層水泥，粗看起來，像似已被廢棄的屋基，然後再蓋上六、七尺泥土，才是地面。當我們挖掉六、七尺泥土的時候，雖然出現水泥地基，工人們不知情，認為沒有希望要歇手了，我們堅持要他們挖下去，掘開水泥，再繼續往下挖了很久，才發現一堆大小有十多具屍體，面目已模糊不能辨認。[30]

上海報紙圖文並茂地報導此事，改變了許多市民對中共的看法。由於連續不斷的挖掘和連篇累牘的報導，讓公眾對上海租界當局維持治安的能力產生很大質疑。巡捕房要求迅速結束此事、停止其他地方的挖掘，並願意與中國警方合作打擊中共特務，雙方達成「君子協定」。

當時年僅三歲的倖存者顧利群，晚年接受鳳凰衛視訪問時說：一九七九年，她的舅舅張長庚遇到曾任特科一科科長的洪揚生。洪揚生親手殺死了顧妻張杏華，「洪揚生說，周恩來當時也嘆息過，周從來不抽菸，但是問手下要了一根菸，抽了一半，他說，我們今天這樣做是萬不得已，不知道將來的歷史怎麼樣評價我」。

顧順章得知滅門慘案，在《申報》刊登針對周恩來和康生的懸賞廣告，公開譴責中共的罪惡：

> 敬啓者，順章於民國十三年受革命潮流之激動，誤入共黨歧途，數年來參與機密。鑒於該黨倒行逆施，黑幕重重，與本人參加革命之初衷，大相違背，不忍糜爛國

30 徐恩曾，《細說中統軍統》（台北：傳記文學出版社，1992）。

家，禍害民眾，乃於本年四月間自動脱離共黨，向黨國當局悔過自新。從此閉門讀書，以求學識之長進。對於共黨任何人，從未加以陷害。蓋順章只有主義之鬥爭，並無個人仇恨之心理，此亦政治家應有之態度。孰意共黨首要周恩來、趙容（康生）等竟親肆毒手，將余全家骨肉及遠近戚友等十餘人，悉行慘殺，而順章岳母之私款七千餘元及價值三千餘元之田產單據、亦被劫奪以去。似此殘酷獸行，絕滅人道，實為空前罕有之慘案。惡耗傳來，痛不欲生。現已承蒙國民政府懸賞兩萬元，嚴緝該犯等依法究辨外，順章特另行懸賞緝究，以慰冤魂。有人能將該犯周恩來、趙容等捕獲解案，順章當賞洋三千元，或通風報信，因而捕獲者，賞洋二千元。儲款以待，決不食言。伏祈公鑒。

顧順章謹啓

此時，周恩來、康生等已逃亡蘇區，無法抓捕了。

顧家滅門血案之後，顧順章情緒低落，中統爲他安排了一樁婚姻。一九三二年，十九歲的張永琴被安排與顧見面。張回憶說，那個年代相親時一般都是由雙方家長陪同，年輕男女在公園那種公共場合見面，顧卻直接來到她家，「我現在想想才知道，他好像是一個危險人物，害怕出現在公共場合，所以到人家家裡來。我的第一印象是，他能說會道。」幾個月後，兩人在南京中央飯店結婚。徐恩曾親自到場祝賀，蔣介石派人送來禮金一千元。張永琴回憶說：「顧在家裡倒是蠻勤快的，喜歡掃掃弄弄，倒不是做老爺。」

共產黨斬草除根，國民黨卸磨殺驢，顧順章絞盡腦汁也難以被中統信任，終難逃一死。七十多年後，顧利群回憶一九三四年十月二日傍晚最後見到父親的一幕：「我記得是十月份是秋天了，外面下了濛濛細雨。有部黑色的小汽車停在門口，好像請父親上車去開會。我在那裡玩，看見父親從家裡出來，夾著大衣，還戴著禮帽，在門口朝我看看，摸摸我頭，他講，你等會兒進去吃飯，我要出去開會。我就說，好的，爸爸再見。他就走了。那一天他離開家以後，再沒有回來。」[31] 再心狠手辣的恐怖分子，在孩子面前，依然呈現出慈父的樣子。

十月六日，顧順章被捕四天之後，張永琴的母親不服從特務不准她外出的命令，抱著僅一歲的外孫女，打開大門到外面的弄堂裡玩，被看管她們的特務開槍射殺，倒在女兒眼前。張永琴的父親中風病倒，終身殘疾。

徐恩曾一度同意張永琴去蘇州反省院看望顧順章。隨即，張永琴收到一張顧托人送來的字條，要她「千萬勿來」。原來，顧已被帶到鎮江槍殺。司機把車子開到那裡，顧知道，今天已經完了。他仍很冷靜。他在鎮江反省院事先將一張紙條塞到帽子裡，臨刑前，把帽子送給司機。他說，我把帽子送給你，你檢查一下，看好不好戴。後來，司機發現紙條，送到張永琴手上。張永琴被關押二十二個月才獲釋，試圖打官司尋求公道，法院卻不敢受理。

張永琴後來改嫁，但一九四九年之後仍然因顧順章的問題屢屢受到政治運動的衝擊，她晚年百感交集地說：「我和顧順章的結合，是一樁錯誤的結合，我是一個小市民，不認得他，我高攀不上。爲什麼弄一個錯誤的結合？真是陰差陽錯。顧順章笨蛋，不聰明，小聰明。在大的方面政治修養基礎太差，聰明反被聰明誤。」

31 〈鳳凰衛視專訪顧順章遺孀張永琴、女兒顧利群〉，香港中文大學中國研究服務中心主辦之「民間歷史」網站，http://mjlsh.usc.cuhk.edu.hk/Book.aspx?cid=4&tid=4386。

至於中統爲何要殺顧，徐恩曾在回憶錄中寫道：「我所遺憾的是，這位具有特殊貢獻的朋友，不曾和我合作到底。一九三五年春（實爲一九三四年冬），因和敵人重新勾結而被處刑。」徐恩曾向蔣報告，說顧有「反骨」和種種反叛跡象，蔣下達手諭：「顧順章怙惡不悛，著即槍決可也。」[32]這個罪名是莫須有的——顧全家被共產黨殺害，他不太可能重新投共。他倒是有一個在國共之外成立一個依附於國民黨的新共產黨的妄想，或許這也是其招致中統猜忌的原因之一。[33]

中統創始人之一黃凱透露了另一番玄機。他承認顧「對特務工作確有精明之處」，卻對其心存嫉妒：「他對我的地位和聲望均有威脅，因爲他辦案得手，戴笠和他打得火熱，我不免感到相形見絀。」自首人劉英等向徐恩曾檢舉，顧順章招兵買馬，試圖將他幫助國民黨訓練的超過一千名特工作爲他的武裝基礎，聚眾起事。陳立夫立即調遣中統內老幹部和憲兵，解除顧順章的武裝，並把他關押在鎮江看守所。半年後，蔣介石批准將顧順章處決，由顧建中去鎮江執行。[34]

黃凱在同一篇回憶文章中又提出另一個顧順章必死的原因：「顧順章原本由徐恩曾、張沖二人親自領導的，最初戴笠常常偷偷摸摸去找他，後來戴笠請示老蔣條諭中統負責人，有一段時間由顧襄助軍統工作。顧順章就利用中統與軍統的矛盾，從中挑撥離間，徐恩曾與

32 白雁，〈顧順章爲何突遭蔣介石下令槍決〉，《炎黃春秋》雜誌，http://www.yhcqw.com/53/12419.html。

33 蔡孟堅記載，他轉任武漢警察局數年後，某次因公赴南京在中央飯店遇見監護顧的幾位中央同志陪顧玩台球（撞球），顧跑來向蔡求情說：「你救過我，現在還求再救我，我想組織新中國共產黨，形成傾向國民黨的政黨，我可號召困居延安中共領導階層大批共幹來參加，對抗毛酋。請你向上峯進言支持……」顧順章的心腹陳蔚如也回憶說，顧順章曾經對他說：「共產黨固然不好，國民黨更壞……我們好好利用這個調查機構來消滅共產黨的組織，另成立新共產黨組織。」

34 黃凱，〈我的特工生涯和所見所聞〉，《中統特工祕錄》，頁7。

戴笠簡直如仇敵一樣。當時在中統、軍統兩個組織中，有一種說法，顧順章經辦的大案歸軍統，小案歸中統。有時中統和軍統爲爭奪案件的承辦權在老蔣面前大吵一場。」蔡孟堅也認爲，戴笠想過搶顧順章這個香餑餑。中統不願讓顧爲軍統所用，寧願將其殺掉。[35]

顧順章在國民黨特務中的名氣很大，傳說他不僅精通易容、魔術，還會催眠術和土遁術。臨刑前特務用鐵鏈穿在他的琵琶骨上，以鎮其「邪術」。

顧順章受死之時，或許百感交集。他再也不能登台表演心愛的魔術了。他以爲革命也是一種魔術表演——共產主義本身確實是營造烏托邦的魔術，但革命舞台步步驚心、刀光劍影。魔術師的舞台通常不會眞有死亡，革命的舞台卻血流成河、伏屍百萬。「特務大師」比「魔術大師」危險千百倍。顧順章既狡詐又狠毒，卻未能在革命這個舞台上全身而退，自己慘死，還連累家人陪葬。

35 在顧案發生數月後，戴笠曾親來武漢找蔡，請蔡寫報告向蔣建議「准許將我所捕的顧順章交由戴運用一些時日」。蔡不敢陷入中統和軍統的紛爭，婉辭了。以後，蔡任武漢警察局長，戴又舊事重提，促謁蔣時提議，蔡仍未答應。蔡認爲：「如果顧某眞能改隸戴的麾下，相信『草寇』遇『英雄』，可以發揮顧的一些長處。尤其戴與胡宗南將軍親如兄弟，彼時胡將軍正發動圍勦陝北毛匪，可能利用顧與共匪關係，作些特殊措施，收到心理作戰效果。」蔡對徐恩曾評價很低，認爲徐未能充分利用顧的價值，且不該殺顧。

6 瞿秋白

一頭被迫耕田的犬

自己總覺得文人結習未除，不適合於政治活動，身體不好，神經極度衰弱，每年春間，即患吐血症。我曾向人表示，「田終歸是要牛來耕的，現在要我這匹馬暫時耕田，恐怕吃力不討好」。

——瞿秋白

一九三五年五月，國民黨中央組織部部長陳立夫派王杰夫以「中央組織部特派福建黨部視察委員」的名義到福建長汀勸降被捕的中共前總書記瞿秋白。陳立夫說：「如能說降瞿秋白，那在國內國際上的號召和影響都是很大的。」

王杰夫對瞿秋白說：「瞿先生，你學識淵博，現在正是國家用人之際，所以，我們為國家愛惜你的生命。瞿先生，你不看顧順章轉變後，南京對他的優待。他殺人如麻，中央都不追究嘛！」

瞿秋白哪裡看得起顧順章，立即反駁說：「我不是顧順章，我是瞿秋白。你認為他這樣作是識時務，我情願作一個不識時務的人，不願作出賣靈魂的識時務者。」[1]

六月十七日晚，瞿秋白讀唐詩，寫下集唐人絕句之絕筆詩：「夕陽明滅亂山中，落葉寒泉聽不窮；已忍伶俜十年事，心持半偈萬緣空。」他早年對佛教頗有興趣，後來迷戀托爾斯泰式的無政府主義，再轉向馬列主義，在走到生命盡頭時，能安慰他的還是佛教。

六月十八日，最後時刻來臨。早上八時，有軍官進來出示槍決令，瞿說：「人生有小休息，有大休息，今後我要大休息了。」隨即又寫道：「『眼底雲煙過盡時，正我逍遙處』，此非詞讖，乃獄中言志耳。」

負責羈押瞿秋白的國軍第三十六師師長宋希濂，是瞿秋白在上海大學任教時的學生，他送老師出監房到中山公園涼亭前拍照。瞿秋白上身穿著黑色中式對襟衫，下身穿著白布抵膝短褲，黑線襪，黑布鞋，背著兩手，昂首直立。宋還置辦了酒席，瞿「信步至亭前，已見菜餚四碟，美酒一甕，彼獨坐其上，自斟自飲，談笑自若，神色無異。酒半乃言曰：『人之公

1 陳鐵健，《瞿秋白傳》（北京：紅旗出版社，2009）。

餘稍憩，爲小快樂；夜間安眠，爲大快樂；辭世長逝，爲眞快樂！』」[2]

餐畢，十時，瞿秋白走出中山公園，慢步走向二華里之外的長汀西門外羅漢嶺下蛇王宮養濟院右側的刑場。他沿途手挾香菸，緩緩而行。經過街衢門口，見一瞎眼乞丐，回首一顧，似有所感也。「既至刑場，彼自請仰臥受刑。槍聲一發，瞿遂長逝人世矣！」

其實，瞿秋白的精神生命在一九二七年就結束了。那一年，他登上政治人生最高峰，年僅二十八歲成爲中共最年輕的黨魁；那一年，他跌下政治人生的最低谷，成爲大革命失敗的替罪羊。此一過山車般的經歷讓他萬念俱灰，「覺得已經非常衰憊，絲毫青年壯年的興趣都沒有了。不但一般的政治問題難得思索，就是一切娛樂，甚至風景都是漠不相關的了」。他在獄中寫信給郭沫若說：「我現在已經是國民黨的俘虜了。這在國內階級鬥爭中，當然是意料之中可能的事。從此我的武裝完全被解除，我自身被拉出了隊伍，我停止了一切種種鬥爭，在這裡等著『生命的結束』。……我早就『猜到了』我自己畢竟不是一個『戰士』，無論在那一條戰線上。」[3] 他哀歎說：「可憐的我們，有點像馬戲班裡的野獸。」而他之所以沒有放棄馬克思主義，不是因爲有堅定的信仰，「最主要的是我沒有氣力再跑了，我根本沒有精力再作政治的社會科學的思索了」。[4]

2 天津《大公報》1935年7月5日關於瞿秋白的新聞報導，參見劉福勤，《從天香樓到羅漢嶺：瞿秋白綜論》（桂林：廣西師範大學出版社，1995），頁315。

3 瞿秋白，〈瞿秋白獄中寫給郭沫若的信〉，香港：《春秋雜誌》，總第597期（1982）。

4 瞿秋白，《瞿秋白文集》（文學編第二卷）（北京：人民出版社，1998），頁417。

「秋之白華」背後的「一杯水主義」

一八九九年一月二十九日，瞿秋白生於江蘇常州青果巷八桂堂天香樓。[5]

清帝國崩潰和新時代到來，讓這個曾顯赫的家族的榮耀戛然而止，瞿秋白在自述中說：「二十世紀的開始，是我誕生的時候，正是中國歷史上的新紀元。……從我七、八歲時，中國社會已經大大的震顫動搖之後，那疾然翻覆變更的傾向，已是猛不可當，非常之明顯了。幼年的社會生活受這影響不小。」他父親是時代的棄子：習慣奢靡安逸，熱愛藝術，卻對謀生技能一竅不通，終日賦閒，無所事事，染上鴉片癮，將家產揮霍一空。他母親被貧困摧毀，用了半瓶虎骨酒吞服剝好的火柴頭丸自盡。少年瞿秋白含悲寫下七絕《哭母》：「親到貧時不算親，藍衫添得淚痕新。饑寒此日無人管，落上靈前愛子身。」

舊日的鄉村和家族無法爲這名少年提供體面活下去的資源，瞿秋白不得不外出討生活。一九一八年，他在北京患上肺病又對前途迷茫，作詩抒情：「雪意淒其心惘然，江南舊夢已如煙。天寒沽酒長安市，猶折梅花伴醉眠。」他考北大落榜，好不容易考上外交部辦的俄語專修學校——這種飢不擇食的選擇，卻讓他成爲少數精通俄語的俄國專家，並進而成爲中共領袖。

5 八桂堂是瞿秋白的叔祖瞿賡甫的住宅，這所住宅內花木繁多，因有八株桂花而得名八桂堂，天香樓也因沉浸在花木的芬芳之中而得名。瞿家是一個書香門第，世代爲官。

魯迅和張愛玲的家族亦如此。士大夫階層敗落，留給後代無法回去的「故鄉」，纏擾著他們的心靈。「慘酷的社會」造成「現在的我」和「過去的故鄉」之間無法彌補的縫隙。[6] 瞿秋白分外仇恨「慘酷的社會」，不惜用更慘酷的方式推翻、顛覆之。作爲「被擠出軌道的孤兒」，瞿秋白是魯迅的知己，他評價魯迅說：「魯迅是萊謨斯，是野獸的奶汁所養大的，是封建宗法社會的逆子，是紳士階級的貳臣，而同時也是一些浪漫諦克的革命家的諍友！他從他自己的道路回到了狼的懷抱。」這也是瞿氏的夫子自道。

一九二〇年，瞿秋白以精通俄語的資格，應聘北京《晨報》記者，赴蘇聯採訪報導。在其筆下，蘇聯並非李大釗心目中美不勝收的「赤旗的世界」，而是充滿饑荒、寒冷與怨恨，官僚的粗暴、知識分子的嘲諷，以及難以下嚥的黑麵包。他在蘇聯接觸到激進共產主義者柯崙泰女士倡導的「一杯水主義」，認爲應當破除家庭和婚姻的限制，男女之間以本能自由結合或分手，這就是「共產共妻」觀念。回到中國之後，他親身實踐這個想法。

因爲撰寫了關於蘇聯的報導、翻譯了若干左派著作，沒有學歷的瞿秋白受聘上海大學，任社會學系主任。[7] 他英俊瀟灑、出口成章，自然成爲女生追求的對象，女學生王劍虹愛上了他。兩人結合後，感情並不融洽，瞿的詩文之中，從未提及王。在此期間，楊之華闖入瞿秋白的生活。發現丈夫移情別戀的王劍虹一病不起，很快抑鬱而死。

---

6 在瞿秋白的《餓鄉紀程》中，有若干與魯迅《朝花夕拾．小引》相近的文字：「我幼時雖有慈母的扶育憐愛；雖有江南風物，清山秀水，松江的鱸魚，西鄉的菘菜，爲我營養；雖有豆棚瓜架草蟲的天籟，曉風殘月詩人的新意，怡悅我的性情；雖亦有耳鬢廝磨囔囔情話，亦即亦離的憐愛，安慰我的心靈；良朋密友，有情意的親戚，溫情厚意的撫恤——現在都成一夢。」

7 上海大學是左派集中地，校長是于右任，實際上由中共黨員鄧中夏、惲代英、瞿秋白、任弼時、潘漢年、康生等控制。一九二五年，山海公共租界巡捕搜查上大，搜去各種書籍三百多冊。會審公堂傳訊代理校長邵力子到案，判決「將抄獲各書一併銷毀，被告交一千元保，擔保嗣後上海大學不得有共產計畫及宣傳共產學說」。上大吸引不少台灣學生，後來台灣文化協會左派內訌，其中有一個勢力頗大的「上大派」。

楊之華爲國民黨左派元老沈玄廬之媳，與沈公子劍龍由戀愛結合，育有一女。沈劍龍愛好美術，性情淡泊；楊之華天生麗質，頗具男性之雄心，入上海大學念書之後，受了一番革命空氣薰陶，與丈夫貌合神離。

瞿秋白與施存統、張太雷一起在慕爾鳴路三百七十二號租房居住，楊之華以學生身份常常來此拜訪，在楊之華眼中，「他穿著一件西裝大衣，手上拿著一頂帽子，他的頭髮向後梳，額角寬而平，鼻樑上架一副眼鏡，與他的臉很相稱」。兩人逐漸相愛。沈公子知情後，不以爲怪，說「男女同校，社交公開」。楊之華一邊搞婚外戀，一邊搞革命，被選爲學生會執委，更自命是女生中的佼佼者。譽之者，尊其爲「上大革命之華」；侮之者，罵其爲「水性楊花」。瞿愛她如愛寶貝一般，曾寫下「秋之白華」四字，以表示「無爾無我」、「終身同心」、「永恆歡愛」、「誓同身死」之至意。

瞿、楊、沈三人在朋友們的見證下，寫了「離婚」、「結婚」、「做朋友」三張啓事，三人愉快地簽字，彼此握手言歡，表示親愛之意。三人終身大事，便滿意的解決了。然後大家吃秋白、之華的喜酒，沈即席舉杯慶祝瞿、楊成功，秋白、之華亦殷勤表示感謝。大家拍手稱道，「離婚悲劇」頓時化作「結婚歡宴」，開戀愛史上新紀錄。

喜劇的結尾，便是翌日在《民國日報》上有三個啓事登出。沈、楊啓事爲：「自一九二四年×月×日起，我們很愉快的解婚姻關係。但仍保留友誼的關係，互相幫助，互相勖勉，互相敬愛。謹此向諸親友告白。」瞿、楊啓事爲：「自一九二四年×月×日起，我們本自由戀愛的宗旨，正式結合爲夫婦。希望同學同志諸君都來祝賀我們的幸福。特此向朋友們告白。」瞿、沈之啓事爲：「我們以後仍是最親愛的同志，最親愛的好朋友。特此啓事。」

自此以後，楊之華做了瞿秋白的正式夫人。瞿一帆順風似的大得意，楊也到處出風頭。

瞿由教授而爲共黨中委，而爲總書記；楊也由大學生而爲留學生，而爲中共婦女部長。[8]

鯉魚跳龍門，龍門是通往奴役之門？

一九二七年，瞿秋白奔波在上海與武漢之間，一半時間在開會，一半時間在寫政治批判文章及黨內文件，「政治人」的瞿秋白壓倒了「文學人」的瞿秋白。

一九二七年二月十七日，瞿秋白寫下〈《瞿秋白論文集》自序〉，文章中說：「秋白是馬克思主義的小學生……一直在陳獨秀同志指導之下，努力做這種『狗耕田』的工作，自己知道是很不勝任的。……我現在收集四年來的著述付印，目的是在於呈顯中國的馬克思主義者應用革命理論於革命實踐上的成績，並且理出一個相當的系統，使讀者易於找著我的思想的線索。」此書原本交商務印書館出版，但由於「四一二」清黨而未能出版。

五天之後的二月二十二日晚，瞿秋白在趕往第二次工人武裝起義指揮部。這次暴動因爲組織粗疏而瀕臨失敗，數十名工人被孫傳芳的悍將李寶章捕殺。一位工人斥責說：「大家不動，你們教我們工人騷動，豈非叫我們白白去犧牲？」他深受震動，承認起義的失敗「教訓了我們的黨」。[9] 在二十三日中共中央與上海區委的聯席會議上，他批評領導人「猶豫動搖，缺乏準備，脫離群眾」；在二十四日的特委會第一次會議上亦批評「恩來的報告中，缺少怎樣動搖敵軍，怎樣聯絡軍隊與保衛團兩個問題」。這是他自中共四大進入中央決策層

8 譚公，〈瞿秋白與楊之華〉，《現代史料》（第四集）。

9 劉小中、丁言模，《瞿秋白年譜詳編》（北京：中央文獻出版社，2008），頁221-222。以下引用本書之內容，不再一一標明出處。

後，第一次對黨內錯誤策略做出尖銳批評。

三月下旬，瞿秋白來到漢口，住在輔義路二十七號中共宣傳部所在的一座兩層樓的弄堂洋房內。左翼作家茅盾見到他時，形容說「他精神煥發，但頭髮卻留得很長，大概沒有時間理髮」。

五月二十日，瞿秋白被增補爲中央政治局常委，主管中央宣傳部。自本日起，他與陳獨秀、蔡和森、周恩來輪流值班。史達林寫信給莫洛托夫和布哈林說：「應該把鮑羅廷、羅易，以及在中國妨礙工作的所有反對派分子清除出中國。……但鑒於現時的（中共）中央軟弱、混亂，政治上不定形和業務不精通，這些『保姆』在現階段還是需要的。」

瞿秋白已嗅到莫斯科對陳獨秀及中共中央的不滿，由此看到大幹一場的機會。[10] 陳獨秀是瞿秋白敬重的「五四」老前輩，陳以中共總書記赴莫斯科開會期間，瞿爲之當翻譯，得到其賞識和提攜，在黨內扶搖直上。莫斯科決定拋棄陳獨秀之際，瞿秋白不惜落井下石。中共是一台血腥絞肉機，在這台絞肉機之內，沒有仁義和同情，只有背叛和鬥爭。

人性無法抗拒邪惡的體制。中共尚未執政，官僚主義已在高級幹部中盛行，瞿秋白也不例外，據中共早期幹部彭述之的妻子陳碧蘭回憶：「在對同志的態度方面，瞿秋白高高在上，驕傲，看不起人。不但不喜歡接近下層同志，即連幹部也不願意接觸。假如有同志來訪問他時，他在樓上一定派人下來問是什麼人，如屬上層，他便接待，如果是幹部或普通同志，不管來自遠近，則概不見面。」看來，「樓上」與「樓下」是兩個世界。

10 瞿秋白在〈中國革命與共產黨〉一文中披露：「最高政策是誰在執行？一是國民政府顧問鮑羅廷——他是共產黨在國民黨中央級政府裡的黨團之實際領導者；一是國際代表羅易；一是中國共產黨中央委員會的政治局。三個領導中，鮑羅廷是有一定的路線——退卻的路線，和緩土地革命；羅易亦是有一定的路線——務必同著小資產階級進攻；中國共產黨政治局實際上是沒有一定的路線。」

七月二十一日，在莫斯科給中共換的「新保姆」羅明納茲尚未到達武漢時，瞿秋白與張國燾有一番暢談。[11] 瞿說，大革命已失敗，如果這一失敗的責任要由中共中央政治局全體成員擔負，中央的領導會破產，損失太大。所以，不妨將全部的失敗責任，推到陳獨秀一人身上，發起批判陳的右傾機會主義的運動。張國燾認爲，在此緊急關頭，在責任問題上勾心鬥角，未免太不像話。[12]

七月二十三日，羅明納茲到達武漢，當晚與瞿、張會談。他首先表明自己是共產國際的全權代表，奉命來糾正過去共產國際人員和中共所犯的種種錯誤，並指導中共工作。他宣稱，共產國際決定改組中共中央的領導，陳獨秀不能再任總書記，甚至要受到開除黨籍處分。「你們兩人如能擺脫機會主義，仍可參加領導工作。現在如不首先反對機會主義，別的事情是談不上的。」談話結束後，瞿頗感失望，告訴張：「共產國際爲什麼派一個少不更事的人來當代表，只會反機會主義，提起南昌暴動就沒有主意了。」其實，「少不更事」的羅明納茲生於一八九八年，比瞿還大一歲。

持「革命形勢不斷高漲論」的羅明拉茲，是中共的「太上皇」及「最高決策者」，第一次將嚴厲的政治紀律處分方式帶到中共黨內。在其監督下，中共臨時中央政治局召集常委擴大會議，決定召開一次特別會議，改組最高領導層，清算此前中央的錯誤，制定新的鬥爭策略，這就是被瞿秋白稱爲「中國共產黨歷史上的轉變關鍵，在使黨布爾什維克化的事業上有極重大的意義」的「八七會議」。

11 據鮑羅廷臨行前告知，羅明納茲是少共國際出身，不熟悉中國情形，素以左傾著稱，「你們要好好的和他打交道」。從這句話可知，來者不善。

12 張國燾，《我的回憶》（二），頁678-679。

瞿秋白在「八七會議」上麻雀變鳳凰。會場在漢口俄租界一個西式公寓里。據與會者鄭超麟回憶說：「召開『八七會議』的那個房間並不大，會場有一張兩抽屜的長方桌子，靠北窗放著。桌子右端坐著瞿秋白，左端坐著羅米納茲。我坐在桌子前面，面向窗子。我背後靠牆擺著一張雙人床。羅亦農坐在羅米納茲右邊，不靠桌。毛澤東、李震瀛、彭公達坐在背後的床上。」[13]

「八七會議」沒有通知陳獨秀及陳獨秀派的中央委員與會，卻背著陳獨秀展開對他的政治批判。與會者中僅三名中央委員，即便以中共黨章和程序上來看，也是非法的。據與會者李昂回憶：「參加者和我一樣，在接到政治局的通告後赴會，事前一無所知，他們從未想到這次由政治局名義召集的會議，事實上是由瞿秋白召開的。同時更沒有想到會議的目標是要撤換陳獨秀的領導職務。……主席瞿秋白，神經緊張，氣餒膽怯，我們可以看到他臉上漲著青筋。」[14]與會過程中，瞿秋白爲羅明納茲擔任翻譯，後者才是會議的操縱者。

中共早期領袖羅章龍公開反對共產國際對中共黨內事務的操縱及「瞎指揮」，不承認「八七會議」和臨時中央的合法性，被開除出黨。羅章龍回憶說：「在神不知鬼不覺的情況下，舊的合法中央立被解散，任命了一個眾望不孚的人爲政治傀儡。……在八月會議舉行時間，關於臨時中央負責人的問題，國際代表提名叫瞿秋白任書記……他初表示不願意幹，自

13 鄭超麟，《史事與回憶》（香港：天地圖書，1998）。

14 李昂，中共早期黨員朱其華的筆名。他曾參與過中共成立的標誌性事件「一大」，後在一九三〇年代與陳獨秀等一同被中共打爲十大托派，因而與黨內主流路線鬧翻。著有《大革命的回憶》等。據傳抗戰結束後爲胡宗南所殺。參見李昂，《紅色舞台》（台北：新銳文創，2017）。

稱『無才無績，不能勝任』。但國際代表堅決叫他幹下去。」[15]

「八七會議」將原有的中共領導層推倒重來，選舉了新的臨時中央政治局。[16] 會後，臨時中央政治局選舉瞿秋白、李維漢、蘇兆徵為政治局常委。瞿雖無「總書記」之名，卻以「首席常委」主持中央工作，不是總書記而勝似總書記，還兼任中央農委主任、宣傳部長、黨報總編輯，其妻楊之華出任中央婦女部部長——中共歷史上第一次出現「夫妻檔」。政治局委員、組織部長及中央秘書長李維漢指出：「為什麼大家都推選瞿秋白同志負責？我認為從實際情況來看，秋白在當時是比較適當的人選。……瞿秋白同志的理論水平比較高。」

瞿秋白是這次中共最高層改組的最大受益者。但他不是「大家推選」出來的，而是由羅明納茲安排的，更是莫斯科欽點的。他是中共領導層中極少數精通俄語的人，在蘇聯停留過，見過列寧以下大部分蘇聯領導人。羅明納茲來中國後，瞿秋白擔任其翻譯和助手，兩人之間互動頗多，瞿秋白比別人先知道重要消息和共產國際的指示，被視為「一種政治中心和理論中心」。

「八七會議」之後，中共內部形成了一種權力壓倒真理的「新傳統」。一九八九年在鄧小平家中召開的決定動用武力鎮壓民主運動的「八大元老」會議，就是這種傳統的「新常態」。

15 一九二二年中共二大通過《中國共產黨加入第三國際決議案》：「中國共產黨……正式加入第三國際，完全承認第三國際所決議的加入條件二十一條，中國共產黨為國際共產黨之中國支部。」名義上，共產國際中的兄弟黨之間，應當遵守民主精神，彼此平等對待，並互相尊重、互相支持與友好相處。但實際上，共產國際只是維護蘇共和蘇聯利益的一個平台和工具。羅章龍指出：「這次東方部召集漢口會議違反平等、互助的精神，破壞第三國際章程，踐踏國際兄弟黨相處準則，違反公理，任意橫行霸道，實行以大國役使小國，以強凌弱，以上壓下，違背國際革命道義，莫此為甚！而且事實上，在國際方面自從漢口會議惡例一開，以後變本加厲援例發生，在第三國際內更僕難數。」羅章龍：《羅章龍回憶錄》（美國：溪流出版社，2005）。

16 「八七會議」上確定的政治局委員為蘇兆徵、向忠發、瞿秋白、羅亦農、顧順章、王荷波、李維漢、彭湃、任弼時；候補委員為鄧中夏、周恩來、毛澤東、彭公達、張太雷、張國燾、李立三。

軟心腸與鐵石心、政治人與文學人之糾纏衝突

「八七會議」確定了在全國展開暴動的政策，會後一連串的暴動展開了。

瞿秋白在「八七會議」強調「要用我們的軍隊來發展土地革命」、「這是一定有勝利的機會的」。他贊同農村暴力土改，寫了〈《湖南農民革命》序〉，充分肯定毛的《湖南農民運動考察報告》：「中國農民要的是政權，是土地。因爲他們要這些應得的東西，便說他們是『匪徒』。這種話是什麼人說的話！這不但必定是反革命，甚至於不是人！……中國革命家都要代表三萬萬九千萬農民說話，到戰線去奮鬥，毛澤東不過是開始罷了。」一個本來是溫文爾雅的文弱書生，成爲共產黨領袖後，立即面目猙獰、殺氣騰騰。

多年後，瞿秋白在獄中接受記者李克長訪問，李問：「前年共產黨在永定龍巖一帶大殺知識分子，是否爲造成恐怖政策？」瞿回答說：「此系社會民主黨蒙蔽共產黨所爲，發覺後，即將社會黨各分子捕殺。又AB團分子亦肅清，但非專事屠殺知識分子。」[17]他巧舌如簧，對中共的殺戮政策並無任何悔過。

記者又問：「設使赤軍發展至武進時，足下對於族屬，將作何處置？加入有反共行爲，其亦效大義滅親乎？」瞿微笑著回答：「彼等均爲無甚知識之人，膽子又小，果若紅軍發展至武進，彼等決不至有若何行爲表示，倘眞有此類事情發生，如何處置，我亦不能作主。」他不會不知道其副手李立三的父親被農民當做土豪劣紳殺掉，他的弟弟瞿景白在莫斯科中山

17 老記，〈憶當年與瞿秋白在獄中一段問答〉，《春秋雜誌》，總第220期（1966）。

大學留學期間因反對王明被蘇聯祕密警察捕殺。但他更相信：革命哪裡有不死人的？

當上中共最高領袖，瞿秋白住進了豪宅。中共雖未執政，但有蘇聯輸入的巨額金錢，領袖可過上豪奢生活。鄭超麟描述說：「秋白夫婦要我住到他們家裡去。這是舊英租界新造的西式公寓房子，一套四大間，兩大間做客廳和飯廳，兩大間是寢室，每間寢室都有浴室和衣箱室。廚房有瓦斯，冬天還可燒水汀。這是二層樓。三層樓也有這樣一套房間，那是湖南一個大地主住的。」瞿算不得「腐敗分子」，但鄭超麟記載了其親人貪污公款的細節。[18]

九月底，瞿秋白從武漢到上海，發表〈青天白日是白色恐怖的旗幟！〉一文，宣誓與國民黨決裂。他在〈中共中央最近政治狀況報告〉中寫道：「我們更進一步，拋棄以前的機會主義，決定堅固領導民眾起來武裝暴動，發展工農的革命鬥爭——這是今後革命勝利的唯一道路。」他強調：「黨不但靈魂要換，而且軀殼都要換。凡舊的同志稍微不好的即請他自己去找職業。」羅章龍諷刺說：「臨時中央在東方部支持下，更進一步把路線鬥爭變成小集團的宗派鬥爭，自瞿秋白、李立三、向忠發直到王明、劉少奇一夥人，先後代起都是在進行宗派鬥爭，互相傾軋，排除異己，把一個具有革命傳統的中國共產黨變成了地下小朝廷。」瞿沒有料到，他批判陳獨秀是「右傾投降主義路線」，自己在一年後卻被扣上「左傾冒險主義路線」，眞是應了「剃人頭者，人亦剃其頭」。

18 鄭超麟記載：寢室裡，一間住著瞿秋白夫婦；一間住著楊之華的十五歲妹妹，還有一個二十歲左右的男孩子，之華說是她的親戚，姓盛，家裡很有錢，但跑出來參加革命。兩個孩子同住在一個房間，不久私訂終身。男孩是中央一個機密交通員，一天慌慌張張跑回來，說：「不得了！」原來，他從毛子（俄國人）拿來五千元，包在一包報紙內，路上被人搶去，不敢見秋白的面。他急忙收拾衣物，頭也不回地走了。秋白夫婦回家，知道了此事頗不相信。楊的哥哥出去找，在去上海的輪船上找到他。第二日回來報告。之華怪他哥哥爲什麼不把這孩子拉上岸來。女孩替未婚夫辯白嫌疑。後來回到上海遇見他，發現他在郵政局有存款，才相信五千元果眞未被盜。但男的已忘記訂婚的事情。羅亦農同鄭超麟說：「秋白愛用那些親親戚戚！」次日毛子就補送五千元來。鄭超麟，《史事與回憶》。

瞿秋白坦承自己是「二元人物」，承認具有「兩元化人格」——「我」與「非我」。其傳記作者司馬璐指出，瞿秋白是「自由派的共產黨人」，中共的布爾什維克化是從瞿秋白的領導開始的，但瞿本人卻從內心竭力抗拒這股布爾什維克化的力量。[19] 文學評論家夏濟安追問說：他的性格轉變有多麼成功和徹底呢？很難想像這個在文字中表現出對父母、表親、友人以及野花和月夜濃濃愛意的年輕文人會搖身一變，變成一位讓人聯想到恐怖主義、盲目暴動以及冷酷無情的革命家，尤其在他領導和發動那一系列臭名昭著的武裝暴動之後。爲了這脫胎換骨的轉變，他一定把自己軟心腸的一面完全抹殺了，因爲性格中的這兩面是水火不相容的。但是，這裡就涉及一個耐人尋味的心理問題：一個人眞的可以和自己的過去徹底一刀兩斷嗎？能否把早期所受的教育和訓練連同過往的記憶一道清空，脫胎換骨般重新塑造自己的心理習性？

蘇聯作家亞．托爾斯泰說過：「人必須在苦水裡、鹽水裡、淚水裡、血水裡浸泡三次，才能由軟弱變剛強。」這是一種過於浪漫的說法，人的肉體不可能被煉成鋼鐵，政治的瞿秋白在一九二七年之後失去政治舞台，被迫回到文學之中，回到內心，在一九三〇年代初與魯迅的文學唱和中，多多少少找到一個更眞實的自己。他爲魯迅代筆寫了多篇文章，讓讀者眞假難辨，可見其文學水準之高，而他死前最大願望是「翻譯一部好好的文學書」。[20] 然而，革命的陰影沒有放過他，黨召喚他到中央蘇區，並在反圍剿失敗後將他送入虎口。他不由自

19 司馬璐，《瞿秋白傳》（香港：自聯出版社，1962），頁113。

20 瞿秋白曾有過更偉大的抱負，他稱「我個人呢，定了一勉力爲有系統的理論事實雙方研究的目的，研究共產主義，俄國共產黨，俄羅斯文化」；他的志願是「挽定思潮」，「擔一份中國再生時代思想發展的責任」，做中國無產階級新文化的「胚胎」，「求一個『中國問題』的解決——略盡一份引導中國社會新生路的責任」。

主地走向這條毀滅之路：

他是一位搞革命的抑鬱症患者；一個有社會主義覺悟的唯美主義者；一個憎惡舊社會的多愁善感者；一個在莫斯科受過訓練的「菩薩行」人士人生觀的實踐者；一位追尋「餓鄉」卻又受不了黑麵包的朝聖者；或者，一言蔽之，他是一位軟心腸式的共產主義者。……革命的烈火並不能把革命者淬煉成鋼鐵那樣的金屬，而人之天性，無論人們對之如何定義，它即使在最徹底的思想改造之下也不可能全然改變。無論作為共產黨的書籍、理論家、左翼作家中的領軍人物，或是國民黨的階下囚，他依然還是那位年輕的瞿秋白，對莫斯科那被雲影遮住的月亮，感歎不已；對那神秘而可怕的俄雪，發出絕望的哀嚎。[21]

「這個世界始終要變成鬼世界」

瞿秋白拒絕了國民黨的說降，一心求死，亦對其革命生涯做出反省和否定。他認爲自己曾出任中共總書記是「歷史的誤會」，是登錯舞台的演員。他以被迫耕田的馬或負重前行的馬自喻——「一匹羸弱的馬拖著幾千斤的輜重車，走上了險峻的山坡……要往後退是不可能的，要往前去，是實在不能勝任了」。他自喻爲狗——馬勉強可耕田，狗則無法勝任，「無牛則賴犬耕」，結果可想而知。他曾以「犬耕」爲筆名，不是自謙，而是透骨的悲涼。

21 夏濟安，《黑暗的閘門：中國左翼文學運動研究》（香港：香港中文大學出版社，2016），頁40-41。

他更用家鄉的一句俗話「捉住了老鴉在樹上做窩」形容其處境，「一個平心甚至無聊的『文人』，卻要他擔負幾年的『政治領袖』的職務，這雖然可笑，卻是事實」。

瞿秋白在俄羅斯文學中知道了「多餘人」的人物典範，從萊蒙托夫到托爾斯泰，誰又不是背叛其階級和時代、卻又無力創造一個新階級和新時代的「多餘人」？他一生始終沒有找到光之所在——「肉已經爛光了，血早就枯乾了，但是，骷髏還是不肯沉默。自然，他只會說些鬼話，只會記載那些無聊的記錄。……這個世界始終要變成鬼世界。」

在歷史的夾縫中，瞿秋白發現，他深陷於一場「歷史的誤會」之中：「同樣是歷史的誤會，同樣是時代的犧牲。滄海中的波濤，沉溺了幾多個性！」他哀歎說：「一生密友甚麼朋友，親愛的人是很少幾個。而且除開我的之華以外，我對你們也始終不是完全坦白的。就是對於之華，我也只露一點口風。」在楊之華的回憶中，是一個「單向度」的瞿秋白——「四一二」那天晚上，楊之華接到中央要她去武漢的電報，從上海坐船到武漢，來到瞿秋白的住所，瞿見到她，從抽屜裡取出三份文件，對她說：「這是我在武漢和你見面的禮物。」這三份文件中，有一本就是毛的《湖南農民運動考察報告》。這個細節是編造的。瞿死後，楊寡居三十八年沒有再婚，致力於捍衛瞿的烈士榮譽，撰文否定《多餘的話》出自瞿之手——由此，楊才能享受烈士遺孀及老革命之優待。[22]

瞿秋白在生命的最後日子裡，對革命已無期望，唯獨寄情於文學和學術。[23]他在最後一

22 到獄中採訪瞿秋白的李克長記載，《多餘的話》寫在一本黑布面英文練習本上，楊之華曾回憶，這種筆記本是瞿秋白帶到蘇區使用的。瞿告訴李：「甚想有機會能使之出版，但不知可否得邀准許。如能賣得稿費數百元，置之身邊，買買零碎東西，亦方便多多矣。……如有機會，並請先生幫忙，使之能付印出版。」

23 瞿秋白對胡適有一段評論：「他專門的書，又不去搞。中國哲學史、國語文學史，只看到一部分，至今尚未完成，卻專喜歡拉拉雜雜，東說西說。」言下之意，他要在文學和學術上做出超過胡適的貢獻，但歷史沒有再給他第二次選擇的機會。

篇訪問中，對中央蘇區的崩潰一語帶過，念念不忘的是藏在蘇區圖書館中的孤本古籍：

在瑞金時，曾覓獲瑞金縣志一部，係唯一木版孤本，共六冊，我鄭重保存於圖書館中，圖書館在沙洲壩……瑞金縣志為人借出第五本，我屢次索取未見還，遂致殘缺一本，極為可惜。退出瑞金時，因不便攜帶，我將其餘五本仍置館中，希望國軍中有人取去，俾此殘本不致絕版，現在不知究有人拿得與否，如遭凌廢，則孤本失傳矣。[24]

兩軍對壘死戰之際，除了瞿秋白，誰還會在意這些書籍呢？

或許，當瞿秋白沉浸在書籍之中時，他才找到自我。作爲生命即將結束的囚徒，他取下最後的面具：「我始終戴著面具。我早已說過：揭穿假面具是最痛快的事情，不憚對於動手去揭穿別人的痛快，就是對於被揭穿也很痛快，尤其是自己能夠揭穿。現在我丟掉了最後一層假面具。你們應當祝福我。」負責共產國際工作的布哈林在莫斯科曾對瞿說：「你是布爾什維克領袖，就不應該做編劇家。而你領導革命，正好像導演一幕戲劇。」後來被史達林槍決的布哈林何嘗不是如此？馬克思說過，「世界歷史形態的最後一個階段是它的喜劇」，在這個空洞的喜劇舞台上，就只剩下丑角獨自表演，獨自凝視自身的死亡。

多年前，瞿氏斥責中國政治是「僵屍統治」和「戲子統治」；如今，當他在《多餘的話》中把自己比喻爲戲子、舞臺演員和劇中人時，他是多麼討厭自己。在這一弔詭的轉折

24 劉福勤，《從天香樓到羅漢嶺：瞿秋白綜論》，頁324。

中，這篇絕筆之作的一切清醒的沉痛，才得以徹底展現出來。[25]

從天香樓到羅漢嶺，瞿秋白走完三十六歲的一生，但其故事遠未結束。一九二七年九月二十八日，瞿秋白在主持臨時中央政治局常委會議時，特別提及毛：「澤東能來，必須加入。我黨有獨立意見的要算毛澤東。」歷史選擇了毛，拋棄了瞿，毛比瞿更能代表中國的國民性和民情秩序。毛發動文革時，墓木已拱的瞿不能倖免於難：瞿被認爲是「叛徒」加上「左傾盲動主義」代表，遭到公開批判。一九六七年一月十九日，瞿母金衡玉的墓被紅衛兵砸毀。五月十二日，瞿墓被紅衛兵砸毀。此後，瞿父瞿世瑋之墓地遭紅衛兵砸平。一九七二年下發的中央十二號文件稱：「瞿秋白在獄中寫了《多餘的話》，自首叛變了。」[26]

瞿秋白以生命爲後人提供了「歷史」眞理的重要證詞。他像竊火的普羅米修斯，以痛苦和恥辱換取人類進步，他最終得到的，卻不是「英雄偉人」的名聲，而是一個把「歷史」眞理的告白轉化爲「多餘的話」的微妙時刻。早年投奔延安，後來大徹大悟的司馬璐用另一個德國文學典故概括瞿秋白的一生：浮士德與魔鬼。瞿秋白竭力想做君子，然而，他的黨，一個極權主義的黨，在政治上是只問立場，不問是非的；爲了黨的利益，任何骯髒的手段，都是被認爲合理的。這個黨，人與人之間，同志與同志之間，只講政治利害與利益，一個「職業革命家」，必須冷酷的、無情的扼殺人格與個性。這就是浮士德與魔鬼的故事——瞿秋白，本是個善良的知識分子，只因爲要滿足個人的某種慾望，被魔鬼知道了，於是魔鬼就

25 張歷君，《瞿秋白與跨文化現代性》（香港：香港中文大學出版社，2020），頁176。

26 一九六七年三月二十一日，周恩來在接見財貿口革命造反派代表時說：「這次運動搞出了一大批叛徒，這是紅衛兵的功勳，瞿秋白死前寫了《多餘的話》是叛徒的自白書。我在政治局會議上提出了這個問題，這是從戚本禹同志的文章中得到的啓發，年輕人啓發了我們這些老頭子。最近又發現在槍斃前，瞿秋白寫給當局一封求饒的信（其實是寫給郭沫若的信，後來該信輾轉送到當時負責中共中央工作的周恩來手上，周恩來既沒有轉給郭沫若，也沒有將該信公開），他是個叛徒……」《明報月刊》，第24期，頁78。

要他交出自己的靈魂。瞿秋白的大悲劇就是這樣開始的。[27]在所有「偉大」的現代文學作品裡，就只有卡夫卡遺作《審判》的結局，能精確描繪出與西西弗斯推石頭上山（正面描述）或浮士德與魔鬼做交易（負面描述）相似的微妙時刻：

然而，一個人的兩手扼住了K的喉嚨，另一個人將刀深深地刺進他的心臟，並轉了兩下。K的目光漸漸模糊了，他看見那兩個人就在他的前面，頭挨著頭，觀察著這最後一幕。「真像一條狗！」他說，意思似乎是：他的恥辱應當留在人間。

「眞像一條狗！」這便是「歷史的眞理」。對於瞿秋白而言，唯一的幸運就是，這條狗總算不用耕田了。

27　司馬璐，《瞿秋白傳》，頁117-119。

第三卷

軍人

7

閻錫山

中國如麵團，山西如酵母

我所謂國難有目前之國難，重在日本。有將來之國難，重在蘇俄。

——閻錫山

一九二一年，剛到北京美國公使館擔任武官不到半年的史迪威，被紅字會國際賑濟委員會從陸軍部借出去，到山西擔任築路工程的總工程師。

史迪威發現，跟中國其他地方不同，山西當地的官員更願意幫助而不是阻礙築路工作。這要歸功於「模範督軍」閻錫山的影響。早年留學日本的閻錫山明智地意識到，交通是工業化的前提條件，鐵路和公路能給山西帶來財富。他親自勸說當地人遷移祖先的墳墓，讓道路得以通過，這在崇拜祖先的中國幾乎就是一個奇跡。

在蔣介石如明星般冉冉升起之前，當人們都急切地想為中國尋找一個可能的領袖人物時，閻錫山引起眾多關注。一份美國雜誌以〈中國是否找到了摩西〉為題發文說：「閻錫山會帶領自己的人民走出荒野嗎？」《時代》雜誌記述：「身材高大、強健……作為山西省的『模範督軍』，閻錫山實際上聳立在一個獨立王國之中——處於各軍閥的包圍之中。儘管目前晉西南地區還存在糧食短缺，但閻為一千一百萬人帶來繁榮，在中國，他們最富裕，因而使他顯得出類拔萃。閻的嗜好不是女人、酒、鴉片，甚至也不是金錢，而是優質的道路、紡織、防禦部隊、維持秩序的警察，發展優良的牛、馬、耕具、家禽、肥料——所有能為他的鄉親直接帶來好處的事物。」

很多外國人來到太原參觀，受到閻錫山熱情款待。在西方訪客筆下，這位地方強人身材高大，臉龐肥大，兩隻眼睛炯炯有神，言行舉止相當有教養。閻告訴客人，他希望山西對整個中國來說起到一種酵母作用，但又很有自知之明地表示：「中國是塊很大的麵團。」[1]

閻錫山對山西的統治橫亙了整個中華民國時代。大部分時候，他都明白，即便山西是極

1 芭芭拉·W·塔奇曼，《史迪威與美國在中國的經驗》（北京：新星出版社，2007），頁77。

佳的酵母，但中國這塊麵團太大，山西無法讓中國發酵，他竭力讓自己和山西避免捲入爲統治中國而展開的各種鬥爭，這時山西的建設必定日新月異、蒸蒸日上。但是，在中國政局發生重大轉折時刻，他也產生問鼎天下、奪取最高統治權力的野心，率軍走出山西征戰，結局是一敗塗地，自己備受羞辱，也給山西帶來無盡災禍——就跟入關的張作霖一樣。[2]

入民國以來，閻錫山始終控制山西軍政大權，一直到一九四九年以國民政府末代行政院長身份遷台，在民國走馬燈式地起起落落的軍閥中，絕無僅有。[3] 難怪西方記者稱，山西是閻錫山將軍的「采邑」。[4] 資深記者陸鏗赴山西參訪之後感慨說：「很多人不了解，閻錫山爲什麼在所有的軍閥被打倒以後，仍能屹立不搖？而在中共與國民黨爭天下時，太原又是唯一的共軍屢攻不下的堡壘，主要是忽略了此人是一個對政治用心極深、富於謀略的人。而從閻懂得運用輿論這一點看來，蔣介石都不如他，只有毛澤東差堪一比。」[5]

---

2 一九三〇年，閻錫山糾結汪精衛、西山會議派、桂系和馮玉祥等勢力反蔣，在北平成立國民政府，出任主席。雙方爆發中原大戰，此役陣容之盛、規模之大、鬥法之久、布置之周，堪稱民國以來最大一次內戰。新聞界稱之爲蔣、馮、閻三巨頭「爭國之戰」。戰爭初期，馮玉祥邀章炳麟見面，詢問其意見。章說：「一場土豪、劣紳和流氓的打鬥，還值得評論嗎？」馮又問：「先生認爲哪邊會得勝？」章說，蔣軍會獲勝。在一場生死豪賭中，具原始農業背景的軍紳無法與有現代工業都市背景的流氓抗衡。唐德剛：《中國革命簡史》（台北：遠流，2014），頁301-302。

3 山西爲四塞之地：西南兩面，環長河之險；東有太行八陘；北有陰山綿亙；井陘之固，雁門之雄，古所謂「晉國天下莫強焉」者。此地本唐虞之故都，民風淳厚，勤儉務農；閻錫山本其沉潛因應之長，得地利人和之便；在北伐以前十五年中，經歷帝制、復辟、及直皖、直奉諸戰役，拜督軍、督理、將軍、督辦各種官銜；周旋軍閥之間，置身漩渦以外，民國以來，一人而已。臧卓，〈蔣介石與閻錫山之離合〉，收入閻錫山、臧卓著，《適中求對的山西王》（台北：新銳文創，2019），頁159。

4 Charles J. V. Murphy，〈美國記者筆下描寫中國的再生——報導西安．太原．北平．天津和濟南的聞見〉，《旅行雜誌》，第二十卷第三期（1946）。

5 陸鏗，《陸鏗回憶與懺悔錄》（台北：時報出版，1997）。

「賬房先生」在南與北、東與西之間的精明選擇

上海一家小報登了一幅漫畫，主人公是蔣、馮、閻三個實力最強大的軍頭：蔣一手握槍，一手托著現洋；馮一手舉大刀，一手抓窩窩頭；閻一手提一桿秤，一手拿著算盤。每當有人說起這幅漫畫，閻都會得意地笑起來，他認爲自己就像漫畫寓意的那樣，精於計算、擅長經濟。與其說他是運籌帷幄、決勝千里的軍人，不如說他是錙銖必較、一毛不拔的賬房先生。

「第一民國」（北京政府）時代，首要衝突是南北之分，經過一九一三年的內戰，北洋勢力進入江西、安徽、湖南、廣東、四川、陝西等省，北方嚴重威脅南方安全。一九一六年的反袁之戰，削弱了北方在四川、廣東、湖南的勢力，同時中國有了兩個對立的政府——得到國際社會承認的北京政府和割據一隅的廣東軍政府。[6]

山西在地理位置上屬於北方，但閻錫山不是北洋嫡系。袁世凱洪憲稱帝時，閻手裡只有七千多人馬，被袁世凱勢力四面包圍，只好擁袁稱帝，被封爲「中華帝國」一等侯。袁去世後，閻與直系、皖系、奉系小心周旋、貌合神離。

在北伐之前的南北對壘中，身處北方的閻錫山大都保持中立，使山西的經濟與民生得到長足發展。一九二二年，梁漱溟到山西考察村政建設時，曾在山西國民師範學校發表演講：「現在全國各地都亂到極點，個人自由的權力，全被剝奪無遺。……哪處不是民不聊

6 陳志讓，《軍紳政權：近代中國的軍閥時期》（桂林：廣西師範大學出版社，2008），頁31。

生……山西這方面，無論如何，我們總是可以讚美地方政府有一種維持治安的功勞。」

一九二七年，北伐戰事向北蔓延，閻錫山的動向受到南北兩方重視。兩邊都派重量級使者到訪太原，希望將其拉入己方陣營。一月，蔣任命閻爲國民革命軍北路總司令，閻一開始不拒絕也不接受。他兩邊敷衍，以調解人自居。但看到南方氣勢如虹，遂投向北伐軍一邊。

閻錫山投向南方，跟國民革命和三民主義這些意識形態無關，而是根據南北雙方實力消長做出的選擇。正如商震、徐永昌、傅作義等將領依附閻錫山，很難說是被閻錫山的思想觀念所吸引，歷史學者齊錫生指出：「閻錫山政府在山西是唯一可以施行政治、經濟和社會獎勵的政權機構。有抱負的人們想在省內尋找出路別無選擇，只有參加閻氏政府或軍隊。」[7]

四月一日，閻錫山宣布廢除北京政府所任命的山西「督辦」名義，改稱「晉綏軍總司令」，此舉意味著脫離北洋政府。四月五日，閻頒布動員令，服從三民主義，除五色旗，改懸青天白日紅旗。五月三十一日，晉軍出兵娘子關，奉軍受到威脅。六月一日，閻致電張學良等奉系將領，敦促取消安國軍、改爲國民革命軍，此舉能讓「南北之戰爭，變爲國共之戰爭，……前爲敵人，今則爲友軍矣」。他用循循善誘的口吻說：

> 前此北方討赤，南方亦繼起討赤，南方非投降北方。今南方革命，北方亦繼起革命，北方亦非投降南方。因討赤非北方之特權，革命亦非南方之特權也。[8]

7 齊錫生，《中國的軍閥政治》（北京：中國人民大學出版社，2010），頁46。

8 閻伯川先生紀念會編，《民國閻伯川先生錫山年譜長編初編》（二）（台北：台灣商務印書館，1988），頁751。以下引自本書之內容不再一一標註。

六月六日，閻錫山於太原就任國民革命軍北方總司令。閻之立場一旦確立，南北平衡被打破，奉系腹背受敵、大勢已去。

隨後，在國民黨內部的寧漢分裂中，閻錫山再次選對了邊。他聽說武漢的左派抬孔子牌位遊街表示侮蔑，及婦女裸體遊行等事，非常反感，認爲這些激進舉動有違中國傳統文化精神。他反對武漢政府，如同曾國藩反對太平天國，有一種衛道意涵在內。

武漢派代表孔庚前來遊說，閻直言：「據一般人的觀察，武漢是共產黨的政府，南京才是眞正的國民黨的政府。……武漢有一個鮑羅廷，是第三國際派來的，武漢政府完全是爲他所把持，一切事務，非得他的許可，不能有所作爲；武漢商人的資本，以及豐裕之人的產業，都一概被沒收，已經完全實行共產。」他又說山西的共產黨，以前鬧得太不成話，只喊列寧萬歲，不喊孫中山萬歲，追悼李大釗時，只追悼共產黨殉難的，不追悼國民黨的，並且撕毀總理遺像，說要打倒三民主義，國民黨沒有辦法，大家都很害怕。隨後，閻派軍隊押送孔庚出境並通電所屬各將領取締共產黨。[9]

閻錫山一邊與武漢斷絕關係，一邊聯絡蔣介石。當蔣駐節南昌時，他派遣心腹趙丕廉爲代表，祕密由上海轉赴南昌，表示對蔣的支持。兩邊電報往來，日不計數。

閻在一封給友人的電報中指出：「武漢不倒，南京必失敗，時期愈延長，愈危險。武漢倒後，中國之腐敗軍閥，必不足爲國民黨之敵手也。應排除一切，專對武漢。」他敏銳地意識到，解決武漢問題要先於第二期北伐解決奉系軍閥，反對武漢的根子在於反共，他在給部

9 〈方本仁電蔣中正，稱閻錫山已派隊押送孔庚出境並通電所屬各將領取締共產黨及馮玉祥對寧漢意似雙方操縱從中漁利〉，《挑撥寧漢分裂（二）》，台北：國史館《蔣中正總統文物》，1927年6月28日。

將商震的電報中指出：「國民、共產兩黨分裂後，蔣中正已在南京另立政府，蕪湖方面並有兩軍（寧、漢）業已開戰之說。孫（孫傳芳）、蔣已妥洽，奉、蔣兩方現均有人疏通，似亦有妥洽之可能。目下大局情形，各方已成爲合討共產之勢，將恐南北戰線變東西戰線。」[10]

蔣清共之後，得到江浙財團和英美等西方列強支持，又獲得閻、馮等實力派軍頭結盟，南京政府的地位得以鞏固。武漢政府在政治上和軍事上屢屢挫敗，走向消亡。

一九二八年二月，初步統合南方的南京國民政府發動第二期北伐，閻錫山出任國民革命軍第三集團軍總司令，沒有打過多少硬仗，卻有最多斬獲。五月，奉軍敗相明顯，北伐軍兵臨京津冀地區，閻錫山欲搶先奪取北平，派關福安、趙承綬和徐永昌出擊，三人會師於平山縣，次日占領石家莊。奉軍發動反擊，晉軍岌岌可危，多虧白崇禧部趕到助戰，才反敗爲勝。

四月八日，商震部進入北平。閻部控制華北，得到蔣默許，白崇禧致電蔣：「閻錫山果能進取北京於我亦殊有利。」[11] 蔣在與馮玉祥談判時說，馮已擁有魯、豫、甘、寧、青六省，已不爲少；讓閻擁有晉、冀、察、綏四省，並不爲多。平、津兩地外交關係複雜，不易對付，此前馮佔據平、津時，與列強關係緊張，若馮捲土重來，難保不會發生第二個「濟南慘案」，還不如讓閻來處理這個燙手山芋。馮被迫同意這一建議。[12] 於是，北平警備司令、天津警備司令、北平市長、河北省主席等要職全爲晉軍部將出任。

---

10 〈閻錫山電商震，蔣中正已在南京另立政府討共產之勢將恐變成東西戰線〉，《北伐清黨始末與國府遷寧案》，台北：國史館《閻錫山史料》，1927年5月1日。

11 〈白崇禧致電蔣介石，稱閻錫山果能進取北京於我亦殊有利〉，《革命文獻—寧漢分裂與北伐中挫（二）》，台北：國史館《蔣中正總統文物》，1927年6月3日。

12 陳少校，《軍閥別傳》（香港：至誠出版社，1966），頁22。

閻錫山成了華北王，躊躇滿志地聲稱：「奉軍殲滅後，北方事亦非我與馮玉祥共了不可。」[13] 隨後，閻入住北海之靜心齋，會見各國使節，儼然是半個國家元首。他要求南京政府將平、津的全部稅收交給晉軍作爲軍政費用。他連控制中央的蔣介石都不放在眼中，與部下談及全國局勢時說：「蔣介石雖佔有江南，但他的內部很不穩固，如汪精衛、胡漢民等，恨蔣的人很多。李宗仁、白崇禧更不用說。」大有逐鹿中原、捨我其誰之概。

「共產主義爲診斷錯誤之醫術，而共產黨爲診斷錯誤之醫生」

閻錫山支持南京政府，很大原因是出於其個人和山西軍政集團的利益，以及強烈的反共立場，而並非效忠蔣個人。閻與蔣從來不是朋友，他在一封給孫傳芳的電報中指出，在「赤黨囂張爭奪」的情形下，蔣仍不能與人合作。[14]

北伐勝利後，蔣試圖削藩，將閻等地方實力派首領調到南京任職。一九二九年四月，蔣任命閻爲內政部長，閻請辭不就。蔣又將內政部長這個政治上的「應酬品」改送閻的親信趙戴文。中日戰爭全面爆發後，閻被任命爲二戰區司令長官、軍事委員會副委員長，但八年間，從未到過重慶，更未見過蔣一面。更有意思的是，在閻的對敵花名冊上，蔣（中央政府）的排名遠比日本人高。[15] 可見，閻對蔣何其不信任。但面對共產黨這個更可怕的敵人

13 〈閻錫山電崔廷獻，奉軍殲滅後北方事亦非我與馮玉祥共了不可〉，《北伐北方軍參戰案（三）》，台北：國史館《閻錫山史料》，1927年12月8日。

14 〈閻錫山電孫傳芳，赤黨囂張爭奪，蔣尚且不容定徵，其不能與人合作〉，《北伐清黨始末與國府遷寧案》，國史館《閻錫山史料》，1927年4月25日。

15 魯衛東，《民國中央官僚的群體結構與社會關係（1912-1949）》（北京：中國社會科學出版社，2017），頁249-250。

時，他又不得不與蔣合作。

閻的反共淵源有自，比大部分國民黨人更早、更堅定。長期在山西省政府擔任高級文官的李冠洋回憶說，一九一七年俄國十月革命成功後，閻很驚異地對僚屬們說：「看吧，赤化全世界的大禍，快要來到中國！」那時一般見識膚淺的人們，認爲這是杞人憂天。閻卻譏笑他們沒有遠見，不識世界大勢。自此以後，閻常流露其對「赤化」、「赤禍」的看法，並提出如何防範的辦法。

山西的富裕，源於清代中後期晉商與內亞的國際貿易，在沿海出現通商口岸之前，這是東亞從內亞獲取技術和財富的重要渠道。但蘇聯的共產和排華政策，阻斷了這一貿易通道，從此山西走向衰敗。一九二〇年，有一批商民萬餘人，被蘇聯驅逐回省，談及蘇聯革命之毀滅人性，與共產主義之不合人情，閻召集會議研究反共問題。與會者多達五百多人，會期延長達兩年多。對資本主義之改善、共產主義之禍害，均作詳密之研究。閻認爲，共產主義「無補於人類，且有害於人生」，遂提出諸多和平改革的主張，推動山西政治與經濟建設。[16]

蔣清黨之後，閻在通電和演講中屢屢論及反共的重要性。四月二十五日，閻致電孫傳芳：「共產主義行之蘇聯尚且失敗，有何試驗，足云終歸失敗也必矣。」五月七日，又致電李芬圃：「絕對制止共產黨」。五月二十日，致電張鳳翔：「各省大勢趨於聯合討共，是動作時機當協助。」

16 臧卓，〈閻錫山軼事之二：最受中山推重、善與軍閥周旋〉，收入閻錫山、臧卓，《適中求對的山西王》，頁193-194。

閻指出，共產黨的制度，顚覆了一般的社會秩序與習俗，具有非同尋常的社會動員能力：「共產黨利用階級革命，當然劃分階級，藉以集合無產階級爲重心，攻擊有產階級。彼以無產階級爲軍隊，以全國資產爲養兵費，踢破從來政治家征收賦稅辦法，變而爲沒收資產辦法，其攻擊之目標甚大，故其養兵費亦甚多。故彼不患兵無所用，更不患兵無所養。雖云暴厲，尚有暴厲之路可走。」

閻認爲，國民黨不能效仿共產黨的制度與政策：「共產黨用共產黨之方法，求達共產之目的；國民黨用國民黨之方法，求達三民主義之目的。若國民黨而採取共產黨之方法，是爲共產黨造機會，即無異於國民黨自殺也。」國民黨學共產黨，「是爲共產黨作嫁，結果是本黨自殺，兼殺國人也」。

一九二七年八月三十一日，閻錫山在總司令部自省堂對山西黨政軍各界人員發表題爲〈國情人情、全民革命〉的演講。他認爲共產主義不符合中國的國情與人情，是利用與煽動人性的幽暗一面奪取權力：「犧牲工廠、地主、鋪東之財產，買好工人、農夫、鋪夥，使爲我用，是共產黨乘私產制度之空隙及人心利己之缺點，而利用工農，做自己的打手之不當行爲。」

閻在演講中提及他與一位從蘇聯留學回國的、煽動罷工的共產黨人之間的一場辯論——閻問：「革命爲攫取政權乎？爲行大義於社會乎？」共產黨人回答說：「行大義。」閻又問：「行大義爲什麼要以不義的手段呢？李自成說『迎闖王，不納糧』，你認爲是仁義的行爲嗎？或是盜賊欺騙人？欺騙是仁者不做的事情，更不要說殺人了。你從俄國歸來，應當知道俄國發生的事情。最近聽說俄國將罷工者處死刑，是眞的？」對方回答：「是眞的。」閻繼續追問：「你們利用工人時，就說罷工是神聖的權利；利用過去，卻將罷工者處死。是仁義還是不義？美其名曰工人專政，其實是專制工人。……一旦無產者專政，也不過是變無產爲有產，變有產爲無產，就好像古代帝王遞嬗，變平民爲皇帝，以暴易暴而已。」對方啞口無言。

可惜，閻錫山沒有接受過現代政治學、經濟學和社會學訓練，寫不出南斯拉夫前共產黨人、學者吉拉斯的《新階級》來。吉拉斯認爲，國家的一切資源都由共產黨官僚掌控，結果，「共產革命是以取消階級爲號召的，但最後竟造成一個握有空前絕對權威的新階級」。黨官組成的新階級「貪婪而無底線，且排斥異己……新階級的極權暴政和控制，如今已變成驅使全民流血流汗的桎梏」。

一九三五年，紅軍逃竄到陝北，閻錫山認爲相鄰的山西必受禍害，迅速擬訂土地村公有計畫使「耕者有其田」，呈請中央核示，以圖根本解決土地問題，安定民生。然而，此計畫並未實施。他又親自撰寫《民眾士兵學生防共課本》二十四課與〈防共歌〉。其歌詞爲：

> 共產黨殘忍殺人如割草，無論貧富皆難逃，富人要覺悟，窮人要知道，共黨來了一切都糟糕。共黨騙人他的法子巧，土地給人買人好，等到收糧食，他有全拿跑，先甜後辣教人受不了。……共黨騙人一共分三期，先甜後辣勿受欺，第一買好期，給你小便宜，分糧不必買，你心歡喜。傷心掉淚第二期，你的身家不由你，男當赤衛軍，女當慰勞隊，父母妻子永遠兩分離。驚心動魄第三期，稍不如意殺無疑，不是填砲眼，就是刀砍你，江西陝北殺人如螞蟻。[17]

17 〈閻公錫山傳略〉，收入閻錫山、臧卓，《適中求對的山西王》，頁105-106。

如何將山西打造成「模範省」？

閻錫山經營山西，殫精竭慮，他有一整套半現代、半古典的治理理念，如「村本政治」、「公道主義」、「按勞分配」等。山西被譽為「模範省」，連蔣介石都兩度稱讚閻為「模範省長」。在一次國民黨黨政軍高級幹部會上，蔣說：「過去，我們學蘇聯、學美國、學德國，都失敗了，落了個一切都沒辦法，還不如閻錫山在山西有辦法，我們今後要學閻錫山。」[18]

入民國以來，閻錫山利用中央政府孱弱以及他在山西一言九鼎的地位，在山西建起初具規模的經濟、交通、國防和金融體系。以農業為例，從一九一七年開始，他即推動水利、種樹、蠶桑、禁煙、天足等新政，並以「民德民智民財」為施政大綱，編著《人民須知》廣布全省。他實行戶口調查，編村組織，設村、閭、鄰長，成為第一個把政權滲透到村一級的封疆大吏。

閻錫山認為，必須把政治放在民間：「什麼叫民間呢？省不是民間，縣也不是民間，實在是村是民間。所以省縣無論什麼機關，不是官治就是紳治，總不是民治。換句話說，就是欲民治主義，非實行村治不可。」他設立村民議會、村經濟建設委員會、村息訟會等，以期「人人有工作」、「人人有生活」、「村村無訟，家家有餘」。又實施「整理村範」，力圖實現「村村全好」、「村村無窮人，大家都『做好人』、『有飯吃』」。

18 鳳凰網，〈真實的閻錫山，三晉百姓口中代代相傳的好口碑者〉。

閻錫山將「受教育」與「當兵」、「納稅」並列，稱之為「國民之三大義務」，放在《告諭人民八條》的首條。他認為，民眾無知識，政權就會被少數人控制用來為少數人謀利；反之，「受教育之國民愈多，人群程度愈高；人群程度愈高，政治能力愈強」。在一次公開講話中，他如此闡釋義務教育和優良政治之間的關係：「今日中國四萬萬人，不及他國二千萬人者，因多數人無知識……共和國家主體在人民，必人民之智識發達，然後能運用良政治……」

閻錫山將教育資源向農村傾斜，力圖讓因貧困而無力繼續深造的子弟，學會打算盤、寫信、記賬等實用本領。一九二五年，教育家陶行知在實地考察之後，評價山西的義務教育說：「我們不能不佩服山西人民對於義務教育之忠實努力，自從民國七年開始試辦，到了現在山西省一百學齡兒童中已有七十多人在國民小學裡做學生了。山西之下的第二個省份（江蘇）只有百分之二十多。可見，真正實行義務教育的，算來只有山西一省。」

由於政權深入鄉村以及教育普及，閻錫山政府的行政能力大大提升。一九二〇年代初，山西一個北部貧瘠地區爆發一場肺疫，事態嚴重。閻錫山在接到疫情報告後，反應迅速，立即命令各縣實行交通封鎖，督促各級官員清潔隔離、埋屍封室，同時聘請在山西的各國醫生、牧師、傳教士幫助診治。結果，在很短時間內，就有效地控制了疫情。

除了花大力氣治理農村，閻錫山對山西交通、工業的發展也不遺餘力。他親自制定《山西修築窄軌鐵路計算書》，山西的鐵路因計畫合理，核算精確，管理徹底，無中飽，無浪費，成為世界建設費最低之鐵路。德國鐵路專家畢士敦讚賞有加。有人批評說，閻錫山在山西修築窄軌鐵路，不與外省通用，乃是故意「閉關鎖省」。正太鐵路局局長朱霽青曾對人說：「不知閻老西到底安的什麼心。他堅決不肯讓同蒲和正太兩條路與全國鐵路成為同樣的軌道，以便銜接，我屢次向他建議，他就是不理。」閻則反駁說，他並無此一考量，窄軌只是爲了省錢。

閻錫山深知，山西要自保，必須有一支強大的軍隊。一九二七年，他自任晉綏軍總司令，將所轄十七個師整編爲八個軍，以控制兩個省的軍閥而論，其軍力首屈一指。二次北伐勝利之後，他成爲第三集團軍總司令，與蔣的中央軍、桂系和馮玉祥的國民軍並列。此時，閻部有十個軍、四個保安縱隊和四個騎兵師、七個炮兵旅，總兵力超過三十萬。

有了軍隊，還需要武器，閻錫山設立太原兵工廠和山西火藥廠，與全國規模最大的漢陽兵工廠和瀋陽兵工廠並列。由於彈藥充足，他下令官兵在打靶時，一律用實彈。這種氣派，在全國軍隊中絕無僅有。[19]

閻錫山亦深知宣傳的重要性。劉象山在〈漫談黨政人事〉一文中說：「閻錫山是個把錢看得很重的人，但卻每個月撥好幾萬塊搞宣傳、辦雜誌。閻錫山這個人最會搞文宣，對這方面絕不吝惜。」閻也善待知識分子，很能得到士大夫支持，知識階層裡只有很少人會反對他。他對付政敵、不附和他或意見不同的人，不濫殺人，最多把他們趕走，讓他們在山西生存不下去。

19 據閻錫山陳述，抗戰前夕，山西在兵工上，步槍廠月出三千枝，槍彈廠月出四萬發，輕機槍廠月出三百挺，重機槍廠月出五十挺，衝鋒槍月共出八百挺，手槍月出六百枝，山炮廠月出七五山炮三千門，野重炮十二門，火藥廠月出一百二十噸。蔣君章，〈閻錫山先生答客問的自述〉，《傳記文學》，總第186號（1977）。

閻錫山爲何被共產黨打敗？

民國時代軍閥混戰，如北洋內部直系、皖系、奉系的爭鬥及一省之內次級軍閥的戰爭（如四川軍閥內戰），基本不涉及主義和觀念之爭，只是爭地盤。決定勝負的通常是軍事勢力以及經濟實力。而一九二七年之後的新舊軍閥內戰，以及國共內戰，則升級爲既有地盤之爭，更有主義與觀念之爭——決定性因素變爲主義與觀念之強弱。

吳佩孚信仰儒家文化，劉湘信奉民間神道，唐生智推崇佛教，何鍵相信中國功夫，這些都是未充分近代化的宗教或觀念，一旦遇到充分近代化的新觀念、新主義，自然不是對手。這些軍閥大都是曇花一現的人物，無法長久掌權。此結果與其個人品德和才幹關係不大。

一九二七年之後，作爲國民黨系統的「新軍閥」，閻、馮、蔣（還有桂系的李宗仁、白崇禧）各領風騷。其中，閻比馮強，蔣比閻強。

閻比馮維持權力的時間更久。馮系西北軍規模比晉軍龐大，戰力更強，馮以基督教和殘缺不全的傳統倫理及左派理念凝聚軍心，但這些東西自相矛盾，無法形成混凝土般的凝聚力。中原大戰之後，西北軍迅速解體，馮再也不能稱霸一方。閻錫山在山西一省穩扎穩打，深深扎根，多次反蔣失敗、下野，躲過風頭後，仍能回山西掌權。中原大戰失敗後不久，閻從通緝犯又成爲山西王。蔣企圖策反閻部徐永昌背叛閻，但徐意識到：「晉將領多主張留閻在晉，徐永昌如不能爲之做到，本身即有問題。」蔣不得不默認閻重回山西掌權的現實。[20]

20 金以林，《國民黨高層的派系政治：蔣介石「最高領袖」地位是如何確立的》（北京：社會科學文獻出版社，2009），頁215-216。

閻在全國範圍內的反蔣運動中卻屢屢失敗，除了其性格上優柔寡斷（如陳公博所說「閻先生優於考慮，緩於判斷，只長於靜如處女，而短於奔如脫兔」），以及軍力和財力不足等原因之外[21]，更重要的是他提倡的雜亂的主義比不過蔣氏秉持的蘇聯化的三民主義。閻自詡「軍人思想家」，口頭上聲稱服從三民主義，但因無法跟掌握中央政權的蔣爭奪三民主義的闡釋權，就力圖在三民主義之外提出一套執政理念和思想體系。早年，他曾印行《軍國主義譚》，大吹日式軍國主義；治理山西時，提出「六政三事」、推動工商業「勞資合一」，一九二七年在演講和公告中多次強調「仁學與仁政」；抗戰期間，宣揚「物勞主義」，掀起「變新運動」；晚年幽居台北郊區金山，著述《大同之路》、《世界大同》、《三百年的中國》等，提倡「大同主義」。[22]

閻認爲，他反共比蔣高明，「蔣先生重視軍事反共，我則重視思想防共。思想防共，才是釜底抽薪的辦法」。共產黨御用哲學家艾思奇在〈抗戰以來幾種重要哲學思想的評述〉一文中，如此概括閻的思想體系：「在中國，與辯證法唯物論有力的對抗著，是閻錫山先生的中的哲學。……中的哲學是與『物產證券』，『按勞分配』，『土地村公有』等等獨立的政治經濟的理想相聯繫。……它是閻先生幾十年來的政治經驗總結。閻先生的統治立場和經驗，顯然就是中的哲學的基礎。儒家的『中庸之道』，『不偏不倚』，『執兩用中』的權術，顯然早就是閻先生治事成功的秘訣。……就是在中國各派哲學中，他也是很深刻地運用

21 北洋元老張廷諤認爲，閻在中原大戰失敗的重要原因是鄙吝。比如，閻承諾打勝仗賞二十萬元，但其部下打下濟南後，他居然說追擊不力，有功者反倒受罰，目的是省下二十萬賞金，結果官兵皆無鬥志。「山西雖窮，但閻過分鄙吝，未免太不合情理。」郭廷以、沈雲龍、陳三井、陳存恭，《張廷諤先生訪問記錄》，中央研究院近代史研究所，《口述歷史．第七期．軍系與民國政局》，頁185-186。

22 陳少校，《軍閥別傳》（香港：至誠出版社，1966），頁2-3。

思索力的一種思想產物。」但實際上，閻的「主義」既無理論深度，對民眾亦無吸引力，是儒家的老調重彈，系統性和穿透力比不上具有一定現代性的三民主義，更無法與作為強勢極權主義意識形態的共產主義匹敵，在觀念市場上敗下陣來。

閻以抱殘守缺為榮。在與汪精衛合作組織擴大會議期間，陳公博應邀赴山西，看到山西二十年未受兵災，老百姓倒能安居樂業。但他又了解到，山西白麵（毒品）很流行，窮至行伍裡的士兵，深到家庭裡的婦女，很多有海洛英等毒物的嗜好，他大感疑惑：「閻百川先生為什麼容許這些惡習流行呢？」陳公博更發現，山西的火車車廂中男女分座，這種男女界限的劃分，在火車裡頭，從未見過。山西的戲院和電影院裡也是如此。他感歎說，「山西對於新文化的接受，還是遲緩，比之山西以外，恐怕要遲二十年」。[23] 日本投降後，一位美國記者同美國軍官一起訪問山西，閻錫山派了一位將軍來接待。這位將軍注意到美國海軍軍官制服，半抱歉似地問道：「這是什麼制服？」告訴他這是美國的軍服，是「新近征服太平洋的海軍」。這位將領從未聽到過馬利亞納、慶良間列島、沖繩等地偉大的戰鬥。「請你們原諒我，」他說。「我們山居的人知道的消息極少。」[24] 這樣的將軍，這樣的軍隊，戰鬥力可想而知。

閻錫山在山西打造自己的團體，亦採取傳統做法。國民黨媒體稱讚閻「成立主張公道團，組織民眾，團結好人，制裁壞人，使共產黨地下組織無從滲入」，但無論是「公道團」還是「鐵血團」、「同志會」，其組織力和戰鬥力，比不上蔣的「復興社」等具有法西斯

23 陳公博著，汪瑞炯、李鍔、趙令揚編註，《苦笑錄》（香港：香港大學亞洲研究中心，1979），頁228。

24 Charles J. V. Murphy，〈美國記者筆下描寫中國的再生——報導西安、太原、北平、天津和濟南的聞見〉，《旅行雜誌》，第二十卷第三期（1946）。

特質的組織，更無法企及共產黨的特科、中央保衛局等史達林模式的機構。閻建立「鐵血團」，仿照青紅幫，有一套誓詞、紀律、儀式，並在白絹上各自用針刺破指頭，用血來點寫「守約」。閻要求所有成員向他個人宣誓效忠，所有人都必須具備「鋼的意志，膠的團結，鐵的紀律」。[25] 但這些古典時代的神秘主義儀式，在現代世界對人已然失去威懾力和約束力。

閻錫山的這些主義和組織未能將共產黨排除在山西之外。抗戰期間，他不惜飲鴆止渴，與共產黨人薄一波、徐向前等合作，成立「山西犧牲救國同盟會」，自任會長。但他很快被組織嚴密的共產黨架空。一九三九年，他試圖取回「犧盟」新軍武裝的控制權，結果新軍公開叛變，徹底倒向共產黨，造成「晉西事變」，導致國民政府在冬季攻勢中一敗塗地。

鑒於這段慘痛經歷，閻錫山是最早認定國共之間無法合作的國民黨高級官員之一。一九四六年三月三日，美國特使馬歇爾將軍到訪太原，會晤閻。馬歇爾說：「我確信能幫你們解決國共衝突。我主張的條件，對中共方面，比蘇聯對他們還好。」閻說：「特使所說的是交易性的話。如果共黨是交易性的目標，人願賤賣，則交易一定能成。若共黨是要共產的目標，則無論如何賤賣，亦終不能有成。」馬歇爾又問：「先生認為中共不會眞正妥協嗎？」閻回答：「共產黨是否肯放棄他們世界革命達到無產階級專政的目標？」馬歇爾無言以對，後來其調處使命黯然收場。

一九二七年分割了兩個民國，兩個民國有一點一脈相承——統治者都是軍人。北洋軍人絕多數是儒家信徒；南京政府軍人號稱是三民主義信徒，骨子裡仍是儒家——無論蔣，還是

25 陳少校，《軍閥別傳》，頁132-135。

閻，皆如此。他們將儒家的道當做「體」，其他文化傳統只能是「用」。閻留學日本期間，學到的只是日本軍國主義的皮毛，對歐美自由傳統、憲政制度和清教秩序所知寥寥無幾，即便他是民國軍閥中最優秀者，又怎能為山西和中國勾勒出美妙願景？與中國一樣，山西未能形成現代中產階級及其代言人群體，如歷史學者陳志讓所說：

> 軍閥所代表的保存舊秩序的思潮和激進的知識分子所代表的建立新秩序的思想，是這段時期中兩個主導的趨勢。兩則之間還有中國新式的工商業家和文化上的自由主義者——那些想「一點一滴」改造中國的人。……在守舊與激進兩大趨勢之間，他們的力量微弱。他們所希望的民主政治、社會改良、基本民權等等，都在軍—紳政權的統治下失敗了。[26]

一九五五年，閻錫山撰寫了一副對聯：「回想千載孔夫子，慨言大同，時乎來矣應誕降；誰作今日華盛頓，拯救世界，民之望也定成功。」[27]孔夫子和華盛頓都是他效仿的楷模，但他不知道，這兩者並不兼容。因文化、時勢與個人特質的限制，他既成不了孔夫子，也成不了華盛頓，最後只能成為「太原五百完人」之外的孤臣孽子。

26 陳志讓，《軍紳政權：近代中國的軍閥時期》，頁169。
27 臧卓，〈閻錫山軼事之七：三遷內閣，終老台灣！〉，收入閻錫山、臧卓：《適中求對的山西王》，頁215。

8

唐生智

差點成爲中共黨員的「唐僧」

我們去年學佛，今年入黨。

——唐生智

一九二〇年代，「革命」及「主義」成爲時髦用語，乃至具有準宗教的地位。中國在世界革命中被定位，在革命之窗中返照自己，尋找自己的將來。整個世界籠罩在「革命是歷史的火車頭」的「現代」觀念中，對中國來說，似乎只有通過革命，才能擺脫傳統的恥辱，一躍進入現代之途。[1] 但革命仍然無法成爲一種能安慰人心的信仰。尤其是對刀口上舔血的軍人來說，還需尋找某種宗教信仰支持事業、聚集其支持者。

四川軍閥劉湘信奉神道，「惟好相術，豢養所謂未卜先知之劉老師爲顧問」。人稱「劉神仙」的道士劉崇榮，聲稱劉湘是川中二十八星宿之首席，尊嚴無出其右者。於是，劉湘雄心勃勃，力圖統一四川，還有了問鼎中原的狂想，對「劉神仙」委以重任，讓其率領一支軍隊。劉湘以模範隊九個營爲基幹，組建模範師，還致力發展海軍、空軍，時人謂其擁有陸、海、空、神四大兵種。[2]

馮玉祥號稱「基督將軍」，其部將劉景健回憶，「南苑練兵時期，全體官兵均信基督教。美以美會牧師往來南苑者絡繹不絕，徐謙、黃郛等國民黨人大約均以基督教之淵源，得與馮先生接近……其思想出發點往往爲求好，以爲信奉基督教可使人向善，故不僅馮本人

1 陳建華，《「革命」與現代性：中國革命華語考論》（上海：上海古籍出版社，2000），頁164。

2 劉崇榮之「料事如神」，一方面是專門投劉湘之所好；另一方面是他本爲袍哥大爺，得到袍哥這個特殊的勢力集團和情報系統支持，能幫助劉湘預先獲知敵對方動向。但在劉湘與紅軍作戰時，劉神仙無法得到紅軍的情資，其預言屢屢出錯。中共建政之後，「劉神仙」遭中共捕殺。與劉湘等川軍將領有過密切接觸的學者、青年黨領袖李璜認爲，四川大山甚多，聰明人在窮山之中，無法求得知識，便易走入魔道，裝神弄鬼，嘩眾取寵。四川軍人知識不夠，多迷信看相算命與神仙詭異之說，或請乩仙，或養劍客，或信咒足以避刀槍等，無奇不有。劉湘在無法打退徐向前紅軍時曾相信劉崇榮爲神仙，足以其道術退敵，結果釀成大禍。李璜，《學鈍室回憶錄》（台北：中國青年黨黨史委員會，1985），頁111-112。

接受洗禮，且命令全體部屬亦均信教，並提倡不吸菸、不飲酒、不嫖不賭。」[3]強制屬下信教，已脫離基督教讓人自由之眞諦。

「新湘軍」領袖唐生智則掀起「佛化運動」，唐氏承認這是學習馮：「馮玉祥之軍隊爲基督化，我之軍隊則佛化。」他令全體官兵持齋、唸佛及受戒，以佛教的五律（戒殺、戒淫、戒盜、戒謊、戒貪）及天堂地獄輪迴之說維持軍紀，以大慈大悲救苦救難犧牲精神鼓勵士兵作戰。[4]唐氏被稱爲「二十世紀中國軍人應用釋迦牟尼的教義做軍中精神教育的第一人，這與『基督將軍』馮玉祥可謂後先輝映」。

當唐生智與北伐的黨軍合作時，又須處理佛教與黨義之關係。其所屬的湘南督辦公署創辦機關報《南岳日報》，該報創刊詞「明言反對共產主義，立言與戴季陶有相同處」。另一篇文章則以佛教「三寶」（即佛、法、僧）與「三民」（即民族、民生、民主）並稱，頗有些政治色彩。一九二六年六月二日，唐氏正式率部加入國民革命軍，被授任第八軍軍長之職。七月三十一日，他命令第八軍全體將士佩戴青天白日黨徽。但他並未放棄佛教這面旗幟，而是把佛教教義與三民主義相提並論、湊合到一起，號召將士「本救人救世精神，爲三民主義奮鬥」。在他看來，佛化與黨化本來是二位一體的，唯心與唯物也可兩極相通：「佛教以甚深奧妙之眞理，爲人類謀精神之解放。……無論何種政治，皆得圓融，不相衝

3 馮的信仰駁雜而矛盾，後依附蘇聯、極度左傾，「馮在西北、豫北均辦過軍事學校，全成共黨滲透之溫床；再加上部分奉派留俄之軍官，因此西北軍將領變成共產黨者爲數不少。二萬五千里路『長征』，多爲西北軍幹部。徐蚌會戰叛投共軍，及擊潰邱清泉、黃百韜之共軍主將，如何基灃、張克俠、魏鳳樓、田金凱等，多爲西北軍出身之將領」。郭廷以、沈雲龍、謝文孫，〈劉景健先生訪問紀錄〉，《口述歷史．第七期．軍系與民國政治》，頁1-2、頁8-9。

4 葉惠芬，〈唐生智與國民革命軍第八軍的建立〉，《國史館學術集刊》，第二期，頁174。

突。」[5] 其部將何鍵在《大公報》發表題爲〈學佛與入黨〉的文章，聲稱：「我們的佛，是覺悟的，進步的，同時是積極的，不是消極的，佛教的本旨，是救世救人的，現在想達到救世救人的目的，只有努力的去革命，才能實現……只有實行三民主義，才是救世救人的事業，也才是對症下藥，因此，入黨是一種何等『天經地義』的事呵！」[6]

在地方上，唐生智的佛化運動，跟毛澤東的農民運動一樣激進。他設立佛化會，各縣有分會，將佛教及其他宗教的慈善團體全都收入其中，號稱「以黨治國，以教治人」。他在長沙修建僧房數千間，將長沙附近寺廟僧眾一律遷入居住，實行「佛化統一」。又辦兩湖佛教講習所，強力接收寺院財產，逮捕住持，槍殺佛學院學生素禪，全湘騷然，其「佛化運動」變成「化佛運動」。易培基批評說：「湘中黨務，近爲唐生智一手把持，非其黨羽，均在排斥之列；且唐生智假借佛化，愚民愚軍，在湘中實行以佛治官、以官治黨之辦法。」

唐重用的「老師」顧伯敘（法號淨緣），爲江蘇人，本是一流痞，因犯了案，不容於鄉里，半路出家，充作和尚。顧儀表魁梧，聲如洪鐘，自稱密宗，有兩個老婆，實際上是個大騙子。顧和尚由衢州開始，無日不在唐左右。唐生智相信他是人間活佛，後來他甚至干涉到唐的家務事，唐看病請醫生也要其指點。唐常率高級將領定期在佛堂聽顧和尚講解佛法，還與之一同巡視各部官兵，至各軍講解佛學大綱，官兵中受戒者每人頒發金色受戒證章一枚。

顧老師的加持並未挽救唐生智的失敗。白崇禧、程潛進軍湖南後，宣布「劃除共產黨與佛化分子」——「佛化分子」與「共產黨」並列，頗有喜劇色彩。唐的參謀長龔浩認爲，唐

5 譚崇恩，《唐生智評傳》（長沙：湖南人民出版社，2003）。

6 侯坤宏，《太虛時代：多維視角下的民國佛教》（台北：政大出版社，2018），頁177。

信任顧，是讀書少之故，並感歎說：「其實軍事無他，一爲人事問題，一爲應變問題，決不能摻入鬼神觀念。」[7]唐本是小人物，突然發達，不免想利用宗教迷信鞏固其統治。唐是一個非常聰明的人，顧和尚的把戲，他當然知道，但他野心很大，深知非有一個中心，不足以抓住群眾。與其說顧騙唐，還不如說唐在利用顧。

爭奪湖南地盤，引來黨軍北伐

龔浩認爲，從來歷代開國有賴新力量的產生以轉移世運，例如東晉謝玄、劉牢之的北府兵，很可說明新力量對大局的影響。廣東政府高喊北伐口號，由一九一七年直到一九二六年，喊了十年之久，始終未能實現就是沒有力量。廣東僻處一隅，咽喉爲湖南所扼。湖南的力量不附，北伐永無成功希望。北伐的目的在直搗長江流域心臟武漢，湖南居武漢上游，順流東下，極爲便利。湖南富於人力物力，加以民性勇敢誠樸，平日生活也習於軍旅，是最好的兵源。老湘軍即多半在寶慶一帶所招募，洪秀全的武力也得自湘南道州一帶。由兩廣北上，一方面固然必經湖南，一方面也可藉此補充。自古南北相爭，湖南都是兵家必爭之地，得之則勝，失之則敗。

入民國以來，湖南迭遭兵亂。一九二一年，趙恆惕在吳佩孚支持下，驅逐譚延闓，成爲湖南之主。保定軍校畢業的唐生智成爲其手下四名師長之一，從番號上說，唐是第四師，應

7 唐生智兵敗下野，流亡日本，不習慣日本的生活，力圖東山再起，派遣龔浩到香港、廣州，看張發奎、汪精衛的情形。龔浩與蔣百里一同乘船回國，龔對蔣說：「顧和尚實在是唐先生的障礙。」蔣說：「應該叫唐老三和唐老四把顧和尚幹掉！」沈雲龍、賈廷詩、夏沛然，〈龔浩先生訪問紀錄〉，《口述歷史．第七期．軍系與民國政治》，頁103。

在一二三師之後，但唐的地位聲勢，反在各師長之上。唐部駐防衡陽，有一萬多枝槍，防地廣、財源足（因防地種植鴉片，軍餉有二十多萬），又得到吳佩孚接濟支持（吳曾請唐到洛陽，譽之爲「西南柱石」），儼然成爲湖南最大的勢力。

唐生智從湘軍基層軍官中崛起的原因很多。他得到保定軍校的老師、軍事家蔣百里的提攜和指點，並逐漸凝聚保定前後期同學成一股龐大勢力。保定同學龔浩向唐獻計，先聯絡十六位擔任團長的保定同學，可形成力量。唐叫龔到長沙後即代爲聯絡，由他在經濟上支持。於是先請客，再換蘭譜，結拜兄弟，從此成爲一個團體。唐經濟寬裕，所有同譜兄弟家用都由他接濟，無論本省外省同學，一視同仁。[8] 眾人共推唐爲領袖，唐集合全湘軍事力量，形成舉足輕重之勢。一九二七年，唐部團長以上軍官共六十四人，其中保定出身軍校者達五十人之多，接近八成。[9]

一九二一年的新湘軍援鄂之役前期，唐生智擊敗當時是王占元部將的孫傳芳勁旅，至「橫屍十數里，臭氣熏天」。[10] 龔浩回憶說，唐是旅長，一次在前線開會，一炮彈突落於會議室屋頂，唐聲色不動。另一晚，他與唐同房而睡，炮彈如雨落，唐鼾聲如雷。新湘軍在汀泗橋潰退時，只有唐軍整齊統一。唐坐於轎中，神色自若，頗有大將風度。[11]

趙恆惕依附吳佩孚，在湖南推動自治和省憲，對功高震主的唐氏頗爲忌憚，兩人矛盾激

8 唐家居東安，房屋有如宮殿，妻妾十四人，喜慶宴席開八百桌，在廣東將兩書局的書一齊買下，其豪富可以想見。唐父是獨子，生唐生智兄弟四人。唐事父甚孝，對兄弟朋友也好。遇事鎮定，膽大包天。唐氏以富家公子身份報考軍校，當時並不多見。

9 葉惠芬，〈唐生智與國民革命軍第八軍的建立〉，《國史館學術集刊》，第二期，頁158。

10 李品仙，《李品仙回憶錄》（台北：中外圖書出版社，1975），頁52。

11 沈雲龍、賈廷詩、夏沛然：〈龔浩先生訪問紀錄〉，《口述歷史．第七期．軍系與民國政治》，頁90。

化。一九二六年三月，唐發動兵變，將趙逐出長沙，自領省長職。與唐不和的第三師師長葉開鑫遂與唐開戰。本來這只是一場湖南省級軍閥之間的奪權戰爭，無關乎整個中國的政局。但唐、葉正式開戰之後，南北雙方立即做出反應。吳佩孚以大兵壓境相威脅，並派蔣百里帶著北京政府的任命書來勸唐服從北京。與此同時，廣州派與唐生智在保定軍校的同學陳銘樞、白崇禧來長沙，策動唐倒向國民政府。[12]

唐生智審時度勢，投向廣東。吳佩孚以「赤軍禍湘，出師征討，努力殺賊，救民水火」爲誓詞，派兵支援葉開鑫。唐戰敗，退出長沙，南下湖廣邊境，僅剩一萬多人，岌岌可危。廣東要人譚延闓、程潛與唐生智有舊怨，對其成見極深，對唐參加國民革命的動機與意志頗爲懷疑，均反對援唐。但桂系已有援唐承諾，且湖南戰事的發展是兩廣假道湖南進行北伐的良機，同時考慮到萬一衢州一失，則兩廣缺乏藩籬屏障，吳佩孚就能長驅直入。鮑羅廷在給共產國際報告中指出，唐的第四師是一支「友好頗有實力的部隊」，如果把國民黨和共產黨派到那裡去做宣傳工作，「湘南是很容易奪到手的」。於是國民黨在二屆二中全會做出北伐援唐的決議。[13]

在第八軍和第四軍支援下，唐生智於七月十一日佔領長沙，長沙遂成爲北伐軍的大本營。隨後又攻佔湘陰、益陽、岳州，葉開鑫部投降。七月十三日，唐宣布廢除省憲，解散省議會，改懸青天白日旗，湖南地方自治畫上句號。七月三十日，成立湖南省政府，唐任主席兼軍事廳長。湖南省政府是國民政府在北伐期間成立的第一個省政府。第八軍各級幹部均宣

12 白山，〈北伐以前的唐生智〉，收入《現代史料》第一集（上海：海天出版社，1933）。

13 張季任，〈北伐前夕國民政府特派員聯唐側記〉，《湖南文史》，第42輯（1991），頁140。

誓正式加入國民黨。唐致電鮑羅廷，稱第八軍是「世界革命的軍隊」。實際上，唐與國民黨和國民革命的因緣很淺，在一九二六年春派人與廣州政府接洽之前，是一個道地的北洋軍閥：

> 老實不客氣地說，像我們現在這一輩的革命軍人都是從軍閥中跑出來的，舊思想和舊習慣不是個個完全脫離了。

北伐最大的受益者：稱王武漢的「唐總指揮」

佔領湖南全境後，唐生智的第八軍在第四軍和第七軍配合下，向湖北進軍。北伐前期，第八軍、第四軍和第七軍戰功顯赫，但有「八軍不如七軍，七軍不如四軍」之說，即相對而言，唐部戰力最弱。與此同時，蔣介石嫡系的第一軍在江西戰場進展緩慢，許久攻不下南昌。唐的名聲一度蓋過蔣。其實，這是因爲此時吳佩孚的戰力不如孫傳芳，吳的精銳已在第二次直奉戰爭中消耗殆盡，吳能用的大都是一些雜牌軍。但唐自以爲是，獲封總指揮名頭後，似乎能與總司令蔣介石並肩且爭鋒。

在武昌尚未攻下時，唐生智即野心膨脹，將所部一個軍擴張爲三個軍，下轄第八軍軍長李品仙、第三十五軍軍長何鍵、第三十六軍軍長劉興、教導師師長周瀾，兵力凌駕於蔣之上。他安排閱兵時，故意讓蔣騎一匹烈馬，蔣從馬上摔下來，大失顏面。唐公然不服從蔣的命令，在公開演說中指謫蔣的嫡系王伯齡指揮之第一軍作戰不行、總司令調遣不當。陳公博在回憶錄中寫道，圍攻武昌時，蔣在李家墩火車上的總司令部憤慨地表示：「我們到江西去，我們不要兩湖了，最多我們不得了便回廣東」。

對於予智自雄的唐生智，陳公博交淺言深地提出忠告：「你已成了一個神主牌，只是大家不知道把你安放在大廳或安放在神樓罷了。不過我替你想，很危險！你是參加了國民革命軍，而湖南又已服從了國民政府，但你想想，湖南政府和國民政府是什麼關係呢？財政是獨立的，省政府委員又是你推薦的，除了一張國府任命狀之外，什麼關係也沒有。而且你的身邊，有國民黨，有共產黨，有軍人，有紳士，有佛教徒，有所謂親信派，各有矛盾，各有利害，很像一團火拿一張薄薄的沙紙包著，終於要燒破的。我勸你多和國府發生關係，而擴充軍隊也必得慢慢的，不要急。」[14]但唐聽不進去逆耳之言。

廣州國民政府遷往武漢後，在一九二七年的武漢政府時代，唐生智成了最重要的角色，彷彿軍人之革命，無過於唐生智了。唐在武漢，儼然南面王。武漢政府所轄地盤，兩湖而外，江西而已。江西為朱培德防地，兩湖則唐之天下。武漢政府之最高軍事機關，為軍事委員會，唐為軍委會之主心骨。在武漢，不僅汪精衛、徐謙輩左派領袖時常奔走於唐之門下，儼然唐之部屬，即中共的陳獨秀、譚平山等共黨要人，亦是如此。此時誠可謂唐之全盛時代。[15]

武漢時代，沒有一個人發財發得比唐生智多。兩湖最好的是「特稅」（鴉片稅），兩湖的特稅全在唐手中（他屬下的官兵大都吸食鴉片，他本人也不例外），這是第一筆大收入。武漢勵行現金集中計劃，唐氏也撈了不少錢，這是第二筆大收入。兩湖農工運動發展極速，

14 陳公博著，汪瑞炯、李鍔、趙令揚編註，《苦笑錄》，頁96-97。

15 白山，〈武漢時代的唐生智〉，《現代史料》第一集。

地主資本家極受威脅，紛紛出錢尋求保護，他在地主資本家這方面得了不少錢，這是第三筆大收入。有此三筆大收入，他的荷包大有可觀。

在軍隊系統，唐氏利用保定同學來反對蔣的黃埔系。唐是保定出身，其部下師團長大都是保定派。前方四、七兩軍的重要將領，也都是保定派。唐發起組織「陸軍四校同學會」對抗蔣領導的黃埔同學會。四校同學會發展很快，不僅在四、七、八軍中，在二、三、六等各軍中，也成立組織。唐氏還收編許多雜牌軍，如第九軍彭漢章、第十軍王天培等。此外，如劉佐龍的第十六軍、梁壽愷的暫編第三軍、龐炳勳的暫編第五軍，也都拉爲己助。蘇聯軍事顧問孟．伊．嘉珊寧認爲，唐的手腕非常靈活，又十分毒辣。[16] 陳公博說，當時一般人心目中，都以爲唐生智這個人是極可怕而難於做朋友。[17]

此時，唐生智將蔣介石視爲其問鼎最高權力的最大障礙。在南京未攻下——乃至安徽未攻下以前，大約是一九二七年二月間，武漢的反蔣空氣已極強烈。唐上了一個秘密條陳給鮑羅廷，主張出其不意，以奇兵襲取南昌，先把蔣的命革掉。據唐計算，蔣嫡系的第一軍，經過幾次挫敗以後，幾已不成軍，而南昌是朱培德的第三軍，並不忠於蔣，武漢軍去，不會抵抗，而且二、六兩軍亦非忠於蔣者，決無反戈相向之虞。但鮑羅廷不同意該計畫，因爲蔣還未公開與蘇聯和中共翻臉。一直到後來南京攻下後，蔣發動清共運動，並正式成立政府，武漢才正式揭反蔣之旗。[18] 若唐的計畫得以實施而又能成功（實際上成功的可能不大，因爲若

16 孟．伊．嘉珊寧：〈加倫將軍總顧問室（1925-1927）〉，收入氏著：《蘇俄在華軍事顧問回憶錄》，第5部（台北：國防部情報局，1976），頁99。

17 陳公博著，汪瑞炯、李鍔、趙令揚編註，《苦笑錄》，頁157。

18 白山，〈寧漢分分裂與唐生智〉，《現代史料》第一集。

干非蔣系軍隊同時也反唐），中國的現代史恐怕就要改寫了。

共產黨為何不接受唐生智的入黨申請？

在參加北伐之初，唐生智看到共產黨能耐頗大，對共產黨百般籠絡，口口聲聲說：「反共產就是反革命」、「鮑顧問的話就是總理的話」。但他比張發奎聰明，張發奎軍中很多共產黨人掌握軍權，故能發動南昌暴動；唐生智軍中則嚴格限定共產黨人只能從事政工事務，他的總指揮部政治部主任是共黨領袖彭澤湘，其餘各軍各師政治工作人員，也是清一色的共黨，但絕不讓共產黨進入軍事指揮系統，做政治工作的共黨無論多到如何地步，卻不能起關鍵作用。唐氏表面上容共甚多，實際上並未用共，故又有「唐生智容共而不用共」之諺。

據在武漢的中共領袖張國燾觀察，唐生智的實力雄厚，其地位似高出北伐軍其他各部隊的首腦。他頗有與蔣氏競爭的雄心，正在運用靈活的手腕，在各方面有所佈置。他與漢口的日本領事館來往甚密，其目的似在經由日本方面獲得有利於他的情報。同時，他對蘇聯顧問也優禮有加。他的部屬多為守舊人物，但他對中共又極力表示友善。他無條件支持工農運動，與湖南方面中共負責人以及漢口工會領袖，也維持著經常的接觸和友善的關係。他主動請陳獨秀到武漢指導工作，對張國燾也極為客氣，表示在他因事到前線去時，部隊可由張全權指揮。[19]

中共內部對唐生智也在觀察和討論之中。擔任蔣介石軍事顧問的加倫將軍對唐持負面評

19 張國燾，《我的回憶》（第二冊），頁548-549。

價：「唐是狡猾的人，眞正的一個軍人政治家，他看見已經到了變更策略的時候了，已經到了尋求同盟者的時候了——他的同盟者到處都可以找到的，從左派直到日本。」[20]中共中央則反駁說：「你在蔣處工作久了，已經爲環境所蒙蔽，完全是站在蔣方面說，好像是蔣自己說話。我們希望你站在中國革命全局上打算，勿專爲蔣打算。」中共以反蔣爲首要目標，對同樣反蔣的唐持較爲正面看法：「你全把唐生智看做敵人，蔣或者可以如此，我們的同志萬不應如此。」[21]中共在題爲〈唐生智言論之左傾與我們對唐應取策略〉的文件中贊揚唐說：「唐生智最近的言論十分左傾，因其人甚聰明，故所說之話亦至透澈。他能認識自身是初上政治舞台的人，能認識他四周的環境，能說出『軍隊是一把刀，這把刀的刀把是政治的立場，是黨，是群眾；我現在要革命就尋找這刀把』。他希望中共不要看他作短時期的革命工具。」[22]同時，中共也對唐有一定戒心，對軍方三巨頭蔣、馮、唐看法迥異：蔣是敵人，馮是革命者，唐是統戰對象。「唐要我們在他軍中進行秘密組織，我們可以這樣回答他：在唐軍中我們不做秘密組織工作，因爲這是要使軍隊發生分化的；我們只助唐作政治教育，提高他們能夠革命。」

唐生智鄭重其事地要求加入中共。他覺得加入了國民黨還不夠，再加入共產黨，如同有

20 加倫：〈一九二六年十一月二十二日致特同志信〉，〈中央覆加同志信——關於對唐生智、蔣介石的態度和政策〉附一，《中央政治通訊》第十三期（一九二六年十二月九日），「中文馬克思主義文庫．中共中央文件選集（第二冊）」，https://www.marxists.org/chinese/reference-books/ccp-1921-1949/02/090.htm。

21 〈中央覆加同志信——關於對唐生智、蔣介石的態度和政策〉，《中央政治通訊》第十三期（一九二六年十二月九日），「中文馬克思主義文庫．中共中央文件選集（第二冊）」，https://www.marxists.org/chinese/reference-books/ccp-1921-1949/02/090.htm。

22 〈唐生智言論之左傾與我們對唐應取策略〉，〈中央覆加同志信——關於對唐生智、蔣介石的態度和政策〉附二，《中央政治通訊》第十三期（一九二六年十二月九日），「中文馬克思主義文庫．中共中央文件選集（第二冊）」，https://www.marxists.org/chinese/reference-books/ccp-1921-1949/02/090.htm。

了兩道護身符。但中共認爲唐生智的軍隊仍是以守舊軍人爲其主要支柱，他這種友善姿態，不過是拉攏做作之態。中共拒絕了唐入黨的要求，指這對於他暫不適宜。張國燾認爲：「他只願個人與中共友好，並不願中共的影響達到他的隊伍中去。」[23]

但唐生智的左傾已引發其部下反對。「馬日事變」發生後，許克祥等反共軍官在長沙到處張貼標語，攻擊唐生智，有一幅對聯如此寫道：

生機無多，當年信佛成孟浪
智謀安在，如今遺禍害瀟湘

將唐生智的名和字號（孟瀟）鑲嵌在中間，可謂煞費苦心。

唐部正在河南與奉軍作戰，消息傳來，在唐部引起很大混亂。唐在西平前線對將士及政治工作人員訓話，讚美共產黨說：「共產黨是全世界的黨，共產是社會進化到最後一期的必然現象，共產就是共同生產，等將來世界的交通機關發達以後，就可以共同分配、共同消費，共產主義是科學的，是有步驟的。共產黨唯一目的，是打倒帝國主義，廢除資本主義制度，我們總理所說民主主義，又名共產主義！最後的目的是一樣的，就是造成世界大同。反共產就是反革命。」[24]

然而，武漢政府已決定分共，唐的部下大都傾向分共。何鍵是最反共的一名師長（許克祥即爲何鍵部下），毫無掩飾地宣稱：「不分共不能東征，不願意爲共產黨東征！」唐發

23 張國燾，《我的回憶》（第二冊），頁549。
24 譚崇恩，《唐生智評傳》（長沙：湖南人民出版社，2003）。

現，「這些糾糾武夫不聽我的話，只聽何鍵的話」，只好同意分共。後來，他對人說：「當時迫於武漢政府汪精衛分共清黨的壓力，在何鍵、李品仙等親蔣軍人有強大實力的情況下，我不便公開表態。何鍵雖是我的舊部，卻是反共的急先鋒，早已與蔣介石暗地勾結。他們搞『馬日事變』，是為了『反共騙唐，一箭雙雕』。因此，我不敢打草驚蛇，影響軍心。這是我處境極為困難的時候。」[25]

一旦決定分共，唐生智變臉比誰都快。他在湖南省政府紀念周會議上將湖南的混亂歸咎於中共：「湖南以前種種慘劫，完全是在湖南的共產黨所造成。在湖南做工作的共產黨要負完全責任的。因此，這回改組湖南省黨部，委員均由中央任命國民黨的忠實同志辦理。」隨即，他大開殺戒。

分共讓唐生智大大受益。在武漢分共之前，唐生智權勢最大，但不能一手遮天，武漢政府呈現三足鼎立之局面：除唐外，還有共產黨，及以汪精衛為首、得到張發奎第四軍支持的國民黨左派。武漢分共並啓動東征之後，共黨被驅逐，張發奎部在東征中損失慘重、轉而南下廣東，於是，湖南、湖北兩省的軍政財黨四權，全歸唐氏。某日，唐歡宴部下，即席演講，於得意忘形之下，大言曰：「兩湖我之天下也。」

汪精衛主持的武漢政治分會，表面上堂乎其皇，實際上完全成為唐生智之私人御用機關。政分會之唯一任務，即在於代唐氏向南京要餉要械。唐對民眾有所搜括，亦無不利用政分會之招牌，如中行紙幣停兌，加徵鹽稅，預徵錢糧等等，均由政分會下令，而由汪大賣其

25 唐生智擁共，何鍵反共，唐何部下都是湘人，因共產黨在湘猖獗，故部下都不安，故何鍵反共日趨堅決，而唐不敢殺何，這亦是一原因。因唐殺何，何部固將反唐，而唐部其他兩軍，亦可能反唐，唐、蔣不打自倒，這也是湘籍以外的人難以理解的。龔德柏，《還是愚話》（台北：傳記文學出版社，1978）。

力氣，使民眾之怨恨，咸集於汪一人。汪猶恐不得唐之歡心，特意巴結，加重搜括，以致政分會在短短數月中，即弄得怨聲載道，但民間皆罵汪而非唐也。汪唐各懷鬼胎，其合作也是曇花一現。[26]

牆倒眾人推，人人都想吃「唐僧肉」

第一次寧漢分裂是蔣汪爭權（汪背後有唐生智和張發奎兩名軍方實力派），蔣下野促成寧漢合流，執掌南京中樞的是自稱「國民黨中央特別委員會」的桂系。唐生智此前雖是被桂系所拯救，此時卻不願接受桂系領導，遂在武漢成立「武漢政治分會」，於是湘桂之爭引發第二次寧漢分裂。

唐生智不聽部將和各方勸阻，執意東征。參與討唐的桂系將領黃旭初說：「這是國民革命軍第一次內戰。當時國民政府最迫切的任務爲完成北伐。而唐生智以重兵進入安徽省境，虎視南京，隨時可以變生肘腋，搗北伐軍的後路。自唐氏通電聲討『特別委員會』後，國府會竭力謀取唐對『特委會』的諒解而不就，乃不得已而下令討伐。」[27] 南京方面在龍潭戰役虜獲的敵方文件中，發現孫傳芳在命令和通告裡，均有「唐生智約期夾攻南京」之語。唐只看重個人權力和利益，主義對他來說只是變臉遊戲。

26 此前，唐對汪頗客氣，對人必曰：「汪先生吾黨領袖也。」及至分共以後，唐對汪之態度乃大變：以前唐有事，總是恭恭敬敬的去拜訪汪；但分共以後，唐對汪頤氣指揮，儼然主人之對僕傭，有事見汪，命秘書下條曰「奉總座面諭。請先生來一談」。見面後，禮貌亦極不週全。此事頗使汪難堪，但地方關係，仍不能不卑恭屈節以求「總座」之垂青。汪亦有脾氣，因不能忍受此種侮辱，終於拂袖離漢去滬。白山，〈自反共到東征的唐生智〉，《現代史料》第一集。

27 黃旭初，《黃旭初回憶錄》，頁81。

一九二七年十月二十日，南京「特委會」下令討唐，任命唐之宿敵程潛為江左軍總指揮，李宗仁為江右軍總指揮，溯江而上。孤軍深入的唐軍第三十六軍軍長劉興放棄蕪湖向安慶退卻，又與何鍵部退往武穴。在武漢的記者陶菊隱跑到唐軍總部打聽消息，都說這是「誘敵深入」。有人還轉述唐的豪言壯語：「譬如兩個人打架，我們先把拳頭收回來，然後再伸出去，准能一拳把敵人打倒。」十一月七日，唐軍又退出武穴，對方眼看就要追到黃石港來了。唐部的人仍沉著地說：「我們有鐵軍在，怕它怎的！」這裡的「鐵軍」，是劉興的部隊，劉興字鐵夫，在唐軍中有善戰之名，三十六軍有「鐵軍」之稱。然而，這一次，鐵軍變成瓷軍，不堪一擊。桂軍逼近武漢外圍，鐵軍還不見拳頭伸出去。於是，「伸出拳頭論」改作「厚集兵力論」，說先集中兵力才能布置反攻。[28]

唐已四面楚歌。武漢方面，汪精衛經武漢轉往廣州，張發奎也去了廣東，與唐分道揚鑣。西征軍方面，程潛、李宗仁及葉開鑫的第四十四軍向武漢進發；江西方面，朱培德由中立轉向南京。鄂西方面，魯滌平的第二集團軍是唐的死對頭。湘西方面，黔軍周西成亦宣布討唐。海軍方面，陳紹寬率領艦隊封鎖長江。

唐部內部亦瓦解了：廣西籍的李品仙和蔡琪早已跟李宗仁、白崇禧有默契；唐部骨幹何鍵早已決定反共和叛唐，許克祥反動「馬日事變」即得到何的默許[29]；譚延闓和程潛都任過湖南都督，許多舊部任職於唐軍，對唐的忠誠度有限，譚、程一掀起反唐大旗，唐部像冰山般瓦解。

---

28 陶菊隱，《陶菊隱回憶錄》（台北：漢京文化事業有限公司，1987），頁169-170。

29 唐生智第二次反蔣時，時任湖南省主席的何鍵公開表態說，他反對唐總司令，而支持蔣總司令。龔德柏，《還是愚話》。

十月十二日，唐生智因前方部隊損失太重，後方部隊又不停調遣，武漢的鹽荒、米荒、鈔票荒連接而來，知大勢已去，遂宣布下野，即日乘坐日本兵艦經上海流亡日本。汪精衛將此役評論為「唐犯眾怒」，可謂切合事實。

南京方面試圖和平改編唐生智部的第四集團軍，但當共產黨在廣州發動暴動，桂系主力調往廣東解決張發奎部之際，唐部將領又蠢蠢欲動。於是，南京決定繼續對湖南用兵。唐部屢戰屢敗，軍心渙散。戰事結束後，在湖南的唐部各軍一一被收編，如龔浩感歎：「湖南的團體從此消滅，成了別人的附庸，為別人所利用。」[30]

唐生智流亡日本後，雖然東洋姑娘，別有風味，但其失意情緒，無法排解。南京中央軍討桂之役勝利以後，唐輾轉託人向蔣疏通，企圖重起。蔣為對抗馮玉祥、張發奎等地方軍頭，採用以毒攻毒之計，任命唐為第五路軍總指揮、國民政府委員、軍事參議院院長，一時之顯赫，又恢復當年盛況。唐集結舊部，幫蔣打敗馮，卻不安其位，又謀劃反蔣，與張發奎一北一南起兵，從駐地河南揮師殺向東南。

蔣百里密電唐，提出「東不如西」的建議，勸唐往西北發展。蔣百里向來重視國防建設，認為西北地曠人稀，可作國防基地。此時馮玉祥部受挫，內部分化瓦解，閻錫山則外強中乾，如果唐部西進，西安唾手可得，以後負隅西北，可久居其位。如東下南京，必與蔣進行一場生死搏鬥，這是軍事冒險，殊非智者所取。但是，唐「剛愎自用，好大喜功，無容人之量，圖一己之功」，沒有因蔣百里的密電而改變主意。

30 沈雲龍、賈廷詩、夏沛然：〈龔浩先生訪問紀錄〉，《口述歷史・第七期・軍系與民國政治》，頁102。

此時的唐部，表面上看有十萬精兵，但戰力今非昔比。自鄭州至許昌、漯河、郾城、駐馬店、確山一帶，均係唐部駐紮，沿京漢路南下，可下信陽，出武勝關而直抵武漢，故武漢形勢十分緊張。但此時之中央軍，已早有準備，精銳集中在信陽附近，雙方主力在確山展開大戰。時適大雪，嚴寒酷冷，唐部大都是南方人，服裝不齊，不耐北方嚴寒，士兵頗以為苦。防御工事，又完全為雨雪所毀。如龔浩所說：「我們糧草不繼，身處冰天雪地，一如拿破崙到了莫斯科。」與唐部作戰的李文彬回憶說：「當時雪深數尺，唐部士氣低落，兵士紛紛將槍架起，寧願槍斃不願再戰。」故此戰之結果，唐軍一敗塗地，龔浩所部幾至全軍覆沒，劉興所部損失亦復不少。[31]

唐部潰敗後，唐生智在漯河不告而退，帶了一位副官，化裝成農民坐騾車經小路去蔣軍戒備森嚴的開封，抱著「最危險的地方就是最安全的地方」的想法，入住憲兵隊旁邊的一家旅館，再買三等車票去天津。到達天津後，又化裝成鏟煤工人，乘海輪逃往香港。龔浩說：「這是唐聰明的地方。」李文彬卻說：「唐生智坐火車經過新鄭車站，當時我因未奉令，故不曾扣他。」按照李的說法，唐的行蹤已被發現，李可將唐扣下甚至殺掉，但沒有南京的命令，不曾採取行動。

如果李文彬將唐生智捕殺，唐生智早些結束與馮玉祥一樣善變的一生，或許此後就不會再作孽了——唐氏並不善戰，偏要強出頭出任南京衛戍司令，聲稱與南京共存亡，卻率先出

31 白山，〈廣州事變前後之唐生智〉，《現代史料》第二集。

城逃亡。由此引發南京軍隊崩潰、秩序解體以及日軍無差別殺戮。[32]

蔣寬宥了唐，唐卻還會上演一出叛蔣鬧劇：國共內戰後期，唐見國民黨敗局已定，再次投機，在湖南組織「和平自救」運動，任「湖南人民自救委員會」主任委員，領銜通電擁護「湖南和平解放」。中共建政後，他被委以湖南省副省長、全國人大常委、全國政協常委等虛職。他是否爲當初申請加入中共未被批准而懊悔？他若像部下賀龍那樣跟隨中共，未必不能成爲解放軍元帥。

若唐生智真的羨慕賀龍之飛黃騰達，這種羨慕亦曇花一現。文革爆發後，賀龍被軟禁並虐待致死。唐生智也受到衝擊和關押，紅衛兵要求他揭發曾經的老部下賀龍，被他拒絕。賀龍死後不到一年，唐生智在長沙因腸癌復發病逝，享年八十一歲。

32 淞滬戰役前夕，陳濟棠、白崇禧等赴南京考察戰備。蔣問陳：「南京是否可守？」陳答：「現爲立體戰爭時代，敵人海空軍及砲兵等均處優勢……余不同意守南京。」但唐生智自告奮勇，願意死守，結果中道棄守，軍民傷亡慘重。唐率先逃逸，一九三七年十二月二十四日，唐向蔣呈送戰報說：「竊職等奉令衛戍南京，既不能爲持久之守備，又不克爲從容之撤退，以致失我首都，喪我士卒，比以待罪之身來鄂晉謁，反承溫慰，並覺惶悚。」蔣以棄守之罪名槍決山東省主席韓複渠，同樣罪名足以殺唐一百次，卻將唐輕輕放過，因爲蔣本人應承擔更大責任。陳濟棠感歎說：「唐生智雖未受中央處分，亦應自殺以謝國人，乃竟恬不知恥，忍辱偷生，其後投匪求榮，身敗名裂，又何足爲怪！」陳濟棠：《廣東現代化的傳奇推手：南天王陳濟棠自傳》（台北：新銳文創，2019），頁98。

9

張發奎

共產黨的殘忍出乎我們想像之外

我不相信士兵中有許多共產黨員，因爲在那時，大多數共產黨員是知識分子。下級幹部中有共產黨員，但我不知道有多少。

——張發奎

在支持武漢政府的高級將領中，張發奎對共產黨最爲友善：「共產黨員幫助了我，他們工作勤奮。共產黨的政工人員無疑是認眞負責、表現良好的。在他們的宣傳中，僅僅誇獎我的部隊。據我所知，他們從不宣傳共產主義。」[1]在武漢政府分共前夕，張在總指揮部報告：「我們如果分共，還有什麼?」他又說：「我們與共產黨同志生死都在一起。……我不同意將共產黨員當做敵人。我不反對共產黨員個人。」[2]武漢決定分共後，他宣稱，「不會殺共產黨員」。

張發奎卻不知道，早在一九二七年七月二十日，共產黨在九江召開會議，提議「拋棄依張之政策，而決定一獨立的軍事行動」。中共中央決定「若張不與汪精衛聯絡則到東江之後始解決之，否則在潯（南潯）便解決他」。[3]在中共的詞彙中，「解決」的意思即是肉體消滅。

八月和十二月，共產黨人先後在南昌和廣州發起血腥暴動，主要參與者都是張發奎部屬。張發奎對共產黨人的反叛陰謀毫無警惕。這顆如明星般在國民革命軍中冉冉升起的「鐵軍」統帥，本可成爲與蔣介石、李宗仁、馮玉祥、閻錫山分庭抗禮的一方軍頭，卻受共產黨叛變牽累，其麾下第二方面軍損失四分之三，他本人幾乎淪爲光桿司令，通電下野。國共內戰末期，張發奎被代總統李宗仁任命爲陸軍總司令，在其短暫任期內左支右絀、無力回天。

共產黨的政策是：誰對它比較好、比較寬容，就先對誰下手、將其置於死地。曾在張發奎第二方面軍任政治部中將主任的郭沫若承認，南昌的共產黨對張「好話說盡，壞事做

1 張發奎口述、夏連蔭訪談，《張發奎口述自傳》，頁213-214。本文以下所引此書內容，不再一一註明出處。
2 王唯廉，〈張發奎的成功與失敗〉，《現代史料》（第一集）。
3 中共中央文獻研究室編，《周恩來年譜》，頁118-119。

絕」。張不是第一個犧牲品，也不是最後一個。曾任紅軍代總參謀長的龔楚後來脫離中共，在回憶錄中談及：南昌暴動之後的行軍途中，他常常跑去找賀龍、惲代英查詢部隊下一步動向，質疑說：「國共分家後，在武漢時期，黨不是要與張發奎合作打回廣東去嗎？而張發奎將軍在汪精衛宣佈國共和平分家後，不但不將我們黨內同志『清除』，反而收容被國民黨驅逐出來的黨員同志，他這種做法，顯然有誠意和我們合作，黨爲什麼不積極爭取他，反而煽動他的部隊造他的反？這不是孤立自己，多樹敵人嗎？」他們給的答覆，只是長吁一歎說道：「事成過去，不必再提了。」龔楚當即想起武漢流行的一段傳說：「蔣介石屠殺共產黨，朱培德遣送共產黨，張發奎收容共產黨。」現在看到對共產黨最好的張發奎將軍，竟首先蒙受其害，不禁令人唏噓歎息！[4]

張發奎也追悔莫及。據張的部下、第二方面軍參謀長謝膺白回憶，廣州暴動平息後，張在東山寓所酒後說出心裡話：「七月分我們不肯執行武漢政府分共政策，準備集中九江、南昌，東征（南京），仍維持國共合作局面；九月分回廣州仍不執行分共，遭寧滬兩方面斥責。我們一向認爲共產黨的敵人是蔣介石、李濟深，決不是我們反對反共的第二方面軍，但此番共產黨發動廣州暴動卻把我們第二方面軍也視爲敵人，一律加以摧毀。我至今想不通，這豈不是黑白不分嗎？」言下不勝歎息。

4 龔楚，《龔楚將軍回憶錄》，頁75。

在張發奎全盛時期掌握的三軍九師中，聽共產黨指揮的占一半以上。[5] 他部下的軍官後來成為解放軍元帥的有八人、成為解放軍大將的有六人。[6] 這不知是張發奎的榮耀，還是恥辱？

鐵軍是怎樣煉成的：從汀泗橋之戰到臨潁之戰

張發奎早年追隨孫文，孫文去世後，隨蔣介石東征陳炯明，任李濟深部獨立旅旅長，後發展為第四軍第十二師。[7]

在北伐軍中，張發奎是少數與吳佩孚、孫傳芳和張作霖都交過手且都獲勝的高級將領。他陸續指揮了五場主要戰役——汀泗橋、賀勝橋、武昌、馬迴嶺及臨潁，戰無不勝。[8]

---

5 張之部隊，在所轄三軍中，賀龍之二十軍，幾全然在共黨手中，如欲反共，二十軍非完全犧牲不可。在十一軍中，二十四師師長葉挺是共黨，所以二十四師整個是在共黨手中。蔡廷鍇之第十師，三個團長中有兩個團長是共黨（三十團團長范藎，二十九團團長彭銘），九個營長有四個營長是共黨。許志銳之二十六師，共黨較少，但也有一個團長（七十七團團長許繼慎）三個營長與六個連長。在第四軍中，繆培南的十二師，三個團長中有兩個共黨（三十四團團長趙某，三十五團團長梁秉樞），營連長更多。二十五師中有一個共黨團長（七十三團團長周士第），六個營長和很多連排長。總指揮部直屬部隊警衛團長盧德銘是共黨，炮兵營第二營與憲兵第一營營長都是共黨。至於政治工作人員是更不待說了。

6 八名曾為張發奎部屬的共軍元帥為：賀龍：第二方面軍第二十軍軍長；葉劍英：第四軍參謀長；劉伯承：南昌暴動時任參謀長，之前是第十五軍軍長；聶榮臻：在南昌城外發動第二十五師暴動，將兩個團帶到南昌；朱德：第二方面軍第九軍軍長；陳毅：教導團特務連文書；徐向前：第二方面軍司令部上尉參謀；林彪：第二十五師第七十三團排長。六名曾為其部下的共軍大將為：陳賡：第二方面軍特務營營長；徐海東：第四軍第三十四團代理排長；粟裕：第二十四師學員班班長；羅瑞卿：教導團第二連副班長；譚政：第二軍總指揮部特務營文書；許光達：第四軍直屬砲兵營排長。

7 東征期間，蔣介石在惠州遭遇廣東督辦林虎，被圍於五里亭頂。張發奎率官兵突破敵陣，大敗林虎，又南征瓊崖護軍使鄧本殷立功。張救蔣，為蔣感念終生，雖一生三次兵變反蔣，從未遭蔣依律懲處。

8 北伐伊始，張發奎指揮第四軍第十二師在湘江東岸作戰，連下醴陵、平江等地，繼而與吳佩孚在汀泗橋決戰，涉汨羅江強攻並大敗之。第四軍損失五、五千人，第十二師損失達兩千多人，四分之一為陣亡。隨即，第十二師於賀勝橋之戰再勝。第四軍直抵武昌城，圍攻四十日而下。

武昌民眾稱第四軍為「鐵軍」，稱張發奎為「鐵軍英雄」。為了表彰第四軍的功績，當地粵僑紳商特鑄一鐵盾，送給第四軍，上有題詞：「衝鋒陷陣，如鐵之堅。革命負擔，如鐵在肩。功用若鐵，人民倚焉。願壽如鐵，垂億萬年。」此即「鐵軍」得名之由來。

攻佔武漢，張發奎居首功。北伐軍在三個月內到達長江流域，吳佩孚主力被擊潰。這樣就產生了一個全新的軍事政治形勢。長江流域經濟區人口超過兩億，占整個中國的一半以上。長江流域是中國最重要的經濟和交通中心。當時，漢口港甚至比上海港更重要，它是一個出口港，也是整個長江流域及所屬各省的轉口港。占領武漢意味著打開長江流域經濟大門的鑰匙已掌握在北伐軍手中。蘇聯《眞理報》駐上海記者依文評論說，「廣東軍」所取得的輝煌勝利，其偉大的歷史意義不亞於一九一一年的武昌起義。「我們相信……這樣一個『意料不到的偉大勝利』再一次證明了，預言中國事件的發展是多麼困難。」[9]

此後，張發奎奉命出征江西。蔣介石兩次圍攻南昌失利，浙閩蘇皖贛五省聯軍總司令孫傳芳在南昌與九江之間將精銳部隊排成長龍，準備與北伐軍決戰。張發奎於馬迴嶺之戰全殲孫傳芳主力蘇軍第四師謝鴻勛部，再與李宗仁之第七軍合取九江、南昌。[10]

一九二七年四月中，武漢政府決定繼續北伐。張發奎擔任第一縱隊司令官，向京漢鐵路右翼挺進，與馮玉祥軍南北夾擊奉軍、奪取開封。五月二十七日，張部與奉軍在臨潁大戰。敵軍在各方面都占優勢——他們有空軍、坦克、大炮等。戰鬥最激烈的關頭，機關槍炮兵連跟著步兵單位後撤，這是北伐以來第四軍的首次退卻。張發奎趕到前線，士兵們一看到

9 郭恆鈺，《共產國際與中國革命：第一次國共合作》，頁227-228。

10 廣東省政協文史資料研究委員會編，《揮戈躍馬滿征塵：張發奎將軍北伐抗戰紀實》（廣州：廣東人民出版社，1999），頁48-51。

統帥士氣大增，回到崗位。由此，張更深信，「戰事的勝負同戰場指揮官素質高低有很大關係」。次日，鄧演達和蘇聯顧問都建議下令退卻，張主張堅持到晚上。下午四點鐘，張學良先撤退了。奉軍敗退匆忙，連張學良專用的宣紙信箋都來不及帶走。張發奎在最後五分鐘的堅定不移，扭轉了戰局。「勝利是屬於能堅持到最後五分鐘的人的。」

臨潁之戰的勝利使北伐軍進軍開封，攻略河南。「如果說汀泗橋之役是消滅吳佩孚部的關鍵，那麼臨潁之役乃是消滅張學良部的關鍵。」此役是張發奎在內戰中遭遇的最殘忍的戰役。「自北伐以來，此役傷亡最大。」張發奎手下猛將蔣先雲的七十七團傷亡過半，蔣本人亦重傷不治。[11]

制止南昌暴動，險些被聶榮臻射殺

張發奎自稱：「我沒有捲入政治，除了打仗、打仗、打仗，我什麼也不聽。……我從不住在城裡，我常和我的部隊在一起。我所見到的人都是軍人，他們只關心打勝仗。」這個說法是掩耳盜鈴、自欺欺人。沒有一個軍人能脫離政治，沒有任何一場戰爭跟政治無關。張發奎在軍事上是英雄，在政治上是白癡，在軍事上比鋼鐵硬，在政治上比棉花軟，缺乏政治敏感，注定了在軍事上失敗。不懂政治，可以當一個小兵，卻不能成為一流的將軍。一九三一年，汪與蔣談判合作，在寓所召集汪派高級幹部會議，張發奎沒有看清形勢，發言時力

11　蔣先雲以第一名成績考入黃埔一期，與陳賡、賀衷寒共稱「黃埔三傑」，是蔣介石最得意之學生，被譽為「黃埔奇才」。他曾任北伐軍總司令部機要秘書，「北伐文告，多出其手」。蔣先雲是中共黨員，以他的資歷和戰力，若是活到中共建政，可能又是一名元帥。

主粵方內部團結反蔣，引起汪不滿，痛斥說：「這麼多年的軍人，還是不懂政治，還要亂說。」[12]

張發奎親共，首先是政治上的原因：「自我早年加入國民黨後，我一直相信唯有三民主義才能救中國。我相信，做為一個軍人，我的職責就是為國家效力及實行三民主義。」他對孫文的領袖崇拜衍生出對「三大政策」的愚忠，故而長期奉行「聯共」做法。其次，他發現「共產黨員都很能幹」，便「將他們安插到不同的崗位」，如陳公博所說，「他素來對於他的軍中共黨分子作戰都異常稱詡的……他有點妙想天開，想以共黨護法自居，把一切共黨都搜羅在軍中，帶到安全地帶，而同時更希望一班共產黨都翕然的聽命於他」。[13]第三，共產黨統戰術滿足人的虛榮心，如郭沫若將馮玉祥捧為中國的興登堡，也說要張發奎「黃袍加身」，讓其地位高過蔣，張心花怒放。

實際上，共產黨從來不信任張發奎。葉挺曾告訴張，有一天共產黨開會時提及張，決議說張「小資產階級意識」太濃重，暫時不必爭取加入中共。但外界很多人都認為張是中共黨員，張流亡日本期間，日本媒體報導「共產黨集團的張發奎到神戶度假」，他本人承認「這是一件傷腦筋的事」。

一九二七年六月，武漢國民黨中央將唐生智第四方面軍擴充為第四集團軍，下轄第一、第二兩個方面軍，張發奎任第二方面軍總指揮。張的實力比唐強，卻屈居唐之下，頗為不滿。張唐矛盾此前即已激化，張部被安排與奉軍主力激戰，損失慘重，而唐部完好無損。七

12 金以林，《國民黨高層的派系政治：蔣介石「最高領袖」地位是如何確立的？》，頁299。

13 陳公博著、汪瑞炯、李鍔、趙令揚編註，《苦笑錄》，頁147。

月中旬，武漢政府決定東征，直取南京。東征計畫是：張發奎主力自南昌分兩路東下。一路經上饒、江山、杭州，進攻上海或南京，一路經皖南進攻南京。張頗有信心：「我相信，唐生智和我能夠奪取南京，趕走蔣先生。」

此時，張發奎知道共產黨員充斥第四軍上下，但自以爲能控制他們。「我知道共產黨員是善戰的，我從不懷疑他們。我重用葉挺，從未置疑。……我們彼此間極好。我可以將他爭取過來。最壞，我想他可以離開我的軍隊。我相信軍隊中等級制度的重要性，所以我從不擔憂反叛的可能。」他大大失算。共產黨人蔑視傳統和制度，包括軍隊中等級制度。

張發奎從未懷疑蘇聯顧問，「我沒有感覺到他們在密謀策劃反對我們」。蘇聯顧問鐵羅尼對他說：「俄國革命發生在多年前，在今日的蘇聯已經不存在眞正的共產主義，至少還要五十年才能實現共產主義，我不能活到那一天了。」鐵羅尼聲稱：「在中國根本談不上實現共產主義，所以你不必擔心。」又說，三大政策是正確的，蘇聯人來中國是爲了幫助實現國民革命。

汪精衛宣布分共之後，張發奎始終沒有動作。曾在第四軍政治部任職的中共黨員朱其華在《一九二七年底回憶》中說：「武漢之所以還沒有像南京那樣殺戮共產黨，就是因爲張發奎還有一點問題……張發奎在作戰時不愧是一員勇將，但他也只是一個軍事人才而不是政治家。」張沒有殺共產黨，共產黨反倒蔑視他，並開始動作。賀龍擅自率部回南昌，張大驚失色，電告武漢政府，請求汪精衛來九江主持大局，召集第二方面軍師級以上軍官會議，討論讓共產黨員和平離開該部。

共產黨搶先了一步：八月一日，在共產國際和蘇聯支持下，以葉挺、賀龍等部爲主，在南昌發動兵變，建立工農紅軍第四軍。紅軍初建以第四軍爲番號，抗戰時期成立新編第四軍，表明其繼承「鐵軍」傳統。對於美名被竊，張不知當作何感想？

南昌暴動後，張發奎辯解說：「我並不認爲共產黨會發生叛亂，以至於沒有先下手爲強，若要逮捕他們（賀龍、葉挺、蔡廷鍇）可以不費吹灰之力。」實際上，他無力制止叛亂。他聞訊從廬山趕赴德安，去巡視前線。共產黨員周士第的第七十三團駐紮在當地，張盲目信任該部，「我必須視察部隊，保持信心。我什麼也不怕，畢竟是我把周士第安插到七十三團的位置上的」。更愚蠢的是，他建議三名蘇聯顧問一起去視察形勢，「他們同意了，他們對南昌暴動也感到非常驚奇，當然，我不知道他們是否故作驚詫」。

張發奎等人乘火車到達馬迴嶺，正準備下車就聽到兩聲槍響，原來是共產黨人劫持火車，強迫司機開車前往德安。張身邊只有十名衛兵，他和警衛跳車逃生。地面部隊在聶榮臻指揮下蠢蠢欲動，張訓斥說：「你們向何處開動？奉了何人命令？我是張總指揮，我命令你們停止前進！」一名士兵說：「我不認識張總指揮，只認識我們同志。」聶榮臻深恐軍心動搖，指揮士兵架起機關槍，向張發奎方向掃射。張見情形不對，只身逃離，「那天我步行踏著南潯鐵路一條一條枕木回到九江」。此一經歷成爲他一生奇恥大辱，也讓他改變了對共產黨的看法。

來不及跳車的三名蘇聯顧問被帶到德安，被押送到周士第的司令部。周部士兵剝掉他們的大衣，宣布他們不受歡迎。他們穿著襯衣襯褲、瑟瑟發抖地回到張發奎的司令部，他們說：「中國共產黨眞是不可思議，我們是共產黨員，德安的士兵也是在共產黨員周士第領導之下，可是我們竟然被擄掠一番又驅趕回來。」周士第當營長時對張很謙恭，一見張便立正舉手畢恭畢敬，「誰知今日翻雲覆雨，竟這般厲害，露出猙獰面目，眞是我有眼不識人」。周士第後來成爲解放軍上將，聶榮臻更當上元帥。此時，若張發奎落到兩人之中任何一人手中，必定死無葬身之地。

撲滅廣州暴動，唯有以暴易暴

經此一變故，張發奎無心東征，竭力補充兵力，將武漢總政治部之教導營及中央軍校學生，合編爲教導團，將七十七團及警衛團之解散兵卒，合編爲警備團。然而，此兩團均爲共黨主持，團長分別爲葉劍英、梁秉樞。由此埋下共產黨發動廣州暴動的禍根。張發奎一錯再錯。

張帶領剩餘部隊，以追擊賀、葉爲名，從江西南下廣東。留守廣州的李濟深看到張發奎早已今非昔比，不願其回廣東，卻找不出理由阻攔。

此時，武漢政府已覆滅，汪精衛到上海，看到張發奎回到廣東，希望得到其幫助，在廣東重新建立國民政府。十一月十八日，張發奎的副手黃琪翔發動政變，解除李濟深駐廣州部隊的武裝，張稱之爲「第一次護黨運動」。

張不知道，當十月十七日「護黨運動」發生之際，共產黨歡呼慶祝，張太雷笑言：「張發奎這小子替我們做了先鋒。」清共比蔣介石還賣力的李濟深被趕走，代理總指揮黃琪翔相當親共，高舉「反對亡黨的清黨」之口號，將被囚之共產黨一概釋放。共黨公開活動，赤色工會紛紛成立。[14]

桂系在南京支持下結集力量反攻。張發奎的主力在廣州城外布防，城內兵力空虛，只駐

14 王唯廉，〈廣州暴動史〉，《現代史料》（第一集）。

有教導團一團及第四軍特務營一營，加上廣州市公安局之警察保安隊。

中共趁虛而入。「張黃事變」次日，中共中央臨時政治局通過《廣東工作計劃決議案》十一點綱領，命令以張太雷爲首的廣東省委籌備廣州兵變和政治總罷工，奪取政權。十一月二十六日，中共廣東省委成立五人革命委員會。二十八日，共產國際代表、德國人海因茨·紐曼和格哈特·愛斯拉到達廣州，策劃在廣州暴動，帶來活動經費兩百餘萬美元。

十二月十一日，第四軍參謀長兼教導團團長葉劍英等人在蘇聯支持下，以教導團之一部，雜以一部份廣州市人力車伕及印刷工人，再加上地痞流氓，發起廣州暴動。張太雷出任廣州蘇維埃政府代理主席兼海陸軍人民委員會委員長，葉挺出任工農紅軍總司令。

當晚，張發奎住在黃琪翔位於東山的公館，在拂曉時分收到謝膺白告知共產黨暴亂的電話。電話剛講一半即中斷，張猜想電話局一定被佔領了。他立刻與黃琪翔、陳公博三人一同出門，趕到二沙頭頤養院找廣州商會會長鄒殿邦，借了一艘電船，從二沙頭到南岸海棠寺找第五軍軍長李福林。

一天之內，廣州城內已是共產黨的天下。印刷工人散發「廣東印務總工會罷工宣言」：「工友們罷工，一致參加大罷工，幹政治的大暴動、大鬥爭、殺盡一切買辦階級的工賊，管理一切的生產機關；農友們、工友們，要一致起來，推翻幾千年來壓迫和剝削你們的大地主、土豪、劣紳、貪官汙吏，沒收一切土地；兵士們警察們，你們和我們痛苦都是一樣，你們要一致聯合起來，把你們反動的長官反對，所以要一致打倒屠殺工農的劊子手李濟深、蔣介石、張發奎、汪精衛。」[15] 這篇宣言將張發奎與他反對的李濟深和蔣介石並列爲「國民黨

15 張發奎，〈中共廣州暴動之回憶〉，《春秋雜誌》，總第554期（1980）。

反動派」。

張發奎在城外結集部隊，令教導第一師由靖海門渡河，第七十八團由黃沙渡河，駐在省河南岸之第五軍亦於同時渡河，分途向廣州之敵猛烈攻擊；原駐西村之教一師第四團莫雄部亦已占領觀音山一帶。共黨之烏合之眾，退守維新北路之廣州市公安局，扼守街口，仍圖頑抗。張發奎軍乃將敵三面包圍，激戰至下午五時，斃敵甚多。敵不支，向燕塘龍眼洞方面潰竄。張下令追擊，追至龍眼洞附近，將敵大部包圍，即予以繳械。

共產黨佔據廣州三天，四處劫掠，殺人放火。共黨眼見大勢已去時，不顧廣州市全體人民之生命財產，欲將全廣州付之一炬。中央銀行、財政廳、東堤、南關、西關等處各有火頭十餘起。全市陷於恐怖之中。這場暴亂焚燬廣州街道三十餘條，燒毀房屋萬餘棟，民眾死傷慘重，爲廣東空前未有的浩劫。遠在北京的黃尊三在日記中載：「全市混戰竟夜，大火三日未熄，傷哉浩劫，誰實爲之？……劫後羊城，燒千餘戶，損失約二千萬。」[16] 在廣州的鄧文儀寫道：「三天多的暴動，使得熱鬧繁榮的廣州市容，變而爲死寂混亂污穢不堪的悲慘景象，有很多店鋪房屋，被焚燒或被打毀。破壞的程度十分嚴重，到處都有死屍或死去的動物發出奇臭，我看到公安局的臨時清潔隊用木板車滿載著市民的屍首。一車載了三、五十具，接連十幾車或二、三十車，由市區運往市郊外面埋葬。我在三小時的步行大馬路上，曾經看到了十幾次這樣運屍的行列。由此證明共黨暴動的三天之內，廣州市民及國民黨黨軍政人民及其家屬，被共黨直接間接殘殺害死的人總在三萬以上。自然共產黨及其脅迫的工人糾察

16 黃尊三，《黃尊三日記》（下），頁667。

隊、農民自衛軍與群眾傷亡的也在二萬左右。」[17]據共產黨廣東省委估計，有兩百多名共產黨員和兩千多名赤衛隊和紅軍在廣州暴動中被殺。美國領事館估計，被殺的男女在三千至四千人之間。

當張發奎視察災情時，才知道共產黨多麼殘忍：

我親眼看到遍地死屍，尤其是在天字碼頭地區，屍體沿馬路一直堵到龍眼洞，堆滿死屍的手推車兜兜轉轉才能穿過街道，我們收埋了兩千多具屍體，其中有些死者是普通的廣州市民。

被共產黨一再背叛和戲弄的張發奎起了殺心。當鄧龍光部團長陳公俠趕到南堤珠光里人力車工會時，五百多個人力車伕正好集合出發，每人攜帶五加侖汽油一桶、火柴一盒、報紙一捆，準備到全市各處放火。陳團長依法逮捕他們，暫押於南堤戲院，並向張發奎報告。張聞訊眼裡冒著金星、怒氣衝天，下令將這群滅絕人性的匪徒集體槍決，還特地挖了一條渠掩埋屍體。「我的雙手都發麻了，情緒極爲激動。那麼多人失去了生命，共產黨殺了許多，我們也殺了不少。」

共產國際代表和蘇聯駐廣州領事館官員直接參與廣州暴動，公開開著領事館的汽車，插著紅旗穿過街市。蘇聯駐廣州副領事郝史在前往蘇維埃總部時被平叛軍隊逮捕，從他身上搜出榴彈等武器。郝史等六人在被捕後遊街並被槍斃。此舉自然是罔顧國際公法。張發奎指出，這是薛岳下的命令，他贊成這一做法：「我們痛恨俄國佬，坦白講，設若我缺乏修養，

17 鄧文儀，《鄧文儀回憶錄：老兵與教授》（台北：龍文，1994）。

我也會親手殺死那些俄國人，我們當時憤怒極了。」[18]

十二月十四日，國民政府指責蘇聯是廣州暴動的幕後黑手，與蘇聯斷交，並驅逐各地蘇聯僑民，關閉上海、漢口、長沙的蘇聯領事館。蘇聯聲稱並不承認國民政府，各地領事館仍對北京政府發生關係——其實，在張作霖搜查蘇聯北京使館後，蘇聯代辦已離開中國。至此，一九二三年至一九二七年間國民黨的聯俄政策徹底結束。

《劍橋中華民國史》評述說：「災難性的廣州起義，是一小批大膽的中共領導人爲了執行上海新的臨時政治局的指示而策劃的，它標誌著共產黨長期奪權鬥爭的低潮。在長達二十年的時期中，這是最後一次共產黨領導的大規模城市起義，也是一九二七年七月共產國際命令執行起義政策的毋庸置疑的失敗。」[19]

正因爲張發奎發動政變驅逐李濟深，導致汪系與桂系決裂，國民黨內訌引來共產黨的廣州暴動。張鎮壓廣州暴動之後，手上兵力已殘破不堪，難以抵抗南京、粵軍和桂系大兵壓境。[20] 張不得已，退入東江。桂軍又追入東江，劇戰三場，張大敗，精銳損失殆盡，師長許志銳陣亡。張被迫通電下野，亦有所反省：「我們是自己辭職的，我們對廣州市民遭遇的這

18 薛岳是最早進入上海的北伐軍將領，共產黨想拉攏薛岳對抗蔣。薛不主張暴力清共而離開第一軍，輾轉加入第四軍。張發奎回憶：「暴亂初起時，薛岳正在市區，他在家裡躲了三天，當他的部隊回穗時，他出來指揮。在平暴時，他特別殘酷無情，他對共黨顯露出刻骨的仇恨，毫不憐憫，殺人絕不猶豫。以前他總是保護共產黨員，如今他卻發生一百八十度的轉變，這是由於他目睹共黨暴行的實證，方才大吃一驚，這才下了狠心。」奪回廣州後，蘇聯領事館遭到搜查，領事鮑里斯·伯克瓦利斯基夫婦及其兩個孩子亦遭逮捕。薛岳想槍斃抓獲的蘇聯人，張釋放了這一家四口，將其驅逐出境。

19 費正清編，《劍橋中華民國史》（北京：中國社會科學出版社，1993），頁776。

20 薛岳對陳公博說，他被張發奎騙了。「張發奎回粵時說，他有三個師的實力，我出發東江時，才發現他的三個師非常殘破，合起來他的三個師還沒有我的新二師那麼多槍支。倘我早知如此，也不跟著他們瞎幹。」陳公博則歎氣回答說：「張發奎一生就不肯說老實話！」陳公博：《苦笑錄》，頁167。

一場浩劫深感愧疚。我錯在粗枝大葉，我把軍隊都派出去警戒，造成廣州防務十分空虛，再加上麻痺大意，爲暴動提供了良好的機會。」此次失敗以後，張一蹶不振。

李濟深回廣州後，以廣州市民的名義在泰康路勒石立碑，上書「在汪精衛與共產黨員陳公博、張發奎、黃琪翔等領導下發生了廣州暴動」，藉此羞辱失敗一方。張發奎對被定義爲共產黨員耿耿於懷，倒是遠在北京的圈外人黃尊三看得清清楚楚：「張發奎免職查辦，粵局再歸李濟深之手。共黨之一番舉動，特與張發奎開玩笑，而張之驅李，亦徒勞而無功。」[21] 共產黨如毒蛇，若不了解其毒性，只能白白被它咬死和毒死。

廣東客家人與「汪派」：一誤再誤的身份定位

作爲廣東客家軍人，張發奎所處的歷史和地緣關係，根深蒂固地決定著他一生的命運。一九二七年五月，他在河南上蔡與奉軍作戰時，發生了一件趣事：由於整天下雨，他和參謀長一起去敲一家的門，但屋主不讓進，他用客家話咒罵屋主「河南人毫無人性」，以爲對方聽不懂。此時，屋主出來歡迎說：「我們是一家人。」原來，屋主也是客家人。

從此細節可看出，清帝國崩潰、民國建立之後，「中華民國」公民身份並未成爲被普遍接受的新的身份認同，「中華民族」的概念在抗日戰爭期間才逐漸深入人心。河南長期在北洋政府統治下，在南北之爭中站在北方一邊，不願支持從南方來的國民革命軍。更何況，河南作爲傳統文化積澱深厚的中原地區，對遵奉外來的、反傳統的革命學說的「廣東軍」心存

21 黃尊三，《黃尊三日記》（下），頁668。

忌憚。但是，作為一個特殊族群的客家人的認同，卻能超越省籍和意識形態，這家居住在河南的客家人，對張發奎前倨後恭，乃是他從對方的語言中辨認出客家人身份——唯有客家人才會被視為「一家人」。

這一次，客家人的身份讓張發奎受到熱情款待，免於成為雨中的「落湯雞」。但廣東客家人的身份，對張發奎的影響遠不僅於此。廣東是孫文發動護法運動和國民革命的根據地，聯俄容共政策的起點，而國民政府東征後第一個拓展的版圖東江行政專區，是粵東客家人和潮州人的故鄉，這一由周恩來擔任專員的地區，也是中共最早發展農民運動和土地改革的地方。張發奎和廣東客家籍共產黨人（如葉劍英）之間存在著太多難以切割的愛恨情仇，這也使其革命事業和戎馬生涯備受羈絆牽扯。另一方面，廣東人以最早的革命者自居，不甘於被以蔣介石為首的江浙人壓制，廣東人在反蔣活動中頗為積極，張發奎亦不例外，反蔣聯盟在廣東另立中央時，「在一次非常會議的開會席上，有人提議要說廣東話，不准講其他方言」。[22]

張發奎先被共產黨所負，再被汪精衛所負——張支持汪，首先他們同為廣東人，然後是「主義」上的趨同。在汪與日本人合作之前，張始終「絕對支持汪精衛」，是鐵桿「汪派」。吳稚暉曾嘲諷汪張之合作關係：張發奎「聽了陳腐書生的調度，不憚把志願韜略，一齊喪失，連性命也幾乎白送」。[23]

汪的理想是組建與蔣介石分庭抗禮的政府，張的軍事行動被迫服務於這一理想。張

22 金以林，《國民黨高層的派系政治：蔣介石「最高領袖」地位是如何確立的？》，頁436。

23 趙淑敏，《吳稚暉傳：永遠與自然同在》，頁171-172。

承認：「我的腦子裡只有汪精衛。」一九二七年四月十日，汪抵達武漢，張「高興得不得了」。後來，當汪決定分共時，儘管張認為「革命完成以前，革命力量不應分裂」，但「如果汪精衛要分共，我支持他，因為他對這一問題比我有更清楚的了解。……軍人被告知，服從是他的天職。……因為汪精衛認為這是正確的，我也就這樣想。」[24]

中共發動南昌暴動之後，張愈發肯定汪的「先見之明」——至少跟他本人相比，汪更早認識到共產黨的險惡用心（但汪的認識晚於蔣，蔣的認識又晚於西山會議派）。於是，張決定回廣東為汪打造一個與蔣抗衡的政府。

然而，汪在「第一次護黨運動」中的表現讓張大失所望。政變發生時，汪與李濟深一起乘船前往香港。汪在幕後決定一切，期望張發奎等人在廣州穩住局後，同其他政治集團保持聯繫。如果政變失敗，他則假裝什麼也不知道。政變消息傳到船上，汪假裝大吃一驚，對李說，他一無所知。這種做法，用一句粵語說，就是「食死貓」。張感歎：「我們軍人實在是政客的犧牲品。」

此後的國民黨內戰，張發奎孤掌難鳴、屢戰屢敗，不復北伐期間「鐵軍」之戰力。一九三〇年，張聯合桂系和馮玉祥反蔣，率五萬大軍由宜昌經湖南到廣西。陳濟棠部與蔣介石派遣的三個師援軍在花縣擊敗張桂聯軍。隨即，兩軍在容縣決戰，張部再被擊潰。張變更策略，轉而向北，圖出長江奪武漢，而與馮、閻相策應。陳濟棠的第六路軍追擊到衡陽，兩軍發生激戰，張發奎潰不成軍。「經此一役，西南大定，馮、閻亦為之氣餒，可稱為大局之轉

24 北伐軍總政治部主任鄧演達與蘇聯顧問鐵羅尼來看張，鄧說：「汪精衛的政治生命已經完結。您不應該聽他的。」張不同意這個看法，他雖左傾，但不願背叛汪。此時，他與共產黨分歧的關鍵之點是汪精衛。

捩點，其重要性可知。」[25]

一九三一年六月一日，國民黨內各派反蔣勢力在廣州成立國民政府。陳濟棠和桂系構成軍事力量的主力，張發奎淪爲配角。陳濟棠有三個軍一百五十個團，李宗仁將張桂聯軍擴編爲四個軍七十二團，張僅擔任其中一個軍的軍長，與此前地位低得多的廖磊、李品仙、黃旭初並列。

抗戰中，張發奎沒有多少戰功，連粵軍後起之秀余漢謀都看不起他：「以張向華代理第四戰區司令長官，是委員長的一片苦心。抗日期間，不能不想辦法安置他，其實他的部隊已所剩無幾，委員長深知我識大體，能夠和衷共濟與張向華合作，才做了這樣的安排，但有特殊事情，仍與我商量。」余漢謀強調，他的幹部絕對服從自己，他絕對服從蔣，「別人想另打主意，他是指揮不動我的部隊的」。這裡的「別人」，是暗示張發奎。一九四〇年後，張以第七戰區司令長官名義調往廣西作戰，但「由於廣西軍隊不大聽調遣，所以幹得不太愉快」。[26]

由於受三民主義和國際共產主義啓蒙，張發奎堅定反對帝國主義，多次挑戰列強在中國租界的特權。他再三提及早年在武昌上學時，常常到漢口英租界去，在江邊公園門口見到一塊告示：「華人與狗不准入內。」他發誓「有朝一日我掌權後，一定要收回租界」。這個告示牌，史家考證從未眞實存在過，張發奎晚年回憶的，與其說是早年看到的實物，不如說是左派及共產黨政治宣傳造成的想像。

25 陳濟棠：《廣東現代化的傳奇推手：南天王陳濟棠自傳》，頁65-66。

26 郭廷以、李毓樹、周道瞻：《余漢謀先生訪問紀錄》，《口述歷史．第七期．軍系與民國政局》，頁228-231。

國民革命軍攻克武漢後，張發奎主張「不必客氣了，我們想去哪裡就去哪裡。我告訴陳友仁、鄧演達和鐵羅尼，我們應該利用民氣，不顧一切阻礙，收回租界。我感到不必再透過外交手續。我相信，英國與其他列強不會再奉行炮艦政策了。對方原則上同意，但反對魯莽的行動。列強以爲我們會遵循外交程序。我認爲，他們把我們看得太簡單了。」

抗戰勝利後，張發奎曾試圖以斷絕水陸供應，收復香港與澳門的主權。但因美國對香港的戰略地位的關切，蔣介石基於外交考慮，讓香港維持原狀，連帶澳門亦暫不收回，制止張的魯莽做法。沒想到，此舉竟讓張發奎的後半生安然居住在作爲英國殖民地的香港，而不必去台灣乞食於他反對二十多年的蔣介石。

10 萬耀煌

反共是「義所當爲」

雖然局勢如此艱難，但在走投無路和「義所當爲」的情形下，也只好將一切困難及後果置諸度外了，我們的目的是反共，作戰的對象爲武漢黨、政、工會所有的共產黨。

——萬耀煌

一九二七年五月十三日，駐守湖北宜昌的國民革命軍獨立第十四師師長夏斗寅、副師長萬耀煌等二十八名將領聯名發表「元」電，宣告進軍武漢討共。這是長沙許克祥發動「馬日事變」之前一個星期，在武漢政府控制區域內發生的第一起討共軍事行動。兩個行動遙相呼應，好像事先有了默契，給武漢政府以致命打擊。[1]

這份通電嚴厲譴責被共產黨控制的武漢政府的暴政：

> 共產黨徒董用威（董必武）、徐謙、鄧演達、詹大悲、張國燾、李漢俊輩一般宵小之徒，把持政柄，操縱時機，以法律賦予威權，為個人報恩抱怨之具，不悉官吏為何物，政治為何事，繆託邪説，黷敗綱常，舉凡軍閥所不敢為之鉗制輿論而悍然為之，軍閥所不忍行之苛捐細稅而毅然行之，縱奸儈橫行市場以害商，教流氓擾亂閭閻以病民，誅鋤非種，強姦民意，變本加厲，無所不用其極，而猶文其奸以號於人曰提高黨權，一切權力屬於黨。……路人側目，敢怒而不敢言，故數月間商歎於市，農怨於野，百業蕭條，游民日眾，四境騷動，皇皇然不可終日。本謀解放，反加之以痛苦；本求平等，反益之以不平，此誠有史以來未有之奇變。[2]

同一天發表的另一份通電亦指出：

1 一九二七年四月十六日，蔣介石電劉湘等歸附南京的西南實力派軍人，「我軍到達荊、澧後，希以主力占領長、岳」、「夏師長斗寅可信，望聯絡為要」。可見在四月十六日之前夏斗寅已投蔣。〈蔣中正電劉湘等到達荊澧後以主力占領長岳並聯絡夏斗寅〉，國史館，《蔣中正總統文物．革命文獻—寧漢分裂與北伐中挫》（一），1927年4月16日。

2 中華民國史事紀要編輯委員會，《中華民國史事紀要．中華民國十六年（一九二七年）一至六月份》（台北：中華民國研究中心，1977），頁937-938。

共產黨徒謂……反共產即反革命，腹誹受誑，偶語棄市……我兩湖人士受禍尤酷。土豪劣紳，固應剷除，而共產黨徒乃藉以報怨，循至無紳不劣，有土皆豪，四境騷然，哭聲載道；我武裝同志，躬蹈白刃，未敢居功，而若輩則謂僅鼓吹之力，軍人為寄生之蟲；教唆農工，慘殺兵弁，隳突叫囂，父母在打倒之列，傷天害理，裸體遊農市之中。私斂金錢，而曰共產，誘姦婦女，竟謂同居。綱常淪夷，天地悠悠，與禽獸奚擇！有微言，則曰封建頭腦；持正論，則曰反動份子；被私擅逮捕，仁義誅戮者，何止累萬；推其所及，寧有孑遺！新鬼煩怨，舊鬼野哭，人間地獄，此正其時，民怨沸騰，時日曷喪！[3]

通電發出後，該部工兵營午前十一時開船，破壞沿線電線，斷絕與武漢的通訊。各部隊於午後六時起上船。船隊依序前進，師部乘福川輪，萬耀煌乘亞東輪，旌旗蔽江，浩浩蕩蕩。船到嘉魚，因長江水漲，大輪可以直接靠岸，遂派第一團佔領方家鋪，掩護部隊登陸。夜晚十一點，該部佔領蒲圻、汀泗橋、咸寧。武漢震動。[4]

從以上兩份通電可看出，軍紳政權中的菁英份子，對歐美民主自由憲政所知有限，在通電中用以批判共產主義的思想資源，一是孫文之三民主義，一是中國傳統的儒家倫理。這兩者其實都無法抗衡共產主義。通電以古文寫就，表明作者未能接受白話文運動和新文化運動洗禮，宣傳效果遠不如毛的文章「雅俗共賞」。由於缺乏更強大的觀念秩序，他們的反共，

3 中華民國史事紀要編輯委員會，《中華民國史事紀要．中華民國十六年（一九二七年）一至六月份》，頁939-940。

4 沈雲龍訪問，《萬耀煌先生訪問紀錄》（台北：中央研究院近代史研究所，1993），頁195-196。本文以下引自本書之內容，不再一一標明出處。

即便在軍事上取得暫時成功，卻無法將共產主義斬草除根。一九二七年，國民黨人擊敗共產黨；二十二年之後，共產黨捲土重來，顛覆了南京政府。

在革命浪潮中尋找自身位置的舊軍人

獨立第十四師的討共行動，表面上是由師長夏斗寅發動的，實際上其主心骨為萬耀煌。萬耀煌最早在師部會議上提出：「我們要清除武漢政府內之共黨分子。」此言一出，很多人堅定了信心。他回憶說：「當會議時，除主持人夏師長以外尚有我兄毓崑和參謀長、各旅團長等，其中別人不消說，就連夏師長和我兄也不了解我，因為我贊成打破現狀，做事總要徹底，因此有時難免對工會的某些行為表示同情，然而我堅決反對共產黨殺人放火政策。我這次的決心，是經過三天的考慮決定的。經過我將大勢分析了一番而下了這個『反共』的斷語後，他們無不聞之歡喜，尤其夏斗寅，因為這樣一來，他那頂不革命帽子用不到自己戴了，其餘的同僚一向反共意志堅決，只是誰也不敢先出諸口而已。」

萬耀煌是最後一代受過傳統儒家教育的士紳，又是第一代現代職業軍人。他十七歲肄業兩湖師範附小，投筆從戎，先後考入湖北陸軍小學堂、陸軍第三中學、陸軍兵官學堂、陸軍大學，接受了完整的新式軍事教育。他在求學期間參加日知會、同盟會、國民黨，經歷了辛亥革命、反袁運動、荊襄自主之役。[5] 畢業後，任駐湘鄂軍參謀長。他較早成為國民黨員，

5 萬耀煌在武昌起義中立過大功。他繞道上海赴武昌參加革命，被任命為湖北軍政府作戰參謀和戰時總司令部作戰參謀，在漢陽前線參與指揮戰鬥。起義軍失利從漢陽撤回武昌時，黎元洪驚慌失措，離開武昌向東南方向撤退。起義軍與清軍達成停戰協定，需要加蓋「黎大都督」印章，萬耀煌跑了幾十里，在葛店追上黎元洪一行，取到印信，使停戰協定生效，張知本撰文稱其「葛店追黎有大功」。

響應黨軍北伐，卻無法認同國民黨左派和共產黨的政策。

萬耀煌爲夏斗寅的副手，其軍事才幹和統御能力卻高於夏。與萬耀煌相比，出身士紳家庭的夏斗寅未受過現代教育（包括現代軍事教育），從行伍中崛起，思想觀念守舊。夏之反共，乃是出於維護傳統倫理和秩序。後來，他在中原大戰中爲蔣出力甚多，被提升爲軍長和陸軍中將。但在隨後的整軍中，他自覺缺乏現代軍事知識，難以適應新時代，自動將軍隊交給中央軍事委員會整編。中央基於酬庸觀念，任命其爲湖北省政府主席，但其治理一省的能力是不夠的。[6]

萬耀煌則先後經歷北伐、討逆、抗戰，由副師長、師長、軍長、軍團長積功至上將。他參與過民國以來的大部分戰爭，勝多敗少，是少數得到蔣信賴的非黃埔系將領。南京政府中能打仗的將領，多半是萬耀煌這樣在陸軍大學受過完整軍事訓練的舊式軍人，而非黃埔系速成班的「天子門生」。北伐名將張發奎認爲，北伐是「四校聯誼會」（所謂「四校」，即清末開辦的陸軍小學堂、陸軍中學堂，入民國後由陸軍中學改設的陸軍軍官預備學校、保定陸軍軍官學校）最輝煌的時代，在這段時期，保定校友掌控了南北雙方的軍事權力。與保定畢業生相比，「黃埔畢業生猶如雛雞，簡直不能比。保定軍校要訓練八年才能畢業，而黃埔軍校受訓不到一年。後者在基本軍事根底與閱歷方面都遠不如前者。黃埔生學了些比較新型的

6　夏斗寅迷信風水，接任湖北省主席後，認爲省政府大門方向須加改變，門前所樹國旗的桅桿位置，亦應予以移動，方稱吉利，時人多非笑之。一九二七年秋，南京中山陵建築伊始，夏曾登陵寢山頂，俯視地形時說道：「孫總理遺骸，最好就是卜葬於北平碧雲寺，若移葬此地，全國永遠不會安寧的。」其理由是：「舉目觀看正面與左右的地理形勢，即覺得動蕩不移，搖搖晃晃，眼光爲之撩亂。」蔣設立豫湘鄂三省剿匪總部，剿總令湖北省政府修好鄂東黃安的一段公路，限期二十天完成。夏要求延期至一個月。剿總秘書長楊永泰在電話中斥責：「總司令的命令你都不遵行，是否要造反？」楊對身邊的人解釋：「他曾購買新汽車來送給我，如此糊塗的官員，還值得尊重他嗎？」國民黨政權潰敗後，夏斗寅逃亡到香港，以算命占卜爲生。馬五先生，〈政海人物面面觀．夏斗寅〉，《大成雜誌》，第7期（1974）。

機槍等，從科學技術觀點來看，他們學了很多現代化的知識，但很難評價黃埔的科學訓練，因爲受訓時間太短」。[7]

保定軍校畢業的將領，在指揮大規模作戰時更有優勢，但在運用新式武器上則有一定欠缺。二次北伐中，西北軍在豫東戰役中繳獲直魯軍的鐵甲車及重戰車，其中「北京」號鐵甲車裝有曲射砲一門、加農砲兩門，活動砲塔可作三百六十五度旋轉。萬耀煌前去參觀之後感歎說：「很慚愧我們當了這麼多年軍人，打了許多次仗，今日才看到實際上已經認爲落伍的新武器。」

萬耀煌一生不嗜煙酒，不沾牌賭。抗戰期間，在擔任陸軍大學教育長或中央軍校教育長時，他對已身爲將校的學生們要求極爲嚴格，學生們背地裡稱他是「萬排長」，還有人用他的名字編搞笑對聯「耀武揚威，前呼後擁三匹馬；煌言讜論，東拉西扯一團糟」。他不以爲意，繼續嚴加訓練。抗戰八載間，造就人才甚眾，被譽爲「中國傑出之軍事教育家」。[8] 抗戰勝利後，他出任湖北省政府主席，任期短暫，卻比此前的夏斗寅稱職。後又調中央訓練團教育長。

武漢不是革命天堂，而是赤禍地獄

萬耀煌出身貧寒，靠舅舅的資助進入新式學堂求學，最初對號稱解放工農大眾的左翼運

7 張發奎，《張發奎口述自傳》（台北：亞太政治哲學文化，2017），頁186。

8 李紹盛，〈軍事教育家萬耀煌〉，北美世界日報《上下古今》副刊。

動有一定的同情，共產黨人將其視爲盟友。

武漢政府派遣包惠僧出任駐獨立第十四師政治部主任和黨代表。包惠僧曾代表陳獨秀出席中共一大，與萬耀煌都是黃岡人，當萬擔任代理師長期間，兩人很接近。包指導該師和該師駐地宜昌、沙市及各縣市黨部、工會、農會的政治工作。白天開會，晚上邀軍需處長等人打麻將，他和太太夏松雲都很揮霍，出巡時坐四人大轎，四個衛士帶駁殼手槍前呼後擁，對部屬很嚴厲，對官僚也像軍閥。包制止地方上的殺戮，工會到武漢控告他，不久即奉命召回，後來傳說遭到留黨察看處分。

中共政工人員滲透軍隊，成效不一。張發奎對共產黨、工會和政工人員則持正面看法。張肯定向忠發，說「我欽佩他，他是個能幹的人」。張亦承認，「在北伐期間，軍中百分之九十的政工人員是共產黨員」。[9] 而在主要由湖北人組成的獨立第十四師中，高級將領很少是共產黨員，政工幹部沒有什麼威望和實權，所以該師才能上下齊心，發動討共之戰。

一九二七年一月，萬耀煌到武漢出差，一路見聞，讓他對共產黨和國民黨左派相當反感。他發現，武漢三鎮的街頭巷尾充滿革命的狂熱，最活躍的是工人糾察隊。幾乎每個人都在忙，忙著開會、貼標語、遊行、喊口號，連太太們也忙著開會。他一位朋友的太太忙著婦女運動，竟忙得要打胎，可見大家已陷入狂熱。一切運動皆由總工會發動領導，向忠發原是在漢口划船的船夫，竟當上總工會委員長，李立三則在幕後操縱一切。黨部組織婦女會、兒童會，幾乎無人不入會，無日不開會。「這個時候，整個武漢被麻醉了，划船的向忠發和李

9 張發奎：《張發奎口述自傳》，頁180-181。

立三被一般人看成了燈塔。」[10]

左傾的人都紅起來，鮑羅廷住在楊森的花園，是十足的太上皇。孔庚是省政府政務委員，已經五十多歲，還手執白旗領導群眾大呼口號，其餘委員莫不如此，凡不參加開會或遊行的人都被指爲落伍。

在武漢，軍閥、官僚以及大商家的財產都被沒收。大華飯店、南洋兄弟煙草公司大樓、新世界遊藝場等都無條件被沒收，弄得人心惶惶不安。一開始，萬耀煌覺得革命就是如此，不久，他的信心動搖。他發現，許多新貴生活奢華，住洋房、坐汽車、呼奴喚婢、頤指氣使，不可一世，其官架子之大，絕不是北洋官僚蕭耀南、陳嘉謨、田中玉、陳光遠那種謙和有禮的態度所能比。一次，他去見鄧演達，發現鄧的架子比舊軍閥還大。

萬耀煌匆匆到武漢一趟，即發現種種亂象。時任武漢衛戍司令部參謀長的臧勺波更有深切體會。有一個士兵爲了兩個銅板，與黃包車夫發生爭執，車夫人多，將兵士打了，倒過來總工會小題大做，來函要嚴辦兵士，並賠償車夫損失。臧勺波派一位參謀，到總工會告知經過。會長向忠發高坐在上，對這位參謀，也不讓坐，就劈口大罵：「你們不知革命原理，不識革命途徑。」簡直不由分說，不可理喻。從前人說「秀才遇到兵，有理說不清！」現在變爲「軍人遇工會，有理也退避」。又如，工人開會，按戶抽人。共黨時常開會遊行，動輒整天喧鬧。他們要臧家每次派出兩人，但臧家尚無兒女，人口簡單，沒有派人，這可犯了法，工會常派人來責問，說你家的地位，至少要派出一個廚子、一個傭人。臧氏感歎說：「試想我忝爲現任職官，尚且如此，其他住家，又將如何呢？」他從漢陽搬家去漢口，漢陽門碼頭

10 沈雲龍訪問，《萬耀煌先生訪問紀錄》，頁178。

搬夫就要每件行李傢具工資三元，如果自家搬運，就來制止，說「各人自家搬，工人吃甚麼呢？」他只得將許多可省的件頭及傢具棄置不要，免得花錢嘔氣。[11]

時任武漢中央秘書處幹事的北大畢業生、年輕的國民黨員黃寶實觀察到：「最困擾人的，則莫如纏紅袖章的工人糾察隊和童子團。糾察隊屬總工會，配有駁殼槍，不必持法院的任何憑證而任意侵入住宅搜查、逮捕、訊問乃至使人失蹤。童子團近乎童子軍的裝束，拿一把大剪刀，結集在市區通衢交通要口，男子著長衫、袍者，不問長幼，一律剪去前後長擺爲短服；女子挽髻者，不論老少，截去青絲成『搭毛』。警察不加干涉，熟視無覩，甚至以被剪者之窘態爲笑樂。」[12]後來，文革期間，毛的紅衛兵再次上演此種鬧劇。

一月十二日，蔣介石到武昌——這是南京與武漢最後一次最高級談判。萬耀煌旁觀了這一大事件。武漢試圖拉攏蔣，給予高規格接待。陳銘樞、鄧演達、宋子文、張發奎等人都乘輪船去迎接，登寧紹輪陪蔣抵文昌門登岸。隨即，在閱馬廠開歡迎大會，人山人海，歡呼雷動。鄧演達、黃琪翔、張發奎三人在蔣剛講一段甚至一句話——就像「打倒軍閥」、「打倒帝國主義」之類的話——之後，即連呼叫口號二次，全場也跟著一齊呼喊。萬耀煌第一次見到這種情形，感到難以適應。當時，唐生智在長沙也享受到類似待遇，萬認爲「這種場面是容易助長一個人的領袖慾的」。

與革命激情鼎沸形成鮮明對比，湖北的經濟陷入冰點。清末張之洞擔任湖廣總督時發行官票，已經有三、四十年歷史。該官票流行於中南好幾個省份，信用之佳，價值之穩定，超

11 臧勺波，〈蔣汪與我〉，《春秋雜誌》，總第301期（1970）。
12 黃寶實，〈北伐時期的經歷與見聞〉，《傳記文學》，總第75號（1968）。

過現洋，在此一區域內的人民一向很願意儲存湖北官票，尤其是鄉村老太婆將官票當黃金、白銀一樣儲存，數十年來的信用得來不易。到革命軍抵達武漢，中央為統一幣制，下令禁用湖北官票，不僅湖北省政府損失很大，在該區域內的百姓尤其損失慘重，既有投河、上吊而死者，傾家蕩產的人家就更不知其數了。這樣的「革命」，是革老百姓的命。後來，國民黨失去政權，原因之一即是幣制改革失敗引發通貨膨脹。

一支孤軍，敲響武漢政府的喪鐘

一九二七年五月十三日，獨立第十四師沿江東下，一路沒有遇到多少抵抗。武漢政府所轄的精銳部隊，由張發奎和唐生智統帥，正在河南與奉軍作戰。隸屬唐生智的何鍵等將領傾向反共，與夏部有一定默契，採取袖手旁觀態度。[13]

萬耀煌和夏斗寅等制定的作戰計畫是：在嘉魚登陸，佔領蒲圻，截斷湘鄂鐵路，壓迫武昌，號召友軍共嚮應，動搖武漢政府，迫使清黨。他們深知自己是孤軍，不能勉強冒險或攻取武漢，只要威脅武漢，給反共的同志製造清共的機會，最後希望衝破重圍而到長江下游接受蔣介石指揮，以期達成反共同時又完成北伐的目的。

五月十八日，獨立第十四師開進到距武昌僅四十里的紙坊。武漢在兵臨城下的危懼中，陷入混亂狀態。商店關門，米荒嚴重，紙幣停滯，謠言四起，一般民眾紛紛搬家，黨部機關

13 馬日事變是武漢政府的催命符。該事變主持人為許克祥，若沒有何鍵支持，許克祥未必敢發難。因湖南反共完全成功，故湖北也趨向反共，武漢共黨政府終告瓦解，否則共黨或提早二十年佔據大陸亦未可知。龔德柏，《還是愚話》（台北：傳記文學，1978）。

人員及高級軍官皆躲到租界去。

武漢城內能率軍迎戰的將領唯有葉挺。葉挺時任第十一軍第二十四師師長，但其手中並無足夠的官兵，只好臨時召集軍事政治學校武漢分校及農民運動講習所學生，合編成「中央獨立師」，於十八日晚，與葉挺的第二十四師從武昌出發「鎮亂」。

十九日，兩軍接觸，戰鬥爆發。八時以後戰事漸趨激烈，至十二時，作爲先頭部隊的萬耀煌部已接近敵陣地。萬記載說：「敵人喊叫聲和槍砲聲夾雜在一起，我軍余耀龍率兩連突入敵陣，全線遂跟著衝鋒突擊，至晚七時將全陣地攻下，敵方遺下的傷亡士兵多爲青年兒女，共產黨滅絕人性竟驅使學生上戰場，眞是傷天害理。」第一、四團各排一部繼續猛烈追擊，但在烏龍橋遭遇新的抵抗，而金口、金牛方面均有敵軍活動。萬發現，己方有三面受敵之虞，軍隊還有戰力，但彈藥即將耗盡，遂決定撤退。他用電話向夏斗寅報告後，命令第五團在土地堂佔領陣地，掩護主力撤退。隨後，雙方在土地堂展開激戰，「我官兵奮勇異常，堅守陣地不願撤退，經過數次白刃戰，士氣愈戰愈勇，實是北伐以來所沒有的激烈戰鬥」。

在葉挺獨立師中擔任政工幹部的共產黨人高語罕，曾對中央政治委員會報告戰鬥經過。高氏承認獨立師有四大缺點：第一，平時未作戰事訓練，身上不帶子彈，現在驟然加了三十多斤的重量，走路且感困難，何況打仗，所以不到半天功夫都疲倦了；第二，沒有練習打靶，上陣之後一齊亂放，把自己的官長打傷許多；第三，只曉得照顧自己，不知道同友軍聯絡；第四，官長不負責任，找不著他們的影子，學生無法，只好自己來指揮。[14]

在戰事關鍵時刻，葉挺見勢不妙，拔出槍來，下令不許後退，誰退就打死誰，當場擊斃

14 中華民國史事紀要編輯委員會，《中華民國史事紀要．中華民國十六年（一九二七年）一至六月份》，頁958。

一人，學生們還是往後退。葉挺拿槍堵住他們。有一個學生不知葉挺是誰，預備開槍還擊，葉挺連開三槍將其擊殺。這樣一來，學生才勉強停下。隨後，葉挺飛調七十五團最有力的一營，帶兩連兵衝上前去，才將土地堂車站奪回。

高氏在報告中承認，夏師在葉挺兩倍軍力的迎擊下撤退，雖未能實現佔領武漢的計畫，但並未被徹底打敗：「敵人方面並不是沒有戰鬥力，退的時候，都很有秩序，而且每退一次，必有一次衝鋒。其打敗的原因第一就是子彈不足。」

高語罕的自我檢討和葉挺在前線的瘋狂行爲表明，武漢將從未受軍事訓練的年輕學生欺騙到戰場上送死，萬耀煌對其「滅絕人性、傷天害理」的譴責並不爲過。

在武漢派出的「鎮亂」部隊中，有一支由女學生和農村婦女組成的女生隊。隊伍主要由女共產黨員、北伐老兵李哲時（李文宜）組建。在女生隊出發前的一次集會中，李哲時鼓舞眾人說：「如果不盡量殺盡敵人，我們怎麼有臉去見革命群眾。」大約兩百名女戰士高喊道：「殺死敵人！」稍後他們在仙桃鎮阻擊夏斗寅部。可以想像，夏斗寅和萬耀煌等早已對革命帶來的兩性關係和大眾道德之墮落身懷怨憤的將軍，在面對中國歷史上罕見的女兵部隊時心頭會有怎樣的陰霾。[15]

作家謝冰瑩被挑中編入中央獨立師，她所在排的排長，就是後來中共開國大將羅瑞卿。臨行前，謝冰瑩寫了一封致全體女兵的信，表示已「把感情武裝起來，要爲國家而犧牲自己的生命」。這封信在總政治部辦的《革命軍日報》上全文刊載。謝冰瑩所在的宣傳隊於五月十九日上午出發，下午一點多鐘到達土地堂。那裡剛進行了一場激戰，屍橫遍野，傷員甚

15　羅威廉，《紅雨：一個中國縣域七個世紀的暴力史》（北京：中國人民大學出版社，2014），頁294。

多。謝冰瑩聽說前一個晚上有許多本來可以治愈的傷員因無人救護而死去，心裡十分難過，便迅速展開救護，認為「救一同志，即殺一敵人」。多年以後，謝冰瑩與國民政府一道遷台，若是她遇到當年跟她站在對立面的、也遷居台灣的萬耀煌，對於這段往事，不知當作何感想？

獨立第十四師發動討共行動後，湖北反共浪潮一發而不可收拾。蔡和森承認，「湖北自夏斗寅叛變後，已有四十三縣的農民和農協處在土劣軍閥的白色恐怖之下」。五月十九日，湖北總工會向武漢中央報告說，「居民恐慌不堪言狀，革命根據地——武漢，已形成動搖之局」。[16]

汪精衛深受刺激，承認激進農運喪失人心：「這次夏斗寅所經過的地方，總有些土豪劣紳幫著去搜殺黨員。……我們處置土豪劣紳，有時太疏，有時有太嚴，太嚴的結果，就是引起一般人民的反感，於是乎來往報復，循環不已。我們處置真正的反革命，一點不要姑息；但非刑拷打，也應當禁止。據報告：楊惠康被捉去之後，沔陽縣黨部的執行委員親自用皮鞭子抽。現已將此案送至湖北司法廳交劉芬同志去辦。那般自己拿起皮鞭子打人的下流東西，也非嚴辦不可。」汪精衛一向溫文爾雅，這次用「下流東西」痛斥共產黨濫殺無辜，可見其憤怒之極。楊惠康曾任湖北財政廳長，尚且遭到酷刑折磨，其他普通士紳的遭遇可想而知。然而，湖北司法廳劉芬本身就是共產黨員，不可能將罪犯繩之以法。

16 據湖北農民協會向武漢中央報告：「已經有隨縣、京山、鄂城、羅田、天門、公安、東陽、沔陽、宜都、麻城、黃安、鐘祥、嘉魚、咸寧、通山、監利、大冶、武昌、陽縣、孝感、崇陽、潛江、廣濟、陽新、蘄水、蘄春等二十六縣，受夏斗寅的影響而發生了土豪劣紳、貪官污吏猖獗情形。」中華民國史事紀要編輯委員會，《中華民國史事紀要．中華民國十六年（一九二七年）一至六月份》，頁959。

由於孤軍深入，又未能得到其他方面有力支援，夏部未能佔領武漢，功敗垂成。[17] 隨後，夏、萬率部在武漢南部、東部和北部的鄉村地區，對左派嫌疑分子開展兩個月的清剿。他們摧毀了左翼的地方政府，關閉了群眾運動指揮部，捕殺數千名共產黨員及農會、工會領導人。六月初，部隊經過夏斗寅的故鄉麻城和萬耀煌的故鄉黃岡，展開大規模殺戮。夏在黃梅縣偶遇一場左派反蔣集會，將與會者全部殺害。

夏、萬等將領一直堅持按照儒家倫理行事。後來編撰的《麻城縣志》在很大程度上反映了地方菁英的廣泛共識。受過西方訓練的社會科學家孟廣澎在序言中將共產黨的群眾運動描述成中國歷史上的盜賊暴亂，而夏斗寅的貢獻不僅在於恢復家鄉秩序，更在於整頓人之心思，重振忠誠觀念，用夏、萬的話說，就是恢復人民的「元氣」。[18] 然而，這一說辭並不能瓦解共產黨的宣傳攻勢。

萬耀煌宣稱反共是「義當所爲」，反共是對的，但無論是孔子還是關公的「義」，都是脫離時代的舊觀念，不能爲現代人所接受和遵奉，靠「義」對抗馬列主義和毛思想，如同用大刀對抗大炮。同樣道理，在槍炮盛行的時代，靠中國功夫不可能打勝仗，中國將領卻前赴後繼——馮玉祥在西北軍中訓練大刀隊，以大刀隊對抗日軍；曾是萬耀煌上級的何鍵熱衷於練武，本人擅長太極拳，部下有很多武師，著名武師杜星五在其軍中服務，軍中無人不練

17 青年黨領袖李璜認爲，當時夏斗寅部雖從武漢近郊敗退，但川軍楊森部已推進到鄂中沔陽縣之仙桃鎮。而南昌方面蔣介石的嫡系部門急於北伐，未能集中兵力迅速西進、對武漢形成夾擊之勢，楊森部只得向宜昌退卻，最終未能將勢處孤立之赤都武漢即時攻下。「由此，共產黨把持之武漢惡劣局面得以延長至十六年十一月，而中間釀成兩湖之『秋收暴動』，使毛澤東等得以竄擾湘東、鄂東之後，進入江西，成立赤區，延長生命，卒爲全國的大患，此之謂棋差一著，而終致全盤皆輸。」李璜，《學鈍室回憶錄》，頁111。

18 羅威廉，《紅雨：一個中國縣域七個世紀的暴力史》，頁288。

武，但戰力並未大幅提升。[19]

反共為何功敗垂成？

就萬耀煌個人而言，此次起兵討共，意味著他與唐生智一刀兩斷、加入蔣介石陣營。這一轉變，既影響了南京與武漢實力消長及黨軍北伐之前景，更決定了他後半生的道路。

唐生智與萬耀煌一樣出身保定軍官學校，都是蔣百里的弟子。唐在短短數年間由見習軍官而成為湘軍第四師師長，在其組訓經營下，第四師成為湘軍中實力最強的軍隊。由於受到吳佩孚攻擊，唐與廣州國民政府結盟，無意中促成黨軍北伐，第四師變成國民革命軍第八軍，為國民政府北伐中的一支生力軍。[20]

一九二六年五月二十一日，廣東政府任命唐生智為國民革命軍第八軍軍長兼前敵總指揮。在第八軍中，除唐嫡系的五個師之外，夏斗寅部被改編為鄂軍第一師，萬耀煌任師參謀長。一九二六年下半年，萬率部與奉軍作戰，奉軍于學忠部主動北撤，兩軍並無大規模戰鬥。

年底，唐生智召集軍事會議，計畫將第八軍擴展為三個軍，將夏斗寅部併入何鍵部，夏斗寅任副軍長兼第一師師長。夏問萬是否接受這一改編，萬有強烈的省籍意識，認為「如此一來，鄂軍的歷史將到此告終」，決定去漢口遊說，設法讓唐打消此議。萬對唐的看法有所

19 龔德柏，《還是愚話》。

20 葉惠芬，〈唐生智與國民革命軍第八軍的建立〉，《國史館學術集刊》，第二期，頁152。

保留，「（蔣）百里師以前曾經和唐生智說過，要他幫助湖北的同學，現在他卻想盡辦法使湖北沒有軍隊，對我們不存好心……現在竟要把本師編到何鍵的轄下，其居心要消滅鄂軍，是很顯然的」。這一評價與陳公博的觀察是一致的：「保定的軍官同學都懷有唐生智靠不住的心理。」[21]

另一方面，萬耀煌比較唐生智與何鍵，對何鍵評價更低，不願成爲其下屬：「唐有英雄本色，難免唯我獨尊，心直口快，有時衝動，不顧後果。何則完全不同，他深沉機變，喜怒不形於色，固然唐生智是在利用何，但總會有一天唐被何利用。」

最後，經過夏、萬的努力，夏部被改編爲獨立十四師。夏任師長，萬任副師長兼參謀長。

正因爲保持相對獨立的地位，夏、萬才能發動討共行動。唐派遣唐、萬的老同學聶世馨前去勸說該部回歸，聶轉達唐的話說：「我和湖北的同學，以萬武樵（萬字武樵）關係最深……這次的事，我知道完全是武樵一手幹的，但我決不怪他，且很同情他，我一定達成他的願望。對共產黨我是有辦法的，教他放心。」萬回答說：「唐的這番話是事實，不過爲了反共，我們在主張上已有歧異，不能再講私情。……況且唐生智無識、無學、無量，有兩袖之慾而無領袖之才，是不足有爲的，我們不能跟他一路錯到底。」

當夏斗寅部轉戰到九江時，蔣介石任命夏斗寅爲新編第十軍軍長，萬耀煌爲第一師師長。由此，萬師得以獨當一面。中原大戰時，萬任第十三師師長。在攻打曲阜的戰鬥中，該師頑強作戰，動搖了閻錫山整個津浦路的防線。大戰結束後，萬師被調到湖北黃安圍剿紅

21 陳公博著、汪瑞炯、李鍔、趙令揚編註，《苦笑錄》，頁157。

軍。一九三三年，又奉調入江西，參加圍剿中央蘇區。萬任撫州警備司令，兼第八縱隊副總指揮。紅軍長征後，率部跟蹤追擊，歷經湘、桂、黔、滇、康、川、甘、陝等八省，沿途作戰，蔣與之電令不斷。一九三五年，萬被提升為國民革命軍第二十五軍軍長。

在剿匪過程中，萬耀煌相當賣力，但未能將共軍斬草除根，責任不在萬耀煌這個級別的前線將領，而在於最高統帥蔣介石及國民黨的組織結構。蔣不是被毛打敗的，國民黨不是被共產黨打敗的，蔣和國民黨都是被自己打敗的。蔣發動的第五次圍剿，一開始獲勝，卻故意放水，讓共軍西竄、與西南軍閥自相殘殺，企圖坐收漁翁之利，結果讓中共逃到西北的延安，並有坐大之機會。

就戰術層面而言，蔣介石、國民黨及若干實力派軍頭屢屢犯下致命錯誤。桂系將領胡宗鐸在一九二七年底西征唐生智，十一月十四日佔領武漢三鎮，次年秋基本肅清兩湖共匪。其時江西共匪竄聚蓮花縣井岡山，胡宗鐸電商江西省主席朱培德願出兵助其清剿，卻未承允諾，大約是朱擔心胡搶奪其地盤。「其時匪槍不過三、四千枝，斷絕根株，輕而易舉，及今思之，餘痛何極。」[22]而朱培德部下李文彬之則有另一番說辭：朱、毛、彭盤踞井岡山，南京政府任命何鍵為剿匪軍總指揮，李為第一路司令，劉建緒為第五路司令，李對井岡山地形及匪之動態比較了解，擬訂一殲匪計畫上呈，深得蔣之贊許。井岡山匪徒經過將近四十日之圍剿搜捕，狼狽逃竄，由一萬多人剩為一千多人，預計撲滅之日，屈指可數，不料桂系在武漢叛變，劉建緒撤圍，影響全局至大。李部奉命調往萍鄉。「奉電之餘，心膽俱裂，認定共匪後患甚於軍閥百倍，曾電呈中央，痛陳利害，懇請展限十五日，待徹底將匪滅後，再遵限

22 郭廷以、沈雲龍、夏沛然：〈胡宗鐸先生訪問記錄〉，《口述歷史．第七期．軍系與民國政局》，頁85。

集中萍鄉，如逾限未至，願聽候軍法處分。奉復慰勉，但以解決武漢問題重要，只得含淚而行，匪勢因得蔓延。」[23]李文彬在此提及的武漢叛變，正是胡宗鐸等反蔣。胡、李之說法南轅北轍，但都表明國民黨內部四分五裂、中樞之昏聵短視是共產黨死裡逃生的原因，國民黨不是沒有機會消滅共產黨，這些機會被國民黨自己放過了。

西安事變爆發時，萬耀煌正好到西安向蔣鼎文匯報前線戰況，與蔣介石一起被扣押。萬讓妻子周長鄰在被扣高官之間串通信息，並按蔣鼎文的意思通知部隊從咸陽開拔，給東北軍于學忠部讓出通道，使之進入西安，平衡西北軍的力量，以有利於事變解決。事後，萬得到蔣介石進一步信任。

國府遷台後，萬耀煌參與籌辦革命實踐研究院，任院務委員兼主任，實際負責院務，召訓黨政軍幹部。退休後，每日以讀書怡情養性，文武學生及舊屬常面請教益，他樂爲接見交談，故心情常保愉快。他本身體質素佳，晚年在夫人辛勞護攝之下，身心安適，精神矍鑠。一九七七年，以八十八歲高齡安詳去世。

23 郭廷以、沈雲龍、馬天綱、陳三井。〈李文彬先生訪問記錄〉，《口述歷史．第七期．軍系與民國政局》，頁119。

第四卷

文人

11 楊雲史

傷哉天下事，不見讀書人

為感將軍義，思家不忍回。
九州惟落日，萬馬此登臺。
米價兵間貴，軍聲雪裏來。
群公忠義士，安得久徘徊。

——楊雲史

一九二六年八月，吳佩孚兵敗汀泗橋，急率殘部退守武昌城。國民革命軍第四軍第十師迅即攻佔城東十里的洪山，以高屋建瓴之勢，發炮猛攻城中各據點。吳佩孚不得已率領衛隊渡江到漢口。

一天晚上，吳佩孚與多年追隨他的詩人、秘書幫辦楊雲史共坐議事，參謀長、陸軍中將張其鍠走進來，有要事要跟吳佩孚商量，但看到楊在坐，便欲言又止，自去吳的辦公桌上，寫了個字條。吳看了字條後說：「這是何等的大事，我得鄭重的考慮一下。」

楊見此情形，直率地問：「是不是參謀長獻計決江灌敵？」

吳回答：「是呀，雲史你怎麼知道的？」

楊說：「參謀長曾經跟我商量過，我則期期以爲不可。」

張其鍠知道楊雲史不贊同此計，原本打算迴避開他，卻仍被說穿了，就告誡楊說：「請你務必要保守祕密，萬萬不可對外人說。」以萬民爲芻狗的張其鍠，於次年死於亂軍之中。[1]

等張其鍠退出後，楊正色對吳說：「張其鍠的計畫是決武泰閘以水淹敵軍。」這是模仿三國時代關於水淹七軍的戰術。武泰閘是張之洞所築，耗資不下百萬。當時，正值長江漲水，江水高過兩岸兩尺多深。楊分析說：「武泰閘一開，咸寧七縣俱將淹沒，七縣的老百姓數逾千萬，而敵軍只有四千，因爲四千之敵，斷送七縣的人命，那未免太殘忍了吧。況且敵

1 張其鍠爲前清進士，入民國後曾任湖南都督府軍務廳廳長、廣西省省長，一度潛心研究《墨子》，卻在關鍵時刻出此下策。一九二七年七月，在隨同吳佩孚逃往四川途中，他在河南新野遭遇紅槍會襲擊，因騎著高頭大馬，成爲顯著目標，中彈身亡。張「一方是才氣縱橫之士，一方又系思想落伍的人物」，號稱「六壬之學無師自通」，算到這一年有一劫數，卻沒能逃過。陶菊隱，《大風思猛士：吳佩孚傳》（北京：群言出版社，2015），頁187-188、頁192-193。

軍正踞守洪山，水平線在武昌城以上二三十丈，縱使開了武泰閘，決水充其量只能跟長江水相平，對洪山上的敵軍毫無作用。咸寧七縣的千萬百姓反倒先遭了巨劫，這是何苦來呢。如今敵我雙方樹幟舉兵，都說舉兵的目的在於救民，我們不能救民反而戕害民命的話，恐將為天下所不諒。」

吳佩孚聽了這番慷慨陳詞，為之動容，頷首贊可：「誠然、誠然，我早就曉得張其鍠的這一計畫是行不通的，而且即使行得通，我也不能這麼做。」[2]

楊雲史在吳佩孚幕中多年，地位超然，吳尊之如賓、愛之如弟，兩人關係介乎師友之間。楊為一介書生，以詩歌出名，吳譽之為「天下幾人學杜甫，一生知己是梅花」。但楊比不得為吳參贊軍機的軍事家蔣百里，無力在軍事上「幫忙」，與吳詩酒唱和，聊以「幫閒」。這一次他少有地在軍機大事上向吳進言，吳從諫如流，避免了「長江之水天上來」、「水淹七縣」的大禍。可見，楊宅心仁厚，吳持守武德，北洋時代的文武，都有道德底線。

偏偏是那些打敗他們、打著革命旗號的「新軍閥」，再無半點憐憫之心。蔣介石在抗戰初期掘開黃河大堤，對日軍沒有造成太大阻礙，卻讓成千上萬無辜民眾淪為水中冤魂。

眼中家國在，只是失君親

楊雲史，本名圻，以字雲史聞名，江蘇常熟名門望族之後，父親為晚清御史楊崇伊。

2 王培堯，〈將軍與詩人——吳佩孚、楊雲史遇合悲歡〉，收入畢澤宇等著、蔡登山主編，《北洋軍閥：潰敗滅亡》（台北：獨立作家，2014），頁224-226。

他美豐姿，負才名，讀書過目不忘，自言父親嘗於夜間命其查考史籍，他不須燈火，隨手在書架中檢出，於月光之下指明某行載某事，毫髮不爽。少年時居京師，「負不羈才，尚俠好奇，京華奇蹟，裘馬麗都」。與汪榮寶、何震彝、翁之潤，皆以名公子擅文章，號「江南四公子」。一九〇〇年應試，中第二名舉人，即所謂「南元」。由戶部郎中轉任郵傳部任郎中。

楊雲史中舉這一年，正是庚子拳亂。末世之徵兆，敏感的詩人最早捕捉到。他遊廣陵，宴客平山堂，詩酒唱和，有一名老伶工聽說他從京師來，清歌一聲，彈箏一曲，白髮哀吭，淚隨聲下。交談之下，他知道這位叫蔣檀青的老伶工曾是咸豐帝御用樂師，曾爲皇帝演出唐明皇沉香亭故事數折，「花前月下，春光如醉，歌聲遏雲」。英法聯軍攻入北京那一年，蔣檀青在離亂中顛沛流離，流落民間，終不得返回京師，而京師重靡靡之音，再無工崑曲者，「從此以往，無復此樂也」。楊有所感觸，「嘗讀少陵逢李龜年詩，於流離之況，寄家國之感」，爲蔣氏與李龜年同一命運悲歎，寫下一千多字的七言歌行體古詩〈檀青引〉相贈。[3]其中有句：「糊口江淮四十年，清明寒食飛花天。春江酒店青山路，一曲霓裳賣一錢。」、「君問飄零感君意，含情彈出宮中事。亂後相逢話太平，咸豐舊恨今猶記。」、「憐爾依稀事兩朝，千秋萬歲恨迢迢。至今烟月千門鎖，天上人間兩寥。」[4]文采情傷可比白居易《琵琶行》。易順鼎評價此詩歌「煌煌巨製，包羅一代掌故，可作咸豐外傳讀。《長恨歌》、《永和宮詞》并此鼎足而三，稱之爲詩史，洵無愧色。」楊雲史詠歎的，豈止是一名音樂家

3 黃濬，《花隨人聖庵摭憶》（下）（北京：中華書局，2008），頁838-840。

4 楊雲史，《江山萬里樓詩詞鈔》（上海：上海古籍出版社，2003），頁1-6。本文所引之楊雲史詩詞均引自此書，以下不再一一標明出處。

的命運，更是一個帝國由盛而衰的傷痛。就連李鴻章都自嘲爲帝國「裱糊匠」，年輕的楊雲史又豈能隻手補天？

二十七歲時，楊雲史的岳父、李鴻章的兒子李經方出任駐英公使。楊雲史曾就讀於京師同文館，學過洋文，李經方奏請朝廷調楊雲史掌書記。後來，他因厭倦官場之爾虞我詐、腐敗墮落，又主動請求外放爲駐新加坡總領事：「吾懼夫習俗移人，既無以用，轉失所抱。聞南夷島國有海山之勝，中國人數十萬居之，有子孫焉。心壯而慕之，乃于外部求爲譯吏于南溟之星洲。」在此期間，楊雲史遊歷南洋諸國，作有《爪哇詩》、《越南詩》、《盤谷詩》、《緬甸詩》、《錫蘭詩》等，對待海外謀生創業的華人表示欽佩：「獨其振臂孤往，無所憑籍，但奮起筋骨血汗，縱橫于大海之中，不知其幾費經營，成厥偉業，至今而無人能言之矣。」他還曾兩度旅經台灣，作有長達五百八十言的《台灣詩》長歌及兩首〈曉過澎湖，舟中望台灣諸山〉五律，其一云：「地已中原盡，山猶故國疑，荒雲如壞陣，孤島似殘棋。天意今何世？詩人萬古悲，炎風限南北，帆影去遲遲。」

清亡後，楊雲史辭職經商。此前，他眼見不少南洋華僑通過經營橡膠園成爲巨富，不禁心動，本身又受到岳父李經方洋務思想影響，立定主意經營橡膠園，改變寒素家風。他變賣部分家產，又向親友籌借到一筆款項，在新加坡租了一萬二千畝土地，成立橡膠公司，自任總經理。他僱用工人種植十九萬棵橡膠樹。卻未料到，一戰爆發，南洋橡膠銷售一落千丈。他無力繳付工人工資和租稅，要由母親曾氏將老家的田產賣掉代他了結，租地也被新加坡政府按例收回。

一九一五年，楊雲史空手從南洋回國，在老家蟄居，閉門謝客，坐吃山空，家產在五年內用完，家境陷入困頓。袁世凱賞識其學問，曾邀請他到民國政府任職，他堅決推辭，一片孤臣孽子之心，直追伯夷叔齊。如果說鄭孝胥、陳夔龍、康有為等人是遺老，楊雲史就是遺少。多年後，他如此回顧說：「計弱冠從政，事德宗皇帝（光緒）者十二年，事幼帝（宣統）者三年，閒居又十二年，以至於今，則蒼然將老矣。當少年時，亦嘗長揖王侯，馳騖聲譽，以求激昂青雲，致身謀國。迨乎哀詔晨下，謝表夕發，皓素登舟，涕泣歸國。長為百姓，瀟灑江海，蓋非拙也，不欲宦也已！自茲以往，無祿為養！」[5]

楊雲史心中懷念大清，經常寫詩感傷往事、針砭民國初年民不聊生的亂象，哀歎「亂餘民益枯，兵後國益虛弱」。但他並不認為「民國乃敵國也」，從未參與復辟活動。他並未進入前清的權力核心，他對清帝國的忠誠，純粹是理念層面的、超越功利的，不像很多遺老企圖恢復昔日的權力與榮耀。他更接近王國維，迷戀的不是一家之天下，而是一種文化、道德和價值。他並不排斥變化和變法，卻反對革命黨人的殺戮，他的「亡國之痛」基於「深知中國如欲立國於大地之上，必不能墨守故常；政法學術，必須有所更張。然仍以顛覆清室為不道，視辛亥革命為叛亂，不惜為清室遺老者。」[6]

一九二三年五月十二日，紫禁城裡的遜帝溥儀，突如其來地下了一道諭旨：「開復楊崇伊原官。」七月十二日，又御筆書頒「含謨吐忠」的匾額，追賜故御史大夫楊崇伊。一九〇八年，楊崇伊因不斷抨擊達官貴人而被罷官。楊雲史曾為父親伸冤，但辛亥革命後，皇室傾覆，這件事就擱置了。或許小朝廷中有大佬在溥儀面前進言，溥儀特別頒發聖旨並賞賜匾額。這個遲到的平反並無實質性意義，楊雲史仍感恩戴德，為此寫了五首《紀恩詩》，其中

5 王培堯，〈將軍與詩人──吳佩孚、楊雲史遇合悲歡〉，收入畢澤宇等著、蔡登山主編：《北洋軍閥：潰敗滅亡》，頁179-180。

6 林志宏，《民國乃敵國也：政治文化轉型下的清遺民》（台北：聯經，2009），頁25。

一首模擬死去的父親的心態感歎「死前臣淚盡，身後帝心知。一字褒忠定，他生報國遲。」另一首則直抒胸臆：

> 臣幸未從賊，飄零十一春，傷哉天下事，不見讀書人。
> 舉國尊邪說，先朝有直臣，眼中家國在，只是失君親。

楊雲史反對舉國皆尊的「邪說」，即思想史家張灝所說的清末以來不斷激進化的「革命」思想。他沉痛地回顧清末情勢的惡化以及士大夫的進退失據：「余生於光緒元年，遭際承平，讀書不欲爲考據，喜觀史部，求其理亂得失而已。握管爲文，則科舉文賦，並治古文辭而已。年二十，而遭甲午之禍，踵以戊戌之變，庚子之亂，辛亥之役，人心騷動，士風丕變，國危勢岌，墨守者既患無當，新進者又病操切，舉國皇皇，莫知適從。」[7]他對「墨守者」與「新進者」均不以爲然。他精研古典學術，又具洋務思想，大抵接近張之洞的「中體西用」之說。

楊雲史的父親楊崇伊參劾康黨，不單單是后黨與帝黨的權力之爭，更是理念的分歧。當大清滅亡之後，昔日后黨與帝黨的分歧就不太重要了，作爲后黨重臣之子的楊雲史與帝黨中流砥柱康有爲「相逢一笑泯恩仇」。

一九二二年，吳佩孚過五十大壽，康有爲應邀前來祝壽，吳連開七天十四頓盛宴，聽康語驚四座的清詞雄辯。康在告辭前一天晚上，讀到楊的《北遊詩》，拍案叫絕，稱之爲「詩史」，而作者堪稱「天下第一才子」，遂主動約見楊。兩人促膝長談，「綿綿然如針芥之相投」。

7 楊雲史，《江山萬里樓詩詞鈔續編》〈自序〉（香港：匯智出版，2012）。

楊告知，自己是當年要將維新派一網打盡的楊崇伊之子，康說：「那些往事已是過眼雲煙，何況當年尊大人和我們政見不同，各行其是，又何足介意呢？倒是閣下忠義之士，我卻不甘錯失交臂，願在今朝，與君訂交。」康對門人說：「楊雲史眞國士也。」

楊雲史題詩贈送康有爲云：「一自流連成萬古，獨憐天地有奇才。」還題詩贈曾與之同時在戶部做官的康門弟子徐良云：「同侍先皇二十春，掉頭江海出風塵。」他在此表露心跡：奉清國爲正朔、不願做民國公民。[8]但他的詩文及思想，毫無遺老遺少的的酸腐頑固之氣，「一自新詩傳萬口，家家紅粉說楊圻」，時人評論說：「楊雲史當辛亥革命，年三十餘，以曾舉考廉，其《江山萬里樓詩》，亦滿紙黍離，盈篇麥秀。……江山萬里樓詩，才氣縱橫，不主一家，古體近元白長慶，近體則在樊川（杜牧）玉谿（李商隱）之間，固多唐音也。」[9]陳灨一在《楊雲史先生家傳》中亦評論說：「詩宗唐宋人，要與遺山（元好問）近。蓋當衰亂之世，其聲之哀楚激越，不期而然也。」

直北關山金鼓震，清秋幕府井梧寒

楊雲史不像在前清當過封疆大吏的遺老，家中儲藏大筆財產，可躲在租界優哉游哉地過奢華生活，他必須養家糊口，他是務實之人，雖不願當民國中央政府的官，卻也不排斥給地方大員做幕僚。

8 王培堯：〈將軍與詩人——吳佩孚、楊雲史遇合悲歡〉，收入畢澤宇等著、蔡登山主編：《北洋軍閥：潰敗滅亡》，頁175-179。

9 陳聲聰：《兼于閣詩話》，原載《大公報》，轉引自愛書堂網站，http://www.booksloverhk.com/yws_2.htm。

一九二〇年，江西督軍陳光遠聞得楊雲史才名，重金聘他出山擔任秘書長。陳光遠是草包武夫，好大喜功，賓主之間相處不諧。陳光遠認爲楊雲史的詩句「白骨如山諸將貴，黃金滿地五丁愁」嘲諷他窮兵黷武、貪財好貨，對此大發雷霆。[10]

楊雲史留下一封書信，說接到夫人來信說「園梅盛開，君胡不歸」，「不禁他鄉之感，復動思婦之。情輝玉臂，未免有情，疏窗高影，亦復可念。」由此，他決定辭職「遂其山野，庶白雲在山，靚妝相對，此中歲月，亦足爲歡，則將軍之賜也」。

回到家鄉常熟沒多久，又有說客上門，來的是老朋友潘毓桂，代表兩湖巡閱使吳佩孚請楊雲史出山。吳讀了楊的詩作後，對「寇盜頻年滿，西川事可驚」兩句擊節欣賞。在北洋軍閥中，吳佩孚可算鶴立雞群，他是前清秀才，熟讀四書五經，寫得一手好字，賦詩填詞也頗有才情。當時，北京政府當權的是直系，吳佩孚是直系梁柱，有澄清天下之志。

楊來到吳的駐地宜昌，獻上新作一首。吳讀到「將軍如有意，第一是蒼生」，深受感動。兩人徹夜長談，將軍與詩人心心相印。楊寫信給夫人，談到遇合之樂，曰：「三年擇婦而得君，十年擇主而得吳。」他如此解釋輔佐吳的理由：「其時蓬萊吳公，明春秋，專征伐，威震華夏，抱尊經重道安內攘外之志，將撥亂而反之正。余以爲有儒者氣象，非今世之賢耶？於是應聘入洛陽，從之治軍爲幕賓，亦思左右時勢，扶正義而拯民疾苦，交結賢俊，

10 關於賓主失和的另一種說法，是楊雲史在某次的陣亡軍士追悼會中寫過一副挽聯：「公等都遊俠兒，我也有幽燕氣，可憐北去滯蘭成，聽鼙鼓一聲，愴然出涕；醉後摩挲長劍，閑來收拾殘棋，慚愧西來依劉表，看春江萬里，別有傷心。」蘭成是庾信的小字，用其故國難歸之典，表達了對將士們「古來征戰幾人回」的滄桑感慨。「西來依劉表」自比劉備，有壯志難酬之憾。全聯句式錯落，對仗工整，氣韻悠揚，是難得的佳作，被後世楹聯大家梁羽生作爲範例。然而，有妒忌者向陳光遠進讒言，說楊秘書竟敢把督軍比做劉表，那是說你終將如劉表之讓成都也。陳光遠不知劉表是何人，聞言大怒，幾乎要下令殺楊。好在他的左右還有通人，和他說，讓成都的是劉璋，不是劉表。劉表是東漢皇族，做的官是荊州刺史。他既有文名，也有賢名，是漢末「八俊」之一。霞君：〈他流傳下來的對聯不到十副，但每一副都堪稱絕唱〉，中國對聯網，https://www.wbwelding.com/mingren/4149.html。

鋤非類以救危亡。」

此後數年，吳對楊言聽計從，其重要筆札皆出其手；楊每逢書及吳名字時，例均「抬頭」，以示尊敬，其親書以奉吳「主公兩正」之聯云：「杜老歌詩出忠愛，呂端大事不糊塗。」他晚年避難香港時，齋中猶懸吳所書「天下幾人學杜甫，一生知己是梅花」一聯。[11]吳稱讚楊詩「氣體魄力，直追盛唐。其磅礴鬱積，蓋皆出乎至性至情者也。是以憂時念亂愛國之言，時時流溢」。又云：「雲史詩清眞雅正，自成大家。五言卓絕，尤稱獨步，近人無與比肩。」楊的《江山萬里樓詩詞鈔》，便是在做吳幕僚時期印行，並由其題簽作序。[12]

一九二四年，是吳佩孚最鼎盛時期，控制華北大片區域，南方的國民黨與東北的張作霖均難與其爭鋒，美國《時代》雜誌將其頭像作爲封面。楊有此東家自是春風得意，所經大小戰役，都有詩記之。吳倥偬戎馬，閑暇之餘與楊雲史詩酒論文，宛如劉備與諸葛亮般莫逆。吳有詩贈曰：

與君抵掌論英雄，煮酒青梅憶洛中。雪裡出關花入塞，至今詩句滿遼東。

江東陸暢好豐神，入洛吳儂拂戰塵。十四年來還本色，少年公子老詩人。

楊雲史在吳幕時，吳每作詩，楊輒爲之潤色。吳好書聯語贈人，有時思聯句不得，或僅得其半，輒由楊足成之。一九二五年秋，粵將洪兆麟，謁吳於岳陽。吳欲書聯張其勇，走筆

11 楊擅長詠梅畫梅，並曾贈吳一副巨幅梅花，吳特意贈集句聯：「天下幾人學杜甫，一生知己是梅花。」上聯出自宋代楊萬里〈予因集杜句跋杜詩呈監試謝昌國察院謝丈複集杜句見贈予以百家衣報之〉，下聯出自清代名臣彭玉麟的閑章「一生知己是梅花」，兩句雖對仗不甚工整，但頗切其人，亦可玩味。

12 蔡登山，〈楊雲史與吳佩孚的遇合〉，蔡登山部落格，見「作家生活誌」網站，https://showwe.tw/blog/article.aspx?a=938。

直書「誓掃匈奴不顧身」七字，無上句，楊爲誦「曾經滄海難爲水」句，吳稱善。又一次，吳拈唐人句云「直北關山金鼓震」，楊對云「清秋幕府井梧寒」。此兩聯雖皆整合句，然出於吳口者，總不脫武人口吻，而繼自楊者，則爲書生本色語。[13]

歡樂的日子總是過得太快，民國政壇風雲突變。一九二四年秋，第二次直奉戰爭打響，北京的大總統曹錕急電吳佩孚北上督師。大軍行至山海關，時值大雪紛飛，吳佩孚興致很高，大有古人「欲將輕騎逐，大雪滿弓刀」之豪情。可楊雲史對這次勞師襲遠忽生不祥之感，賦詩寄慨道：「逐鹿中原舉國空，邊軍力盡更張弓。黃金白骨知多少，都在營州落照中。」[14]

果然，馮玉祥倒戈兵變，陷北京，圍總統府，囚曹錕，逼下令停戰，褫吳佩孚軍職，解其兵柄，又入宮逐清帝后妃，而籍其財貨。吳腹背受敵，一敗塗地。楊悲憤萬分，有〈榆關紀痛詩〉十首，其長序痛罵馮玉祥：「雖趙高之害蒙恬，董卓之劫洛陽，華歆之逼漢獻帝，不能專惡於前」，並云：「余侍從帷幄，歷有年所，久安從軍之樂，數被戰勝之榮，今乃於千載不偶之事，天崩地拆，目擊而躬逢之，傷正氣之不伸，慨天心之助長，慟尊親之受辱，哀綱紀之淪亡」，其痛心可知。

吳佩孚以榆關兵敗，退至湘鄂邊境，駐節武漢。隨即，國內情勢又有驟變，吳組成七省聯盟，由湘鄂川黔四省聯防，再加上山西、河南、陝西而共擁吳爲七省聯軍總司令。長江下游的孫傳芳等隨即加入。於是，吳在武漢組建十四省聯軍司令部，再擴張爲討賊聯軍司令部。

13 不久後，楊雲史遽賦悼亡，清秋幕府之句，適成詩讖，故江亢虎挽楊夫人聯云：「幕府梧寒，金井露殘荀令老；吳江楓冷，畫樓魂去岳陽秋。」上聯即指此也。

14 吳安寧，〈風流小杜·江東獨步楊雲史〉，愛書堂網站，http://www.booksloverhk.com/yws.htm。

豈料大軍北上討馮之際，楊雲史的夫人徐檀在岳州感染瘟疫，猝然去世。他含淚倉卒將夫人殯殮，翌日便隨軍出發。他無限淒涼，寫下「可憐九月十三夜，死別生離第一宵。戎馬書生眞薄倖，蓋棺明日便從軍」的詩句。吳後來寫〈赤壁春夜懷雲史〉詩云：「戎馬生涯付水流，卻將恩義反爲仇，與君釣雪黃州岸，不管人間且自由。」上聯痛罵馮玉祥的背叛；下聯凸顯與楊交誼之篤。

吳佩孚在北方討馮節節勝利，卻不料國民革命軍北伐很快打到兩湖。武漢三鎭被攻克，吳從查家墩總司令部逃遁，甚至來不及回城帶走楊雲史。

楊雲史只身逃出武昌圍城，渡江到漢口，沿江而下到上海，再由徐州到鄭州，在鄭州趕上了吳。吳在奉軍和國民革命軍夾擊之下，大軍瓦解。他又跟著吳一直奔走到河南鞏縣黑石關。僅餘一支孤軍，陷入四面包圍，楊賦詩曰：「黑石關前有戰場，秋山迤邐入嵩高。獨來馬背尋詩畫，萬點寒鴉渡虎牢。」吳此刻之心境，宛如窮途末路的楚霸王。

一九二七年五月十五日，吳佩孚在雞公山上過五十三歲生日。下午三點，忽有隆隆炮聲傳來，原來是奉系追兵趕到。吳當即宣布散席，殘餘人馬陸續南撤。南行前夕，吳力勸楊及早脫身，派人將其送到鄭州，再折返回鄉。吳直下南陽，穿過川鄂邊區去四川萬縣投奔楊森。這一路艱險萬分，「八千餘子弟，艱苦兩夫妻」。

後來，楊雲史在〈中原紀痛詩〉之序言中總結吳失敗的原因：「榆關之敗，罪在玉祥一人。我雖敗，皆懷義憤，故能興。江漢之敗，敵何有也。致敗之由，其道不一。或失民心，或受敵賄，或排除忠義，或賣主求榮，或共利於敵，或挾私報愁，或剋剝軍餉，或才不稱職，有一於此，皆足覆軍而亡國。況不一其人，不一其事，要皆以利爲的，而自殺其身。自我觀之，早知其有今日矣。國家隮討賊之功，百姓遭塗炭之苦，自上游湘鄂以至吳越，帶甲滿地，天下騷然。壯者死於鋒鏑，老弱轉於溝壑。半年以來，南北軍民死者達數十萬人。自今以往，尚不知胡底，皆我軍一敗之故。其敗也，不在戰時，而在戰先；不在敵之善勝，而在我之善敗。」

吳佩孚在四川住了五年，楊森地位不穩，遂遷居北京。楊趕到北京，陪伴老帥度過人生中最後七年。兩人吟詩作賦，閒散遊遊，但家事、國事、天下事，始終不能放下。兩人結伴出遊西山大覺寺，眺望南口和東陵，想起討馮之役，楊賦詩曰：「圍城幽事少，戰地故人稀。舉目河山異，登臨淚沾衣。」一向剛烈的吳百感交集，當著眾人泣不成聲。

楊追隨吳，共患難，圖終始，有詩記曰：「涼秋辛酉歲，使劍洛陽宮。東井人間聚，嵩高天下中。憐才必知己，從一貴能終。二十年來事，欷歔白髮翁。」他雖是文人，卻不畏炮火，常與吳同時現身前線，據時人撰《楊雲史軼事》載：「雲史清才雅度，有古人風。尤以忠義廉介著聞於時，湘楚間人士爭推重之。……去年吳秀才（吳佩孚）汀泗橋之惡戰，爲南北成敗關鍵。幕友皆不往。楊獨請從，隨吳都師咸寧縣之火線，身臨炮者火四日四夜。眠食俱廢。屢瀕危險。……於彈如雨下血肉橫飛之中。其渡江時奇險，彈穿其壁碎其枕，人皆失色，某處長伏匿床下。而楊若無所覺。執筆辦公如故。炮聲如雷發，人皆亦棉花塞耳，楊若無聞，張月波參謀長稱之爲文人中之豪傑。」

一九三九年十二月，吳佩孚病逝，楊雲史在病榻「望海成慟，淚枯心亂」之餘，慨然於吳「知我之深，從諫之美」，「溯自辛酉（一九二一年）入洛，迄今廿載，流離播越，久共患難，言猶在耳，事豈忘心?身雖北歸，但有號哭。」他噙淚寫成〈哭孚威上將軍〉五律四十首，略記追隨吳二十年間的見聞種種，以「何日報知己，空令賦大招，投詩南海上，風雨撼寒潮」作結，是獻給吳的薤歌，亦報平生知遇之恩。[15]

吳佩孚一敗於馮玉祥，再敗於國民革命軍，眞可謂「將軍百戰聲名裂」。他的部下蕭耀南、孫傳芳等見他失勢，都先後背叛了他。相比之下，反倒是手無寸鐵且手無縛雞之力的楊雲史書生仗義，「爾我同蕭瑟，詩人亦可哀，建南猶戀主，歌哭一登臺」。[16]

吳佩孚一生事業失敗的關鍵，就在於馮玉祥的倒戈，而馮的背後是蘇聯勢力。楊雲史對此了然於胸。他對馮恨之入骨，對同樣是蘇聯豢養的國民黨和共產黨更沒有好感，國民黨比馮玉祥更壞，共產黨又比國民黨更壞。他看到了北京政府覆亡、南京政府成立，他成爲「雙重的遺民」。

楊雲史晚年居上海及香港，以鬻書畫詩文爲生，自訂潤格，而於潤格之前，則冠以詩或小啓，其小啓云：

> 十年戎幕誤壯志於終軍，四壁為家，笑長貧之司馬，歸來則一琴一鶴，端居則無魚無車，謂廉吏而不可為，豈書生真當窮死？看蘇秦已致萬鎰，何劉寵竟無一錢？惟面目之猶存，斯饔飱之不給，氣骨如陳元龍，寧受嗟來之食？交遊少孔北海，豈無自活之方？爰謀賣賦之金，暫補療貧之策，當世大雅，幸勿哂焉。[17]

---

15 在吳佩孚的葬禮上，挽聯無數，楊雲史的位於正中：「本色是書生，未見太平難瞑目；大名垂宇宙，長留正氣在人間。」上聯首句可照應吳的自題聯：「得意時清白乃心，不納妾，不積金錢，飲酒賦詩，猶是書生本色；失敗後倔強到底，不出洋，不走租界，灌園怡性，眞個解甲歸田。」末句有「出師未捷身先死」之感，下聯首句亦是出自杜甫的《詠懷古跡》。

16 王培堯，〈將軍與詩人——吳佩孚、楊雲史遇合悲歡〉，收入畢澤宇等著、蔡登山主編，《北洋軍閥：潰敗滅亡》，頁239。

17 謝啼紅，《迍邅散記》，轉引自〈江山萬里樓主楊雲史與吳佩孚〉，「資訊咖」網站，https://inf.news/zh-hant/culture/a30bb3461664482a398c0696039e6e013.html。

啓末宣告：「不作四六，不擅書法。並云：教授詩詞不論男生女子，但屬問盲，即爲同調，應求風雅，不拘贄修，未敢爲師，藉以求友，願多識東南優秀耳！」後人不禁感歎：「讀其文，想見其執筆之際，滿腔幽怨，無限辛酸，爲之氣短。」

一九三二年，畫家齊白石出版《白石詩草》，請楊雲史等詩人題詞。楊雲史題了三首七絕。[18]齊白石五十歲後，曾在潤格中寫明不再爲人畫山水，但這次他破例作山水畫回贈楊，《白石老人自述》中記載：「這幾幅圖，我自信都是別出心裁經意之作。」齊白石還用兩首題畫詩闡明畫作的主題，題目是《爲楊雲史畫江山萬里樓圖並題》。其一：「錦鱗直接長天碧，點點螺鬟遠黛昏。咫尺江山論萬里，開窗都屬此樓呑。」其二：「莫將成敗論雄雌，一代才人佐出師。諸葛計謀垂萬古，隆中能有幾詩詞。」這個時期，楊雲史人生盛期已過去，心情落寞，如諸葛亮定鼎天下的壯志已付流水。齊白石委婉地安慰說：你的詩名強過以計謀見長的諸葛亮。

近來英氣消磨盡，只畫梅花贈美人

楊雲史一生命運多舛，卻頗有美人緣，恰如郁達夫所說「曾因酒醉鞭名馬，深怕情多累美人」。

18 楊雲史對齊白石的詩與畫頗爲讚許，一連題寫三首詩。其一：「粗枝大葉詩如畫，天趣流行水滌腸。不食人間煙火氣，亂山深處菜根香。」其二：「與爾消愁但苦吟，輸君書畫似冬心。攜詩朗詠翠微里，不覺松根秋露深。」其三：「盡收蒼莽上詩樓，赤日青天江海流。爲謝瀟湘齊白石，潑翻雲水畫滄州。」第二首最後一句作者加註：「昨游香山，攜君詩坐松下讀之。」第三首最後一句亦加註：「君告次溪，許繪江山萬里樓圖見贈。」是說齊白石告訴張次溪，許諾爲楊雲史作畫以贈。

十七歲那年，楊雲史奉父母之命娶李鴻章長孫女李國香爲妻。李國香是才女，小夫妻詩詞相伴，恩愛異常。後來，楊雲史將妻子的詞輯爲《飲露詞》，附在《江山萬里樓詩集》後，可謂珠聯璧合。八年之後，李國香病逝，留下兩個兒子和四個女兒。楊哀痛異常，作詩曰：「寧辭見面死，不願斷腸生。」

岳父李經方見這位昔日儒雅風流的女婿日漸消沉，便主動張羅，將漕運總督徐仁山女兒徐檀介紹給女婿續絃。徐檀麗質天成，詩文雙絕，才貌動京師，楊婚後詩曰：「顧影未除公子氣，娶妻難得美人名。」徐檀才貌雙全，持家有道，柴米夫妻，其樂融融，正如楊詩云「舉網得魚江上月，東南風細到家遲。扁舟何必載西施，貧賤夫妻樂有時。」

楊雲史的情詩纏綿悱惻，動人心弦。他曾效新文學家之新體詩寫情詩，如〈園夜〉：「小園紅窗花瑣瑣，/爲了你黃昏時候開金鎖。/你雙肩披著月兒來，/我衣香和著花兒坐；/你休要驚，休要躲，/你是我的你，/我是你中我。」此詩比白話文倡導者胡適的《蘭花草》更有韻味。有人評論說：「句雖白話，而意境甚奇，非於舊詩中有相當修養者，不克臻此也。」[19]

不幸的是，結婚二十年後，徐檀在岳州染疫病逝，留下兩個兒子。楊雲史稱呼亡妻爲「懷夫人」，以示永懷不忘，並哀歎說：「今方成書，而懷夫人一瞑不視矣。睹物思人，如見一榻攤書，煎茶相伴，江村清雨後，燈火可親時也。終我之世，痛不能忘，且懷夫人之病，實感長沙卑濕。因視我病而來，竟以身殉是爲我而死也，我將何以報之?」

19 謝晞紅，《迍邅散記》，轉引自〈江山萬里樓主楊雲史與吳佩孚〉，「資訊咖」網站，https://inf.news/zh-hant/culture/a30bb346166482a398c0696039e6e013.html。

也許上天這位眷顧兩度失去妻子的曠世才子，楊雲史後來在武漢找到了紅顏知己——才貌雙絕的青樓女子陳美美。這位歡場名花，在容貌和舉止上，都很像其第一位夫人李國香；若論柔情與才華，又足以同第二位夫人徐檀媲美。楊年近半百，與陳一見鐘情，狂熱得像個初戀的中學生，畫了四幅紅梅送給她做畫屏，還爲她寫了許多首情詩。兩人日夜出雙入對，成爲小報的花邊艷聞。有些小報，按日登載他們的起居。朋友們代抱不平，說要用吳佩孚的權勢去封掉報館。楊一笑置之。好事者稱楊爲「風流小杜」，將他比作「十年一覺揚州夢，贏得青樓薄倖名」的晚唐詩人杜牧。[20]

隨即，武昌圍城，楊雲史自身出走。他萬萬沒有想到，陳美美也在炮火硝煙中出城，來到朋友爲他餞行的飯莊，陪他到最後一刻，將他送到船上。他即席賦詩留別：「年來范蠡久無家，西塞山前望雲霞。君問歸期載西子，春風流水碧桃花。」他到鄭州後，給陳寄來一首詩：「年年落魄又經年，典盡春衣習醉眠。天末生涯差強意，將軍厚我玉人憐。」

後來，楊雲史漂泊天涯，居無定所，陳美美失去其消息，嫁了一位畫家作妾，移居上海。楊雲史爲養家糊口，遠赴關外爲張學良做幕僚。在東北，他娶了才女狄美南，有人贈詩云：「江東才子楊雲史，塞北佳人狄美南。」[21]

一九三一年，九一八事變爆發，楊雲史攜妻子離開東北，移居上海。在大街上，他與陳美美意外相逢。此時陳剛離異，才子佳人相見之下，人面桃花，各俱無恙，細訴飄零，無限感傷。

20 沙童妹，〈睡醒羅浮三兩枝，看花最好未開時：楊雲史逢場作戲巧遇名妓留情〉，原載《成報》，愛書堂網站，http://www.bookslover hk.com/yws.htm。

21 鄭逸梅，《藝林散葉》（太原：北方文藝出版社，2017）。

翌日，楊雲史到陳美美居室看望她，陳美美送了一首詩給他：「陌路相逢訣絕恩，斷無消息盡銷魂。天涯何處尋崔護，千里桃花紅到門。」

楊雲史看罷，心裡百味雜陳，回詩兩首：「雲窗霧閣看紅梅，癡福能消避面猜。昨夜卷簾香雪裏，雙成笑擁綠萼來。」、「粉壁峨峨繡浪紅，舊時詩畫尙紗籠。清宵風月分明在，莫是相逢又夢中。」

第三天，陳美美回拜楊雲史，開門的正是楊的新夫人狄美南。狄久聞陳大名，不露痕跡，熱情地殷勤招待之。狄是賢內助型的女性，對丈夫形影不離。陳無可奈何，黯然離去。[22]

一九三七年，中日戰爭爆發，上海、南京相繼淪陷。楊雲史在常熟的故園石花林遭到日軍的洗劫焚毀：「丁丑十一月，倭寇陷江南，大掠而東至常熟，其軍官某喜宅幽雅，入居之。初頗相安，居十餘日，于書室見余撰印之《打開說亮話》文二百冊，蓋瀋陽之變，余撰此文，勸各黨各軍合力抗日者也。某乃大震怒，謂楊某抗日分子，當膺懲。余固世家也，多藏書籍字畫玩好，而傢具帷帳衣服，亦頗精，于是命其軍士掃數洗劫兩日夜，運滬東行。既畢，以硫磺彈縱火焚燒，頃刻都盡，鼓掌歡笑而去。實則利余物質夥頤，以火掩劫掠之迹耳。」楊雲史與狄美南逃到香港。香港湧入數十萬難民，物價飛漲，兩人艱難度日，生活捉襟見肘。[23]

22 吳安寧：〈風流小杜·江東獨步楊雲史〉，http://www.bookslover hk.com/yws.htm。

23 陳荊鴻在《海桑隨筆》中記載：中日戰起，雲史避地來居海隅(香港)，侘傺(失意)甚；益以不習南方水土，患風痹疾，左臂不能屈伸。當道者聞之，畀以軍事委員會參議銜，使杜月笙就近月致薪俸數百金，賴以存活。於是賃廡九龍山林道，日臥病榻中，絕鮮酬應，誠乎其沉吟淚滿襟矣。洎香島將陷前數月，雲史病且篤，予往視，已不能興，屬人取壁上所懸攝影，語予曰：「此吾故居也，庭前梅花盛開，頗耐人想，今不復得見矣！」言時，淚盈於睫，嗚咽不勝。且曰：「吾病恐終不起，君其必以詩挽我。」予亟慰之，後數日遂死。予踐約哭以句曰：「病床垂涕語，尙憶故園梅。竟使天涯老，終憐一代才。山河多異色，詞賦有深哀。莫便化朱鳥，南雲愁不開。」嗟乎！古人謂文生於情，情生於文，予睹雲史之淚，凡數數矣。是蓋深於情者也，宜其詩之工也。陳荊鴻，〈楊雲史之淚〉，愛書堂網站，http://www.bookslover hk.com/yws_2.htm。

晚年的楊雲史，不斷聽聞故交好友去世的噩耗，寫下若干輓聯。比如，挽段祺瑞：「佛法得心通，知並世英雄，成敗一般皆畫餅；人間誰國手，數滿盤勝負，江山無限看殘棋。」段篤佛，故有上聯首句，然後感慨當時人物，成敗過眼，「共和」難成，均爲「畫餅充饑」；段祺瑞善弈，故有下聯，且妙用雙關，政治如棋局，表達了作者對時世的憂慮。

又如，挽陳三立：「是爲吾輩所宗，斯世斯人，合以寒泉薦秋菊；報導先生已去，今年今日，不留冷眼看殘棋。」陳三立在蘆溝橋事變後絕食而死，上聯「寒泉薦秋菊」，出自宋代王質《題竇伯山小隱詩六首．其二》爲常見挽典。下聯與挽段聯有相通之處，但立意更可與梁啓超挽康有爲聯之上聯並賞——「祝宗祈死，老眼久枯，翻幸生也有涯，卒免睹全國陸沉魚爛之慘；西狩獲麟，微言遽絕，正恐天之將喪，不僅動吾黨山頹木壞之悲。」[24]

一九四一年七月，楊雲史度過六十五歲生日，在病中寫下一篇千餘言長詩《攘夷頌》，此詩成爲其絕筆，被譽爲「抗戰時巨大史詩」。其晚年作品，漸卸繁華，轉趨蒼勁。當月十五日，楊雲史病逝於香港尖沙咀柯士甸道寓所，終年六十七。這年冬天，香港淪陷，狄美南攜帶丈夫的《江山萬里樓詩》續稿四冊輾轉抵達重慶，羈居旅舍，不久即病逝。

「國家不幸詩家幸，賦到滄桑句便工」，生當亂世，成就了詩人楊雲史，正如他晚年所說：「予老矣，有生以來，所欲爲者，既以無遭際而不可行，所視不足爲者，亦已不欲人知而盡投諸火。慨一事之無成，望前賢而生愧，虛生宇宙，俯仰無從……獨所目爲小道之詩歌篇什，乃舉國不以爲劣，且群而諛之曰詩人。夫詩人者，窮愁獨處，無足重輕于天下者

24 霞君：〈他流傳下來的對聯不到十副，但每一副都堪稱絕唱〉，中國對聯網，https://www.wbwelding.com/mingren/4149.html。

也。」[25]他沒有看到共產黨打敗國民黨，否則他將成爲「三重遺民」，那將何其悲慘。人們將楊雲史視爲杜甫那樣的詩人，這當然是極高的榮譽，這又何嘗不是沉重的負擔與痛苦：

據海內人士譽我者曰：「雲史詩如少陵。」嗟呼！我又何不幸為詩人，更為少陵也！

25 楊雲史，《江山萬里樓詩詞鈔續編》〈自序〉。

12 呂碧城

北洋女學界的哥倫布

苦海超離漸有期，亞東風氣已潛移。
待看廿紀爭存目，便是娥眉獨立時。

——呂碧城

一九四三年一月二十四日，六十一歲的呂碧城在日本佔領下的香港，憂心家國，抑鬱成疾，病逝於九龍東蓮覺苑。這位曾經的民國第一才女、「詞壇近三百年來之殿軍」，「絳幃獨擁人爭羨，到處咸推呂碧城」，卻在兵荒馬亂的危城中悄然而逝，沒有等到大戰終結、勝利降臨和東方明珠重光。她留下一首遺詩：「護首探花亦可哀，平生功績忍重埋？匆匆說法談經後，我到人間只此回！」她已然超越生死羈絆，詩句中有金石之聲，何其豪邁豁達！

呂碧城出身官宦家庭，從小天資聰穎，五歲時，父親一句「春風吹垂柳」，她脫口而出以「秋雨打梧桐」對之。七歲能作巨幅山水，十二歲詩文皆已成篇。父親去世後，家產被族人奪取，母親一度遭到軟禁，後來一家人到天津依附舅舅。她十九時隻身赴津，被《大公報》創辦人英斂之特邀為編輯，成為第一代職業女性。她撰文立說，推重女權、提倡女學，與嚴復、傅增湘、唐紹儀等人相交往來。一九〇三年，袁世凱、唐紹儀創設北洋女子公學（後改名為北洋女子師範學堂、天津女子師範學校），開中國現代公立高等女校之先河，聘呂碧城任總教習，後任監督。

入民國，呂碧城被袁世凱任命為總統府唯一的女秘書，時常出入新華宮，成為政壇一景。她知曉袁有稱帝企圖，遂辭職南下，兼任上海《時報》特約記者。在學習英文的閒暇，她投資西商開辦的貿易公司而迅速致富，擺脫了女子依附男子而生活的常情。[1]

一九二〇年，呂碧城出洋遊學，至紐約哥倫比亞大學研習美術。她住在紐約最昂貴的潘斯樂維尼旅館，即便是美國富人在此居住亦不會超過一個星期，她在此一連居住六個月。

1 經濟獨立之後，呂碧城遂有完全的自由與獨立，花自己掙來的錢很得意，「余習奢華，揮金甚鉅，皆所自儲，蓋略諳陶朱之術也」。呂碧城，《呂碧城集》（下）（上海：上海古籍出版社，2015），頁831。

當地名媛貴婦紛紛與之交往，她親手製作錦繡衣裳，每天赴幾場盛宴亦不重複，見者驚為天人。

一九二二年四月，呂碧城由加拿大返國，寓居上海，從事文化活動，出版有《信芳集》三卷，及翻譯出版美國學者派特饒伯子所著之《美利堅建國史綱》。

一九二六年之後，呂碧城長期在海外居住，僅瑞士就住了十年之久。這段時間，她只短暫回國幾次，到過上海、天津等地。她不願久居中國，主要因為戰禍連綿、生靈塗炭。一九二七年，在瑞士如世外桃源的雪山之中，她接到國內親友談及南北大戰等時事的信函，作詞《高陽台》紀事感懷，有杜詩「感時花濺淚，城春草木深，烽火連三月，家書抵萬金」之意境：

> 啼鳥驚魂，飛花濺淚，山河愁鎖春深。倦旅天涯，已然憔悴行吟。幾番海燕傳書到，道烽煙、故國冥冥。忍消他、綠酹金卮，紅萼瑤簪。
>
> 牙旗玉帳風光好，奈萬家春閨，淒入荒砧。血涴平蕪，可堪廢壘重尋。生憐野火延燒處，遍江南、草盡紅心。更休談、蟲化沙場，鶴返遼蔭。[2]

早年，呂碧城曾遊覽吳中鄧尉，愛香雪海之盛，有「青山埋骨他連願，好共美化萬祀馨」之願望。然而，戰亂之中，她不可能歸葬鄧尉之梅花深處。她在臨終前將全部財產二十餘萬港元布施於佛寺並留下遺囑：「遺體火化，將骨灰和入麵粉為小丸，拋入海中，與水族

2 呂碧城著、李保民箋註，《呂碧城詞箋註》（上海：上海古籍出版社，2001）。本文所引之呂碧城詞作均出自此書，以下不再一一註明。

結緣。」[3]

孤傲的張愛玲向以刻薄出名，生平少有譽人之詞，卻用罕有的熱忱稱讚呂碧城：「中國人不太贊成太觸目的女人，早在萬馬齊喑究可哀的滿清，卻有一位才女高調彩衣大觸世目，便是呂碧城。」這是張愛玲一生予同性之最高評價，其他女子從未入過她眼。

作爲呂碧城同鄉的蘇雪林，對呂碧城既敬重又畏懼，遠遠地頂禮膜拜：「我記得曾從某雜志剪下她的一幅玉照，著黑色薄紗的舞衫，胸前及腰以下綴孔雀翎，頭上插翠羽數支，美艷有如仙子。此像曾供養多年，抗戰發生，入蜀始失，可見我對這位女詞人如何欽慕了。」[4]

呂碧城在觀念上獨領風騷，而且穿著打扮、言行舉止亦堪稱時代先鋒。掌故大家鄭逸梅評論說：「碧城放誕風流，有比諸《紅樓夢》中之史湘雲者。且染西習，嘗御晚禮服，袒其背部，留影以貽朋友。善舞蹈，於蠻樂琤瑽中，翩翩作交際之舞，開海上摩登風氣之先。」[5]同光詩人樊增祥評論說：「巾幗英雄，如天馬行空。即論十許年來，以一弱女子自立於社會，手散萬金而不措意，筆掃千人而不自矜，此老人說深佩者也。萬事爲詩，亦壯心自耗耳。」[6]

3 呂碧城：《呂碧城集》（下）附錄六，頁824。
4 王忠和，《呂碧城傳》（天津：百花文藝出版社），頁195。
5 鄭逸梅，〈人物品藻錄．呂碧城放誕風流〉，收入《呂碧城集》（下）附錄三，頁745。
6 方豪，〈呂碧城傳略〉，收入《呂碧城集》（下）附錄一，頁699-700。

壯行天下，炳天燭地

呂碧城是詞人，是文學家，是教育家，是中國最早的女權主義者和動物保護主義者，亦是旅行家。一九二六年秋，她赴美國、法國、義大利、奧地利、德國、瑞士、英國等國作環球旅行。次年即有林獻堂之環球旅行，再次年有釋太虛之環球旅行，他們的旅行路線有重合之處，卻沒有在路上相遇。與林獻堂一樣，呂碧城沿途撰寫遊記，隨時郵寄回國在媒體發表，一方面是「自誌鴻雪因緣」，另一方面是「兼爲國人之指導」，這些遊記備受讀者歡迎，大幅提高報紙銷售率，各地報紙也經常予以轉載。

一九二〇年代，由於飛機、輪船、火車、郵電、銀行快速發展，環球旅行不再可望而不可求。一九二七年，陳光甫創辦的上海商業儲蓄銀行開設「旅行部」，出版《旅行雜誌》，稍後「旅行部」獨立爲「中國旅行社」。頗有國際旅行經驗的呂碧城更多藉助美國運通公司、柯克公司等跨國企業的服務，比如，她在旅行中使用匯票、旅客支票、信票和美金等不同付費方式，「若只在一處久居者，用匯票；若住多處，用旅客支票；若漫遊各國而無定所、費用浩大者，用信票。應備現幣少許，以美金爲各處所歡迎，無論何時何地皆可兌換」。[7]

呂碧城精通英文，粗通法文，旅途中很多場合大致能應付。但在若干歐洲國家，人們既不懂英文，也不懂法文，就只好「啞旅行」，「作手勢以代言語」，雖鬧過不少笑話，但

7　呂碧城，《歐美漫遊錄》（台北：網路與書，2013），頁54。

她心態很好，有時抽離出來來看自己，「予雖孤蹤踽踽，每自成欣賞，笑口常開」，一路走來，往往化險爲夷。

在霧都倫敦，呂碧城不顧濃霧刺激而「目痛喉癢而咳」，遊覽了國家圖書館、大英博物館、水晶宮、倫敦塔、皇家畫院、國會、法庭、教堂和畫廊等處，皆有精彩評點。倫敦餐廳頗少，她找到一個日本餐廳，吃了火鍋，「即吾國之暖鍋熱火自行烹調者」，「而霜菘豆酪清芬爽口」，以前是尋常的豆腐，如今卻無比美味，且「價格特昂」。

夏曆除夕，呂碧城精心打扮，一個人在旅館開設的餐廳就餐，身著黑緞平金繡鶴晚衣，腳穿高跟鞋，頭戴珍珠抹額，自得其樂：「吾冕雖不及倫敦堡所藏之華貴，但同一享用而不賈禍。」她戴的珍珠皆國產，價格低廉，她在意的卻是：「當茲共和之世，凡力能購者盡可自由加冕（所寓之旅館正好譯名爲『攝政宮』，一笑），而古帝王必流血以爭之，何其愚也！」[8] 她蔑視權貴，更厭惡以流血殺人手段奪取權力的帝王將相。

一九二七年的歐洲，看似從一戰創傷中恢復，但社會大動蕩已現端倪，處處赤潮洶湧，共產主義和法西斯主義的幽靈遊蕩在城市和鄉村。七月十四日，呂碧城途徑維也納遭遇到一場騷亂，百萬人大罷工，火車、電報、郵政等一概癱瘓，美國報紙稱維也納爲「死城」。她被迫滯留旅館，行李遲遲未送到。她在旅館門口看到騷亂場面，「群眾擁擠，濃煙密布，火光熊熊」，驚歎說：「難道是拿坡里之火山經愚公移至此處耶？」她看到一人頭纏白布，鮮血淋漓，奪命狂奔。旁人告訴她，是保守黨與社會黨紛爭，社會黨有三人被殺，法院判處兇手無罪，於是激發群眾暴動。她的錢即將用完，銀行又關門，她冒險前往專爲遊客而設的

8 林杉，《香國奇才呂碧城》（長春：吉林出版社集團，2011），頁182。

柯克公司，路上聽到槍聲，「人群散亂於地，如池中魚陣受驚而激竄」，她逃到一家旅館避難，險些被擠傷。

三天後，奧地利政府改組，騷亂平息，行李運到，呂碧城立即動身前往柏林。對於這場騷亂，她的觀察和思考是：「論者多歸咎於共產黨之煽惑，然究其遠因，則歐戰後『凡爾賽條約』早播其種，今方開始收穫耳。奧於歐戰時損失之重，只次法國一等，不幸多方束縛，使絕無恢復餘地，當時已處處造成將來困難之地位，外力自易蹈隙並入，瞬成燎原。列強果欲維持中歐之安寧，應迅速與以生機，否則將來變化，正自難料，又豈僅一奧地利哉？」[9] 一九二七年，呂碧城身在國外，沒有親眼目睹北伐軍興與國共殘酷內鬥，卻看到左派暴徒在歐洲的殺人放火，她沒有站在反共的前線，卻由此意識到左禍對世界的危害。

一九二七年，墨索里尼已在義大利執政。呂碧城遊覽羅馬時發現，「第一觸目者，即軍警林立，制服美觀，種種不一，大抵爲警察常備軍、羽林軍等分散各處，靴聲橐橐，劍佩鏘然，與美、法等共和國氣象不同。」呂本爲時尚潮人，知道服裝之美感，而法西斯主義之所以攫取人心，原因之一就是創造了一種浪漫而具力量感的美學風格，此美學風格亦體現在軍警制服上。墨索里尼精於此道，稍後崛起的希特勒更青出於藍而勝於藍。

呂碧城一年間三次訪問義大利，走遍其境內之歷史名城。在羅馬時，墨索里尼特別派遣《羅馬民報》女記者巴祿蘇夫人前來採訪她，詢問她對墨索里尼的政策有何意見。呂回答，她剛到不久，沒有深入了解。對方又問對義大利的感想如何，呂回答，義大利極具美感。對方請她在著述中多爲美善之詞，呂欣然承諾。對方又請她在文章發表之後翻譯成英文郵寄一

9 呂碧城，《歐美漫遊錄》，頁134-135。

份到其報社。呂原本希望其旅行是「閒雲野鶴，不預政治」，對方則「近於苛求」。由此可見，法西斯政權注重對外宣傳，即便是遙遠的中國，也希望樹立良好形象。

旅行讓人大開眼界，心胸和思維也爲之拓展。呂碧城本來痛恨日本人，但在旅途中遇到不少日本人，「皆善處之，不存芥蒂。往昔以國讎視之，今悟其謬」。她反躬自省，勸勉國人：「以吾國土地人眾論，在在有自強之本能，苟非自棄，他人何能侮我？且怨天者，不祥；尤人者，無志。認爲命運，或歸咎他人，皆自窒其進展之機耳。願國人共勉之。」[10]

此後，呂碧城在瑞士日內瓦湖畔及雪山上居留十年之久，其居所「斗室精妍，靜無人到，逐日購花供几，自成欣賞」。周圍風景如畫：「如岳陽樓之朝暉夕陰，氣象萬千，疊展其圖畫也。晴時澄波瀲灩，白鷗迴翔，雨則林巒悉隱，遠艇紅燈，熠昏破曉。倘遇陰霾，城市中稱爲惡劣氣候者，此則松風怒吼，雪浪狂翻，如萬騎鏖兵，震撼天地，心懷爲之壯焉。」[11]

呂碧城對家門口召開的世界裁軍大會有一段描述和評論：蘇聯大使李維諾夫第一次來參加大會，因媒體報導有俄國流亡者將刺殺他，所以戒備森嚴，前所未有。李氏建議廢除一切武器，眾人都認爲是講笑話。法國總理白里昂說，若廢止一切武器，有利於人口眾多的國家，因爲以體力代武器，以眾毆寡，拳腳多者必定勝利。英國代表也嘲笑此一建議。呂碧城評論說：

10 呂碧城，《歐美漫遊錄》，頁124。

11 呂碧城，《呂碧城集》（下），頁832。

> 夫以赤俄謀和平，固屬不類，然其宗旨無可抨擊，雖其辦法荒疏，應別謀所以達此目的之方法，置不與議，則列強無和平之誠意可知矣。然提議者亦何嘗有誠意？此所以成一滑稽之戲也。予為莊嚴會所，湖山勝地惜也。[12]

呂碧城對蘇聯及其官員印象不佳，卻對去除武力的和平主義存有理想主義的幻想。她是國際政治的門外漢，卻也對一九二〇年代歐洲列強各自心懷鬼胎的格局心存憂慮。

一路走來，呂碧城以歐美新事物入詞，歐美近代美麗的人文自然景觀和燦爛的古文明，猶如瓊漿玉液，爲之提供豐富的文學養料。寫景物如火山、冰川、湖海、奇花異草，寫事物如橡膠鞋、冰淇淋、自來水鋼筆、遊輪、火車、艾菲爾鐵塔，其詞境詞意之新奇，前所未有。學者沈軼劉認爲：「其詞積中馭西，膏潤旁沛，爲萬籟激越之音。……其人其境，李（清照）可仿佛，其詞所造，廣度與深度，則非李可及。蓋經歷學養，相去懸殊也。」評論家潘伯鷹認爲：「碧城生於海通之世，遊屐及於瀛寰，以視易安（李清照），廣狹不可同年而語。詞中奇麗之觀，皆非易安時代所能夢見。……其在諸外邦紀遊之作，尤爲驚才絕艷，處處以國文風味出之，而其詞境之新，爲前所未有。憶昔年間康長素（康有爲）十一國遊記中諸作，殊未能與《信芳集》比並也。」[13] 呂碧城極少使用五四之後的白話文來寫作，執著

12 呂碧城，《歐美漫遊錄》，頁204。

13 潘氏認爲，呂碧城之詞有豪縱感激之氣：「太白之詩所以稱爲仙才者，以其奇橫開闔，氣勢飛舞，非常人所能學步也。《信芳集》中……諸作，其氣勢騫舉，句式崢嶸，直與太白歌行相抗。夫寫景之作，而以奇縱之氣貫之振之，又以太白長篇之妙納茲於倚聲之體，豈非詞中至難至奇之境，實某所未見也。此由其天才超絕，故艷冶可以至極，精細可以至極，而皆健筆揮斥以出之。」呂碧城，《呂碧城集》（下）附錄三，頁746-747。

於古典詩詞，固然使其作品隨著時間的推移而曲高和寡，卻讓古典詩詞煥發出最後一抹餘暉。[14]

問何人，女權高唱

呂碧城二十歲即名滿天下，得益於《大公報》這一新式傳媒。

英斂之在日記中記載與呂碧城的初次結識：「接得呂蘭清女史一柬，予隨至同升棧邀其去戲園。……碧城女史書囊作〈滿江紅〉詞一闋，極佳。」兩日之後，這首〈感懷．調寄滿江紅〉發表在《大公報》上，成爲呂碧城的初啼之作：

晦黯神州，欣曙光一線遙射。問何人，女權高唱，若安達克。雪浪千尋悲業海，風潮廿紀看東亞。聽青閨揮涕發狂言，君休訝。

幽與閉，如長夜。羈與絆，無休歇。叩帝閽不見，憤懷難瀉。遍地離魂招未得，一腔熱血無從灑。嘆蛙居井底願頻違，情空惹。

14 呂碧城精通英文，卻反對普及英文，建議「國立機關應禁止英文」。她認爲，「吾人屈於西方勢力之下而解英文，此則應引以爲恥，而且痛者也」。她又認爲，應保留文言文，不應以白話文取代之，「文辭之妙，在以簡代繁、以精代粗，意義確定，界限嚴明，字句皆鍛煉而成，詞藻由雕琢而美，此豈鄉村市井之土語所能代乎？文辭一二字能賅攝者，白話則用字數倍之多，所多者浮泛疵累之字耳，孰優孰便，可瞭然矣。文辭意義深奧，格律謹嚴，非不學者所能利用，然惟深嚴，始成藝術，夫藝術不必盡人皆能也，亦絕不可廢，必有專家治之，況吾國以特殊情形，賴以統一語言者乎？」她將文言視爲菁英掌握的藝術，卻無法阻擋白話通行，以及文言創作式微——她的反抗堅韌悲壯，她亦成爲最後一代基本採用文言寫作的作家。

隨後，呂碧城又發表一首〈題盧白女士看劍引杯圖・調寄法曲獻仙音〉：其中有「誰識隱娘微旨？夜雨談兵，春風說劍，夢繞專諸舊里」、「漫把木蘭花，錯認作等閑紅紫。遼海功名，恨不到青閨兒女」之句。她在詞中引用若安（羅蘭夫人）、達克（聖女貞德）、聶隱娘和花木蘭等中外女性豪傑之典故。尤其是後兩位女性因中國國族危機加劇而被賦予武力保國的新內涵，是近代頗有影響的、代表豪俠氣質的女性典範。

呂碧城發表若干詩詞，還在《大公報》及秋瑾創辦的《中國女報》發表諸多伸張女權的論說文，如〈論提倡女學之宗旨〉、〈敬告中國女同胞〉、〈興女權貴有堅忍之志〉等，其論說文深受梁啓超影響，氣勢如虹，雄辯滔滔。她批判幾千來的愚民尤其是「愚女」政策及文化：「中國自嬴秦立專制之政，行愚民黔首之術，但以民為供其奴隸之用，孰知竟造成萎靡不振之國，轉而受異族之壓制，且至國事岌岌存亡莫保……而男之於女也，復行專制之權、愚弱之術，但以女為供其玩弄之具，其家道之不克振興也可知矣。夫君之於民、男之於女，有如輔車唇齒之相依。君之愚弱其民，即以自弱其國也。男之愚弱其女，即以自弱其家也。」她呼籲：「女權之興，歸宿愛國，非釋放於禮法之範圍，實欲釋放其幽囚束縛之虐奴；且非欲其勢力勝過男子，實欲使平等自由，得與男子同趨文明教化之途；同習有用之學，同具剛毅之氣……合完全之人，以成完全之家，合完全之家以成完全之國」。

呂碧城橫空出世，讓晚清知識界眼睛一亮。《大公報》主筆劉孟揚稱讚說：「最可佩者，以二旬之弱女子，竟能言人之所不能言，發人之所不能發；其詞旨之條達，文氣之充暢，直如急湍猛浪之奔流；而且不假思索，振筆直書，水到渠成，不事雕琢。」

呂碧城在媒體上為女權吶喊，還身體力行，以第一位公立女子高等學校校長的身份，切實推動女子教育。她執掌女子學校總教習，在社會上轟動一時，學者沈祖憲稱之為「北洋女學界的哥倫布」，讚賞其「功績名譽，百口皆碑」。長期以來，中國女子不能與男子一樣接受正規教育，只有少數富貴家庭女子在家中接受私塾教育——呂碧城的教育經歷即如此。所以，她爲更多女性爭取接受學校教育的權利，針對女子開設學校教育，才能「把婦女帶到公共世界」。[15] 呂碧城從事女子教育，希望通過新文化和新文明的洗禮，使舊禮教桎梏下的女子「對於國不失爲完全之國民」、「對於家不失爲完全之個人」。

呂碧城性格清高孤僻，除了跟秋瑾有過短暫交往（秋瑾死難後，她冒險爲之收屍並安葬），基本上單打獨鬥，並未跟其他女權倡議者合作。民國成立後，婦女爭取的公權和私權上的平等都未實現。公權上，一九一二年北京政府頒布的參眾兩院議員及省級議員選舉辦法及高等文官考試資格，只適用男子，女子被排除在外——呂碧城出任總統府秘書，只是個案，且無實權。私權上，新頒布的民事和刑事法律，對女性權益保障十分有限。[16] 女性自由和女性解放的呼聲沉寂十多年後，經過五四新文化運動衝擊，在聯省自治運動中出現婦女參政熱潮，在國民革命運動中出現更激進婦女革命，呂碧城都未側身其中——她天生與群眾運動格格不入。

直至一九二七年，一般知識界對女權的認識仍極爲淺薄。有留日背景的黃尊三認爲：「中國女權，漸超出各國之上，如孫中山夫人宋慶齡，廖仲愷夫人何香凝，俱是中央執行委員，何當過廳長，汪兆銘夫人陳璧君，馮玉祥夫人李德全，皆最有名之人物，李現爲馮駐滬全權代表。如此看來，中國女權，實未可限勢也。」[17] 黃所列之女名人，各有其才華，但全

15 李木蘭，《性別、政治與民主：近代中國的婦女參政》（南京：江蘇人民出版社，2014），頁64-65。
16 柯惠鈴，《她來了：後五四新文化女權觀，激越時代的婦女與革命，1920-1930》（台北：台灣商務印書館，2018），頁19-20。
17 黃尊三，《黃尊三日記》（下）（南京：鳳凰出版社，2019），頁667。

都是「妻以夫貴」，反倒表明中國女權停滯不前。對於呂碧城這樣終身不嫁、沒有顯赫丈夫的傑出女性而言，其女權又在哪裡呢？

收將萬變滄桑史，證與寒山獨往人

一九三一年三月二十三日，旅歐之清華大學國學研究院教授吳宓於日內瓦致函呂碧城，約會晤，並隨函鈔示自作之〈信芳集序〉。吳在序言中寫道：「《信芳》確能以新材料入舊格律，所寫歐洲景物及旅遊見聞，宓今身歷，乃更知其工妙。而藝術及詞藻，又甚錘煉典雅，實爲近日中國文學創作正軌及精品。」吳對呂的文學成就評價極高。然而，其中一句話觸動了呂之敏感神經：「集中所寫，不外作者一生未嫁之淒鬱之情，纏綿哀厲，爲女子文學中精華所在。」

三天後，呂回信，對來函言及「未嫁」之辭甚爲憤懣，斥爲「上海報館中無聊文人之有意侮辱」，並云，〈信芳集序〉不必再寫，也無需見面。

吳隨即復函解釋，且勸讀所編《學衡》雜誌，藉以消除誤會。

四月，兩人互有信函往來，但呂餘怒未消，責吳不看全集，言論頗偏。

吳出遊，三過呂住地，因不便登門拜訪，深感遺憾。[18]

呂碧城不是獨身主義者，不是不願嫁人，而是一直未能遇到入其法眼的男子。有一次，葉恭綽（曾任北洋政府交通總長，書畫家、詩人）約呂碧城在其家之懿園，與楊雲史、楊千

18 呂碧城，《呂碧城集》（下）附錄六，頁819。

里（書法家）、陸楓園（書法家）等人茶敘。呂碧城無意中說出心裡話：「生平可稱許的男人不多，梁啓超早有妻室，汪精衛太年輕，汪榮寶（外交官、學者，江南四公子之一）人不錯，也已結婚。張謇曾給我介紹過諸宗元（詩人、書畫家、藏書家），諸詩寫得不錯，但年屆不惑，鬚眉皆白（據傳，其在杭州寓所藏書遇大火，痛心疾首，一夜之間，滿頭白髮）。我的目的，不在錢多少和門第如何，而在於文學上的地位，因此難有合適的伴侶，東不成，西不就，有失機緣。幸而手頭略有積蓄，不愁衣食，只有於文學自娛了。」[19]

民初，友人曾向呂碧城介紹袁克文，呂微笑不答，次日又向其提及，她說：「袁是公子哥兒，只許在歡場中偎紅依翠。」嚴復曾向其介紹駐日公使胡惟德，仍失之交臂。嚴復歎息說：「心高氣傲，舉所見男子無一當其意者。吾嘗勸其早覓佳對，渠意深不謂然，大有立志不嫁以終其身之意，其可歎也。」又說，「此女不嫁，恐不壽也！」

以呂碧城品評天下男子的標準而論，普天之下沒有幾個人的文學才華與之並肩。在座之人，恰有頻頻與之唱和的楊雲史，這番話恐怕是「說者有意」。

呂碧城曾作〈鵲踏枝〉，詠瑞士之梅花，特別註明寫作此詞之緣由——楊雲史贈某人詩云：「詞人風調美人骨，澈底聰明便大哀。綺障盡頭菩薩道，水雲亂流一僧來。」呂遂廣其義而成此詞：

> 冰雪聰明珠朗耀。慧是奇哀。哀慧原同調。綺障盡頭菩薩道。才人終曳緇衣老。
>
> 極目陰霾昏八表。寸寸泥犁。都畫心頭稿。忍說乘風歸去好。繁紅剗地憑誰掃。

19 鄭逸梅，〈藝林散葉續編．一五八三條〉，收入呂碧城，《呂碧城集》（下）附錄三，頁744-745。

呂在篇末自注：「予舊有〈祝英台・近詠水仙花〉詞云：『知他別有奇哀，陳思枉賦，縱艷筆，何曾描著。』亦別有寄託，若認爲綺語則誤矣。」其心裡話呼之欲出。後來，呂又有〈摸魚兒〉，乃是「暮春重到瑞士，花事闌珊，餘寒猶厲，旅居蕭索，賦此遣懷」。蒓蓴《記呂碧城女士》一文寫道：「旌德呂碧城女士，夙以驚才絕艷，蜚聲中外。……近復浮海而遊歐陸，芳躅遙臨，益爲瑞士山川增其秀媚。近頃以〈摸魚兒〉新詞寄凌楫民博士，囑爲徵和，而江東雲史適在津門，首相酬和。楊氏文名，炳耀東南。詞壇佳話，合得流傳。聞楫民博士已將和章函寄瑞士云。」[20]

關於呂碧城與楊雲史之「紅顏知己」關係，《北洋畫報》第二四三期刊登了署名雲若〈小說家、記者劉雲若〉的一篇短文〈隔一重洋各自愁〉：「楊雲史先生既納新姬小琴，人皆以爲名士宜家，名花得主，雲史亦躊躇滿志，不知重洋之外，猶有望眼雙穿，柔腸百折者，則呂碧城女士是也。女士旅居瑞士，舊常與雲史詩簡往還，文字因緣，締來已久。近呂女士有詞四首寄雲史，並附長函，中有語云：『天地悠悠，我將安託。』此蕩氣迴腸之語，信當有爲而發。異邦獨客，形影自傷，因作歸宿之思，是亦人情之正。然而青陵孤蝶，竟已飛上別枝，滄海百年，心事終成虛話，此眞人間無可奈何事。而楊則琴已成聲，盆難再鼓，想更嗟辜負良機，碧海雲天，將隔一重洋各自愁已！」[21] 鄭逸梅最喜歡呂詩「人能奔月眞遺世，天遣投荒絕艷才」，孤獨豈非詩人註定的命運。

楊雲史晚年困居香港，貧病交加。一九四一年七月十五日去世時，太平洋戰爭尚未爆

20 呂碧城，《呂碧城集》（上），頁52。

21 雲若，〈隔一重洋各自愁〉，收入呂碧城，《呂碧城集》（下）附錄三，頁741。

發，香港尚未淪陷。此時呂碧城亦移居香港，香港並不大，不知兩人是否重逢？若是重逢，是否有桃花依舊笑春風之歎？

茹齋念佛，護生戒殺

一九二七年，呂碧城寓居倫敦時，有一次應中國駐英公使夫人之邀打小牌。去時稍晚，別人已經開局，她在一旁閒坐，適逢郵差送來郵件，其中有一本《印光和尚嘉言錄》，通讀一遍後，使她極受啓發，從此潛心佛教。[22]

呂碧城皈依佛教，跟她在中國和歐洲看到戰禍綿延、眾生悲苦有關。不斷襲來的天災人禍，迫使她重新審視現實，再無早年的樂觀昂揚，皈依佛教成爲她乞求消災解難的選擇。她給詞學家龍榆生的信中寫道：「城來歐半載餘，見種種駭目傷心之事。五月間，比（比利時）京地震，城致函慰問一女友，彼答云地震不驚，但種種世事令人驚駭欲絕。可謂知言。全球猶太人一千六百萬，現有半數處地獄生活，不知滬報詳載否？全家自殺者甚眾。請看此世界尚能久居耶？不求往生佛國，將何往乎？」[23]

信佛之後，呂碧城從一九二八年十二月二十五日開始正式斷葷。她在《香光小錄》中記載「自然斷除肉食之方法」：「山居高寒，冬季冰天雪地，欲求新鮮蔬菜，須乘火車下山購之，即山下之市場，亦只每星期五集市售一次，而山路雪積冰滑，跬步難行，余遂不常下

22 印光爲民國時期四位佛學大師之一（其餘三位爲太虛、弘一、虛雲），別號常慚愧僧，爲淨土宗第十三代祖師，也是淨土宗的重要中興人物。

23 李保民，〈後記〉，收入呂碧城，《呂碧城集》（下），頁860。

山，故不能每日食蔬，唯以牛乳煮雀麥（一種麥之名稱，即OATS）爲常食。」一開始，她還吃牛奶、黃油和雞蛋，後來將這些食物都戒掉了。

此前，呂碧城經常到飯店就餐，亦會吃肉類。如今，她在家學習做飯，她並不精通廚藝，只會做簡單的食物，通常使用煤氣爐，先用植物油將蔬菜，如茄子、黃瓜之類炒熟，放水，加鹽、糖、醬油等調料，燒開後，再下掛麵，她亦自覺美味。

中年之後的呂碧城，篤信淨土，絢爛歸於簡素，「舞衣葉葉餘香在，歡場了卻繁華債」。她連詩詞創作都放下了：「學道未成，移情奪境，以詞爲最。風皺池水，狎而玩之，終必沉溺，凜乎其不可留也。」她將時間和精力用於英文翻譯佛經，弘揚佛法於歐洲，並以護生弘法爲己任，宣揚佛教的慈悲教義。

呂碧城愛小動物，曾養芙蓉雀一對，每天親自飼之。後病死其一，另一隻如失偶，懨懨垂斃。她打算再購一雀，以爲之伴，不料數日後，另一隻也殞命籠中。她稱之爲同命鳥，將它們一起埋在園中的冬青樹下。又養一犬，被一個洋人的摩托車所碾傷，她請律師致函肇事者追究責任，並送犬入獸醫院。[24]成爲佛教徒之後，她更實行並宣揚愛護動物乃至戒殺生的理念。

有一次，鄰居席拍爾德夫人邀請呂碧城午餐。席間有一隻螞蟻爬到桌布上，席女士用手指將其碾斃。呂碧城勸阻說，不可殺生。席女士問：「呂女士是否爲佛教信徒？」呂說：「對於佛教所知甚淺，戒殺宗旨與我的本性契合。」她知道對方是基督徒，與之分享對基督教的看法：「耶教主博愛而不戒殺，殊爲缺憾，甚至變本加厲，因護教而有十字軍二百年之

24 鄭逸梅，〈人物品藻錄・呂碧城放誕風流〉，收入呂碧城，《呂碧城集》（下）附錄三，頁745。

慘殺，數百萬生命之死亡，且被帝國主義者利用爲侵略之具。假使當時行於歐洲者爲佛教而非耶教，則奇禍可免。……世變亟矣，惟佛教可以弭兵於心，立和平之根本。」

這番議論無以服人。呂碧城對基督教歷史和教義所知有限，雖翻譯過美國史的著作，卻不知道美國是清教徒建立的國家，近代民主、自由、共和、憲政理念皆來自基督教（尤其是新教）。她在瑞士居住十年，看盡日內瓦的繁榮，「教育、工藝盛，水土醇美，適於衛生。街市亦整潔寬大，可爲模範」，卻不知道這一切的源頭是喀爾文在此領導的宗教改革運動。她對十字軍東征和近代基督教傳教運動的認識，來自反基督教的現代左派觀念。另一方面，她對佛教的溢美之詞皆爲畫餅充饑——佛教國家並沒有實現對外和平與對內民主，日本、緬甸等以佛教爲國教或準國教的國家皆如此。她本人選擇居住在基督教國家（如瑞士等歐洲國家，二戰爆發後，她離開歐洲，先後居住的新加坡和香港皆在英國治下）而非佛教國家，這本身就是知行脫節和人格分裂。

中年後的呂碧城深居簡出，不再是社交名媛。一九二九年，國際保護動物協會在維也納召開大會，邀請她參加。出席會議的各國公使二十五人，她是唯一與會的華人，被安排在大會發言的第三位。她指出，中國儒家文化和佛教徒都主張保護動物，「我在此願意發起一場廢屠運動」，並聲稱這是一項「千年之事業」。呂碧城在演講中說：

> 和平不是靠國際條約所能維持的，而必須靠人心維持。這種和平之心要由公道、正義、仁愛的精神來培養。這種精神將由本國推及異國，由本族推及異族，由人類推及異類。如果全人類具有了這種精神，則世界和平即將真正實現。[25]

25 呂碧城，《歐美漫遊錄》，頁200。

當時的西方媒體，關注呂碧城的穿著超過她的言論，維也納《達泰格報》報導說：「會中最有興味、聳人視聽之事，爲中國呂女士之現身講台，其所著之中國繡服橘皇矜麗，尤爲群眾目光集注之點。」《美國素食雜誌》撰文介紹呂碧城，稱之爲「一個著名的中國詩人，一個知識廣博的人道主義者，一個典型的素食者」。

呂碧城性格率直、決絕，因小事與姊妹翻臉絕交，且不聽任何人之勸解，聲稱「不到黃泉，毋相問也」。她將不殺生理念推展到極致：一九三五年，她在香港購屋，遷居後，發現白蟻蛀梁。若折梁換柱，又慮傷及蟻命，違背殺生之旨。不然，又有屋宇傾圮之憂。無奈，擬轉讓他人。[26]將被白蟻蛀壞的房子轉讓他人，難道不是讓他人居住在危房之中？爲保護白蟻，而害人，孰重孰輕？這種連白蟻也要保護的做法，可稱之爲與古之「腐儒」並列的「腐佛」。

呂碧城晚年對佛教的信仰愈發虔誠，其文學上的想象力和創造力卻日漸枯竭。這似乎也是許多有文學藝術天賦的宗教信徒的圍牆困境。而她爲不殺生大聲疾呼，卻未曾想到在她死後，中國將陷入亙古未有之殺人、吃人的地獄之中。

26　呂碧城，《呂碧城集》（下）附錄六，頁821。

13 顧頡剛

學術政治化，學者工具化

自從北伐軍到了福建，使我認識了幾位軍官，看見了許多印刷品，加入了幾次宴會，我深感國民黨是一個有主義、有組織的政黨，而國民黨的主義且切於救中國的。又感到這一次的革命確與辛亥革命不同，辛亥革命是上級社會的革命，這一次是民眾的革命。我對於他們深表同情，如果學問的嗜好不使我卻絕他種事務，我眞要加入國民黨了。

——顧頡剛

顧頡剛是一位不斷趨新、求「進步」的學者，儘管他研究的對象是歷史。在一九二七年的大變局中，他明顯站在國民黨及其代表的「進步思想」一邊。

北洋政府搖搖欲墜，北大等學校連教員薪水都發不出。顧頡剛從北京南下，先到陳嘉庚創辦的廈門大學，再到廣州國民黨新創辦的中山大學——南下成爲了那個時代「進步知識分子」的共同旅程，南方不僅具有地理意義上的溫暖明媚，更代表著革命、希望和光明。

六月二日，王國維在北京投湖自殺，這是他對黨軍北伐、中國赤化的最後抗議。熱情擁抱革命、研讀《三民主義》的顧頡剛，不能理解王國維的抉擇。顧在六月十三日寫的〈悼王靜安先生〉一文中，承認王氏之死對他如同「一個猛烈的刺戟」，肯定王是「中國學術界中唯一的重鎮」，稱許「他對學術界最大的功績，便是經書不當作經書（聖道）看而當作史料看，聖賢不當作聖賢（超人）看而當作凡人看……是一個舊思想的破壞者……他是新創的中國古史學」。但又認爲，是「士大夫階級的架子」害死了王，「這種思想是我們絕對不能表同情的」。顧聲稱，做學問的人「地位跟土木工、雕刻工、農夫、織女的地位是一樣的」，「都是作工，都沒有什麼神秘」，應當「把學者們脫離士大夫階級而歸入工人階級」。[1] 這是他對左派意識形態的活學活用——一九四九年之後，知識分子改造運動將愈演愈烈，顧將成爲犧牲品之一。

這種對士大夫或知識階層自我貶抑的話，顧頡剛只是說說而已，並未打算付諸實施。他內心仍是高度自尊且自戀的知識分子，十分在意他人的評價，對某些過譽之詞沾沾自喜。一九二四年五月十日，他在給妻子殷履安的信中說：「又想起陳通伯的話。他說：『自新文化

1 顧潮，《顧頡剛年譜》（北京：中國社會科學出版社，1993），頁137-138。

運動以來，創作的成就只有魯迅，整理國故的成就只有頡剛。』我覺他這句話似乎抬得我太高了。地位越高，受人的責望就越重，我眞有些怕。」[2]表面上說「盛名之下其實難副」，心中還是竊喜。

又如，一九二五年十一月三日，顧頡剛在日記中補記：「吳山立君告我，謂吳稚暉先生說，近爲國學者惟胡適之、顧頡剛，其次則梁任公。若章太炎則甚不行者。」[3]以吳稚暉的評價來凸顯自身學術地位，隱然有一種洋洋得意的味道。既然連章太炎都不行，作爲太炎門生的周氏兄弟更不在話下。實際上，就國學或史學成就而言，正如思想史家韋政通所言，二十世紀的國學大師只有章太炎、王國維和陳寅恪三人。連胡適都算不上，顧頡剛還差好幾個台階呢。

一九二七年七月四日，顧頡剛寫信給葉聖陶和王伯祥兩位同鄉、同學，談及與魯迅交惡的情形及自我期許：「至於什麼主任，什麼教授，老實說不在我的心上。若要排擠魯迅們來成全自己，更無此想。老實說，他的文學是我及不來的，他的歷史研究是我瞧不起的……我豈無爭勝之心，但我的爭勝之心要向將來可以勝過而現在尚難望其項背的人來發施。例如前十年的對於太炎先生，近來的對於靜安先生。我要同他們爭勝，也是『堂堂之鼓，正正之旗』，站在學術上攻擊，決不像魯迅般的用陰謀來排擠，用謠言來誣衊。」[4]

自我貶抑與自我膨脹常常同時矛盾地存在於一人身上。顧的自我期許遠高於其學術成就及學術地位。文人學者多少有些自戀，但若出現「自我認知障礙」就大大不妙了。

2　顧頡剛，《顧頡剛書信集》（卷四）（北京：中華書局，2011），頁427。
3　顧頡剛，《顧頡剛日記》（卷一）（台北：聯經，2007），頁678。以下引自本書之內容，不再一一註明出處。
4　顧頡剛：《顧頡剛書信集》（卷一），頁88。

「國民黨的主義是切於救中國的」

一九二七年，跟瞬息萬變的政局一樣，顧頡剛大部分時光都「在路上」。前四個月，他在廈門大學任教，廈大風潮爆發後，他去職南下廣州中山大學。而魯迅也來到中大，由於他與魯迅勢同水火，爲了避免兩人直接衝突，中大派他外出購書——此時中大剛成立，圖書館書架上空空如也。

從五月到九月，顧頡剛奔波在北京、上海、杭州、蘇州、紹興、寧波、嘉興、南京、松江等地，購買了大量傳統學者不曾重視的圖書——除了四書五經之外的叢書、檔案、地方志、家族志、社會事件之記載、個人生活之記載、賬簿、漢族以外各民族之文籍、基督教會出版之書籍及譯本書、宗教及迷信書、民眾文學書、舊藝術書、教育書、古存簡籍、著述稿本、實物之圖像等十六大類。[5] 戰火蔓延，很多人家朝不保夕，藏書被低價出售，他替學校撿到了便宜。

五月底六月初，顧頡剛到南京購書時，發現不少同學朋友都加入新成立的南京政府。他頻頻拜訪在總政治部、建設廳、總司令部、市政廳教育局等黨政軍機關任職的友人，受此氛圍之感染，他亦躊躇滿志，偶爾展示才華，「爲戴季陶先生改軍人歌及布告民眾文」，在給中大文科同學的信中更大談「創造國民文學及國民音樂」。

顧頡剛對北伐的正面評價，是當時新派知識分子的普遍感受。在加拿大都朗度大學獲

5 顧潮，《顧頡剛年譜》，頁141。

得博士學位、乘船返國的程天放，一開始在上海的私立大學教課，當北伐軍克復南昌和九江後，他應邀回去參加實際革命工作。他發現：「民心完全傾向於中國國民黨，軍閥部隊到達一個市鎮，老百姓扶老攜幼躲藏起來，軍閥部隊想找人引路或做挑夫，也找不到，想搶劫食物也搶劫不到。國民革命軍部隊一到，老百姓站滿街頭，自動送茶水、物品勞軍，自動擔任挑夫和嚮導。由民心的向背，可以看出軍閥必然失敗，國民革命軍必然成功。」[6]但實際上，這種民意是知識菁英的趨向和黨軍政治宣傳的結果。

一九二七年九月，顧頡剛返回廣州，出任中大歷史系教授兼主任、圖書館中文部主任，間亦代理語言歷史學研究所主任。[7]

在這一年的日記中，顧頡剛寫到不少從報紙上看到的戰禍和他親眼目睹的戰亂、殺人場景等。他在一月五日寫道：「昨日覽報，黨軍入贛封天師府事，恐道教法物從此失散，擬電國民政府，請其設立博物院。開會商之，大家贊成，電遂發出矣，快甚。」此事的背景是：當國民革命軍初抵江西時，貴溪縣黨部逕去查抄天師府，把張道陵傳下的一把寶劍和一顆大印沒收，並委派一人送呈省政府。負責委送的人誤以爲寶劍和印璽是無價之寶，中途脫逃，赴上海躲藏，打算把沒收的物件高價出賣。此事凸顯出革命軍隊涉入地方信仰，乃至影響當地生活。[8]

顧頡剛保存文物之心甚好，卻毫無尊重宗教信仰自由之觀念——對宗教信仰自由這一基本人權的忽視乃至蔑視，是五四知識分子的巨大盲點。顧頡剛將科學當做信仰，在北大唸書

6 程天放，《程天放早年回憶錄》（台北：傳記文學出版社，1968）。

7 鄭良樹，《顧頡剛學術年譜簡編》（北京：中國友誼出版社，1987），頁96。

8 林志宏，〈北伐期間地方社會的革命政治化〉，《國立政治大學歷史學報》，第36期，頁105。

時參加過「非基督教運動」，對包括基督教在內的一切宗教信仰皆不屑一顧。他對黨軍打壓道教並無異議。帝制時代，王朝一般不干預民間的生活和信仰模式，除非某種民間宗教威脅到其統治。而國民黨這個由「主義」武裝的現代政黨，打著「去除封建迷信」的旗號掃除民間宗教，並將國家權力深入鄉村——國民黨未能實現這一目標，共產黨後來才做到了。黨軍以暴力手段破壞海耶克稱之爲「自發秩序」的民間宗教和民間社會，後果不堪設想。套用德國反納粹的牧師尼穆勒的名言，他們今天可以迫害道士、和尚，明天亦可迫害大學教授。然而，顧頡剛對此一危機懵懂不知。

一月十九日，顧頡剛到從廈門到福州，「路逢槍斃囚犯」。四月十二日記載：「報載張挹蘭女士爲奉軍所捕，不允保。女士，國民黨也。」（他沒有記載蔣介石在上海清黨，卻記載了張作霖在北京抓捕共產黨及國民黨。一九六七年三月，他又補記：「蔣介石叛變革命，此後即大殺共產黨，我以不問政治，竟不知此事之嚴重，可恥！」亡羊補牢，他只好通過自我貶抑來向共產黨表明心跡。）四月十六日，他從廈門去汕頭，五點到，八點才有船來接客，旁人告知：「係公安局查禁共產黨，工人罷工所致。」這是蔣清黨之後，顧首次在日記中提及國共鬥爭。

四月三十日，顧記載：「孟眞（傅斯年）得到消息，李守常（李大釗）先生、張挹蘭女士等，均爲奉軍所殺，甚惜之。覽報，本月十一日，葉德輝爲湖南省政府所槍斃，年六十二。」他對北方殺人和南方殺人評價有別，且信息不完整。他兩次提及李、張被殺，兩人是北大的同事和學生，他爲此痛惜，卻不知他們兼有蘇聯特務身份，從事賣國行徑。而他對葉德輝之死沒有一字評論，隱然有贊同之意，大概他是新派而葉是舊派，對葉不以爲然。而且，他認爲殺葉是革命的湖南省政府（在唐生智控制之下）——其實，殺葉的並非湖南省政府，而是毛澤東煽動的農民組織。北京殺李、張等人，經過司法程序；南方殺葉氏等地主鄉紳，是烏合之眾動用私刑——這種「群眾公審」的殺人模式，此後在共產黨的土改運動中，將無限擴大化，導致數百萬顆人頭落地。

對於兩黨之間的殺戮，顧頡剛一筆帶過。如十二月九日記載：「港報載梧州槍斃共產黨十數人，劉策奇居首，謂其春間在梧州主張打破舊道德、非薄孝悌，一般人敢怒而不敢言。今聞其死，莫不稱快。又謂其臨死唱共產歌。劉君於民間文藝甚有貢獻，予甚惜之。」劉策奇在廣西當小學教員，搜集整理大量民歌，在顧編輯的《歌謠週刊》、《國學週刊》發表八十多首。顧對其有貶有褒。

顧頡剛認同國民黨，集中表現在給胡適的信中。胡適即將歸國，顧在二月二日的信中建議，「有一件事我敢請求先生，先生歸國以後似以不作政治活動爲宜。如果要作，最好加入國民黨。……如果北伐軍節節勝利，而先生歸國後繼續發表政治主張，恐必有以『反革命』一名加罪於先生者。但先生此次遊俄，主張我們沒有反對俄化的資格，這句話也常稱道於人口。民眾伐異黨同，如果先生加入國民黨，他們又一定熱烈的歡迎了。」[9] 四月二十八日，他在信中勸胡適「要在革命軍勢力之下做事」，「萬勿回北京去，現在北京內閣，先生的熟人甚多，在這國民革命的時候，他們爲張作霖辦事，明白就是反革命」。[10]

從這段話中可看出，顧頡剛的政治素養跟其歷史研究成反比：首先，他似已嫻熟地掌握主義、革命、反革命等一套歐威爾所說的「新語」，言必稱革命，卻不知革命之暴烈。在西

9 鄭良樹，《顧頡剛學術年譜簡編》，頁92-93。

10 顧潮，《顧頡剛年譜》，頁140。

方，革命含有暴力的意義，但光譜較為廣泛，法式激進變革和英式漸進改良都可稱為革命。但到了中國，其含義被窄化，如毛所說「革命是一個階級推翻一個階級的暴力的行動」，革命與改良（或反革命）成為二元對立的思維模式。知識分子製造了此一文化產品（最早充分論述革命議題的是梁啓超），卻成為自身觀念結構的鐵籠子。毛蔣爭奪「革命」的闡釋權，權力（暴力）可定義革命或反革命，文化人遂失去了對「革命」的主動權和話語權。[11]

其次，顧對蘇聯的狼子野心一無所知。胡適旅蘇期間一度被其工業建設成就迷惑，這是其一生中偏離自由主義最遠的時刻，但很快夢醒過來。顧卻認為胡適對蘇聯的好感可拿來作為加入聯俄容共的國民黨的「投名狀」。

第三，顧頡剛本人並無堅定的政治理想和意識形態，看到黨軍取勝，便投靠過去，無非是「西瓜偎大邊」。

不過，顧頡剛加入國民黨遲疑了九年，一九三六年才下定決心。他在文革中撰寫〈五十年中的罪行〉的檢討，承認「為了陳立夫要封通俗社的門，求救於朱家驊，受國民黨中央政權收買，加入國民黨」。但當時他是得意忘形的：「中央黨部說給予之責任甚重……予始有能力擔負之耳。」

廣州暴動中的「喪家之犬」

一九二七年，半個中國都在戰火硝煙中，顧頡剛幸運地躲過前線的戰火，從北到南，一

11 陳建華，《「革命」的現代性：中國革命話語考論》（上海：上海古籍出版社，2000），頁169-170。

直到最南方的廣州，這裡是國民黨的大本營和大後方，看似最安全的地方。他沒有想到，廣州在年底經歷了一場幾乎全城玉石俱焚的暴亂——不是正面戰場兩軍對壘，而是共產黨的武裝暴動。

十二月初，中共將葉挺從香港召回廣州，躲藏在東山蘇聯領事館，即佈置暴動。這是一場準備不足且提前發動的暴動：廣州警方破獲了一處炸彈儲藏地，再加上掌握廣東軍權的張發奎解除了被共產黨滲透的教導團武裝，並下令特別戒嚴，檢查戶口，旅館一夜七查，一時形勢極爲嚴重。同時，張發奎下令將前方之薛岳部調來衛戍廣州，十三日可到達。於是，共產黨決定提前在十一日發動暴動。[12]

作爲一名剛到廣州不久的大學教員，顧頡剛對暴動的來龍去脈知之甚少，其日記只是記載個人之所見所聞。十二月十一日：「昨夜廣州共產黨起事，今日四處縱火。城中與國民黨軍格鬥，東山警署由工人繳械。屈園被搶，紹孟等損失均大。夜中長堤火光燭天，終夜槍炮聲不絕。予與履安均徹夜不眠，眞有『不知命在何時』之感。」這段記載說明三個要點：其一，共產黨暴動的方式是四處縱火，包括焚燒無辜民眾的民居，故而喪失民眾支持。其二，暴動之後，由於警察被解除武裝，城內秩序大壞，兩位友人遭到搶劫，遭受重大損失。其三，顧本人對暴動厭惡且驚恐——這是他第一次遭遇近在咫尺的暴動。

其他親歷者的觀察大抵相似。鄧文儀寫道：「共黨暴動份子乘機到處殺人放火，我們在房屋樓上聽到附近街巷啼哭聲及喊救命、叫冤枉的聲音，也聽到工人糾察隊用鐵鏈綁架一些米商，及他們認爲的奸商資本家經過街巷的聲音，我們登上屋頂，發現軍械庫附近有三條街

12 王唯廉，〈廣州暴動史〉，《現代史料》（第一集）。

道火焰熊熊，正在擴大延燒，距離我們住的街巷街有數十公尺，約二條街左右。」[13] 署名翠芬者記載：「共黨佔領了中央銀行後，除將行內現金收沒一空外，即將銀行付之一炬，自下午五時燒起，至深夜尚在延燒中。火光燭天，全城通火。時西壕口尚在國民黨軍隊手中，共黨雖極力進攻，仍不能勝利，不得已，乃縱火焚西關一帶民房，於是到處火起，雖在黑夜，竟明如白晝矣。」[14]

十二日，顧氏記載：「今日形勢更嚴重，火勢更大。貫英以彼黨主打倒智識階級，恐予被難，力邀到河南嶺南大學暫避。履安亦勸予，遂孑身行，置書籍稿本不顧。臨行時，想此後不知能平安歸來否，幾泣下。」共產黨聲稱依靠工農階級奪權，智識階層被視爲資產階級或統治階級的一部分，故而在共產革命中，智識階級是打擊對象。這是共產黨一貫的政策，在其奪取統治權之後，多次政治運動中皆以知識分子爲鬥爭目標。他早在一九二七年即有此認識，一九四九年卻選擇留在共產中國，無異於自尋死路。

十三日，顧氏記載：「今日李福林軍隊渡河，共產黨即渙散，四時許即有返省城者。聞死者極多，火勢已熄。」他對兩軍作戰的詳情並不了解，國民黨方面的指揮官，只提及李福林一人；共產黨方面，一個名字都未提及。

十四日，暴動被撲滅。顧氏回城，「路見死屍甚多」。局勢大致穩定，還有少許暴徒欲作困獸之鬥：「夜中戒嚴，道絕行人。今晚聞東山方面鳴笛打鑼，人聲洶湧，蓋福軍搶劫人家，共產黨又欲在火柴公司縱火，保衛團追捕之也。有此保衛團，膽較壯矣。」他譴責共產

13 鄧文儀，《鄧文儀回憶錄：老兵與教授》（台北：龍文，1994）。

14 翠芬，〈廣州暴動目擊記〉，《現代史料》（第二集）。

黨玉石俱焚的破壞行為，也批評李福林軍趁亂搶劫，稱讚保衛團保境安民之舉。

十五日，顧氏記載：「共黨依然四出縱火，而寧、粵軍隊或將衝突，驚弓之鳥，不敢不避也。」共產黨暴徒尚未被全部清除，國民黨內部鬥爭又激化，張發奎部與李濟深部衝突又起。

十六日，顧氏記載：「夜中寂靜無聲，如居山中矣。」原本喧鬧的都市變成空山一般，一方面是因為宵禁，另一方面人們已噤若寒蟬。

十七日，顧氏記載：「共產黨避入沙河白雲山者有二千人，尚欲襲擊廣州。」這是顧氏日記中最後一天記載廣州暴動。共產黨垂死掙扎，已無關大局。而史料證實，暴動末期死亡人數最多。

與魯迅決裂：是文人相輕嗎？

一九二七年，顧頡剛的學術生涯中有一件大事讓他心力交瘁：與魯迅的筆墨官司。七月二十日，他給魯迅寫了一封信，聲稱漢口《中央日報副刊》登載魯迅學生謝玉生的一封信，信中稱魯迅說顧氏反對國民黨。他決定「擬於九月中回粵後提起訴訟，聽候法律解決。如頡剛確有反革命之事實，雖受死刑，亦所甘心，否則先生等自當負發言之責任。務請先生及謝先生暫勿離粵，以俟開審，不勝感盼」。七月二十五日的日記中，他記載：「予既得魯迅造謠證據，不欲放過，擬起訴，早間寫魯迅信，問以何事開罪，囑其勿離粵，待對簿。」

魯迅回信說：「我意早決，八月中仍當行，九月已在滬。江浙俱屬黨國所治，法律當與粵不異，且先生尚未啓行，無須特別函挽聽審，良不如請即就近在浙起訴，爾時僕必到杭，以負應負之責。倘其典書賣褲，居此生活費綦昂之廣州，以俟月餘後或將提起之訴訟，天下那易有如此十足笨伯哉！」[15] 此事讓兩人矛盾從學術圈曝光到全天下，成爲頗爲吸睛的公共事件。

一九二七年春，魯、顧爲廈大同事，兩人關係陡然翻轉。五四時代的北大，魯迅是顧頡剛的老師輩，但顧、魯並無太多來往，顧熱衷於搜集民歌，反倒與周作人有較多交集。後來，因顧頡剛與胡適走得較近，與周氏兄弟疏遠，卻也無深仇大恨。魯、顧剛到廈大時，有一些交往，顧曾向魯借書，也贈書給魯。魯離開前，當地《民鐘報》以及廈大校長林文慶多次設宴爲之踐行，顧亦受邀參加。宴會之後，他還曾單獨去拜訪魯迅。

從顧頡剛日記可發現，二月十一日之前，他對魯迅的記載都是中立描述，不帶感情色彩。二月二日，給胡適的書信中稱呼「魯迅先生」。但二月十一日的補記中寫道：「魯迅對於我的怨恨，由於我告陳通伯，《中國小說史略》剿襲塩谷溫《支那文學講話》。他自己抄了人家，反以別人指出其剿襲爲不應該，其卑怯驕妄可想。此等人竟會成群眾偶像，誠青年之不幸。他雖恨我，但沒法罵我，只能造我種種謠言而已。」三月一日的日記中又寫道：「魯迅對於我排擠如此，推其原因，約有數端：一，揭出《小說史略》之剿襲塩谷氏書。二，我爲適之先生之學生。三，與他同爲廈大教授，以後輩與前輩抗行。四，我不說空話，他無可攻擊。且相形之下，他以空話提倡科學者自然見絀。」他又說：「我性長於研究，他性長於創作，各適其所，不相遇問可已，何必妒我忌我！」三月十九日，他致信容庚說：「因魯迅在那邊作教務主任，他因我指出《中國小說史略》的藍本，恨我刺骨，時時欲中傷我也。」

15 魯迅，《魯迅全集》（第四卷）（北京：人民文學出版社，2005），頁41。

顧頡剛所說的四個原因，第二個不成立——胡適的學生很多，魯迅沒有痛恨所有胡適弟子；第三個也不成立——同爲廈大教授，魯迅級別高於顧，薪水爲每月四百大洋，顧只有兩百四十大洋，魯不可能嫉妒顧；第四個也不成立——學術路徑不同，未必成爲論敵。四個原因中或能成立的只有第一個：顧並未經過仔細考證，斷言魯抄襲，此說經陳源（通伯）廣爲流傳。

魯迅對此事耿耿於懷，十年後寫《且介亭雜文二集》「後記」時，再提及此事：「現在塩谷教授的書早有了中譯，我的書也有了日譯，兩國的讀者有目共見，有誰指出我的『剽竊』來呢？」

這件公案，胡適有持平之論。一九三六年底，胡適寫信給反對魯迅的女作家蘇雪林說，「（陳）通伯先生當時誤信一個小人張鳳舉之言，說魯迅之小說史是抄襲塩谷溫的。……就使魯迅終生不忘此仇恨！現今塩谷溫的文學史已由孫俍工譯出了，其書是未見我和魯迅之小說研究以前的作品，其考據部分淺陋可笑。說魯迅抄襲塩谷溫，眞是萬分的冤枉。」胡認爲，說魯迅抄襲是「冤枉」，並將罪責推到「小人」張鳳舉身上，一句未提及顧。

有趣的是，顧頡剛的女兒顧潮對此並不領情，白紙黑字地將此「功勞」算在父親頭上。顧潮在回憶錄中寫道：「魯迅作《中國小說史略》，以日本塩谷溫《支那文學概論講話》爲參考書，有的內容就是根據此書大意所作，然而並未加以注明。當時有人認爲此種做法有抄襲之嫌，父親即持此觀點，並與陳源談及。」胡適若在地下有知，大概對此只能一聲長歎？[16]

16 孫玉祥，〈魯迅爲何挖苦學者顧頡剛的「生理缺陷」？〉，金羊網，2013年12月31日，顧頡剛沒有打這場費力不討好的官司。此後，魯迅定居上海租界，一直是令國民黨頭痛的批判者，直至死後被左派奉爲「民族魂」。顧頡剛與國民黨親密合作，成爲學界大佬，有人認爲他是胡適、傅斯年之後文史領域的又一「學閥」——儘管他說不追求做「學閥」，而是成爲具有廣泛影響力的「學術界之重鎮」。[17]

顧頡剛未曾料到，中共建政後，魯迅地位扶搖直上九萬里，成了僅次於毛的「文聖」。文革中，民眾可自由閱讀的書籍，除了毛選就是魯選。與魯迅交惡一事，成爲其罪狀之一，他不得不多次做報告檢討。一九七三年，他在翻看早期日記時，多次補記，尋找各種原因爲與魯迅交惡開脫，一說是潘家洵挑撥，一說是孫伏園挑撥，一說是章廷謙挑撥，後又認爲是北大文學院教授有英美派和法德日派長期敵對，到了廈大和中大，魯迅把這口氣出在他身上。[18]

顧頡剛爲此受累確實很慘。魯迅卻不能爲其成爲中共政治鬥爭犧牲品而負責。共產黨利用魯迅，但毛也說過，若魯迅活著，下場不會太好，「要麼識大體、不做聲；要麼繼續寫，進監獄」。

而顧頡剛始終不曾爲造謠污衊魯迅抄襲道歉，他在此事上並未遵循胡適「大膽假設，小心求證」之教導。

17　余英時，《未盡的才情：從〈顧頡剛日記〉看顧頡剛的內心世界》（台北：聯經，2007），頁11。

18　施曉燕，〈顧頡剛與魯迅交惡始末〉，中國作家網，http://www.chinawriter.com.cn/n1/2018/0315/c404064-29869804.html。

九鼎銘辭爭頌德，百年粗糲總傷貧

顧、魯交惡，除了子虛烏有的抄襲指控，還有顧氏在政治上的進取姿態，讓魯迅認定他是一個玩弄權術的小人。

顧頡剛到廈門大學，認為在此可專心看書、做學問。但同時，喜歡做事抓權是其一貫風格，他認為要做好學問，必須有權力。一九二一年，他跟同學王伯祥吐露過此觀點：「我對於做事上的觀念，以為不能無權。……所謂權，並不是耀武揚威的傢伙，也不是蠅營狗苟的法門，只是做事的一種力量，有了他便可使我們做事加倍有力。」[19] 在他眼裡，抓權並不是壞事，而是跟學術研究相關的內容。

在源於文科和理科爭奪資源的廈大風波中，顧頡剛跟校方妥協，認為這是一種戰略：「我們固不當和舊勢力妥協，但要打倒舊勢力是要自己站穩腳步之後方可做得……若能照了我的辦法，我們在廈大中一定可以開出一個新風氣。」他要同對手先搞好關係，鞏固勢力，引進自己人，造成派系。其理論可理解為「目標決定論」，只要達到期望的目的，使用任何手段都可接受。廈大風波，顧氏對校長虛與委蛇，國學院諸人全被清退，只剩他跟張星烺兩人，又如何不被目為諂媚當局？

縱觀魯、顧交惡事件，顧頡剛個人性格起了很大作用。其一，性格強勢。顧頡剛的女兒顧潮認為：「顧頡剛雖是受了很嚴厲的家庭教育和私塾教育的壓抑，把他的外貌變得十分柔

19 顧頡剛，《顧頡剛書信集》（卷一），頁121。

和卑下，但終不能摧折他的內心的分毫。他的生性是非常桀驁不馴的，行事專喜自作主張，不聽人家指揮。」[20] 這種性格，導致他跟很多老友一一鬧翻，他不喜屈居人後，到後來跟傅斯年也分道揚鑣。

其二，親近權力。爲了得到政治當局青睞，不惜在學術上自相矛盾。他看到國民政府爲應對日本侵略而重視邊疆問題，遂轉向邊疆地理研究，創立邊疆研究會。抗戰期間，他發表論文〈中華民族是一個〉，開啓「輸血論」之先河，認爲「漢人是許多民族混合起來的，他不是一個民族」、「常有強壯的異族血液滲進去，使得這個已經衰老的民族時時可以回復到少壯，所以整部的中國歷史的主要問題就是內外各族的融合問題」。

其三，喜歡薦人。這在當時是很普通的一件事，但顧的目的往往是在一個地方安插好大量自己人，這就變成搶地盤，爲人側目。

其四，做事不夠光明正大。無論是陳源事件還是章廷謙事件，都犯了在別人身後說是非的大忌，同時又不敢直接寫文章公開表明觀點。

一九三四年，顧頡剛的學生牟潤孫在背後罵他「野心太大，想做學閥，是一政客」。他聽到這種評語後感慨說：「看我太淺薄者謂我是書生，看我過深者謂我是政客。某蓋處於材不材之間，似是而非也。」他並未否認自己具有「政客」之一面。[21]

顧頡剛一生最大的污點，是抗戰後期的「獻鼎」事件。一九四三年，國民黨中央組織部

20 顧潮，《我的父親顧頡剛》（北京：人民文學出版社，2010），頁12。

21 朱維錚認爲，顧頡剛像康有爲，總在抨擊劉歆，卻又仿效劉歆，追求成爲「國師公」。顧屬於朱家驊的派系，在日記中罵陳立夫，在現實中卻巴結陳，首次「到黃山謁見蔣總裁」，由陳引見——蒙「今上」垂詢「經學」，他忽然不口吃，還「侃侃而談」。朱維錚，〈顧頡剛從政〉，上海《東方早報》，2009年4月19日。

長朱家驊爲與陳立夫、陳果夫兄弟爭寵，策動向蔣介石「獻九鼎」活動。經朱指定，由顧爲新鑄「九鼎」寫銘文：「（一）萬邦協和，光華復旦。（二）於維總裁，允文允武。親仁善鄰，罔或予侮。我士我工，載欣載舞。獻茲九鼎，寶於萬古。」

被稱爲純謹學者的馬衡，對前兩句諛辭，感到難以忍受、非改不可。連陳布雷也看不下去此一鬧劇：「古人說鼎革，是先革而後有鼎。現在國家仍多難，暴日入侵，以鼎爲獻，非其時也，且易引起陳舊意識。」國民黨元老李石曾，爲此非議顧說：「顧頡剛曾指大禹非人，遑論舜堯，但朱騮先（朱家驊）在重慶擬獻九鼎之文卻由顧頡剛執筆，學人而不管事實的好出風頭，亦小之乎爲學人矣。」從一九二三年起，顧堅持說大禹治水、禹作九鼎，均爲戰國後古書「造僞」，由此建構出「層累地造成的中國古史」的辨僞系統，怎麼二十年之後，卻自悖其論，承認「禹作九鼎」實有其事，向蔣「獻九鼎」？[22]

陳寅恪爲此事詩題《癸未春日感賦》，題注「時居桂林雁山別墅」，其中寫道：

22 一九二三年，顧頡剛提出古史辨綱領，包括四點，即「打破民族出於一元的觀念」、「打破地域向來一統的觀念」、「打破古史人化的觀念」和「打破古代爲黃金世界的觀念」，被戴季陶等人驚呼爲「動搖國本」。中日戰爭爆發後，顧轉向論證一個「中國」和一個「（中華）民族」。他與譚其驤創辦《禹貢》半月刊，撰文捍衛中國在民族、疆域、歷史上的統一性。一九四〇年六月二十五日，他爲邊疆服務團作團歌，其中寫道，「莫分中原與邊疆，整個中華本一邦」、「天下一家，中國一人」。學術與政治似乎找到了結合點，實際上喪失獨立性的學術形同死亡。其民族主義情緒不斷激化，甚至與傅斯年發生衝突。傅斯年爲尋求中蘇友好，認爲外蒙與內蒙、滿洲、西藏的地位不一樣，「照法律是外藩不是內藩」，由此默許外蒙之獨立，避免與蘇聯衝突。他看到這篇報導後勃然大怒，在日記中痛斥傅：「此之謂御用學者！」又寫道，「不曉得他究竟要把中國縮到怎樣大……割地即割地，獨立即獨立，偏要替它想出理由，何無恥也！」歷史學者葛兆光感歎說：「讀《顧頡剛日記》，想起當年傅斯年從國外給他寫信，不無嫉妒卻是眞心讚揚，說顧頡剛在史學上可以『稱王』了，但是，就算他眞的是中國二十世紀上半葉歷史學的『無冕之王』，這個歷史學的無冕之王，能擺脫民族、國家的情勢變化，保持學術之客觀嗎？他能遺世獨立，憑借學術與政治上的有冕之王抗衡嗎？」葛兆光：〈歷史學家能承受多大的政治壓力？〉，「看理想」網站，HTTPS://CHINADIGITALTIMES.NET/CHINESE/667549.HTML。

九鼎銘辭爭頌德，百年粗糲總傷貧。
周妻何肉尤苦累，大患分明有此身。[23]

顧頡剛畏懼陳寅恪批評的影響，又拒諫飾非，只好拿出官場潛規則來強辯——自己做了中央組織部的「公務員」，在官言官，「使寅恪與我易地而處，能不爲是乎！」歷史學家余英時分析說：「他雖說『自慚』，其實未必如此，否則不會有此『公務員』自解的話了。此解似無說服力。因爲陳寅恪即使與他易地而處，也必拒而不爲。」

一九二七年之後，政治對人文社會科學的影響和干預日漸加深。對於這一趨勢，王國維做出了拒絕的選擇，顧頡剛做出了順應的選擇。死者如螳臂擋車，識時務者則爲俊傑。顧頡剛從此服務於革命、進步、黨、國家、民族等宏大敘述，迷失自我，早年創建古史辨理論和學派的自由勃發的激情蕩然無存。

顧頡剛的人格形態由儒家士大夫和五四的科學主義、進步主義、唯物主義共同打造而成。這種人格形態限制了其學術成就，使得他在中國二十世紀不斷激進化的政治格局中由飛升轉向沉淪。他明明對國民黨和共產黨的暴力革命的本質有所洞察，卻因爲熱衷於追名逐利，而向兩黨下跪。國民黨時代，他追隨新潮，風生水起；共產黨時代，他半眞半假地否定自我，希望在新時代找到新位置，卻發現無其立錐之地——他始終未能從士大夫或知識人蛻

23 陳美延、陳流求編，《陳寅恪詩集》（北京：清華大學出版社，1993）。

變爲「工人階級」。24

在從一九二七年開始的國共鬥爭中，顧頡剛選錯了邊，始終依附於國民黨。他的反共並非出於對共產主義意識形態的反對和厭惡，而是以反共來投國民黨所好。但當國民黨政權崩潰之後，他又竭力討好新主子——與馮友蘭一樣，從諂媚蔣介石轉而歌頌毛澤東，他的華麗轉身似乎很容易。但共產黨不會信任和重用他這個「貳臣」，他必然成爲共產黨的政治運動的犧牲品。他受盡折磨，熬過了文革，享有高壽，但在一九四九年後再無任何重量級的學術著作，離王國維的學問境界遙不可及。從某種意義上說，反共是任何一個學者做出有分量的學術成就的前提條件。

24 余英時指出，顧頡剛概括其「事業」爲三大項：整理國故、民衆教育和邊疆研究。在一九二七年至一九四九年間，儘管受國民黨「訓政」政策、國內政爭及日本侵華等大環境之影響，這三項事業都在或斷或續在進行中。但一九四九年之後，「群衆」既已成爲「黨」的禁臠，決不能容忍任何個人或團體染指，民衆教育作爲一個私人事業自然失去存在的根據；邊疆研究不但涉及國家機密，而且與少數民族有關，更不是他能觸及的領域；國故整理方面，黨給他的工作不過是標點《資治通鑒》和二十四史這種「古典文本整理的技工」。余英時，《未盡的才情：從〈顧頡剛日記〉看顧頡剛的內心世界》，頁154-155。

14 黃尊三

國未治而黨先崩

若以現在之國民黨之人材治國，則恐國未治而黨先崩。……國民黨要人，自恃其資格之老，把持政柄，拒絕黨外之賢才，如是而謂「以黨治國」，不如謂之「以國殉黨」，即謂之以國供國民黨二三野心家之犧牲可也。

——黃尊三

一九二七年六月二十七日，旅居北京的黃尊三收到弟弟黃仲亨從湖南辰州寄來的家書，告知兄長的兒子黃傳相因共黨嫌疑，被軍隊槍殺。他聞此噩耗，驚痛欲絕。他曾在侄兒身上花費很多心血，幫助其師範畢業，不料這個年輕人卻遭殺身之禍。

黃傳相死前給小叔黃仲亨留下一封短短的遺書：

> 小叔鑒：
>
> 侄不幸掛名黨籍，此間空氣不大佳，倘有他變，家中事祈另眼照拂。侄子之侄亦祈扶養一個，莫使這派斷絕，死亦瞑目，祖人亦感德。方寸已亂，不能多稟。
>
> 五月二十八日，短命侄黃傳相稟[1]

黃尊三哀歎「家庭慘變，寧有窮極，書至此淚老欲滴」。次日，他給弟弟回信說：「如此亂世，不必做生意，不必謀事，只不餓死，不橫死，即是幸事。」七月五日，他作詩紀念侄兒：「知是鈞天一劫灰，兇耗萬里劇堪哀。讀書十載成何用，絕命歧路憐匪才。南渡黨碑傾宋祚，東林文社葬元魁。死生敢負宗親諾，手把遺箋忍未開。」他認爲侄兒之死是「鈞天劫運」，並用宋朝和明朝的黨爭比擬國共之爭，顯然是引喻失義，未能理解當下的主義之

1 黃尊三，《黃尊三日記》（下），頁623。本文以下所引《黃尊三日記》之內容，不再一一注明出處。

爭與古代的黨爭有本質不同。[2] 這位留學日本、受過現代法政訓練且以理性主義爲信念的儒生，在現實中屢受重挫、目睹多起親朋好友死難之後，轉而寄望於鬼神與命數，以閱讀《閱微草堂筆記》、老莊和佛經來移情。

在這一年的日記中，黃尊三不斷提及可怕的死亡：有病故的友人和同學，大都人到中年，讓黃氏頗有兔死狐悲之感，以「大好河山憑悵望，同落愁聽洞庭歌」、「烽火關山遠，音塵夢寐傳」等詩句悼念之；更多是死於非命的文人及武夫——「袁祖銘在常德因兵變被殺，情形極殘，浩劫難逃，誠堪悲鳴。」（二月十日）[3]；「聞康南海先生，於前兩日逝去，甚可惜矣。」（四月一日）[4]；「李大釗等二十人昨日絞決，案經特別法庭判決，審判長爲何豐林。」（四月二十九日）；「湘儒葉德輝爲共黨槍斃。」（五月一日）；「唐繼堯被刺身死。」（五月二十八日）；「聞國學家王國維，因悲亂世，昨投昆明湖自殺。如此世界，本無生趣，然因生趣而輕生而厭世，其心苦，其情實可悲也。」（六月五日）；「最近半月，南北將領被殺者累累，而被捕革職者，更不可勝計，如張宗昌之殺馬祥斌，蔣介石殺王天培，唐生智殺彭漢章，劉佐龍之投獄，魏益三之下野，他如畢庶澄之殺，吳志馨之捕，

2 據各方統計，在一九二七年至一九二八年的清黨運動中，有數萬乃至數十萬人被捕殺，其中共產黨員不到十分之一。僅湖南一省在一九二七年即有兩萬一千三百五十三人被殺，超過全國之半數。清黨運動在重創共產黨的同時，也對國民黨自殘不淺，它形成某種「逆淘汰」機制，大量如黃傳相那樣有信仰、有理想、有熱情的優秀青年被殺，而「一班投機腐化惡化分子紛紛混入國民黨」，就連蔣介石也承認：「清黨時期……共產黨之逆跡固已大曝國中，本黨之精神亦日漸湮沒。」王奇生：《黨員、黨權與黨爭：1924-1949年中國國民黨的組織形態》（北京：華文出版社，2010），頁142-147。

3 袁祖銘爲黔軍將領，曾任貴州督辦，後接受國民黨革命軍第十二軍軍長任命，卻在吳佩孚與蔣介石之間首鼠兩端。一九二七年一月三十日，唐生智安排部將周瀾在常德設宴款待袁，在席間將袁擊殺。

4 有傳聞說，康有爲是被國民黨特務毒殺，在青島家中七竅流血而死。

類此之事正多。」（八月十九日）[5]；「潘大道在滬被刺身死。潘君爲上海法大副校長，因助國抑共，被共黨狙殺於蒲柏路。君少年有才，前年在京，與余及張榕西諸人共組中華聯邦籌備會，常以政論相権。余甚服其才，獨惜其養之不足。今聞兇耗，不勝痛悼。」（十月十七日）；「張國威勸唐生智下野，被唐絞殺。」（十一月十六日）[6]如此多顯赫人物死於非命，黃氏感歎：「人生富貴榮華，本如電光石火，至於今日，益復加甚。」

一九二七年是兇殺之年。此前的軍閥混戰，頗有中古之風，戰敗者鞠躬下野，戰勝者亦不斬盡殺絕。這一次黨軍北伐引發的全國動蕩，國共之間是斬草除根般的殺戮，國民黨派系鬥爭亦殺人不眨眼，還刺激各路軍閥拋棄原有的道德倫理而殘殺不止。在年末的十一月五日，黃氏哀歎說：「轉瞬又是一年，故人凋謝，戰禍綿延，無辜良民死於兵，死於匪，死於飢餓者，不知幾許，滿城荒涼，人人有大禍將臨之懼。」十一月十日，他更是「感時事之日艱，痛國難之未已，床頭金盡，壯士無顏，塞上秋來，美人遲暮。望中原之烽火，咄咄書空；憶武水之家園，沉沉信杳」，悲憤交集，寫成十二首秋興詩，有「十六年來一夢中」之句——誕生十六年的中華民國，在他眼中如同黃粱一夢。

---

5 馬祥斌爲馮玉祥部之「四大金剛」之一，一九二七年十一月六日爲張宗昌捕殺，黃尊三的這段記載疑爲後來補記。張宗昌於同一天槍殺馮部另一將領鄭金聲。一九三二年九月三日，鄭金聲之子鄭繼成爲父報仇，在濟南火車站將張刺殺。王天培爲黔軍將領，因徐州戰役失敗，於九月二日被蔣介石下令槍決，李宗仁稱之爲替罪羊，王的死亡時間亦在黃尊三日記記載時間之後。彭漢章爲黔軍將領，八月十二日在武漢被唐生智槍決。劉佐龍曾參與武昌起義，爲北洋軍將領，北伐軍攻擊武昌時，劉陣前倒戈，致吳佩孚兵敗，劉被任命爲國民革命軍第十五軍軍長。共產黨派耿丹到其軍中任副軍長及政治部主任，武漢分共後，劉於八月十五日將耿丹捕殺。唐生智以違法擅殺耿丹罪將劉逮捕。唐兵敗後，劉獲釋。魏益三早年參加東北陸軍，先後依附郭松齡、馮玉祥、吳佩孚、靳雲鶚及蔣介石。畢庶澄爲張宗昌派駐上海的將領，因上海失守被張槍決。吳志馨爲北洋海軍渤海艦隊司令，因與北伐軍聯絡而被張宗昌處決。

6 據唐生智部將龔浩回憶，唐生智迎戰西征軍，分散兵力攻擊山東和安徽。在安徽的何鍵兵敗，唐手上只剩下李品仙的第八軍，李又說張國威的一師靠不住。唐在退兵前說：「晚一點走，我要執行紀律！」派副官將張找來，張一到，唐就叫人用繩索在洗澡堂中將張勒斃。唐這才坐日本貨船逃命。沈雲龍、賈廷詩、夏沛然：《龔浩先生訪問紀錄》，《口述歷史．第七期．軍系與民國政局》，頁102。

老來怕過離亂年：一名「魯蛇」的日常生活

一八八〇年，黃尊三生於湖南瀘溪，早年中秀才，後由湖南官費赴日留學，就讀於早稻田大學及明治大學法科。回國後，先後執教於江漢大學、中國公學等校，並任北京政府內政部僉事、編譯處編譯等職。[7]

入民國後，黃尊三居住在北京，算是半個北京人。他有亮麗的留學履歷，卻一直沉淪下僚，鬱鬱不得志，「處處失敗，盡人生艱難困苦之境」，感歎說：「人生猶如行舟，處處險境，稍一不慎，即有傾覆之患。」

北伐軍興，南北大戰，北京受戰事影響，百業蕭條，人心浮動，風聲鶴唳。黃尊三在日記中描述北京居民的日常生活狀貌：一月一日，黃與家人至東安市場遊玩，發現「當此新年，遊人甚爲稀少，亦足見市況之不振」。三月五日，黃攜眷至安定門外的京兆公園，「遊人絕跡，僅有兵士三五成群，園內所有陳設，摧敗淨盡，殘破景象，不堪入目」。七月十七日，至北海公園遊覽，雖「風景絕佳，荷花盛開」，然「人跡絕少」。十月二十四記載：「大街之上，因戒嚴故，幾絕人行，光景冷淡愁慘之至，足見戰事之影響於市面者大矣。」

黃氏在本年度設定的人生目標是：「余年四十有八，功名富貴，早置度外，然爲個人精神生活計，不可不有所預備。一、《法律進化論》，限期完成；二、訴訟了結；三、家人

7 李在全，〈北伐前後的微觀體驗：以居京湘人黃尊三爲例〉，收入劉維開主編，《1920年代之中國》（台北：政大出版社，2018），頁14。

生計相當籌備；四、將病作速治癒；五、不能老守北京。」到了年終，他大致完成前四項任務。爲了完成這些目標，他在外奔波最多的地方是郵局、醫院和法院。

此前，北京政府拖欠低級僱員薪水，黃氏帶頭抗爭不果，如今已賦閒在家，「若經濟足以維持生活，余將著書終老，不他圖也」，但若單靠著書，難以維持京城居之不易的生活。三月十九日，他翻譯完成《法律進化論》，「譯完二百三十頁，約七萬餘言，費四月之功，方始完成，足見譯成一書，眞非易事」。書稿完成之後，他去郵局，郵寄到上海商務印書館。此時，中國文化出版中心已從北京轉向上海，「新書業已成爲上海商業贏利的時髦行業」。這也是作家沈從文、丁玲等人在這一年離京南下上海的原因。[8]

黃尊三常去郵寄書稿和文章以及給湖南親戚匯款。一月四日，他去郵局，發現因休假無法郵寄，批評說：「足見中國郵政至腐敗，新年來已四日無報，萬事不知，猶如世外。外國則無此惡習，然外國人一至中國即爲中國惡習傳染，豈習俗能移人乎，一歎。」有過留洋經歷，對中國「醬缸文化」有切膚之痛。十二月三十一日，「上午十時至郵局爲弟匯款，匯費奇貴，匯款百元，需十四元，爲通古今中外所未有」。

黃氏多病。這一年他剛四十八歲，卻已病痛纏身、暮氣沉沉，其病痛有牙痛、腸胃病、皮膚病、痔瘡等，頻頻去醫院診治。尤其是痔瘡讓需要久坐及伏案工作的他深受其害，一面「服中藥以補精血」，一面「敷西藥以收瘡口」。但久治不愈，需入院施行手術，「約四十分鐘完畢，血流如注，痛不可耐」。北京的醫療條件僅次於上海，黃氏尚且痛感醫生醫術不佳，「受醫生所愚」，倘在鄉下，恐怕只能坐以待斃。痔瘡治癒之後，他寫道：「思自去

8 凌宇，《沈從文傳》（台北：東大，1991），頁278。

年得病以來，人生幸福，犧牲殆盡。溯厥病源，乃由不善衛生，以後於衛生兩字，要特別注意。」這一年，他多次記載到城外清華大學入浴，沐浴之後，頓感「非常輕快」。當時城內民眾家中大都不具備沐浴條件，也少有公共澡堂，而按照美國標準建立的清華大學，則有澡堂等現代化設施，並對市民開放。

另一讓黃氏煩惱的事情，是捲入房產糾紛，他的一處房產被法院查封。一月十六日，他收到地方法院民事庭傳票，他有留日學法律的背景，但仍準備請一名鄭律師代理出庭。次日，他將委狀送到律師處。一月十八日，「九時至律師處送證明文件」。一月二十九日，「今日開庭，訟事請律師出庭」。三月十四日，「早起得鄭律師函，囑余將屋契呈廳，當檢出親送鄭宅。」三月二十四日，「得鄭律函，云訴事可望勝利。此案自查封後，越時四月，花錢受氣，幸得友人之助，僥僥完結，亦可以了一私事。」四月七日，「下午得地方審判決書，撤銷查封，甚喜」。在中國，打贏官司不是靠律師的專業水平，而是靠有力量的友人（人際關係）。

勝訴之後，收尾工作仍讓黃氏跑斷腿。五月三十一日記載：「午後至審判廳領證明文件，因手續未備，不獲而回，可見訴訟事件，非常麻煩，倘非萬不得已，寧以忍氣勿訟爲上。」六月一日記載：「午後去審判廳領證物，訴訟人如鯽。在候審室候至下午三時半，尚未具發，不耐久坐，思外出散步，爲門吏所阻，不得已折回。未幾承發吏來……伊言須明日發下。領一證物，尙費如許周折，我國法庭之腐敗，可見一斑。」六月二日又記載：「十時至銀行取款百元謝律師。轉至審判廳取文契，自十一時候至下午二時方領到。中國官場，遇事留難，即此可見。」六月五日，他與友人談及訴訟之難，友人言「中國法庭腐敗，爲世界所無。留東時曾參觀日本法庭，何等文明。歸國後，因作證人，而受差役之辱，氣憤之下，幾至衝突。待證人如待罪囚，不按時開審猶其小者，言下甚爲歎息」。司法是判斷一個社會文明程度的重要標誌，中國不及格。

黃氏是電車公司的一名小股東，以此身份親歷了民營公司的運作。九月三十日下午，他赴電車公司參加第六屆股東常會。股東提出審計賬目及提出議案，董事會均不搭理。若干股東退席抗議，董事會在股東出席人數不足的情況下，投票選舉董事。鑒於公司管理之亂象，他在日記中說，有兩件事不可做：一是投機事業如彩票、買空賣空、放高利貸等，凡投機之人，十九失敗，傾家蕩產，比比皆是；二是股份公司，「此事在發法律修明國家，本自不妨，中國政治混亂，法律毫無，人心壞到極點，凡屬股份公司，十九失敗，猶如官商合辦公司，借助政府之勢力，以侵蠹爲唯一目的，公司如衙門，董事即長官，純粹一種官僚」——百年之後的中國，仍是如此。

這一年，黃氏唯一的一次娛樂享受，是十一月十二日，至市場明星電影院，聽楊小樓演《全本連環套》，他稱讚「小樓演來，忠義憤發，足激末俗」。黃氏是老派人，喜歡觀賞京劇。不過，很快電影將取代京劇成爲最受民眾歡迎的娛樂方式。

苛政猛於虎：北京作爲首都的最後時光

黃尊三日記，名爲《三十年日記》，始於光緒三十一年（一九〇五年），終於民國十九年（一九三〇年）。他自稱「融會佛儒科學於一爐而冶之」，對日記的寫法及價值的認識是：「日記一道，非爲個人作起居注。讀書要尚論古人，知當世之務，處世要知社會之情狀，時代之潮流，故大之可作社會史、古今鑒，小之亦可以表現個人之人格。」（十一月二

十二日）

黃氏列名北京政府內務部僉事、編譯等職位，但僅是閑差，無甚權力，所獲實際利益不多且不穩定。他的生活來源很大部分來自兼差、講學、譯述等。他是北京政權的邊緣人，對北京政府沒有多少認同感。[9]

一九二七年初，顧維鈞內閣再次改組，異常費勁，「七拼八湊，新內閣班子總算湊齊」。在黃看來，此次內閣改組「換湯不換藥，有何效力？時局如此」。

北伐戰爭導致北洋各派先後倒台。黃氏對吳佩孚抱有相當之好感，一月十三日，他注意到吳發表《中國建設大綱》，頗爲認同其內容。十九日，吳通電表示，河南首先廢督，爲各省倡。黃認爲吳爲「武人中之難得者」。五月十三日，報載「吳佩孚赴南陽投于學忠」，黃感嘆「英雄末路，爲之奈何」。當時一般民眾皆對吳佩孚持有正面看法，吳佩孚的聲望遠高於不久前去世的孫文。

三月二日，孫傳芳兵敗通電下野，黃氏感慨「孫以長江五省之盟主，不兩月而瓦解，政治舞台，可謂變化莫測」。[10]

對入主北京的張作霖，黃氏沒有什麼好評。第二次直奉戰爭時，奉軍對北京頗有騷擾。他在六月十八日記載：「張作霖經孫傳芳等推戴，今日就海陸軍大元帥職，改造中央與潘（復）內閣令同下。」張用大元帥之名，不用總統或執政之名，入城時卻用皇家禮儀。隨

9 李在全，〈北伐前後的微觀體驗：以居京湘人黃尊三爲例〉，收入劉維開主編：《1920年代之中國》，頁85。

10 孫傳芳佔據富庶的東南五省，其軍隊紀律和戰力都不錯，卻不願出兵支援吳佩孚。北洋前輩張廷諤勸孫說：「軍事我不懂，現在局面這樣紛亂，是不是要團結。自古以來合則成，不合則敗。」但孫聽不進去。張感歎說：「驕兵必敗。」郭廷以、沈雲龍，〈張廷諤先生訪問紀錄〉，《口述歷史．第七期．軍系與民國政局》，頁102。

即，蔣、馮、閻共同反奉，張作霖居新華宮，通電「認三民主義爲友」，並下「和平革新令」。但黃氏的友人認爲，奉系政權難以持久，「一交通阻滯，二各軍畛域太深，三上下隔閡，四不注意宣傳」。

果然，張作霖的短暫統治讓民怨沸騰。首先是苛捐雜稅如大山壓頂，黃氏在十月九日記載：「京師警餉，一錢不發，而以警餉爲名之房捐，催討之急，有如星火。」二十五日晚，得知警廳通知，又催房捐，「賦閑日久，一文不進，而苛捐催促，有如星火，亂世苛政猛於虎，於今益信」。十一月十五日，報載財政部將開征奢侈品稅，「商民苦之，開會反對無效」，黃預料「從此物價必繼漲，生活愈見困難」。

十二月二十一日，黃氏在友人家中遇到來訪的湖南老鄉劉少少。民國初年，黃遠生、林白水、邵飄萍、劉少少號稱「報界四傑」（黃所謂之「報界四大金剛」）。[11] 此時，劉「潦倒京門，貧無立錐」，一度寄居法源寺，寺僧以其貧不能出房租，將棺木兩具停入，他只好搬入簡陋公寓，如今「衣裘典盡，無以爲活」。這位曾被蔡元培聘到北大講老莊的才子哀歎說：「讀書五十年，不及梅蘭芳之跟隨；有時講演，不及天橋之唱鬧戲子者。社會之報余如此，余又奚爲。」黃氏安慰良久，略微救濟。他感歎說：「獨思以少少之才，生當斯世，竟至餓飯，不禁爲讀書種子一哭。」兩年後，劉病逝北京，享年五十九歲，貧困而無以爲葬。

張作霖治下的北京及北方諸省，物價飛漲，社會治安紊亂、民眾生命安全毫無保障。

11 劉少少在民國初年才華絕艷、名動天下。易石甫（順鼎）贈詩曰：「京國咸知劉少少，比閻古古趙閒閒，好色性情眞佛海，著書位業定仙山。」袁世凱稱帝時，籌安會拿一千兩百元巨款請劉寫文章反駁梁啓超的〈異哉今日所謂國體〉，還許諾另安排優差。劉堅拒之說：「任公之文，正余所欲言而恨其言未盡者，余何能反駁？」劉不拿錢寫了一篇〈袁世凱論〉，揭露袁氏「用種種方式，或以金錢，或以祿位，或以虛榮心，買人心，塞人口。……乘有地位，利用社會心理之弱點，能敢於製造自己權勢之人也」。此文廣傳京津間，一時洛陽紙貴。友人認爲他太傻，他卻說「余何嘗傻也」。

九月十五日，黃記載：「秋節以來，匪徒橫行，京城搶案迭出，令人可懼。下午出門，經過九條胡同，人頭高懸，面貌兇惡，觀者如堵，又令人可怕可憐。」次日，他補記，被斬首示眾的是一名劫匪，意圖綁架梅蘭芳，槍殺了梅的友人張漢舉。十月十五日下午，友人朱夔龍來，述及在臨縣知事衙門當科長，紅槍會圍城，知事被俘虜，朱本人僥倖脫難。「直隸各縣，馬兵作知事者不少，既不要資格，亦不要學問，甚至一字不識，亦可走馬到任。直隸大小官職，自某到任以來，無缺不賣，視為固然。」十月十六日，友人黃天爵來，黃氏詢問地方情形，黃答以十二字答之——「土匪遍地，兵隊塞途，民不聊生。」十一月二日，黃發現，北京市面「蕭條已極」，恐怖氣氛令人窒息，「軍警到處破壞機關，捕捉黨徒」。十一月二十三日記載：「京南京西，每日土匪攔路行劫，而京兆各縣，匪尤猖獗，綁票之事，日必數起，此復成何世界，不待赤禍之來，而良民無焦類也。」十二月二十日記載：「大刀、紅槍兩會，遍布京兆各縣，入會者多為土匪遊民，余意將來京兆全區，必深受其禍，而北京亦難保安寧。此等土匪遊民，果何事入此等會，必有以驅之者，南之共黨，恐不若是之甚也。」

黃氏一度考慮離京南下，這是他本年度第五個人生目標。他前一年就希望「度過年關，將房產變賣，舉家回南」。但其房產發生法律糾紛，一時不能出售；小兒等又不便中途輟學；戰亂未已，盜匪橫行，地方不能安居（他的家鄉湖南是南北拉鋸戰的戰區及共產黨農民運動的重災區）。這三個原因使他暫時放棄南下計畫。四月一日，他寫道：「余本擬病癒南行，聞友人言，南方情形，甚為混亂，旅行頗不方便，壯心為之阻喪。」八月二十四日，他感歎說：「戰禍頻年，生活逼人，歸則無家，留則無食，苟延生命於危城。」此乃多數居京人士共同的生存狀態。在十一月五日的日記中，黃氏道盡一位居京南人進退維艱的處境與心境：「朋友留此地者，爲生活所迫，見面愁眉，無辭可慰；家鄉則半年之中，兩被兵禍，十室九空，家人之在瀘(溪）若啼饑號寒，無法救濟，而知交之訴窮，室人之嘆苦，其聲啾啾，日振耳鼓。」

六月二十日，黃外出訪友，發現友人中南行者甚多，「雖云士各有志，亦實爲生活所迫，不得不爾」。自北南行已成潮流，魯迅、顧頡剛皆是如此。北大教授李璜已得北大續聘消息，卻認爲遷地工作，較爲合適，除了在北大任教只能領取兩成薪水外，更因爲「奉軍入北京後，軍紀並不佳；因之北京各大學雖仍上課不輟，然而教授中有政治色彩者，均不自安，紛紛南下」。[12] 然而，黃氏仍未南下。一九二八年四月十七日，他似乎下定決心，乘火車南下。但此行僅至天津，又中途折返。他在日記中解釋說，因身體未癒，不支，加路途艱難，「遂決計歸京」。他個性優柔寡斷，這是其人生陷入困境的個人原因之一。

南京政府諸人，一僞之足以括之

二月六日，好友向君自南來，述「南政府軍事計劃，最爲詳盡，決其必占最後勝利」，原因是「南政府以黨爲中心，以工作爲要素，兵到之處，即其政治勢力支配之地，且軍官不以勝敗易其地位，只要有勞績，雖敗而其地位不變，其一切軍事，無不受黨治之支配，且新氣澎湃，非北方所能對抗」。黃認爲向君所言「頗有根據」。這是其日記中第一次出現「黨治」字樣。九月二日，友人向君來談，認爲「最後勝利，終歸南方」。

12 李璜，《學鈍室回憶錄》，頁93。

黃氏頻頻談及在國民黨中冉冉升起的蔣介石。三月十四日，「報載（武漢）左派對蔣介石已執宣戰態度」。三月二十日，武漢的徐謙提議「罷免蔣介石，任唐生智爲北伐總司令」。八月十六日，記載蔣通電下野：「蔣爲浙江奉化人，自粵出兵北伐，未數月佔有長江各省，因專斷過甚，致內部分裂，爲魯所乘，辭職。未來大難，不知如何收拾。」十一月六日，友人談，南方第一致命傷，在無統治之人。黃問，蔣介石如何？友人答：「蔣雖有此才能，惜度量太狹，德行不足，縱勉強統制，恐難持久。」十二月四日，友人談及蔣時說，「對蔣介石，亦甚心折，唯以其近日結婚，奢侈過甚，殊不謂然」。這些觀點頗能體現北方知識階層對蔣介石的評價。不過，黃氏及其友人沒有料到蔣此次下野乃是以退爲進。

國民黨內鬥很快浮出水面。八月一日，友人來訪，談及國民黨內訌，「與洪楊無異，戰禍遍地，無一片乾淨土，民人流離遷徙，苦不堪言」。黃評論說：「必鬧到舉國之人，均成土匪，國內必有大恐怖發生。」九月十日，友人談及南方革命時說，「有眞假兩派，眞者人數少，而假者則佔多數，假者志在地盤，借革命爲幌子，一旦地盤在手，則將招牌撤去，現出本來面目」。九月二十二日，友人唐君說：「南京政府諸人，一僞之足以括之，因其倒行逆施，無惡不作，掛三民主義之招牌，而藏污納垢，攬權分利，與北京官僚實無絲毫之分。其無秩序，無方法，無研究，則等於武昌政府。其發端既僞，何能服眾，何能善治，故蔣氏一敗，而全盤皆倒，亦自然之勢也。」

「僞」字，確可概括南京政府、特別是蔣的品性。北伐前期，蔣發表過許多反西方、反帝國主義、反基督教和親蘇、親共言論，他的錢、顧問和武器都是蘇聯給的，拿人手軟、吃人嘴短。一九二六年八月十六日，蔣在前線發表〈討伐吳佩孚宣言〉，反駁吳指責南方「赤化」：「如果國民革命政府支持大都是被壓迫人民被視爲『赤化』，那又有什麼不好和值得懷疑呢？」按照吳「匪」的觀點，「大概所有人都赤化了；所有那些要求平等、要求中國自由、要求反對軍閥的人都赤化了」。蔣認爲，「赤化」是帝國主義恐嚇人民的口號。[13] 半年多之後，蔣搖身一變成爲反赤先鋒，對自己的變臉不加解釋。[14] 蔣用共產黨的方式反對共產黨，用蘇聯一黨獨裁的模式建立其一人獨裁的黨國。國民黨分共清黨之後，保留蘇聯式黨治體制，《大公報》評論說：

> 今國民黨既排斥共產黨之根本理論，而徒學其一黨專政，是誠畫虎不成之流矣，抑觀國民黨今日所謂專政，反類於意大利之法西斯蒂。[15]

曾任國民黨中央黨部秘書的王之壯認爲，蔣是「最實際的政治家」，「極端現實主義者」，「現時現地可以利用者，即不辭一切以用之，金錢名器等所不計也」，此即蔣所謂的「政治」。[16] 無論左與右，文與武，老與少，蔣皆不固執一端，現時現地而調整，因時因勢而用之。[17] 然而，這種「見人說人話，見鬼說鬼話」的做法，在黃氏及其友人看來，就是「僞」。

一九二八年二月四日，某君從南京來訪，稱：「南方局面頗壞，兵匪橫行，共黨潛伏，

13 郭恆鈺，《共產國際與中國革命：第一次國共合作》，頁221-222。

14 作爲被討伐對象的吳佩孚，後來失敗了，但聽到蔣介石清共，頗有認同之意：「我討共，蔣清共，是不謀而合，值得同情。」吳佩孚卻不知道，蔣親共或清共、加入基督教或反對基督教，都是爲奪取權力的權宜之計。見郭廷以、王聿均、張朋園等：〈賀國光先生訪問紀錄〉，《口述歷史．第七期．軍系與民國政局》，頁22。

15 〈從共產黨到法西斯蒂〉，《大公報》，1927年12月24日，第1版。

16 王子壯，《王子壯日記》（第3冊）（台北：中央研究院近代史研究所，2001），頁168-171。

17 王奇生，〈蔣介石與黨國元老〉，收入黃自進、潘光哲主編：《蔣介石與現代中國的形塑．第一冊．領袖的淬煉》，頁468。

危險殊甚。軍政餉俱無所出，人民對於民黨，感情惡劣，而黨人之綁票行爲，甚於土匪。官吏之貪暴，遠過北方之舊官僚。」三月十日，張君從南京來訪，「述南政府用人之濫，官以賄成，無缺不賣，腐敗之狀，勝於北京，偉人之揮霍，政客之嫖賭，在在皆是，可爲寒心」。南京政府成立僅數月，就已墮落得比北京政府更加不堪。

國民政府取代北洋政府，民眾卻赫然發現，換湯不換藥，一名山東人描述說：「張宗昌等的時代，被後來的國民革命軍替代了，可是山東人一直仍叫那一次北洋軍和國民革命軍的戰爭爲：『南北軍開火』。並不多研究什麼革命軍北伐，同時對於國民革命軍也並不感覺到有什麼特別的好處。最現實的是：山東民間後來的生活，還比不上張宗昌時代。」[18]

一黨治國，遍地是災。一九二七年底，國民黨元老李烈鈞在南京發表演講：「以黨治國則可，以一黨治國則未當，若僅以一黨治國，則民主的專制與君主專制何異？」黃認同這一看法，讚揚李烈鈞「在黨治理空氣包圍中，又處中央執行委員的地位，公然有此至公之言，誠屬可貴」。（十二月三日）不過，蔣卻說：「李烈鈞搗亂腐敗如此，何能革命也。」在蔣看來，提出不同看法就是「搗亂腐敗」，而「革命」（或「反革命」）的定義只能由他一人說了算。

代表北方輿論的天津《大公報》和北京《晨報》都不認同南京政府的黨國模式。《大公報》評論說：「廣東國民黨招致反對最大之點，爲主張俄式之黨治主義」，「吾人不敢贊成軍閥專制，然亦何可贊成黨閥專制」。[19]《晨報》指出，「黨軍日以主義政策號召群眾，然

18 失名，〈濟南「五三慘案」親歷記〉，《春秋雜誌》，總第380期（1973）。

19 〈時局雜感〉，《大公報》，1926年9月13日，第1版。

其所主張之『一黨獨治』，根本上與民主政體，自由主義，不能相容」。[20] 由此斷言「今日混亂之局，欲求統一，決非一黨一閥專恃武力征服異己所能成功」。[21]

黃氏對國民黨和共產黨及其革命理念並不認同。他考慮再三，仍留在改名北平的北京，應友人之邀執教於私立國民學院，任教務長。一九三一年九一八事變爆發後，北京不再安全，他攜眷南歸故鄉湖南，任教於湖南辰郡中學及省立四中、瀘溪簡易師範學校等校。[22] 直至一九五〇年病故前，他不曾與南京政府發生密切關係。

是全國反赤，還是南北皆赤？

三月三日，黃尊三閱報得知，中共「已潛入奉軍勢力範圍，擬以北京為政治革命中心」，這是他第一次提及中共。三月五日，他記載：「報載第三國際在莫斯科開會，決議完成中國革命戰略，努力農民運動，樹無產階級之獨裁政治。」此後，他從報刊及從南方來的友人那裡得到若干國共趨於分裂的消息，開始關注共產黨這一新興力量。

黃氏發現，國民黨的分裂，始於對共產黨的不同態度及策略。三月六日，他得知，「蔣介石聯絡粵桂對付共產分子」。三月十六日，「報載南京共產黨暴動，劫掠使館，各國軍艦

20 〈迎接新春〉，《晨報》，1927年1月1日，第2版。
21 〈共產黨的內鬥〉，《晨報副刊》，1927年12月27日，頁43。
22 李在全，〈北伐前後的微觀體驗：以居京湘人黃尊三為例〉，收入劉維開主編：《1920年代之中國》，頁14。

開炮射擊」。南京事件很難全歸罪共產黨，國民黨高級將領不可能事先不知情。[23]

北方反共，先於南方。四月七日，黃氏記載：「聞軍警昨日保衛俄使館，捕共產黨李大釗等數十人，並搜出槍械、文件、黨證，及大成銀行支票，使館界臨時戒嚴。」四月九日，大成銀行「因經理有赤黨之嫌被捕，停止匯兌」。四月十二日，「蘇俄聲明與北政府斷絕國交，招還大使齊爾尼，提出要求四項」。

南方反共稍遲。四月十日，報載「蔣介石實行以武力對付左派，上海南京皆以右派軍人駐守。」蔣清黨後，北方報紙反應迅速，黃次日即閱報得知「上海赤黨糾察隊，被白崇禧繳械，同時解散總工會，右黨決議不奉武漢政府命令，成立臨時委員會，與共產派之上海臨時政府對抗」。

蔣清共之後，國共之血腥鬥爭在各地展開。黃氏在五月十日記載，「長沙已成無政府狀態，贛湘腹地，完全赤化」。五月十五日記載，「湖南軍隊，多因共黨嫌疑被解散，而湘鄂共黨，殺人如麻，聞之不禁爲之嚇異」。五月十九日記載，「赤化延及河南，對於有資產者，認爲土豪劣紳，判處死刑」。五月二十三日，夏斗寅「通電痛斥共黨罪惡，唱鄂人治鄂說」。六月二十一日記載，「豫政權入共產黨掌握」。七月二十日記載，「何鍵舉兵反共，占據武昌漢陽」。七月二十一日記載，「武漢共產派解體，第三國際宣言，武漢革命工作

23 南京事件發生時，英軍綠寶石號艦長休．英格蘭（Hugh T. England）認定「國民革命軍武裝部隊針對所有外國人的進攻是按照明確的計畫來執行的」；「大量證據表明，南京暴行係由穿軍裝的國民革命軍武裝士兵所爲，且這些行爲肯定是事前策劃好的」；「暴行毫無疑問是由廣州軍事當局蓄意安排的，而由穿軍服的士兵通過有計劃的調動來執行的，並公然預謀要侮辱所有的外國國旗，驅逐所有的外國僑民」。日本駐南京總領事森岡正平證明北軍士兵有仇外心態：「這些廣東兵對一般外國人的排斥自不必說，而且對外國領事館或軍艦懷有侮辱之意，在此僅舉一例。一名目不識丁的士兵在我館劫掠中高呼：『中蘇一家，日英是帝國主義，趕走日本人，他們的財產自然是我們中國的啦！』」陳謙平：〈從南京事件到濟南慘案——蔣介石親英美外交政策的確定〉，收入黃自進、潘光哲主編：《蔣介石與現代中國的形塑．第二冊．變局與肆應》，頁369-370。

終結」。七月二十八日記載，「武漢實行國共分家」。十一月二十日記載，「莫斯科中國共產黨，發布密令，煽惑工人罷工，企圖以暗殺造成恐怖社會，建設農民政府，一面在北京組織黨部，謀奪政權」。十二月十三日記載，「共軍突占廣州，組織蘇維埃政府」。十四日記載，「廣州蘇維埃政府，設於俄領館內，選定各委員，蘇兆徵爲主席，以第三國際委員蘇兆徵等十三人列名，張貼布告，設工農兵聯合辦事處，十一日以來，全市下大罷工令，各機關報館被占領，警署被燒」。十七日記載，「南京政府，對蘇俄實行斷交，各地領館亦撤銷」。二十三日記載，「胡宗鐸決肅清武漢共黨，中央大學被解散」。從黃氏日記之敘述，可見國共火併之大致脈絡。

除報紙外，從南來親友口中，黃尊三也得知國共彼此相殺的消息。五月十一日，從南來的劉君口中，他得知南方狀況混亂，「湖南尤甚，出境避難者，紛紛皆是」，家鄉湘西「常、辰一帶，匪患最盛，行路爲難，爲之慨然」。南京「政情紊亂，軍隊林立，財政困難」（五月十五日）。八月二十日，友人從南方來，告知「漢口金融恐慌，五角錢買冰其菱一杯，現洋絕跡，殺人如麻，名爲驅逐共黨，其實共黨在漢，尚非常活動。江西有屠城之舉，人民死者無算，兵士橫行，流氓當道，一種無秩序紛亂之景象，非口舌筆墨說能形容，聞之令人恐怖」。

北伐戰爭、國民黨之東征和西征及共產黨反對國民黨的暴動，讓情勢雪上加霜。四月二十六日，友人何君說了一句經典的話：「今人之言共產，往往共他人之產，而供一己之揮霍。」十一月十九日，黃感歎說：「自戰禍發動，人民除直接受兵禍外，經濟上之影響更爲重大，南方因賦稅之煩苛，逃兵之跋扈，產業因陷於衰頹，南北相較，其禍唯均。」十一月二十一日，他寫道：「現在東西南北，處處烽火，盜賊橫行滿天下，即欲入山修道，亦無一安靜之寺觀。」至此，他對南方的一點微弱希望已全然破滅。

表面上全國反赤，但實際上南北皆赤。以清國遺老自居的鄭孝胥早就觀察到：無論南方還是北方，「彼等皆染赤化，南北主義略同，實皆狂妄無知，殆甚於義和團」。[24]對於害死侄兒的共產黨、國民黨及其仿效的蘇聯體制，黃氏並未深入研究。即便是他這樣曾留日且具備社科法政知識的菁英，仍未擺脫「好讀書而不求甚解」之毛病。十二月二十九日，他轉引日本學界對共產主義、階級鬥爭的一段看法：

日本謂階級爭鬥一語，不行於中國，以中國本無有產階級，更無無產階級。所謂階級鬥爭，非無產者與有產者之個人的鬥爭。階級戰之目的，在破壞有產階級與無產階級之法制，即對於法制之反抗，非對個人之反抗，有時雖不無反抗個人之事，然只可視為破壞法制之手段。

這種認爲階級鬥爭無法在中國實行的觀點，並未成爲防止赤禍席捲中國的「觀念長城」。

24 鄭孝胥，《鄭孝胥日記》（第4冊）（北京：中華書局，1993），頁2130。

第五卷

海歸

15 李璜

以國家主義迎戰共產主義

中國之所以被外國人譏之爲不是一個「國家」，有現代政治學常識者實在沒法去加以否認。因爲二千多年以來的家天下，其政治制度固不足以與現代國家相比稱，而自國民革命以來之二十年「黨天下」，又豈能在其政治制度上，使所有大小「黨官」心目中還有國法嗎？

——李璜

李璜早年在北京參加少年中國學會，與李大釗、毛澤東熟悉。後留學法國，與到稍後到法國勤工儉學的周恩來、鄧小平也有來往。他以國家主義反對共產主義，堪稱中國反共第一人，他眼中的李、毛、周、鄧，更有經得起歷史淘洗的眞實性。

李大釗在少年中國學會宣揚共產主義，進而使之成爲共產黨外圍組織，由此少年中國學會走向分裂與停頓。[1] 這個過程跟稍後台灣最大的知識人活動團體台灣文化協會的分裂極爲相似。李璜常與李大釗一起吃飯，發現其人「儀表不錯，身長面白，河北話說得乾淨而響亮，對人接物，皆有一定分寸」，但最終「不過是一個官僚型人物而已」。

李璜在一九一八年會見毛澤東不下十次，發現毛「甚少發言，但偶一發言，則衝勁甚大，且相當的堅持其見」。李璜在北京留法預備學校教初級法文，兩人第二次見面時，毛即詢問法文好學不好學？李邀請他來旁聽，毛來旁聽過一次就不見了。毛聲稱要靠幫大家洗衣服來勤工儉學，一個銅錢洗一件衣服。還有一次，李大釗請吃烤鴨，囊中羞澀的毛難得吃一次，吃得過多，回家肚子痛，睡不成，半夜寫了一篇短文，主張暗殺軍閥，在媒體發表後，有軍警前來抓捕，毛逃入天津租界——此舉再次證明口頭上仇恨租界的人，逃命時都喜歡往租界跑。

在法國期間，李璜領導的青年黨與周恩來領導的共產黨旅歐支部已開始針鋒相對的鬥爭。後來，周恩來忽來信約李璜和張子柱喝酒。三人聚談於一咖啡館中，周請他們喝了兩瓶好紅酒，周酒量甚好，張子柱不能飲，李璜只喝了半瓶。周恩來忽改變前兩三月怒目金剛的樣子，大說大笑，表示國內國共合作，國外共產黨也願意與青年黨合作。李璜認爲：「周恩

1 陳正茂，《理想與現實的衝突：「少年中國學會」史》（台北：秀威資訊，2010），頁92、頁114。

來對敵人能屈能伸，其面孔可以做得來忽怒忽笑，我在法時，即深識此人長於詐術，能辦外交，但非領袖人才。」

後來，周恩來回國，將中共旅法支部的重任交給鄧小平。對於鄧，李璜更了解：

鄧小平，四川廣安人，原籍廣東客家，為四川重慶留法預備學校第二班畢業生，前十名為沈默士、聶榮臻、周欽若、金滿城與他等人；由重慶商會會長汪雲松贈送每人二百大洋赴法，其時在一九二〇年夏。我曾與李乃堯為李石曾先生所請求，前去馬賽第一次接船，便遇著鄧小平。船上戴有二百人，中有九十二個四川籍者。鄧小平首先登岸，向我報告，船上有九十多位同鄉，他都安排好了，每十人為一組，共分九組，行李也分作九大堆，以備我一隊一隊的引導他們上岸，過海關，驗行李。這一來，我便不大費事，甚有秩序的便將九十二人帶上碼頭，每人面前擺著行李，以備車運去馬賽火車站。因有這一次的接觸，我對他的印象頗佳。[2]

李璜告誡青年黨同志：「不可小視鄧小平，其人短小精幹，也長於組織。……周恩來能一下便將總責交付與他，當然周與他共事日久，必定瞭解他的能力。」[3] 半個多世紀後，李璜晚年果然看到鄧小平崛起成為中共最高領導人。

2　李璜，《學鈍室回憶錄》，頁51。本文以下引自該書之內容，不再一一加以標註。

3　李璜與曾琦於一九二四年七月底回國後，是年雙十國慶，青年黨照例發起慶祝大會，鄧小平率領共產黨徒前來搗亂，大喊大呼「打倒北洋軍閥的走狗」，引起會場騷亂一番，然後呼嘯而去。李璜評論說，這表示，彼「小鬭」並不平凡，周恩來走後，他是頭兒，他能號召其黨徒出來示威，使別人不要小覷了他！

與中共在巴黎的第一輪交手

美國思想史家史華慈認爲，五四運動有屬於馬列主義的一面，成爲阻礙中國啓蒙繼續發展的主因。「列寧主義詮釋下的馬克思主義，也許的確因爲和中國『政治文化』裡的某些習慣有所呼應，故容易在中國被一部分人接受。」[4] 俄國十月革命之後，李大釗撰文介紹共產主義，認爲「中國革命是世界革命的一部分」。李當時是小資產階級的民族主義者，著眼於民族解放及以「人道精神」來「反抗專制」，未能領悟階級革命的本質。他們認爲馬克思主義可以解決中國問題，這是中國近代史上最大的悲劇——悲劇不僅及於理想幻滅的他們，更降浩劫於億萬無辜的中國人身上。[5]

李璜、曾琦等國家主義派明確表態不認同馬克思主義，與李大釗展開筆戰。他赴法留學前夕，寫下〈留別少年中國學會同人〉一文，批評馬克思階級鬥爭學說「不知連累了多少平民」，並認爲俄國十月革命甚爲殘酷，「彼此相殺，鬧得無有人道了」，希望中國年輕人不要盲從。

與馬列主義者的交鋒，到了法國後愈加猛烈。李璜與曾琦等合作組織「巴黎通訊社」，在《新聞報》、《先聲》、《中華教育界》等報刊發表文章，反對馬列，鼓吹國家主義。他認爲，共產主義本不適合於中國之國情，因中國是一資產落後，現代工業並不發展的國家，

4 史華慈：〈五四運動及其當前的意義〉，收入林毓生主編，《中國激進思潮的起源與後果》（台北：聯經，2019年），頁436。

5 Richard C. Kagan，〈陳獨秀：從反傳統到民族革命〉，收入蕭公權等：《近代中國人物論：社會主義》（台北：時報，1980），頁341。

與馬克思當時對英國的看法而有工人專政的主張，完全不符。相反，以國家民族之統一、獨立、強盛爲第一義，而置個人之生死、幸福、利益爲第二義的國家主義才是中國的出路。[6]

一九二三年十二月二日，李璜、曾琦、何魯之等人，在巴黎舉行青年黨建黨儀式。會議通過《中國青年黨黨綱》、《中國青年黨黨章》，並發表建黨宣言。李璜稱青年黨建黨是基於反共之目的，「見國際共產主義，因有黨的組織，在國內外，皆得青年知識分子暗中趨赴，如不及早起而與之對抗，將令史達林赤化中國詭計更易成功」。青年黨的宗旨爲：對外「以力爭中華民國之獨立與自由爲旗幟」，對內「以推倒禍國殃民之軍閥，實現全民政治爲信條」。[7]

此時，吳稚暉、李石曾、吳玉章等發起「留法勤工儉學」運動，短短兩年之間，組織兩千多名年輕人到法國勤工儉學。該活動轟動一時，但這批青年人既不能做工，又不能讀書，到法國後不久均發生「麵包問題」，成爲「憤怒的一群」。就在這群遠在異國他鄉的青年人進退維艱之際，第三國際自莫斯科派人來，專門來做他們的工作：

> 莫斯科的俄共代表來到巴黎勾引中國學生，其初大費手續：一因這班雖已傾心於共產主義的中國學生既不能說法語，而能用英語交談者也百不得一。二因莫斯科派人來巴黎勾引中國學生，與派人到中國接洽實力派的性質不同：在這裡，對中國青年知識分子，乃是要從思想訓練下手，螟蛉蜾蠃，必其似我，方能結為死黨，聽其指揮，故俄共要在這裡去做工夫是相當深細的。

---

6 朱經農，《近代教育思潮七講》（台北：商務印書館，1972），頁55。

7 沈雲龍，《曾慕韓(琦)先生年譜・日記》（台北：中國青年黨黨史委員會），1983年。

經過蘇聯的洗腦灌輸和金錢收買，不少赴法勤工儉學的中國青年飛蛾撲火，成為共產黨骨幹。在李璜的記憶之中，此類人物不下五十餘人，大都都與之有相當接觸，他親見這夥人如何受苦，如何被誘，如何在法、德、比等國組織國際共產黨中國支部，而又如何受蘇共訓練而回國活動。[8] 李璜認為，留法勤工儉學運動「無端端的為中國共產黨造就了一大批早期的幹部」，「留法勤工儉學失敗了，而失敗的後果，竟犧牲這許多的優秀青年分子，且為國家貽留下一大堆禍害；誰作厲階，至今為梗，吳、李兩先生的留學政策，是不能辭其密察與無遠見之責的！」

中共殺人，並非始於毛在湖南搞農民運動，或周恩來、賀龍在南昌暴動，早在巴黎就已開始殺人。旅法勤工儉學生總會召開會議，共產黨分子多次演出全武行，還拿出手槍，放在講台上威脅眾人。一九二四年五月二十日，有一名經常反對共產黨的華工被槍殺後扔到河中，法國警方始終未能破案。李璜見情勢緊張，而法國私人可以買槍，遂組織青年黨同志購買手槍，學習射擊，以求自保，卻有一位青年黨發起人王建陌在練習時手槍走火身亡。

在大學講台上與共產黨鬥爭

一九二四年九月，李璜與曾琦匆匆歸國，原因是周恩來等旅法共產黨紛紛回國，「預料國內的共產活動必日益加強，認為非跟蹤追擊不可」，因此「抱勇士赴難以決心，準備回國

8 這批人中有早露頭角、為世所知的周恩來、李富春、鄧小平、聶榮臻、陳毅、李立三、徐特立、何長工、李維漢、蔡暢等人；又如中共奪權前已死的蔡和森、陳延年、陳喬年、趙世炎、劉伯堅、王若飛、向警予等人；以及已被排斥的張申府、劉清揚等人。

與國際共產黨奮鬥到底」。

從李璜的八歲到二十八歲，即他的學生時代，其經歷顯示中國社會基礎業已根本動搖；中國的前一輩人已無法領導後一輩人，西方思想的衝擊如同狂風四面吹來；再加上蘇聯的宣傳與組織，有目的、有計畫地向中國青年灌輸，使得中國大變局之將來臨，大動亂之必然發生，在理與勢皆無法避免。思想史家林毓生認爲，中國知識分子的主流從一九二〇年代末漸次向「左」移動，是因爲激烈的反傳統主義造成「意識形態的眞空」，他們處在此種危機中，在心理上與思辨邏輯上，急迫地尋求某種對於未來能提供確定的系統性政治導向與能夠對目前的一切問題提供整體性解答的強勢意識形態，中式馬列主義滿足了這一需要。[9] 李璜身在其中，也不例外。他信奉的國家主義與共產主義看似對立，但同樣是一種十九世紀末以來在歐洲誕生的激進意識形態。

回國後不久，李璜得到國立武昌大學歷史系教授聘書。他希望能在學術上有所成就，並利用大學教職培養出一群有志青年。他在學生中組織青年黨外圍社團「國鐸社」，很快發展到周圍的大學及中學。

次年，李璜得到北京大學聘書。北大是五四運動大本營，也是全國學術中心，任教北大使李璜在知識界的地位大大提升。此時，新文化社團的成員們利用北大提供給的文化和政治資本和基於上海的有著巨大利潤的文學市場，使軍閥政權無可奈何。[10]

信奉自由主義的胡適力圖延續五四運動作爲文藝復興和啓蒙運動的一面，將現代化理解

9 林毓生，〈二十世紀中國的反傳統思潮：中式馬列主義與毛澤東的烏托邦主義〉，收入氏著，《中國激進思潮的起源與後果》，頁141-142。

10 魏定熙，《北京大學與中國政治文化（1898-1920）》（北京：北京大學出版社，1998），頁257。

爲「解放批判的精神，解放個人，思想造詣本身就是一種公民責任」，並且「追求公正的冷靜的理解，追求溫和節制」。但這群知識人的思想宗旨「對其人民來說是陌生的，不可理解的，無法感動他們的」。[11] 學生的政治熱情高漲，教師中的黨派鬥爭更趨激烈。李璜不認同自由主義，認爲其無法解決中國當下的難題，唯有國家主義才能將一盤散沙的中國人打造成建構強大的現代國家的混凝土。

一九二五年尾，郭松齡反叛張作霖，東北局勢動蕩，日蘇兩國勢力蠢蠢欲動。李璜等以「國家主義各團體聯合會」的名義發起「反日俄進兵東三省大會籌備會」。共產黨支持反日，卻不能接受反蘇。中共看到有人敢於反蘇，就組織暴徒前來搗亂，雙方多次發生肢體衝突。

當時，有不少旅居蘇聯的中國僑民被蘇聯沒收財產，乃至遭到虐待殺害。李璜爲僑民主持公道，舉行「反俄援僑大會」，邀請僑民到現場講述遭受蘇聯迫害的經歷，聲淚俱下，全場動容。左派教授陳隱豹及若干共產黨人到現場暴力干擾，出手傷人，會場陷入混亂。有一名刺客從手杖中抽出刺刀，向李璜的腹部刺來。李璜往後退，殺手只抓住其布羊皮袍一角，將衣服下擺撕裂。中共早已視李璜爲眼中釘，恨不得將其置於死地。

此一事件經過國聞通訊社長篇報導，國家主義派反共的一場血鬥迅即轉載於全國中立報紙。從此李璜成爲左派鬥爭的目標，後來國民革命軍一出長江便聲稱要捉拿他，赤都武漢政權更下令通緝他。此一事件影響其下半生甚巨。

一九二六年一月，吳佩孚聯合張作霖反對馮玉祥，奉軍入京，段祺瑞執政府垮臺，北京

11 格里德，《胡適與中國的文藝復興》（南京：江蘇人民出版社，1995），頁344、370、376。

一度陷入無政府狀態。包括北大在內的學校發不出薪水，奉軍肆意抓捕人，一向反軍閥和反帝國主義的李璜，雖然反共和反左，但在奉軍眼中，仍是危險的左派。此時，成都大學與成都高師用美國歸還的庚款設置講座教席，薪資優厚。六月，任鴻雋入京徵求人選，李璜是其首選。既然北京待不下去，他欣然接受聘任。

李璜在回憶錄中詳細記載一路行程，可見一九二〇年代的「行路難」。他先坐火車到上海，再乘輪船沿長江而上，到漢口，北伐軍與吳佩孚正在鏖戰，輪船無法通過，只好在漢口旅館等待。十月十日，武昌城破，他才繼續前進。李璜若留在武漢，一定命喪黃泉。[12]

船到重慶，因爲公路正在修建、尚未通車，從重慶到成都只能僱轎伕抬轎與挑行李。這一行稱爲「東大路」，經永川、榮昌、隆昌、內江、資中、資陽、簡陽七個縣城，需七天時間（如今的高鐵只需一小時），所經之地大都是富庶之區，沿途皆有較大之旅店，較好之飲食。徒步每天不超過百里，何處早餐，何處午休，何處投宿，皆成習慣。因擔心旅店床上有虱子，他隨身攜帶鋼製行軍床，這是留洋知識分子的生活習慣。他詳細記載一路的美食：如早餐之新韭盤餐，肉湯泡菜，津津有味，甚於家居。沿途皆有特產，如榮昌燒酒坊之陶器，內江椑木鎮之糖食，資中之乾辣椒醬等。他觀察到沿途民眾並沒有民不聊生，基本安居樂業：「川省連年雖因大小軍閥爭奪地盤，戰爭不絕，但此種步兵小戰即休，農村並未遭受多大破壞，農民雖愚弱而耕作甚勤，加以副業出品尚能銷售，自給有餘，也忘卻賦捐負日益加重了。」

12 把持武漢政權是鮑羅廷，共黨勢力，彌漫全境，種種暴行，不可嚮邇，罷工、遊行，糾察隊隨意捉人，土豪劣紳高帽遊街，攔截行人，剪斷袍褂，一般居民，大有不可終日之勢。武漢已成「共黨猖獗的世界」。臧勺波：〈蔣汪與我〉，《春秋雜誌》，總第301期（1970）。

在巴山蜀水間與共產黨鬥爭

一九二六年十一月中旬，李璜抵達成都，開始在成大與高師上課。作為四川人，李璜深知四川人的「省性」較為敏感與流動，聰穎而欠沈著，故對川外的思想及活動，雖得風氣較後，就也容易聞風而起。「此清末革命黨人中，四川人從事排滿行動而犧牲生命則不少，在民國開國史中，烈士地位並不下於廣東與湖南；而在民十以來，傾向共黨與反對共黨，雙方知名之士，也以四川人為多。」湖南人鼓吹湖南可成為中國之普魯士，其實，以人口、面積和物產等方面而論，四川更可成為中國之普魯士。

成大校長張瀾效仿蔡元培，希望將成大辦成北大，聘請政治主張各不相同的教授，並保障其學術與言論自由。在成大廣場之「至公堂」，校方安排主張國家主義的李璜與主張三民主義的楊伯謙、主張共產主義的孫倬章共同發表演講，向社會各界開放，駐守成都的三名軍長劉文輝、田頌堯、鄧錫侯都到場聽講。

此前，國共兩黨在四川的根基皆較弱，但隨著北伐形勢變化，兩黨皆在四川大力發展組織。中共派遣與川軍有舊的朱德、劉伯承入川，在軍隊中活動。又派長於煽動的張秀蜀（公開身份為師大附中訓育主任）到成都開展群眾運動，其中一種形式即為動員學生沿街去貼標語與喊口號。

一九二七年二月，中共在成都發動學生遊行示威，在街市遍貼標語，除「打倒軍閥」、「打倒帝國主義」與「打倒西山會議派」、「打倒國家主義派」之外，更進而作人身攻擊，如「鄧錫侯等是反革命的」與「李璜是豬」等，引起軍方及教育界反感。國民黨人楊廷銓被委任爲省立第一中學校長，禁止學生亂貼標語。張秀蜀等親率學生兩百人，於二月四日衝入省一中，將楊校長毆成重傷，並投之井中淹死。

李璜家正好在省一中附近，暴徒衝入其家中，大呼「捉拿李璜」。李璜與家人從後門逃避，但其家人備受驚擾，其妻子因而小產，失去腹中胎兒。

隨即，素來反共的三軍聯合辦事處處長、二十四軍副軍長向育仁對共產黨暴徒展開抓捕。張秀蜀聞風逃走，袁詩堯等十三名行兇的共黨分子被捕並被槍斃，陳屍街衢示眾，從此共黨在成都一蹶不振。一個月之後，重慶亦發生捕殺共產黨人、但在過程中造成若干集會民眾和學生踐踏身亡之「三三一慘案」，代價雖慘重，但共產黨在四川的氣焰終被壓制。

三月，多名川軍將領就國民革命軍職，武漢政府對李璜及另一位成大教授、國民黨右派黃季陸之通緝令亦傳來，要求將兩人「押解來京（武漢）究辦」。國家主義派的學生兩百餘人在成都市內遊行示威，高喊「打倒俄國走狗共產黨」、「驅逐第三國際間諜鮑羅廷」、「打倒武漢赤色政權」、「國家主義萬歲」等口號，參與遊行的童子軍將成都東大街店鋪懸掛的青天白日旗打落在地。在上海的青年黨領袖曾琦一度策劃刺殺蔣介石，後改爲刺殺鮑羅廷，計畫失敗後流亡日本。

鄧錫侯到李璜家拜訪，告知武漢的通緝令下達川中各軍，勸他在家閉門休息，使川軍能向武漢有所交代。另一名被通緝的教授黃季陸來訪，告知向育仁願派四名衛兵護送兩人出入並上教室。李璜回答說：「帶兵上課，我不習慣；老兄是國民黨，向育仁是國民黨軍人，猶可說也，我則不好照辦。」

經過青年黨安排，李璜離開成都，到川北及川西南發展組織。他將頭髮剪成平頭，帶一老僕上路。他一路聯絡國家主義派社團，在川北重鎮順慶、川南重鎮樂山等地，宣講「俄國收買中國共產黨，參加國民革命，將成為中國心腹之患」之國際國內形勢，鼓勵青年人「以國家主義與全民政治為號召」，「始能捍禦來日之大患」。

漫遊四十多日後，劉湘派人到大竹找到李璜，邀請他到重慶商議反共大計。劉湘告知，「三三一慘案」發生後，共黨潛伏川軍各部下級中，利用四川之旅團長習慣叛長官而擴大勢力以升官發財的心理，到處煽動；成、渝兩地已因血的鎮壓而得到安定，但下級為共黨所乘而叛變時有發生，四川恐有混亂之憂。李璜建議，既然蔣已清共，四川對外應聯蔣，出兵夾擊武漢；對內，必須多用新人，培養幹部，從事建設，安民養望，徐圖發展。

隨後，李璜離開四川，在上海英租界主持青年黨黨務，與張君勱合辦《新路》周刊，撰發〈論中共的流寇策略〉等文章，批評中共領導暴動宛如明末之流寇。明末流寇張獻忠等將四川屠殺得十室九空，劉湘先祖即為受害者，數百年後四川人仍心有餘悸，這篇文章讓四川及全國民眾對共產黨有了更深刻認識。

一九三三年秋，紅軍流竄到四川邊境，川軍屢戰屢敗，「軍也不懂得共產黨是如何去打，民也害怕共產黨亂殺亂搶」。李璜應邀回川協助軍民剿匪。他告訴鄉親，共匪不是通常的烏合之眾，而是有組織的。必須組織對組織，至少要用曾、左、胡對付太平軍的辦法，組織民眾，堅壁清野，使匪徒對於壯丁與糧草都無所獲，才能擊敗流寇勢力。他與四川士紳組織安撫委員會，他擔任前敵安撫主任，穿軍裝、打裹腿、著草鞋，帶領一百多名宣傳組同志，走向川北前線。他在前線親眼目睹徐向前及朱毛軍隊濫殺無辜、屍橫遍野的場景：

> 共軍連窮人也不放心，防間反側，動加殺戮，以致殺人如麻，老弱難免。我曾於匪敗退營山之次日，即趕到營山城，見縣政府、團防局與廟宇內子集中營遍地是屍；

而在城外各村口，掩埋不深而被野狗拖出來的老百姓屍體，也到處皆是，臭氣熏天。故盧作孚救濟組中的好心居士們所掩埋的新共區只三四縣的民屍，便得數二十七萬具。

遺憾的是，無論是青年黨還是國民黨，在宣傳上都非中共對手。這些慘絕人寰的眞相未能廣爲傳播，共產黨仍通過謊言與暴力得人心，繼而得天下。

一九三四年九月，李璜受四川父老鄉親囑託，到廬山面見蔣，要求中央政府對遭受共匪荼毒的四川給予軍事和經濟援助。他又赴中央軍收復的原中共蘇區考察，回川後著《江西記遊》，向四川軍政當局介紹「七分政治，三分軍事」的剿匪經驗。

抗日期間，李璜及青年黨與國民黨合作，主張「護黨（青年黨）反共」，籌劃「防範共產黨活動辦法」，四川青年黨機關報《第二代》創刊號提出「嚴厲禁止共產黨的一切言論出版集會結社」。他深知，在共產黨的字典上，本無所謂「和平」一字，其階級鬥爭意識中，將勞工階級以外的人們都當做敵人看待，要予以消滅。當共產黨的力量不足以消滅其階級敵人時，與敵人暫時妥協，此爲「階段性」或「過渡性」，是爲一種達到共產專政的手段，而非以民主主義爲其目的。然而，抗戰初期，國民黨再度容共，當毛發表《新民主主義論》時，影響後方知識分子思想甚爲廣大，而國民黨發言人和理論家始終不了解其言之重要性，未能加以有力反駁。

在國民黨與共產黨之間，有第三黨的生存空間嗎？

在一九二四年夏從法國回國的輪船上，李璜與曾琦商量青年黨發展計劃，決定「不請謁當道，不依附官僚，不利用已成勢力，不寄望過去人物」，先行辦報，從主義與政策的宣傳，吸引青年知識分子，三年後再將青年黨公開出來，與國共周旋。

此前，有友人勸說，搞政治要有地盤，談革命要有武力，孫文據有廣東，若國家主義派要反對廣州聯俄容共之局，只要先覓一個北方有地盤的軍人爲同黨，然後再組黨建軍，便可旗鼓相當地幹起來。但李、曾認爲，這是舊日政客策士的老辦法，不是有主張且尚正義的救國根本之途。他們敬重的梁啓超扶持民主黨、加入共和黨、組織進步黨，其動機皆爲防止革命、培植政治上和平的對抗力，但這些政黨都被軍閥摧毀。[13]

一九二四年十月十日，李璜與曾琦、李璜、張夢九、左舜生、陳啓天，余家菊等在上海創辦《醒獅》周報，反對國民黨聯俄容共策略，主張以「國家主義」爲中心，被稱爲「醒獅派」。

一九二五年，中國青年黨中央黨部從從巴黎移到上海，標誌著該黨的活動中心轉移到國內。在這段期間，李璜前往全國各地發展黨員、建立黨組織，使青年黨迅速發展——那個時代，中國尚且有組黨的自由。

經過二十多年慘淡經營，青年黨成爲國共之外第三大黨（民盟出現之前），但在抗戰及

13 張玉法，《民國初年的政黨》（長沙：嶽麓書社，2004），頁41。

抗戰後行憲運動中，淪爲國民黨附庸。一九四七年，國大代表、立法委員和監察委員選舉，受共產黨及民盟抵制，青年黨與民社黨則選擇合作和參與，但其席位靠國民黨施捨。[14]這並非李璜、曾琦、左舜生等沒有付出足夠努力，而是一九二七年之後的黨國模式及國共軍事鬥爭格局，已消滅了第三黨茁壯成長的外部環境。

民國初期，一度出現三百多個政治性黨會，其中有三十五個有相當規模的政黨，但大都沒有具體的黨綱，「競以發展共和、開發民智、增進國利、保全國權、監督政府、支援外交等美名相標榜」，基本成爲「軍紳政權」之裝飾。[15]

李璜、曾琦等國家主義派，最早看到孫文聯俄容共政策將摧毀共和體制。他們在法國即有與中共交手的經驗，將中共的幽暗面告知謝持、張繼等人。謝、張等人再苦諫孫文，但利欲熏心的孫文完全聽不進去。於是，謝、張等老國民黨人形成國民黨內最早反共派別——西山會議派。

孫文在廣東開府，隨後黨軍北伐。李璜發現，包括國共兩黨在內的中國新式黨團，其黨章及內部組織、活動方針，均仿自俄共。一九二四年，國民黨「一大」的黨章借鑒一九一九年俄共（布）八大之黨章。一九二七年，中共修訂通過的黨章則更似一九二二年俄共（布）十二大修訂的黨章。國共兩黨皆以黨團控制和引導群眾運動。尤其是中共，自身居核心地位，再通過工會、農會、學生會以及各界聯合組織，形成一張環環相扣、層層深入的蛛網結構。中共既可派人滲透到各群眾組織，貫徹黨的政策，以有形化無形；也可利用黨團運作，

14　張玉法，《中國民主政治的困境（1909-1949）》（長春：吉林出版社集團，2008），頁217。
15　張玉法，《民國初年的政黨》，頁38-39。

造成群眾團體自下而上回應，化無形爲有形。[16] 這種列寧式政黨擁有如金字塔般嚴密的組織結構，又能如病毒般繁殖和傳播，使得民主國家議會制之下的選舉型政黨無法與之競爭。

李璜及青年黨的失敗，除了外部環境不利之外，還有其內在原因——即國家主義本身的問題。激化的國家主義（包含民族主義）與共產主義是現代極權主義的「花開兩枝」，李璜宣揚溫和、民主的國家主義，只是空中樓閣，找不到在其他國家實現的樣板——中共（及國民黨左派）以蘇聯爲樣板，蘇聯的崛起對很多人有吸引力；但國家主義的樣板國呢？在一九二〇年代中後期，號稱實行國家主義的只有墨索里尼的義大利，但義大利對中國人的吸引力遠不如蘇俄。

一九三〇年代初希特勒在德國掌權，蔣介石在中國推行法西斯運動，以黃埔子弟組建「復興社」。一九三八年，國民黨推舉蔣爲總裁，是法西斯式領袖的肯定與合法化。抗戰期間，國民黨以「國家、榮譽、責任、領袖、主義」勉勵全國軍民，處處有「國家至上、民族至上」的標語，是全國性的法西斯主義化。蔣信奉「儒術的法西斯主義」，是一種折中的意識形態，其「獨裁無膽，民主無量」，未能將法西斯主義發揮到極致，結果在對抗共產黨時敗退下來。[17]

國民黨將「國家」這個概念從李璜等青年黨和國家主義派那裡奪走，青年黨遂走向衰微。而共產黨更不能容許比國民黨更早反共的青年黨在其政權下存在乃至充當政協花瓶。[18]

對於國民黨在內戰中潰敗的原因，李璜認爲國民黨的一個重要弱點是，其執政之後，

16 馬思宇，〈中共早期黨團研究（1921-1927）〉，收入劉維開主編，《1920年代之中國》（台北：政大出版社，2018，頁205、232-233。

17 張玉法，《中國民主政治的困境（1909-1949）》，頁208。

18 青年黨主席曾琦名列中共發布的四十三名「罪大惡極，國人皆曰可殺者」的內戰戰犯名單之倒數第二名。

仍侈言革命。孫文說過，「革命便是造反」，革命是在野者顛覆在朝者的手段。國民黨執政後本應專心從事建設，奠立國基，一旦經濟繁榮，政權就能鞏固。國民黨領導人卻反其道而行之，效法俄共所主張的不斷革命，將財力人力消耗於軍事方面，以武力自樹壁壘，高喊革命，習慣於破壞。由此養成黨員不重視建設，以搗亂為能；破壞成性，蔑視法紀。

一九四八年春，李璜見國事不可為，曾去台灣遊歷，他在法國留學時的老友魏道明時任台灣省主席，熱情款待，安排遊歷台灣各地。他發現台灣「經日本五十年來的建設，其兒童教育普及，鄉村一律電器化，道路修整，水利完備，非我大陸各省所能及」。十一月，國軍在平津戰役潰敗，南京權貴仍在爭權奪利，李璜結束在上海經營的閩海漁業公司，再度飛赴台北，用這筆錢在台北市內潮州街與杭州南路口購買一所花園平房，安頓下來。除了與老同學、主席夫人鄭毓秀每週在草山賓館餐敘兩次外，閉門讀書，不見外人。

中國局勢糜爛的最後關頭，李璜飛往重慶，建議張群在四川營造一種「半獨立」狀態：以全權處理一切軍民財各項政務；禁止任何人在四川招兵成立新軍，即中央有命令來，也不許可；加強四川東部和北部兩面邊境，不准任何軍隊退入川境；召集四川省參議會參議員來重慶開會，並加強民團組織。張群看了此四條建議後歎息說：「黨魁！黨魁！我不是黨魁，我怎能辦得到啊！」

李璜又聯絡原劉湘部下、青年黨黨員唐式遵，試圖作最後抵抗。一九五〇年二月，唐式遵出任四川省主席，駐守西昌。三月二十七日，唐式遵等人從西昌突圍，來到越嶲縣小山地區時，遭到彝民配合共軍包圍。戰鬥到深夜，唐式遵壯烈成仁，成為唯一戰死的中華民國末代省主席。[19]

最後的希望破滅後，李璜回到台灣，晚年著書立說。而青年黨逐漸遁入歷史，不為後人所知。

以蔣介石為代表的國民黨和以李璜為代表的青年黨的反共事業都失敗了。共產黨的成功似乎是一種歷史的必然，用歷史學者李懷印的話來說，共產黨捕獲了「一系列歷史性突破之交匯」，找到了「國家建造的全面集中主義路徑」。共產黨之所以在內戰中取勝，「是其在地緣環境、財政構造和政治認同三方面共同突破、交相作用的結果」。地緣上，日本的戰敗和蘇聯的介入，讓共產黨滲透滿洲，在內戰中形成最為有力的戰略態勢。中共獲得了中國工業生產率最高、軍火供應最充足的地方，其財政體系也因此發生根本變化，中共武裝第一次成為令人生畏的戰爭機器。中共持續不斷地向鄉村滲透之後，產生了驚人的動員能力，透過農村基層組織得到大規模的人力和後勤支持。同時，共產黨將對城市產業和財政資源的集中化控制，與傳統的鄉村人力、物力動員機制達成了奇特的互補性結合。在此基礎上，產生了一種全新的財政構造，不僅能自我持續，還能不斷擴張。最後，最為重要的是，共產黨克服了高層的派系和各根據地的離心傾向，建立了毛澤東的政治和意識形態最高地位，達成了高度的政治認同和組織團結。[20]面對這個中國歷史上前所未有的、吃人不吐骨頭的利維坦，李璜當然無力回天。

19 郭廷以、王聿均、張朋園，〈賀國光先生訪問記錄〉，《口述歷史．第七期．軍系與民國政局》，頁49。
20 李懷印，《現代中國的形成：1600-1949》，頁348-349。

16 陳友仁

不會說華語的戰狼外長

革命的外交，應去斷然的革命手段，堅持到底，寧爲玉碎。

——陳友仁

一九二七年七月十五日，汪精衛在武漢宣布分共之後，身爲武漢政府外交部長的陳友仁等人隨後遭通緝。這個口口聲聲反對包括日本在內的帝國主義的戰狼革命者，裝扮成日本商人，搭乘日本客輪從武漢潛逃到上海。躲藏到八月中旬，他和兩個女兒與宋慶齡等人悄然登上一艘破舊的蘇聯貨輪，前往海參崴。之後，他們改乘一輛曾是沙皇專屬的豪華專列前往莫斯科。

九月六日，宋慶齡、陳友仁等抵達莫斯科雅羅斯拉夫斯基車站，蘇聯政府安排迎接國賓的盛大歡迎儀式，蘇聯外長李維諾夫、政府代表加拉罕等人親自到車站迎接。蘇聯政府安排他們入住最高級的紅場大都會飯店，並特別撥給這幾位流亡者一萬盧布生活費。

十一月一日，宋慶齡、鄧演達、陳友仁等以「中國國民黨臨時行動委員會」名義發表宣言，聲稱南京和武漢的國民黨中央都是非法的，將籌備國民黨第三次代表大會，選舉新的中央委員會。[1]

此刻的莫斯科，正陷入史達林與托洛斯基的殊死鬥爭。托洛斯基將中國共產革命失敗的責任歸咎於史達林，史達林則選擇另一批替罪羊：早已跟陳友仁的兩個兒子一起回國的鮑羅廷遭到批鬥，對陳友仁等冷若冰霜，後來死於勞改營；早年與孫文一起發表《孫文越飛宣言》的越飛，於十一月十六日被迫自殺身亡；莫斯科中山大學校長拉狄克遭撤職，作爲托洛斯基分子被開除出黨，後來死於流放地。

作爲「中國國民黨臨時行動委員會」領袖的鄧演達，因提出中國革命純屬中國人自己的事，「不應置放於第三國際的範疇」，並強調「民族自決的精神」，遭到蘇聯和共產國際猜忌，於十二月離開莫斯科去了柏林。被外交界視爲最親蘇的陳友仁，對蘇聯領導層的專橫頗

1 錢玉莉，《革命外交家陳友仁》（福州：福建教育出版社，2015年），頁175-176。

爲反感，認爲蘇聯「缺少公正原則的觀念即民主觀念」。

陳友仁應邀觀看一幕名爲「紅色罌粟花」的新編芭蕾舞劇，內容呈現在蘇聯指導下的中國革命。在劇中，蘇聯人宛如救世主一般，個個身材高大，衣冠楚楚；中國人則又瘦又小，蓬頭垢面，唯唯諾諾。他在台下如坐針氈，敏感的民族自尊心受到深深刺痛，他認識到：「就中國的內部事務而言，俄國人奉行的指導方針不是爲了中國的最大利益，而是爲了他們自己的最大利益。」[2] 每個國家處理外交事務都以本國利益優先，這是國際關係中的常識，陳友仁這名自以爲聰明的外交老鳥卻此刻才明白過來。

另一方面，莫斯科專門爲中共培養的「純正的布爾什維克」王明等人，認爲整個國民黨都是叛徒，不值得信任，孫中山也不值得遵奉，「國民黨的旗幟已經完全變成白色恐怖的旗幟」，主張「取消組織左派國民黨的計畫」。在他們眼中，宋慶齡、陳友仁等人不再是同道。

雪上加霜的是，英國媒體《每日郵報》刊登了一則陳友仁與宋慶齡在莫斯科結婚的新聞，並稱「此事緊跟在蔣介石與宋美齡在上海結婚之羅曼史之後發生」。比利時共產黨機關報《紅旗報》十月一日在顯著版面上轉載此消息。宋、陳之間是否有私情，不得而知，但確實沒有結婚，宋慶齡遭此羞辱，一度病倒。

一九二八年春，陳友仁、宋慶齡得到史達林接見——不是在克里姆林宮的正式會見，而是在加拉罕家中的非正式會見。[3] 史達林敷衍式表達了對他們個人和中國革命的關切，卻沒

2 陳丕士，《中國召喚我》（北京：商務印書館，1983），頁165。

3 有學者查閱《蘇聯歷史檔案選編》第十四卷之專題「斯大林克里姆林宮辦公室來客登記簿（一）」。該登記簿是由蘇共中央秘書局的工作人員執筆完成的。此登記簿1927年到1928年的所有人員名錄中，沒有任何有關宋慶齡與史達林會見的信息。王進，〈1927年宋慶齡會見斯大林是在克里姆林宮嗎〉，《北京日報》，2019年02月18日。

有任何具體支持計畫。陳友仁對會談深感失望：

這個晚上，史達林坐著，一直抽菸斗，他説得不多，當他一張口，説的話就使我不高興。他認為我應該回中國去同蔣介石合作。對我來説，那當然是不可能的。如果蔣介石大權獨攬，我們就會發現我們將完全退回袁世凱時代。[4]

這次會見讓陳友仁失去了最後一根救命稻草。他在莫斯科已成爲一名「多餘人」，遂將子女安排在蘇聯繼續求學，然後隻身流亡巴黎。

一個心存怨恨的無根游士的中國夢

陳友仁祖藉廣東順德，是客家人。其父早年移民英屬西印度群島的千里達島，以從事零售生意致富。陳友仁的母親是當地婦人，有部分非洲血統。這個混血兒長相奇特，「個頭很矮，身材瘦削，腦袋大得不成比例，一雙黑眼睛極其鋭利」。[5]

陳友仁天資聰穎，考入牛津大學及內殿律師學院攻讀法律，畢業後返回千里達，成爲當地有名律師。他以富裕的家境和良好的教育背景躋身這個殖民地的上流社會，但不滿足這個身份。他知道華人在英國殖民地面臨「看不見的天花板」，對將他打造成菁英的英國秩序和英國文明充滿怨恨。他精通英語（而且是高雅的牛津英語），看不懂、不會寫也不會講華

4 陳丕士，《中國召喚我》，頁164。

5 哈雷特·阿班，《民國採訪戰：〈紐約時報〉駐華首席記者阿班回憶錄》（桂林：廣西師範大學出版社，2008），頁16。

語，但其自我身份認同不是英國人、不是千里達人，而是中國人。他投身中國革命，不是要拯救跟他並無多少相似之處的「同胞」（他習慣吃西餐，即便生性簡樸，在擔任武漢政府外交部長時，念念不忘的第一件事是安排在廣州爲之掌勺數年的廚師到武漢，這名廚師能做一手出色的歐洲風味的西餐，成爲其不可或缺的家庭成員），而是爲了反對英國、反對西方，通過反對來發洩如同私生子對父母的怨恨。

比陳友仁晚生半個世紀的作家、諾貝爾文學獎得主奈保爾，是這個小島上誕生的除了陳友仁之外第二個聞名世界的大人物。他認同英國文明並以之爲「我們的普世價值」，用這套文明和價值去衡量和批判「第三世界」的種種野蠻不堪。他不是沒有看到西方文明的陰暗面，但更看到這種文明的發展與完善：「普世文明長久以來一直在形成之中。它並非從來就是普世的，也並非從來就如同今天這樣富有吸引力。……我在千里達的成長時期，是那種種族主義的最後時光。這樣的經驗也許讓我對一些事情有了更深刻的理解：大戰結束以後發生的巨大變化，還有這種文明爲容納世界其他地方以及種種思潮所做出的非凡努力。」他從這種文明的邊緣走向中心，而追求幸福這個觀念正是這種文明的核心吸引力。[6]

奈保爾奔向倫敦，走向自由與寬容；陳友仁則奔往中國，陷入革命與暴力。陳友仁對英國和西方的怨恨正與辛亥革命之後中國的民意吻合。中華民國建立之後，中國的國際地位並未改善，許多中國人認爲國際環境似乎阻撓國家的發展。時局造成的挫折和幻滅感傾向於加深對當局的懷疑，導致人們走極端，爲以後歲月中的極端主義和軍事主義的解決方法埋下種子。那一代的政治代言人都把帝國主義和政治分裂聯繫在一起。蔣介石寫道：「帝國主義分

6 奈保爾，《我們的普世文明》（海口：南海出版社，2014），頁607-608。

子的密謀乃是內戰之主要原因。」毛澤東說過：「因爲帝國主義的鎭壓，革命在中國一次次地失敗了。」鄧小平後來告訴外國記者，他年輕時投身革命是因爲外國干涉中國。

中國人對外國干涉感到忍無可忍，其原因至少是三重性的。首先是外國在中國最大的一些城市，特別是在上海這樣一個現代出版、工業和政治組織中心的特權地位問題。其次，外國人繼續在中國海關占據高位，關稅收入使海關成了週期性內戰的最大爭奪對象。一九二七年取得權力的國民黨的政府預算中，關稅收入平均也要占整整一半。第三個刺激因素是，在四分五裂的中國，外國勢力能夠從個別政客或軍閥那裡很有把握地撈到更大利益。[7] 陳友仁抱著解決這三大難題的決心不遠萬里來到中國。

陳友仁的英文名字是Eugene Chen，從巴黎赴中國的火車上，他遇見一位參加海牙第一次國際鴉片會議中國外交官，幫他取中文名陳友仁。到了東北奉天，轉乘到北平的火車，在車上遇見中國檢疫及抗疫的先驅——馬來西亞華僑伍連德博士，共同的華僑身份，讓兩人一見如故。到了天津，伍連德帶陳友仁去見民國政府第一任總理唐紹儀及交通總長施肇基，後者邀請陳友仁擔任交通部法律顧問。

陳友仁對辦報更有興趣。一九一四年，他在北京辦英文《京報》並任總編輯，後因揭露段祺瑞向日本借款，譴責段祺瑞「出賣中國」，報紙被迫查封，他本人於五月十八日被捕，以「妨礙公務」罪處以徒刑四個月。[8] 陳自稱系英國公民，要求英國駐北京公使館干預。英國駐華公使朱爾典年歲已高，心底慈善，向英國首相施加影響，要求中國釋放陳。[9] 六月四

7 吉爾伯特．羅茲曼主編，《中國的現代化》（南京：江蘇人民出版社，1995），頁301-304。
8 韓信夫、蔣克夫主編，《中華民國史大事記．第二卷（1916-1921）》（北京：中華書局，2011），頁836。
9 約翰．本傑明．鮑惠爾，《在中國二十五年：上海〈密勒式評論報〉主持人鮑惠爾回憶錄》（合肥：黃山書社，2008），頁127-128。

日，總統黎元洪下令特赦陳友仁。黎段矛盾由此激化，黎罷免段的國務總理職務，引發民國以來最嚴重的府院之爭。

陳友仁獲釋後逃到上海公共租界。極具諷刺意味的是，此後他卻將作爲法律上的祖國和作爲救命恩人的英國作爲頭號敵人，將多次庇護他的租界當做萬惡的淵藪。

隨後，陳友仁投奔孫文在廣東建立的割據政權。一九一九年，他以廣東政府代表團顧問身份參與巴黎和會，透過蘇聯代表拿到美日密約（即《藍辛—石井協定》），其中有將德國在山東的特權交給日本的條款。該文件經翻譯後在北京《晨報》發表，引發五四運動。他以爲是在幫助中國，卻沒有意識到充當了蘇聯的一枚棋子。

一九二三年，陳友仁擔任孫文的英文秘書及外交秘書，開始了在中國的外交生涯。他如同春秋時代的遊士，找到一位「明主」——孫文此時只是一支「垃圾股」，但在陳眼中，其一飛沖天的潛力不可估量。動蕩的中國是冒險家的樂園，爲陳提供了千里達無法比擬的大舞台。

孫文器重陳友仁，請他參加與蘇聯特使越飛及鮑羅廷的會談。一九二四年，陳友仁陪同孫文赴北京，與北洋巨頭段祺瑞、張作霖等共商國是。孫文不久便臥病不起。一九二五年八月十一日，孫文臨死前一天，召集至親好友到病榻前見證其簽署遺囑。陳友仁起草了一份署名孫文的「致蘇聯遺書」，重申國民黨在爲中國擺脫西方帝國主義的鬥爭中同蘇聯合作的政策。這封遺書經宋子文宣讀，由孫文簽署。這個文件在國民黨內部引起很大爭論，有些人認爲孫文在彌留之際，不可能充分考慮這份文件的內容，文件的內容體現的是陳友仁的觀點。

孫文死後，陳友仁留在北京，編輯以中英兩種文字出版的國民黨背景的《民報》。一九二五年八月，該報誤刊張作霖死訊，陳友仁將張稱爲「屠夫」，因此被奉軍逮捕，解送天津監禁。一九二五年十二月，馮玉祥進占天津，陳重獲自由，回到廣州，新的國民政府已於同年七月在廣州成立。

「暴力邊緣」的「革命外交」

一九二六年一月，國民黨第二次全國代表大會在廣州召開，剛出獄還在北京的陳友仁缺席當選中央執行委員。五月二十一日，陳友仁抵達廣州，被任命爲國民政府代理外交部長，成爲廣州政府的核心人物之一。此時，陳友仁的妻子阿加莎在千里達身患癌症，病情惡化，盼望再見丈夫一面，正與列強展開關稅等議題談判的陳友仁分身乏術，直到妻子去世也未回家探視。不顧夫妻恩情而撲向權力烈日，堪稱「渣男」——正如其在與英方談判時使用的宏大敘事：「惟中國國民政府光炬萬丈，全爲國民運動熱力所構成，照耀天地，無時或熄，在中國及國際政治上不能不認此政府爲永存實體。」[10] 雖用英文，卻頗有毛的文風。

陳友仁的強硬外交政策，來自鮑羅廷授意。鮑羅廷在共產國際指揮下，主張一種對英「暴力邊緣」政策，試圖建立中、蘇、日聯合戰線，脅迫英國放棄若干在華權益。中國的「革命外交」或「戰狼外交」，並非始於毛時代或習時代，而是始於「陳友仁時代」。[11]

陳友仁上任時，在外國記者招待會上的言論已有不祥之兆。有記者詢問某外國石油公司一名中國僱員被殺一事，「如果被殺的是美國人，貴政府將採取何種態度？」陳臉露微笑，

10 高承元，《廣州武漢革命外交文獻》（上海：神州國光社，1930），頁1-2。

11 所謂「革命外交」，即以革命的方法與手段來解決中外之間不平等的外交關係，也就是要達到廢除不平等條約的目的。在不完全顧及過去的條約、協定、慣例與既成事實的前提下，在必要時運用大膽而強烈的手段，在革命精神與群眾運動的強力支持下，在威迫性或半威迫性的情況下，以達成中國外交談判的目的——逐項整體地或部分地廢除不平等條約，改變外人在華優越地位。李恩涵，《北伐前後的「革命外交」（1925-1931）》（台北：中央研究院近代史研究所，1993），頁6。

聳聳肩道：「如果美國人跑到中國來丟了性命，不該由我們來承擔責任。總之，如果他們待在自己的國家，想來是絕對安全的。我們沒有請他們來這裡。再說，美國是禁止中國人入境的。」他大概忘了，他的命是靠英國公民身份保住的，如果他是中國公民，早就成為另一個中國政府的刀下亡魂。

有記者問，在廣州控制的所有市鎮裡，牆上都布滿暴力排外標語，如果有外國人受到攻擊，政府難道不必為此負責嗎？陳毫不遲疑地回答：「沒錯，是有責任。但是，中國的民族意識必須覺醒，必須有真正的愛國主義衝動。為此要不惜付出任何代價。」[12]很有點今天中國戰狼式外交部發言人的腔調。

隨著北伐軍攻克長江流域諸多重要城市和省份，廣州政府派出陳友仁、宋子文、孫科、徐謙、鮑羅廷等五人去武漢研究政府遷徙問題。一九二六年十二月十日，此五人及宋慶齡抵達武漢，受到盛大歡迎。十二日，在武漢的諸多政要決定成立國民黨中央執行委員會與國民政府委員臨時聯席會議，兼具黨、政雙重功能，代行中央政治會議職權，處理內政、外交事務。十三日，武漢臨時聯席會議宣告成立，以徐謙為主席，鮑羅廷為總顧問，陳友仁為代理外交部長，外交部設置在漢口法租界前交涉署內。一九二七年一月一日，臨時聯席會議正式開始辦公，確定以武昌、漢口、漢陽為一大區域，作為京兆區，定名武漢。

當時，英國政府決定收縮在遠東的力量，對武漢政府採取綏靖政策。列強雖未承認武漢政府，英國新任駐華公使、「中國通」藍普森在往北京赴任途中，先往漢口訪問十天，並與陳友仁會談多次。藍氏指派參贊歐馬利為其本人之代表，長期駐武漢。藍氏到北京後，以備

12 哈雷特．阿班，《民國採訪戰：〈紐約時報〉駐華首席記者阿班回憶錄》，頁24-25。

忘錄致曾出席華盛頓會議之各國駐華使節，提醒列強應當盡快允予中國關稅主權，並「自動放棄脅迫中國行動的任何意圖」，以爭取中國民族主義之向心。[13]

英國釋放善意，準備承認武漢政府，條件是在新條約簽訂之前，必須接受過去中英兩國之間簽訂的條約。但陳友仁拒絕接受這一條件，談判於十二月十七日破裂。

一九二七年元旦，武漢政府宣布連續休假三天，組織大型群眾活動。三日下午四點，一隊中央政治軍事學校武漢分校學生所組織的宣傳隊，在漢口海關前的廣場上，發表反帝演說，引發群眾聚集，並與英國海軍陸戰隊發生衝突。目擊者描述：糾紛發生之始，「數千高喊高叫、手執竹桿、木棍與其他隨手武器的苦力工人，在群眾中有組織的煽動者的指揮下，在位居長江岸邊的邊緣地帶，與上有刺刀的分布稀疏的因英國陸戰隊兵，互相對峙」。混戰中，一名華人死亡，二人重傷，兩名英國士兵受傷。武漢當局調來軍隊隔開雙方，英方士兵亦退回營房，只在邊界站的電鐵絲網邊安排一人守衛。

此時在武漢的國民革命軍將領萬耀煌觀察到，收回英租界的運動正如火如荼地進行著，英國水兵登陸，華洋交界處都戒嚴，形勢極為緊張。各處都可看到「收回租界」、「打倒帝國主義」的標語，這些標語都是漢口總工會和漢口市黨部及人民團體所貼，遊行隊伍多半是在總工會領導下的工人糾察隊和民眾，手持白旗高呼口號。有幾千人要衝入英租界，英方以沙包阻塞道路，幾個英兵持槍站崗，不管民眾用石頭擊還是辱罵，絕不稍動，萬耀煌感歎「英國士兵訓練有素」。[14]

13 唐啓華，〈國民政府初期外交政策的演變（1925-1928）〉，收入黃自進、潘光哲主編，《蔣介石與現代中國的形塑．第二冊．變局與肆應》，頁328-329。

14 郭廷以、沈雲龍等訪問，《萬耀煌先生訪問紀錄》，頁171-172。

事態本已得到控制。中共及國民黨左派卻利用此一衝突事件，擴大事態。四日下午，數萬群眾再度聚集於英租界附近，並挪移英方安置的拒馬、沙包、鐵刺等，接著衝入英租界。英駐漢口領事萬福鑒於英國陸戰隊與義勇軍兵力薄弱，不願與中方發生流血衝突，下令英軍撤退到長江水面的軍艦上。一月五日，漢口的英國僑民全部撤退到軍艦上，英租界由中國軍警進駐。一月六日，九江英租界也受到同樣的襲擊和攻占。

陳友仁等利用此一時勢，設置「漢口英租界臨時管理委員會」，自任主席，在租界內執行行政權力。英租界工部局大廈上的英國國旗被降落下來，代之以中國國民黨黨旗。英總領事館被改爲湖北總工會總部。

陳友仁與英方先後進行十六輪談判。英方起初要求恢復這兩個租界原狀，陳指出，只能以新的形勢爲談判依據，否則必將引起「較現在更險惡之局勢」。

歐馬利從英國駐漢口領事那裡接過談判事宜，英國政府爲集中力量確保上海租界的安全，決定放棄漢口和九江租界。二月十九日，雙方簽署關於漢口租界的協議，英國交還漢口租界。三月十五日，取代原英租界工部局的新「特區」市政會議成立，有三名英國代表被納入其中。二月二十日，雙方簽署九江租界協議，英國交還九江租界，中方答應賠償四萬元英國人所蒙受的財產損失。

陳友仁不戰而屈人之兵，在外交上大獲全勝，爲中國開創了「革命外交」新世紀。在近代中國外史上，幾乎是神話。由於成功的鐵腕外交、以及精通西方法典，他獲得巨大聲譽。中國最大的報紙上海《申報》，每天都可看到革命外交家陳友仁的名字，稱武漢政府爲「陳友仁時代」。

法盲律師和蔑視條約的戰狼外交官

收回漢口、九江的英國租界，是武漢政府的一項外交成就，大大提高其國際威望，但其後遺症更大：掌握武漢政府權力的國民黨左派與中共分子，對於處理內政與外交各項問題，更趨於採取激烈手段。玩火者必然自焚。

武漢當局收回漢口、九江租界的行動，經過周密策劃，使用孫子兵法式的暴力加謊言。美國記者鮑惠爾認為，武漢政府反帝立場激化，是因為經濟形勢惡化，執政者試圖轉移內部矛盾和民眾視線。

攻克武漢三鎮後，中國左派領導者及其蘇聯顧問，發動了一場與古羅馬觀看角鬥取樂相似的運動，以慶祝「戰勝了帝國主義和軍閥」（其實更像法國大革命時期的革命狂歡）。有「中國的匹茲堡」之稱的漢口，絕大多數工人都停止工作，白天黑夜地參加遊行示威集會。幾個星期之後，他們突然發現沒有飯票了。武漢政府陷入自己製造惡性循環，遂採取一個自殺性方法，即為購米而濫印鈔票，以緩解飢餓，卻導致食品尤其是大米的價格飛漲，高到無人買得起的地步。為避免一群群飢餓難耐的群眾轉而攻擊自己，宣傳家們有意將革命激情轉向反對外國人，以保自身。[15]

在此背景下，工農組織迅速擴充，尤其熱心於利用有組織的群眾發動各種反英、反帝運動。在武漢政府轄區內，排外事件層出不窮。由於難以正確區分英國人與非英國人，許多

15 約翰·本傑明·鮑惠爾，《在中國二十五年：上海〈密勒式評論報〉主持人鮑惠爾回憶錄》，頁125-126。

法國人、美國人和其他西方人所建立的教堂、學校、醫院等，或被強占，或被破壞，或被騷擾，無法從事正常性工作。許多外國人經營的企業，特別在漢口一地，都被迫停業關門，外國人從武漢政府轄區撤離。將外國人的財產充公，至少可暫時緩解政府和民眾的燃眉之急。

陳友仁操縱民意，置「革命外交」於難於控制的群眾運動之上，如騎虎背，乃是極危險的行動。其有效運用範圍，不只極爲窄狹，可一而不可再，而且只能在次要目標上有效。它在面對重要目標與關鍵時刻時，在群眾運動難予控制或失去控制時，常常造成難以挽救的難題，不只使原訂的外交目標落空，反而產生更嚴重問題，使國家所面對的局面，更爲嚴峻。[16] 就好像法國大革命中「比賽誰更激進」的殺戮遊戲，自以爲最激進的陳友仁，轉瞬就被民眾視爲保守派或投降派，爲迎合民眾而不斷調整其立場。由此，「革命外交」隨著群眾運動之日益趨於激烈化，失去了控制群眾和平且有步驟地達成某項外交政策目標的能力。

一九二七年一月二十二日，陳友仁代表武漢政府發表一篇措辭嚴厲的宣言，「當今之日，外人欲保護在華僑民之生命及財產，已非區區槍炮所能爲功，蓋民族主義之中國，已備有經濟武器，其效力之酷烈，非外人發明任何武器所可比倫」。他辱罵與北京政府來往的英國及他國爲「國際土匪」，將「盡法嚴懲，不使倖免之」。一月二十三日，他又發表另一宣言：「今日之問題，非爲大不列顛及列強願許中國依允國民之合法志願，而爲國民主義之中國秉公依允大不列顛與列強；是彼等國際管理之治制，今已實遭一切歷史上政治征服制度之命運矣。」其措辭之激烈，態度之強硬，不亞於宣戰檄文。

三月二十三日，鮑羅廷提出一項「關於上海外交問題」的決議案，要求陳友仁發表宣

16 李恩涵，《北伐前後的「革命外交」（1925-1931）》，頁83。

言，表明等上海戰事結束後，要求撤退各國在上海的駐軍，並與英美兩國磋商收回上海公共租界。

英國及列強不會繼續退讓。英國派遣大量陸、海軍往上海增援，其他各國也增兵，駐紮上海的外國軍隊多達三萬人。此外，停泊在上海港內外的外國軍艦也多達數十艘。

三月二十四日，南京事件爆發，國民革命軍士兵攻擊西方外交官、僑民、領館、教會及居民住宅，是義和團之後最大規模的一次排外暴力事件。

三月二十七日，蔣介石在上海召開記者會，表達對南京事件的「個人意見」，聲稱決不用武力及暴動改變條約及租界之狀況，而用外交手段解決。四月三日，陳友仁發表針鋒相對的三點意見：第一，黨員未經中委會許可，對外擅自發表變更外交政策之主張者，除名處分；第二，政府職員，非外交當局，私與帝國主義爲外交接洽者，免職查辦；第三，外交人員，由外交部直接任免。[17]

既然武漢方面自認爲是獨一無二的中央政府，四月十日，英、美、法、義、日五國領事一共赴武漢政府外交部遞交最後通牒。陳友仁避而不見，派秘書告知，若列強聯手干涉，外長不會接見。隨後，陳逐一接見各國領事，各國領事提交內容相似的最後通牒，並駁斥陳的解釋「在內容與細節上都不足置信」。[18]

陳友仁對南京事件見獵心喜，覺得義和團式的排外暴動頗爲可行。四月三日，武漢政府策動民眾包圍漢口的日本租界，試圖故技重施，重複年初收回英租界的手法。然而，日本沒

17 唐啓華，〈國民政府初期外交政策的演變（1925-1928）〉，收入黃自進、潘光哲主編：《蔣介石與現代中國的形塑．第二冊．變局與肆應》，頁330-331。

18 錢玉莉，《革命外交家陳友仁》，頁136-137。

有像英國那樣退縮，也沒有像在南京事件中那樣克制（日本政府在南京事件期間的不作爲，導致輿論猛烈抨擊），大舉派遣軍隊登陸，也以機關槍向暴民開火，造成九人死亡、八人受傷，暴民作鳥獸散。

武漢政府試圖對日方做出強硬反應，但南京政府於四月十八日成立後得到國際社會承認，武漢政府的國際威望一落千丈，各國都視之爲「敵對的極端團體」。於是，鮑羅廷和陳友仁迅速「軟」下來，從「冷酷」的面對面的衝突，改作所謂「策略性的退卻」，再變而爲只求保持顏面性的「懇求」政策。武漢政府下令將街道上的反帝標語與招貼洗刷乾淨，所有工會、農會與軍隊所占用的外國教堂及其附屬建築，均受命立即遷出、歸還原主。武漢軍事強人唐生智專程拜訪日本駐漢口總領事，保證旅漢日僑安全。陳友仁與孫科做出同樣保證，禁止漢口各工會擅自舉行任何非法示威活動。陳親自向美駐漢口總領事承諾，各工會已實行自我約束，實施「革命紀律」以執行政府的決策與命令。他還向武漢政府下轄的軍隊直接呼籲，可「反帝」而不可「反外」。[19]但究竟什麼是「帝」、什麼是「外」，則語焉不詳。

然而，這一政策轉變已太遲而無法改變武漢政府日漸沉淪的外交地位。五月九日，英國外相張伯倫公開聲稱「武漢國民政府已喪失其支配性地位，名存實亡」。五天後，張伯倫宣布斷絕英國與武漢政府的外交關係，命令英駐漢口的代表歐馬利撤離漢口。

武漢政府喉舌《民國日報》見勢不妙，轉而發表社論討好日本，認爲中國革命以英國爲敵，同時以日本爲友，願意促進日本成爲世界強權，增進其貿易與財富。該報建議說，「日本政治家最好的選擇是與中國合作，共同對付英國」。但日本沒有對其表示賤價的憐憫，而

19 李恩涵，《北伐前後的「革命外交」（1925-1931）》，頁80-81。

以空前強硬的態度應對中國變局——數月後，日本軍隊與北伐軍在山東濟南發生激烈衝突，北伐軍最終繞道而行。

武漢政府走到了窮途末路，這個存在不到一年、在全盛時期亦只控制湖北、湖南部分地區的政權，正如歷史學者陳志讓所稱的那樣「實爲一套插著紅羽毛的枕頭套，不只惹右派與西方國家和日本的討厭，蘇俄也是同樣嗤之以鼻」——一九二七年四月，張作霖在北京對蘇聯使館進行突然搜查，抓捕李大釗等躲藏其中的共產黨人。這一事件跟武漢方面並無關係，陳友仁早就聲稱北京的統治者爲「不受法律保護之人」，他卻迫不及待地向蘇聯外交人民委員「鄭重道歉」——北京事件或許是陳友仁激進親蘇外交政策的一個反向的連鎖反應。

每一個抉擇，都是最壞的抉擇

一九三〇年，流亡法國的陳友仁與畫家張荔英結婚。陳友仁五十二歲，張荔英二十四歲，張荔英爲張靜江的女兒，兩人結婚，頗爲轟動。

一九三一年二月，不甘寂寞的陳友仁來到香港。三月，蔣介石在南京軟禁胡漢民，引發新的反蔣聯盟在廣州組成，參加者有汪精衛、孫科、伍朝樞、唐紹儀等人，並得到兩廣實力派軍人陳濟棠、李宗仁支持，五月二十七日在廣州召開「國民黨中央監察委員非常會議」，並組建國民政府。陳友仁看到時機到來，亦參與其中，出任外交部長。他的職位不變，但地位今非昔比，當年武漢的外交部爲政府僅有的四大部之一，陳炙手可熱，但如今毫無外交可辦——國際社會承認的是南京政府。七月，陳奉命去日本爲廣州政府籌集軍械、聘請顧問，這一行動是冒天下大不韙之舉，與賣國無異，此行受到普遍譴責。

隨即九一八事變發生，寧粵雙方由劍拔弩張變爲偃旗息鼓，經過密集談判，達成妥協，蔣介石下野，廣州政府解散，國民黨在南京召開四屆一中全會。四中全會選定林森爲國民政府主席、孫科爲行政院長、陳友仁爲外交部長——這是眞正的中央政府的外長。然而，陳友仁除了在漢口硬幹一個方法以外，提不出什麼辦法。他主張與日本絕交，這個主張在中常會（蔣、胡、汪爲常委）討論了幾次，毫無結果。因爲絕交的第二步就是宣戰，但中國的軍隊能打敗日本嗎？時任實業部長的陳公博說：「這樣無效的絕交，僅是一種高調，實在於國家無補。」[20]

蔣介石下野前早已安排好黨政軍人事，以及財政分配。孫科上台後，內外交困，號令不出院門。一九三二年一月二十四日，陳友仁在上海宣佈辭職，任職不到一個月。[21] 第二天，孫科也藉口外交政策不行，跑到上海宣佈辭職。[22] 南京陷入無政府狀態，蔣與汪再度合作，蔣重掌大權。[23] 陳友仁的政治投機再次一無所獲。

一年之後，陳友仁又作一生中最後一搏。一九三三年，駐紮福建的第十九路軍蔣光鼐、蔡廷鍇部，在陳銘樞支持下，在陳友仁和徐謙謀劃下，於十一月二十日發動福建事變（閩

---

20 陳公博著、汪瑞炯、李鍔、趙令揚編註：《苦笑錄》，頁279。

21 陳友仁在上海發表辭職談話說：「當余就外長職之初，因過去蔣介石對於東三省主張其消極抵抗政策之故，以致錦州失陷，而中國軍隊且全部撤退於關內，外交問題至是來愈陷於困難。根據上海和會之決定，本一致反對消極無抵抗之政策，且主張積極政策，以不失領土不辱國權爲方針。余經兩星期之考慮，以爲貫徹和會之政策，即對日絕交之事，實爲必要而不可免之方法，蓋必先有此者，而後引起國際間之重視，使華盛頓條約九國或凱洛非戰公約諸國不能不召開會議，而此項會議，或能於東三省問題得一公正而妥善之解決也。」陳氏之政策，若是實施，必將使中國陷入極度危險的境地。他寄希望於西方列強制約日本，但若日本尚未傷及西方列強的利益，西方列強不會出手幫助中國。而中國一旦與日本絕交乃至宣戰，中國根本沒有做充分準備，其軍事力量更無法與日本對抗。但陳友仁根本不考慮中國的現實，靠著理想與激情驅動而一味蠻幹。

22 隨後，孫科的最後掙扎是組織「中央委員會駐滬辦事處」，仍以陳友仁爲外交委員會主任。在淞滬停戰協議簽訂後，這個非驢非馬的機構即告結束。金以林，《國民黨高層的派系政治：蔣介石的「最高領袖」地位是如何確立的》，頁415。

23 王奇生，《黨員、黨權與黨爭：1924-1943年中國國民黨的組織形態》（北京：華文出版社，2015），頁127-129。

變），另立中央，且改國號和國旗，以李濟深爲政府主席，陳友仁爲外交部長。[24]閩變宛如一場小孩過家家鬧劇。陳友仁從日本軍部得到大量武器和資金的支持，在全國抗日氣氛高漲的情勢下，這位「革命外交」之父被國人視爲謀逆和叛國者。

蔣介石迅速調八個師陸軍入閩，並以空軍和海軍配合攻擊。十九路軍五個軍之中，四個軍在陣前倒戈。一九三四年一月十三日，中央軍攻入福州，中華共和國人民革命政府成立不足兩個月即瓦解。二十一日，十九路軍餘部通電擁護中央，閩變正式落幕。

陳友仁因參預閩變，被開除出國民黨，自此徹底退出政治舞台。旅歐一段時間後，他選擇居住在他最痛恨英國統治下的殖民地香港——從英國殖民地的千里達到英國殖民地的香港，他的人生走了一大圈，最後歸零。他的身體比他的頭腦誠實。

英國人沒有拒絕這個曾給他們帶來巨大麻煩的孽子居住在香港，這是英國文明的包容博大之處。一九四一年十二月，太平洋戰爭爆發，日軍占領香港，陳友仁遭拘捕，關押一段時間後，於一九四二年春被解押到上海。日方希望他參與汪政權，但汪並不歡迎這個固執的左派，也不會留外長的要職給他。萬念俱灰的陳友仁被軟禁在上海，直到一九四四年五月二十日去世，終年六十七歲。

24 一九三三年十二月二十二日，閩變參與者宣布成立中華共和國人民革命政府，改年號爲中華共和國元年。改國旗爲上紅下藍，中嵌黃色五角星。成立執政黨「生產人民黨」。隨即與江西中央蘇區之「中華蘇維埃共和國臨時中央政府」簽署協定，停止軍事對抗和開始經濟合作。但這個叛亂組織並未得到民衆和其他政治勢力支持。桂系對十九路軍與共黨和解感到不悅，通電不表支持。陳濟棠接受蔣介石拉攏，不支持閩變。與陳友仁最親近的宋慶齡表示事發前未聞其事。中共也不屑與之合作，以王明爲首的中共中央發表聲明，指福建政府是「非人民的，仍是不革命的」。

17 鄭毓秀

才女、律師、法官與貴婦

我成為中國第一位女性地方法官，原因很單純，只是因為我想接受挑戰以便證明女性的能力而已。

——鄭毓秀

一九二七年四月，國民革命軍進駐上海。五月，上海成立特別市政府，上海法政與律師的管理權正式轉移到國民政府手中。司法部長王寵惠呈文國民政府，表示該部已「體察現情，酌參舊制」，擬妥《律師章程》與《律師登錄章程》，新舊制度間最主要的兩項差異，就是提高年齡限制與取消性別條件。王寵惠說：「舊章定為人民滿二十歲以上者，此則定為滿二十一歲以上；舊章限定為男子者，此則不予限定，以為男女在法律上平等之起點。」[1]律師是一個剛剛萌芽、不受公眾重視的新興職業——到了一九三〇年代初，首批通過國民政府覆驗程序的律師，全國僅兩百三十二名，至少有一百二十四人在上海執業。[2]王寵惠如此重視律師資格的男女平權，或許跟其紅顏知己鄭毓秀有關。

在民國眾多傑出女性之中，有一個集諸多「第一」於一身的女性，特別引人注目。她是第一位獲得博士學位的女性律師、第一位省級女性政務官、第一位地方法院女性院長與審檢兩廳廳長、第一位非官方女性外交特使、第一位參與起草《中華民國民法典草案》的女性……這位擁有眾多「第一」、開風氣之先的女中翹楚，就是社會活動家、革命家及女權運動鼓吹者——鄭毓秀。[3]

早在國民政府頒布女性擁有擔任律師權利之前兩年，從法國留學歸來的鄭毓秀就已獲得

---

1 〈呈國民政府擬訂律師章程暨律師登錄章程，呈請鑒核備案由〉，《司法公報》，第1期(1927.12)。

2 比中國更早學習西方近代法律制度的日本，經過了長期的辯論，也是在一九二七年才實現女性可以當律師。這一年，日本「辯護士法改正調查委員會」向司法大臣提出《辯護士法改正綱領》，去除了只有男子才能擔任律師的規定，且明訂即使是嫁為人妻的女子，也擁有擔任律師的權利。相比之下，中國女性獲得擔任律師的權利，反倒顯得波瀾不驚，或許正是因為律師在當時的中國人數稀少，是一個相對邊緣化的職業。孫慧敏：《制度移植：民初上海的中國律師（1912-1937）》（台北：中央研究院近代史研究所，2012），頁199-200。

3 蔡登山，〈探尋胡適日記中的鄭毓秀〉，收入蔡登山《民國的身影》（桂林：廣西師範大學出版社，2009）。

在上海租界的執業律師資格。

上海治外法權盛行，司法制度爲全世界最複雜。上海分三個部分：中國城區、法租界和公共租界。中國法庭管轄中國城區範圍，而每個外國租界都有混合法庭，有多少國家擁有治外法權，就有多少法律條款，還有中國法規和兩個外國租界區的當地法則。整個上海存在著混亂、複雜而互相衝突的審判、法律以及程序，但鄭毓秀認爲，「毫無疑問，這裡就是精明律師的執業天堂」。[4]

鄭毓秀先申請中國律師執照，卻遇到困難，過去沒有女性律師適用的規範條款。但她認爲，即便如此，也沒有任何規定禁止女性律師執業。這項申請的決定權落在兩名北京政府官員手上，延宕許久，沒有下文。

於是，鄭毓秀轉而尋求地在公共租界的混合法庭獲得律師執業執照。在法租界，當時只有法籍律師（其中有一位法籍女律師芙洛娜．羅森堡），他們暗地裡阻擋鄭毓秀進入這個行業。鄭毓秀得到法國首席領事那齊雅支持，申請獲得批准，媒體稱讚說：「鄭女士爲中國第一個而且也是唯一之女律師」，「故不唯是中國婦女界之新紀元，而亦爲法租界之新紀元」。[5]中國女性不能在中國擁有完整司法權的地方擔任律師，只能在西方國家擁有治外法權的租界擔任律師，這一事實本身就是莫大的諷刺，亦讓做爲民族主義者的鄭毓秀頗爲難堪。

4　鄭毓秀，《玫瑰與槍》（台北：網路與書，2013年），頁138。

5　〈女律師在中國出現了〉，《台灣民報》，第126號（1926）。最早報導這則消息的是日治下的《台灣民報》——台灣民眾不會料到，二戰日本戰敗後，台灣被中華民國接收，鄭毓秀是首任台灣省主席夫人。

以玫瑰枝作槍的「現代花木蘭」

她天生就有反骨，她天生就愛自由，她用驚天動地的哀嚎迫使祖母放棄讓她纏足的計畫，她打贏了第一場為自由而戰的戰爭。她的在北京戶部擔任高官的父親，與母親感情疏遠，卻分外疼愛女兒，允許女兒穿上短褲和寬鬆的上衣，剪短髮，像個小男孩一樣跟著他在外面露臉。

還是少女的她反抗家族為她量身定做的婚約（未婚夫為兩廣總督之子），不願嫁給紈褲公子哥，她理想中的丈夫，是擁有現代知識和思想的留洋學子，或至少念過北京大學這樣的新式學堂。她迫使家族悔婚，打贏了第二場為自由而戰的戰爭。[6]

接著，她到天津市由美國女傳教士主持的天津崇實女塾教會學校讀書，開啓對西方生活及西式教育的認識。「我不能、也不會生長成傳統女子的模樣，我感激自己在這個承上啓下的時期裡，扮演一個特殊的角色，過渡期的時代已經開始，接受適當的教育是我未來工作的基本條件。現代世界以無法抗拒的力量引導我走過去，沒有什麼能阻止我達到目標」。[7]

一九〇五年，年僅十五歲的鄭毓秀爭取到去日本遊學的機會。她在一次祕密聚會上聽到孫文演講，宣誓加入同盟會，成為年齡最小的同盟會會員。武昌起義爆發後，她回到北京，參加暗殺團偷運炸彈，策劃刺殺袁世凱，博得「炸彈女郎」之美譽。她在一次失敗的刺殺行

6 鄭毓秀，〈鄭毓秀女士自述〉，《生活雜誌》，第3卷第1期(1927)。

7 鄭毓秀，《玫瑰與槍》，頁38。

動現場，努力扣動扳機，卻因未受過使用槍械的訓練，手指被夾出血，未能命中袁世凱，隨後在同仁扔出的炸彈的硝煙中僥倖逃脫。[8]之後，她又與彭家珍一起策劃暗殺主張嚴厲鎮壓革命黨的清廷重臣良弼。

一九一二年，鄭毓秀赴法國留學，就讀於巴黎大學（索邦大學）法學院。與一般來法國「勤工儉學」的學生不同，她有家庭的資助（其父後來經商，成爲巨富，鄭家府邸富麗堂皇，所建之琦雲樓爲深圳歷史上規模最宏大的私人書室）[9]，還有其出生地廣東政府的公費助學金，入住巴黎市區克瑞桑街六號，爲一深宅大院，同住的除從中國帶來的管家、廚子及女傭，還有親朋好友數名。「鄭公館」的客廳常常座無虛席，再加上她個性豪爽且慷慨熱心，此處不僅是留學生愛去的地方，也是王寵惠、張靜江、李石曾、胡漢民等要人、名人到巴黎時聚會所在，傅斯年和陳寅恪等學者遊學巴黎時也曾爲座上賓。鄭毓秀儼然如法國沙龍的貴婦主人。

鄭毓秀竭力幫助來法勤工儉的女學生。據在法國留學的青年黨領袖李璜回憶，當時共有三十餘多名女學生，「一併因鄭毓秀女士的請求，而爲多金好客的于格勒魯夫人所救濟，每月各給以三百佛郎，按期由鄭女士發給。我的胞姐李琦固領受過這個人情至三年之久，而口喊打倒資本家的蔡暢、向警予與劉清揚三女士，似也未曾嚴拒這一項美籍太太的補助金，而照領過一個時期」。[10]

8 歐陽雲，〈炸前清袁內閣紀實〉，收入中華民國開國五十年文獻編纂委員會，《中華民國開工五十年文獻（第一編第十三冊）》台北：中正書局，1964年），頁721。

9 深圳老地名發掘整理工作室，〈西鄉：巷陌藏歷史，書香透百年〉，《深圳晚報》，2011年8月11日。

10 李璜，《學鈍室回憶錄》，1985年。

一戰結束後，戰勝國在巴黎召開國際會議，中國作爲戰勝國之一與會，希望收回德國在山東的權益。當聽到日本要求接收這部分權益之時，中國人的民族主義情緒被激發出來，國內爆發五四運動，在巴黎的中國留學生也組織抗議活動。數百名留法學生與僑民包圍中國代表團首席代表陸徵祥的下榻地，要求他不要在和約上簽字。鄭毓秀被推舉爲代表，與陸談判。他們在暗夜裡堵住從會場歸來的陸徵祥，據鄭毓秀回憶：「我到後面花園，用蠻力從堅固的玫瑰叢拉出一根粗枝，用膝蓋折斷，折出直徑兩、三公分，長度將近三十公分的樹枝，幸運的話，在黑暗中或許可以假裝是一把手槍」，「我在陰影中走出來，擋在他的面前，用玫瑰槍抵著他，他嚇得公事包從手臂下掉到地上，然後便落荒而逃」。[11]

後來，鄭毓秀將那枝玫瑰槍保留起來帶回中國，在客廳中懸掛多年：

> 一九三七年日軍把我們上海的家洗劫一空，發現小心翼翼包在紙裡、收進抽屜的一根老樹枝的時候，不知他們會作何感想？肯定會很疑惑為何這樣一件東西值得被如此珍藏。他們可能想不到這把玫瑰枝和他們奪取山東的企圖有何關聯。事實上，就是這件小東西，延宕了日本的野心好幾年。[12]

這段描寫太過誇張。一枝玫瑰槍不可能延宕日本的野心。實際上，顧維鈞等代表團內多數人均力主拒絕在條約上簽字，中國國內輿論也一致聲言拒簽，陸徵祥拒絕簽字的意向早已明朗。[13] 鄭毓秀等激進派留學生的舉動，對歷史的走向並無決定性的影響。

11 有當事人認爲，鄭毓秀堵住的中國外交官並非陸徵祥，而是代表團秘書長岳昭燏。
12 鄭毓秀，《玫瑰與槍》，頁120。
13 顧維鈞，《顧維鈞回憶錄（第一冊）》（北京：中華書局，2013），頁196。

鄭毓秀的博士論文是王寵惠代寫的嗎？

鄭毓秀的回憶錄充滿過於誇張的片段，跟她的爲人一樣。那本身就是一個浮誇的時代。同樣是留洋歸來的胡適，性情溫和謹慎，胡適與鄭毓秀的差異，除了個人性情不同之外，跟他們留學的地方分別是美國和法國亦有關係。德國學者弗雷德里希·根茨比較了美法革命之差異後指出：「美洲人足夠明智，謹守分際。法國人輕浮成性，不再承認最明確權利和事物本性的規範。他們如此驕狂，自以爲仗著暴力，就能扭曲不可能性本身。他們如此蠻勇，自以爲最明確的權力都必須屈從於武斷意志的準則。」[14] 生性浮誇的鄭毓秀在民風浮誇的法國留學多年，變得更加浮誇。

胡適不欣賞鄭毓秀，他對人的評論一向寬容，但在日記中多次表達對鄭的負面看法。他在日記中記載鄭的博士論文《中國憲法運動：比較法的研究》爲他人代寫：「後來夏奇峰也來了，他最知道鄭毓秀和王寵惠、魏道明等人的故事，談得甚有趣味。鄭毓秀考博士，亮疇（王寵惠）與陳篆、趙頌南、夏奇峰諸人皆在捧場。她全不能答，每被問，但能說：『從中國觀點上看，可不是嗎？』後來在場的法國人皆匿笑逃出，中國人皆慚愧汗下。論文是亮疇做的，謝東發譯成法文的。」[15]

14 弗雷德里希·根茨，《美法革命比較》（上海：上海社會科學出版社，2014），頁54。
15 王偉，《中國近代留洋法學博士考（1905-1950）》（上海：上海人民出版社，2011），頁204。

胡適向來是有一分證據說一分話，其日記記載，該說法來自夏奇峰。[16] 夏奇峰在巴黎期間，與鄭毓秀的圈子來往甚密。夏指出，法學家王寵惠與鄭毓秀交情匪淺，是其論文的捉刀者。

胡適不是唯一指出此一事實的名人。曾在鄭毓秀的律師事務所工作、後來成爲外交官的淩其翰指出：「其實她（鄭毓秀）的法文程度很糟，博士論文是由王寵惠捉刀，再由中國駐法使館秘書謝東發博士翻譯成法文的。我在她的事務所工作期間，曾把她的有關憲法的博士論文譯成中文，仍用她的名義，不作爲翻譯，由世界書局出版。」[17] 做爲其論文的中文譯者，其說法應當是可靠的。

不過，關於此事還有另一種說法，就是後來成爲鄭毓秀的丈夫的魏道明，是其在巴黎大學法科的同學。兩人經常討論課程，鄭毓秀雖自視甚高，但常常被魏道明折服。魏道明比鄭毓秀年輕十歲，卻先於鄭毓秀取得法學博士學位。魏得到學位後，「協助鄭毓秀通過法學博士口試，順利取得學位」。[18]

據鄭毓秀傳記作者唐冬眉的敘述，鄭毓秀視年長她十歲的王寵惠爲法學師長，再加上同鄉這層關系，兩人往來頻繁。王每次到巴黎來是一定要去鄭那裡，一行數人常常逛公園，遊名勝以及購買新奇物品，都是由鄭引導指點。鄭豪爽之外並不缺少女性的細致溫柔，她知道王一生最感興趣者莫過於書籍，經常與王出入的地方就是書店。每當王到「鄭公館」時，一

16 夏奇峰曾任上海《時報》駐巴黎和瑞士的特派員，後任日內瓦國際聯盟秘書廳秘書及法國考察中國代表團專門委員，以及國民政府外交部條約委員會委員，後來曾在汪精衛政府擔任高官。

17 淩其翰，《我的外交官生涯：淩其翰回憶錄》（北京：中國文史出版社，1993），頁2。

18 蕭碧珍、陳惠芳，《臺灣省主席年譜：魏道明》（台北：國史館台灣文獻館，2015），頁2-3。

盒上等的老牌雪茄和一壺清香四溢的紅茶早已在客廳的茶几上等候。兩人在客廳落座，旁人往往插不上話，王一口廣東官話，中間夾幾句英文，只有鄭能對上他的家鄉官話。[19]

王、鄭之戀情，在法國的中國留學生中早已不是祕密。報人金雄白說：「民國初年，有兩本專門描寫海外留學生趣聞艷事的小說，曾經萬人爭誦：一本是有關日本留學生的《留東外史》，另一本是寫法國留學生的《海外繽紛錄》。」《海外繽紛錄》屬於鴛鴦蝴蝶派章回小說，共四十回，浙江慈溪人陳辟邪著，二十世紀二〇年代末在上海《商報》連載，後由卿雲書局出版，暢銷一時。作者寫第一次世界大戰後留學法、德兩國的留學生生活，鄭毓秀、王寵惠等事跡，無可避免地也被寫入，只是姑隱其名而以「陸秀女士」和「黃老博士」代之。

鄭毓秀學成歸國後，與魏道明在上海合作成立「魏鄭大律師事務所」，並在霞飛路東華大戲院設宴慶祝開業。男女兩博士聯合執行律師業務，在上海乃至全國爲創舉，號召力甚大。鄭毓秀在宴會上發表演說指出：

> 國人對於女子在法律上之地位，向來漠視，但在國家由人治入法治之際，一國之女子，苟能振作有為，即足證明其國家之人人克盡厥職，百廢俱舉也。……不僅是克盡女性公民對法律救國事業所應承擔的職責，同時也是與男同胞一起謀增高女子在法律上之地位所做的一種努力。[20]

19 唐冬眉，《穿越世紀蒼茫：鄭毓秀傳》（北京：中國社會出版社，2003）。

20 〈鄭毓秀魏道明兩律師在東華宴請各界〉，《申報》，本埠增刊，1926年9月24日。

「魏鄭大律師事務所」位於法租界，那是一間長形的辦公空間，兩人各踞一端。他們發展出一套運作方式：複雜困難的案子兩人一起處理；與女性有關的案子由鄭負責，其他案子由魏負責。他們清楚地表明，不承接很可疑或是立足點不足的案子，這些案子枯燥無味，且註定會失敗，在名聲方面造成反效果。「對我們而言，在法律界的名聲不只是賺錢的憑藉，如果想幫助不幸之人，或是在上海促使某些事務更進一步發展，最重要的是，我們必須維持在業界的名譽及誠信。」[21]

然而，貶低鄭毓秀的流言仍四起，說這名「新鮮人女律師」沒有能力、缺乏經驗。但因爲鄭毓秀與王寵惠的關係，使得其擁有了專業之外的莫大隱形權力，上海司法界甚至有了「博士電話到，推事（法官）嚇一跳」之說。她代理的第一個案件是昆侖釀酒公司白蘭地商標糾紛案。時論「法租界惡勢力猶存時，訟案勝敗，多操在外人之手」，「鄭雄言善辯卒告勝訴」。社會活動家楊杏佛在上海被捕，她擔任其辯護律師，使其獲得釋放，此案被媒體廣爲報導。她努力打贏一場又一場重要官司，在風雲變幻的上海灘站住腳跟，「律業蒸蒸日上，興隆無替焉」。[22]

一九二七年初，北伐軍一路攻城略地，作爲老同盟會員，鄭毓秀密切關注戰事進展。她分析說：「這場戰爭使用了政治作戰方式，效果卓越、廣泛，政治組織必須先投入地方，然後才是軍隊，等待情勢有利，很快就能獲得大多數人的支持。」當北伐軍接近上海時，魏、鄭著力進行一些反對孫傳芳的工作，他們在上海地位獨特，能從社會不同階層人士中獲取有

21 鄭毓秀，《玫瑰與槍》，頁139。

22 〈鄭毓秀第一炮旗開得勝〉，《中外春秋》，第29期(1926)。

用的資訊。他們向北伐軍提供情報，還常常利用其在警界及政府的關係，幫助南方的特工脫險。

與此同時，鄭毓秀發現，她與魏道明的關係開始有了變化，兩人相愛了。「我已經知道自己對魏博士的感覺，不再只是單純的柏拉圖式的友誼，他也是這樣認爲。」一九二七年八月，兩人在上海的鄉間舉行簡單的小型婚禮，只有雙方親人受邀參加。婚後，他們在上海馬斯南路購買了新宅「範園」，佔地四畝，客廳富麗堂皇，庭園花木扶疏。夫妻倆廣事交遊，飲宴無虛席。

律界女傑深陷貪贓枉法的風暴眼

一九二七年三月初，中共上海區委決定發起第三次工人暴動，組建上海市民政府。中共與左派的國民黨上海市黨部經過初步「試探」接觸後，分別拿出十五人和十四人政府成員名單。雙方召開聯席會議，最後確定十七人名單。中共最初的名單中，瞿秋白的妻子楊之華作爲婦女代表佔有一席，但在最後名單中，楊之華被刪除，由鄭毓秀取而代之。

此事曝光後，有左派婦女單獨召開大會，提出「彈劾案」。瞿秋白在〈中國革命中之爭論問題〉一文中，破天荒地爲妻子發聲：「左派婦女群眾贊助楊之華加入委員名單，左派領袖（市黨部的）亦然，甚至右派領袖也不反對，而共產黨代表主張可以撤銷，以保存與國民黨之良好關係，並且不主張做反對右派婦女委員鄭毓秀加入政府之運動，亦是爲了保持『良好關係』。」瞿將鄭定義爲「右派」，因爲鄭曾任西山會議派的國民黨候補中央監察委員。

瞿指出，共產黨「對於國民黨的態度，在策略的原則上是很壞的」。[23] 將鄭毓秀列入名單，很可能是中共統戰高手周恩來所爲且得到總書記陳獨秀的批准。

瞿秋白實在是過慮了——鄭毓秀沒有接受中共拋出的橄欖枝，她在上海灘沉浮多年，豈會不知中共組建的上海市民政府是沙灘上的城堡，她要當官必定要等到更穩妥的時機。以她的出身、履歷、性情、職業和社會地位而論，不會認同共產黨。作爲上海資產階級的代表人物，她的反共立場即便沒有虞洽卿、杜月笙那麼強烈，但至少認同蔣介石清共。當國民黨接管上海之後，作爲「右派」的鄭毓秀被任命爲上海臨時法院院長。

一開始，鄭毓秀不願接受這項重要任命：「若出任法院院長，我必須隨時待命，謹慎維持司法正確。」但做出這項任命的南京政府首任司法部長正是王寵惠，王勸她說，她接受這個職務與否，會對新政府產生很重要的影響——不只是因爲她是知名的革命家與律師，更因爲她是爭取中國婦女權利的女性代表。於是，她接受了這項任命，成爲中國第一位女性地方法官，「這是純粹爲了女性的理由應付男性的挑戰和煽動」。四月一日，她在接受國聞社記者專訪時表示：

> 至於男女在法律上平等一節，余向主張絕對平等，亦余就現職後之最注意者。如女子行為能力問題、繼承問題等，與女子在社會上地位之發達，均有密切之關係。繼承一層，與女子經濟獨立，關係尤大。[24]

23 劉小中、丁言模，《瞿秋白年譜詳編》，頁224-225。
24 〈地方審判廳長鄭毓秀談話〉，《申報》，1927年4月2日，15版。

王寵惠關照和提拔鄭毓秀，還不遺餘力地在政界爲魏道明開路。二十八歲的魏道明被任命爲司法部秘書長、次長及代理部長，成爲但是最年輕的部長。兩年後，魏更出任南京市市長。雙雙步入仕途的魏、鄭關閉了律師事務所。

與魏、鄭夫婦同時代在法國留學的經濟學家錢昌照說，他一九一九年赴法留學，「鄭毓秀當時住在巴黎，我和陳和銑、魏道明、吳品今（梁啓超的門生）住在郊區。魏道明相當聰明，王寵惠賞識他，鄭毓秀喜歡他，後來魏、鄭結了婚。這兩人一直依靠王寵惠，回國後官運亨通，魏道明當上司法部長，鄭毓秀當上立法委員。」[25]

鄭毓秀先後出任上海地方審判廳廳長、檢察廳廳長、上海地方法院院長、江蘇省政務委員會委員、上海法政大學校長、國民政府駐歐特使、教育部次長等職。一九二八年，又任南京政府立法院立法委員，是五十一名立委中僅有的兩名女性之一（另一位爲宋美齡）。其間，她又參與組織民法起草委員會，出任民法編纂委員，爲五位編纂委員中唯一的女性，在起草民法草案時，她對男女平等問題特別重視，增加多條女性權利保護條文。[26]

魏道明和鄭毓秀在官場的名聲毀譽參半。鄭毓秀在任上海地方審判廳長時，曾捲入一場貪污案件。一九三三年，監察委員高友唐對鄭毓秀在上海地方法院院長任上，同書記官鈕傳椿、會計主任鄭慧琛（鄭毓秀之妹）等人涉嫌共同舞弊、違法遷佔提出彈劾。高氏彈劾案的措辭相當嚴厲：「鄭毓秀自卸任後，在滬充當律師，對於詞訟案件，一手包辦，爲所欲爲，始則以白爲黑，繼竟無中生有，民事不能拘押，則以假扣押恐嚇之，刑事不問虛實，但有控

25 錢昌照在一九四九年選擇投靠共產黨，晚年貴爲中共政協副主席。錢昌照，《錢昌照回憶錄》（北京：中國文史出版社，1998），頁13。

26 〈鄭毓秀談男女平等〉，《法律評論》，第6卷第12期(1928)。

告，則以拘押恐嚇之，均爲詐財或脅迫和解之工具，其所詐之財，聞已在數百萬元。……法院一時有『博士電話到，推檢嚇一跳』之謠，乃紀實也。」高氏主張，將鄭「移送法院，從重治罪，追繳侵佔各款，以儆奸貪，而平眾怒」。[27]

國民政府中央公務員懲戒委員會對此彈劾審查之後決定，該案刑事部分由最高法院依法審查後再商議行政處分。最高法院命令江寧地方法院檢察處對該案進行偵查，並票傳鄭毓秀等人到案待審。八月三十日，江寧地方法院開庭審理此案，但鄭人在國外，僅鈕傳椿一人在押。次日，《中央日報》刊登了一篇題爲〈江寧地方法院昨審理鈕傳椿〉的報導，第一句話就是「鄭毓秀案內嫌疑犯鈕傳椿，昨日下午十時，經江寧地方刑庭開調查庭公開審理」。《中華民國史事日誌》記載：「檢察院委員高友唐彈劾前上海地方審判廳長鄭毓秀與上海特區法院院長楊軍熉貪婪不法。」

此案拖延許久，懸而不決。吳瀛所著《故宮塵夢錄》提及「鄭毓秀避去了，他們扣住一個姓鈕的秘書判決了，倘若被告一個也沒有，是不能判決的」。陳克文在日記中記載：「鄭毓秀狼狽出國。」文學家郁達夫諷刺說，此案如同國際聯盟的李頓調查團，最終大事化小小事化了。《上海黨聲》評論說，此案對漸進曙光之中國司法前途不啻又置一黑暗之陰影：「鄭氏一再避匿，屢傳不到，尤使其本人情虛畏罪之事實，多已顯明之證例；故社會對是案之是非，極望有一明白之解答；乃事隔多年，迄未審訊，忽以撤銷二字聞，豈不更滋社會之疑慮耶？」[28]鄭毓秀的回憶錄中無一字記載該案。她雖未被法庭判決有罪，但出國躲藏之

27 郁達夫，〈營救鄭毓秀博士的提議〉，《論語》，第10期（1933）。

28 〈鄭毓秀案〉，《上海黨聲》，第1卷第26期（1935）。

舉，構成了她作為民國女傑的人生陰影，也成為民國司法史上的一大陰影。[29]

新聞界和文化圈對鄭毓秀充滿負面評價。上海資深報人金雄白所著《江山人物》一書中，提及他對鄭的印象：「我以為鄭毓秀在法國時期能如此的活躍，能如此的受到人們的樂與交接，無疑定是辯才無礙、風韻不凡的絕世佳人。當她任職之初，我就立即專程去訪問了她。她那時住在法租界馬斯南路一所舊式洋房中，與梅蘭芳的居處為近鄰。一見面，就使我感到了意外，出現在我面前的，形態上已是一個中年婦人，身材既不窈窕，姿容了無美感，肌理又粗黑而多痣。以這兩位近鄰而論，梅蘭芳無愧於稱為男性中的美男子，而鄭毓秀則是十分平庸的一位貴婦人。」這種描述，充滿男權中心主義視角，亦表明文化界對這位女強人以及律師這一職業根深蒂固的成見。

一九三〇年代後期，魏任行政院秘書長，歷侍王寵惠、孔祥熙、蔣介石等三任院長，行政院參事和立法委員陳克文稱魏「政績甚劣，操守尤壞，人人憤慨，羞與為伍，猶如話劇《日出》中顧八奶奶的面首『胡四爺』」，意謂魏因妻而富貴。

一九四二年，魏道明接替胡適任駐美大使。胡適被蔣介石召回，心中當然不滿，亦會遷怒到魏、鄭二人，他在日記中有一段關於魏、鄭夫婦的八卦消息：「她（鄭毓秀）的侄兒小名阿牛，有一天撞見她與魏道明裸體相抱，她惱怒了，把他逐出。此人即前月與電影明星李旦旦結婚同赴歐洲度蜜月的。魏道明之母常逼他結婚，他無法，乃令人從孤兒院中抱一小兒來家，說是鄭博士所生。」

一九四三年，鄭毓秀陪同宋美齡訪美，深諳政治的羅斯福總統夫人稱讚鄭毓秀「具有政

29　程騫，《歷史的潛流：律師風骨與民國春秋》（北京：法律出版社，2015），頁145。

治頭腦，不同於歷任中國大使夫人」。後來，美國總統杜魯門的夫人雖不過問政治，仍對鄭毓秀頗爲欣賞。魏道明的大使一職，未必勝過胡適，但鄭毓秀充當大使夫人顯然完勝胡適未受現代教育的夫人江冬秀。

在抗戰勝利後的行憲運動中，鄭毓秀作爲法律人積極參與其中，並撰文強調女性的責任：「世界上沒有一個國家，不經過相當的鬥爭而後獲致立憲政治。世界上也沒有一國婦女，不償付重大代價而後取得參政權利，從人治到法治，不易；從被治到民主，更難。……因此，我們婦女，應爲國家和本身光明的前途而加倍慶祝，同時，也應對國家和本身負起雙重的責任。」[30] 一九四八年，她參加上海立法委員的選舉，以十五萬票的高票成功當選。然而，此時國民黨政權已搖搖欲墜。

首任台灣省主席夫人的人生終點

一九四七年四月二十二日，蔣介石主持行政院會議，議決撤銷台灣省行政長官公署，依照省政府組織法改制，並任命魏道明爲首任台灣省政府主席。蔣召見魏，研究台灣省政府組織及人事，並另飭陳儀：「台灣省主席人選已決定爲魏道明，原有各廳處長務望連任不多變動，請代慰留。軍事人選，擬待省政府改組完成後再定。」[31] 此時，二二八事件剛發生不久，蔣挑選有留洋和法學背景的文官魏道明主政台灣，希望改善台灣人對國民黨政府是「軍政

30 鄭毓秀，〈行憲中婦女運動者的責任〉，《建國月刊》，創刊號（1947）。
31 《蔣中正事略稿本：民國三十六年四月二十二日》，國史館《蔣中正總統文物》。

權」的看法。

鄭毓秀隨夫飛往台北。五月十五日，魏道明上任第二天立即宣布解除戒嚴令，號稱改良行政、著力恢復經濟。六月下旬，他在省參議會發表施政報告稱：「省政問題，雖然是千頭萬緒，亟待解決者很多，然而在省政府成立之際，吾人覺得最急迫者，即是因二二八事變所產生非常狀態之復原。」他支持推動自由經濟體制，將若干公營事業開放給民營資本。八月，美國特使魏德邁將軍訪台，魏道明致電蔣，告知將爲之說明「省政府成立旨在求經濟安定」。[32]但魏道明權力有限，上任十八個月又二週，每件想做的經濟改革及社會重整都遭失敗。

鄭毓秀到台灣後，養尊處優。報章多次批評其生活奢侈無度：「社會上許多人一月所得，猶不及鄭女士一日之費用也。」[33]時任職於美國駐台北領事館副領事的柯喬治（George Kerr）觀察到：

> 魏道明夫婦要求一幢官邸，這位魏夫人是第一任魏太太，她喜歡被稱為鄭毓秀或蘇梅・鄭。這幢華麗的建築物幾乎有華盛頓的白宮之大，座落在公園式的花園內，它建築於本世紀初期，為日本帝國權威象徵的一幢建築物。多年以來，它變成類似博物館的建築，裡面裝飾著很多珍奇的古玩。

> 魏夫人是一個有權力、有色彩的人物，她常被誇耀為曾在年輕時代身懷炸彈參與革

32 國史館，《革命文獻之對美外交：魏德邁使華》，1947年8月12日。

33 〈鄭毓秀博士之每日用度〉，《攝影畫報》，第9卷第8期（1933）。

命的學生，然而，這段日子早已成為過去。不久就看到她控制整個省主席辦公室，在南京、上海，大家稱她為台灣的「超級省主席」，因她與中央政府有極傑出的關聯，在台灣，她則任用其外甥鈕先銘為警備總部副司令官。

一九四八年十二月二十九日，魏道明主席突被撤職，在一週年的省主席公館內，包括貴重傢俱及古玩，均被一掃而光。魏博士及其夫人取道香港而前往加州過其舒適的退休生活。[34]

魏道明本是過渡人物。蔣一開始只是將台灣當做榨取戰略資源的化外之地，給魏的命令很多都是掠奪台灣的資源：一九四七年十二月十六日，蔣命令魏「督繳枕木」；一九四八年七月二十日，蔣命令魏「搜集二十萬噸大米」。這些竭澤而漁的政策，讓富庶的台灣淪爲饑饉困窘之地。[35]

隨著國民黨政權在中國迅速潰敗，蔣意識到台灣可能是其逃亡之地，台灣在其心目中的戰略地位越發重要。一九四七年十二月十七日，蔣接見魏，魏稱「外間傳聞，台灣在對日和會中將成爲國際共管或如菲律賓之地位」，蔣對此說法極爲忿憤。[36]

當國民政府遷台已成定局，台灣省主席一職的重要性陡然提升。魏非蔣嫡系，治理台灣的方式亦不爲蔣所認同，蔣決定讓嫡系軍頭陳誠取代魏。蔣親自擬訂給魏的電文：「時局不

34 柯喬治，《被出賣的台灣》（台北：前衛出版社，1991），頁329、頁355。

35 〈蔣中正電詢魏道明交通部訂購枕木情形及督繳台灣製取枕木業務〉，國史館《籌筆之戡亂時期（七）》，1947年12月16日；〈糧食部長關吉玉呈中華民國總統蔣中正爲擬在台省購米二十萬噸自八月份起購交及致魏道明主席電稿〉，國史館《國民政府．糧政（六）》，1948年7月20日。

36 《蔣中正事略稿本：民國三十六年十二月十七日》，國史館《蔣中正總統文物》。

安，將來台灣處境更爲艱難。故擬乘此時調兄在中央服務，現外交與司法兩部長及司法院秘書長皆可由兄自擇一職。總望能在中央協助，有裨於公私也，何如？盼復。」[37]此電文寫得很客氣，但實際上形同免職。次日，國民政府發布調令。十二月二十九日，魏道明將電令轉送正在陽明山休養的陳誠，並對陳言：「如此重大人事調動，總統事前未徵詢你我二意見，顯因政局已有重大變化。」一九四九年一月五日，魏道明與陳誠完成職務交接。

蔣介石原有意調任魏道明爲外交部長、司法部長或司法院秘書長。但魏道明沒有接受。當時，共軍如潮水般南下，數月之間，國民政府從南京遷往廣州、重慶，再遷往台北，如風中浮萍、命懸一線。這些職務已毫無意義。魏、鄭夫婦滯留香港，先流亡至巴黎，但巴黎生活昂貴，居之不易。一九五一年，又遷居南美的巴西和烏拉圭，以經商謀生，卻因不善經營而陷入困頓。他們又轉赴美國。在美期間，鄭毓秀痛感無用武之地，每天聚集朋友搓麻將，消磨時日。

韓戰爆發後，美國協防台灣，國民政府在台灣大致安定下來。魏、鄭夫婦請求返台，被蔣拒絕——蔣或許認爲，魏擔任過台灣省主席，有相當人脈，會妨礙其統治，再加上在生死存亡之際，魏沒有共患難，遂投以白眼。

一九五三年十月，蔣介石允許魏道明夫婦返回台灣，卻未委以新職務。據傳，魏回台是因爲次年將舉行第二屆總統選舉，孔祥熙有意競選副總統，魏受託回台窺察行情。孔的意圖遭到蔣經國和陳誠強力否決。在台停留一年之後，魏無所事事，又以送妻子治病爲由飛往美國。

37　〈中華民國總統蔣中正電台灣省政府主席魏道明有關省政府主席由陳誠接任並調中央服務及指示陳誠治台方針〉，國史館《台灣省政府官員任免》，1948年12月28日。

一九五四年，鄭毓秀左臂發現癌症症狀，被迫切除左臂，這對一生要強的她來說，是沉重打擊。由於身體狀況惡化，她對金錢越來越看重，無論走到哪裡，都隨身攜帶一個大手提包，裡面裝著珠寶細軟。一九五九年十二月十六日，鄭毓秀病逝於洛杉磯，終年六十八歲。她沒有等到五年後魏道明的仕途再現「第二春」——一九六四年，魏道明被蔣介石任命為駐日大使，次年，升任外交部長。此前，魏道明已續娶無錫榮輯芙為繼室，榮輯芙為無錫榮氏家族成員，也是鄭毓秀的女弟子。[38]

鄭毓秀成為民國時代第一個女律師與女法官，是生逢其時。民國政府努力建構法治國，主動或被動地接受律師制度。當政者意識到，律師制度是文明國、民主共和國裡不可或缺的司法建置，更是民國政府向列強交涉收回司法主權的重要憑藉。[39]

38 蕭碧珍、陳惠芳，《臺灣省主席年譜：魏道明》，頁159。

39 然而，這套說辭在一九四九年中共完成革命奪權的過程中，迅速失去效力。一九四九年五月二十七日，共軍進駐上海後，曾盛極一時的律師業奉命全面停業。隨即，上海市人民法院推出了一套「不用律師也能打官司」的訴訟制度，律師制度在共產中國喪失了存在必要。直到文革結束，律師制度才得以重建。見孫慧敏，《制度移植：民初上海的中國律師（1912-1937）》。

第六卷

商人

18 張元濟

焚書時代的印書人

吾輩生當斯世，他事無可爲，惟保存吾國數千年之文明，不至因時勢而失墜，此爲應盡之責。能使古書多流傳一部，即於保存上多一分效力。吾輩炳燭餘光，能有幾時？不能不努力爲之也。

——張元濟

一九二七年十月十七日晚，一輛汽車疾馳入上海極司非而路。這條街道是英租界當局於一八九七年決定將租界範圍向西擴建的「越界築路」，東起靜安寺，西至曹家渡。這裡雖坐落著不少豪宅洋房，亦可見農田與荒地。

從車上跳下五、六名身強力壯的大漢，敲開一棟洋房大門。門房剛開門，這夥人就蜂擁而入，先用手槍頂著門房，再疾步穿過花園，持槍衝入大廳，繼而衝上樓梯。二樓餐廳內，主人一家正在用餐，還沒有來得及開口說話，最近處的一名年輕人就被匪徒用手槍頂住頭部。其中一名頭目用手指了指坐在主人位置的老人說：「不是那個，是這個！」然後，他們不由分說地將老人押走。

這位被綁架的老人，是商務印書館的靈魂人物張元濟。

驚慌失措的家人迅速報警。巡捕房就在同一條街上，與張家只隔著十一、二座大花園洋房。巡捕房門口有英國巡捕和印度巡捕站崗，好不威風。綁匪敢在巡捕房眼皮底下實施綁架行動，可見社會秩序大亂，巡捕房只確洋人安全，對中國人自相殘殺視而不見。就在張元濟被綁架當天，上海鹽業銀行經理倪遠甫也被綁架；次日，寧波巨紳薛順生又被綁架；連剛上任的上海特別市土地局長朱炎之也未能倖免。租界內外恐怖事件接二連三，當局束手無策。

有一些綁架案是鋌而走險的綁匪所爲，比如張元濟遭遇的綁架案；另一些是與蔣介石合作的上海青幫等黑社會所爲——爲了向上海富商勒索軍費。如先施公司經理歐炳光的三歲兒子被綁架，被要求給黨國事業捐款五十萬元。蔣是上海灘流氓出身，知道這一招最管用。居住在上海的澳大利亞觀察家查普曼報導說：「有錢的中國人可能在他們的家裡被綁架或在馬路上神秘地失蹤。」[1]

張元濟被推進汽車後，綁匪用黑布將其眼睛蒙上，還把他的雙手捆綁起來。綁匪的手段相當嫻熟。汽車往郊外開了好久，來到一間破舊的農家小屋。屋內有一張破床。張元濟回憶說：「初至彼中，即強示鎮靜。衾枕既至，便解衣登榻。所居之室，方不盈丈。守者三人。夜半又失火。披衣起救，既滅復睡。」[2]

次日，一封張元濟的親筆信送到其同事和友人高夢旦手中：「以弟資格，竟充票友，可異之至。此間相待頗優，請轉告家人放心，惟須嚴守祕密。票價二十萬，殊出意外。以弟所有家產，住房道契，非弟簽字，不能抵款。商務股票兄所深知，際此時局，售固不能，押亦不易。但弟既到此間，不能不竭力設法，請兄爲我幫忙，並轉告內子向親友借貸，愈速愈妙。再此事切不可宣揚於外，如已報捕房，即速設法銷案，告知係由自己商妥了結。」[3]

在這封信送到前後，張元濟家中也接到兩通索要贖金的電話。最初，綁匪提出要三十萬贖金，因爲他們聽說前一年張元濟嫁女的嫁妝價值三十萬，其實這只是一個謠傳。綁匪搞不清狀況，認爲商務印書館董事會主席是大老闆，卻不知道商務並非張元濟私人企業。張元濟當即大笑，讓他們去調查。這樣，贖金才降到二十萬。

1　帕克斯·M·小柯爾布，《上海資本家與國民政府：1927-1937》（北京：世界圖書出版公司，2015），頁22。

2　張人鳳，《張菊生先生年譜》（台北：台灣商務印書館，1995），頁263。

3　張樹年，《張元濟往事》（北京：東方出版社，2015），頁108。

笑余粗免饑寒輩，也作錢神一例看

對於這場飛來橫禍，以及政權轉移、戰事糜爛、革命潮起的危機，張元濟早有預感。在蔣介石發動四一二清共行動前一天，他致信梁啓超，徵詢其對時局的看法：「時局驟變，舉國若狂。雲譎波詭，不知伊於胡底？避世避地，正在此時。未知賢者何以自處？便望示及。」[4]六十歲的張元濟，對黨軍北伐取勝、南京國民政府成立並不如一般知識人那樣樂觀，他將別人的樂觀視爲癡狂，認爲有識之士應當「避世避地」——作爲遠東第一大都市的上海，如今已不再安全。

果然，半年之後，張元濟居然成了「票友」——不是戲劇界的「票友」，而是被綁票的「票友」，正如他被綁架當天晚上口占絕句所云：「逐隊居然充票友，倘能袍笏共登台。」

在失去自由的六天裡，生性豁達樂觀的張元濟寫了《盜窟十詩》。在被囚禁的農舍，他並不嫌農舍破床簡陋，倒床就睡，「還我酸儒眞面目，黯然一覺夢朦朦」，讓綁匪嘖嘖稱奇。綁匪安排他睡在唯一的破床上，三名看守者和衣睡在地上，他聯想到共產黨宣揚的階級和階級鬥爭理論，幽默地寫道：「料應到此無階級，誰識猶分上下床。」在房間內，雖有一扇窗戶，綁匪卻糊上厚紙，僅在屋頂留一個小洞，方五六寸，借通光線，他描述說：「天高只許隙中窺，一線晴曦射入遲。偷得駒光分寸好，有書堪讀不多時。」[5]

4 張人鳳，《張菊生先生年譜》，頁258-259。

5 張樹年，《張元濟往事》，頁110-111。

「我是書叢老蠹魚」，作爲愛書人、讀書人和出書人，張元濟一天都不能沒有書讀，即便在被綁架的絕境之中，仍向綁匪索要書籍閱讀。綁匪給他找來新約中的《馬太福音》和《路加福音》兩本小冊子。「摩西十誡傳來久，愧未研求到福音。馬太路加齊卒業，可能穿出駱駝針。」他在這首詩後加注釋：「翻閱一過，所獲甚微。駱駝針孔即用新約中故事。」作爲最後一代受過傳統學術訓練的士大夫，他對聖經及基督教文明持排斥態度，沒有用「心」閱讀。

張元濟出生名門望族，從小接受儒家教育，一八九二年中進士，同年改翰林院庶吉士，後任刑部主事、總理各國事務衙門章京等要職。甲午戰爭後，他投身維新運動，組織陶然亭集會。戊戌變法時，他被徐致靖推薦給光緒帝；變法失敗，被清廷革職。庚子拳亂之後，清廷重新起用他，任命其爲學部員外郎兼儲才館總辦。一九一〇年，他遊歷歐美及日本等十一國，考察各國教育，回國後主持中央教育會議，提出教育改革十二條意見，建議朝廷「移買槍炮錢辦教育」。[6] 他倡導西學，基本是張之洞的「中體西用」論。他提倡學習西方科學技術，以西學救國，卻不願接受西方更深層次的文化和宗教。在遭到綁架的日子裡，本有一次與基督信仰相遇的契機，卻又被他輕輕放過。一個人要突破固有的知識結構和文化成見，多麼不容易。

張夫人拿出股票、首飾，勉強湊了五千元，侄子張樹源依約到爵祿飯店與綁匪談判。綁匪將贖金減少到十五萬，張家仍無法承擔。祕密談判持續數日，綁匪意識到張元濟確實不是「大老闆」，將贖金減了又減，並表示「實出誤會，惟事已如此，總望酌情補助……」。被

6 汪家熔，《大變動時代的建設者》（成都：四川人民出版社，1985），頁113-118。

關押期間，有一次看守發現張元濟裡面穿的絨線衣有破洞，大爲吃驚，這才相信他不是腰纏萬貫的富豪。還有一次，張元濟看到一名年長看守咳嗽不已，給他開了一張治咳嗽的藥方，綁匪感動得掉了眼淚。[7]

第四天，綁匪答應將「票價」減到兩萬元。張樹源交去五千元，綁匪仍不願放人。第五天，張樹源寫了回信，托綁匪交給張元濟，信中表示無法湊到兩萬元：「公司預借利息，亦不易設法。公司開辦三十年，向無預支利息之事，例外要求非得董事通過不能支借。今年公司生意遠不如前，明年是否發息亦一問題。縱使董事會爲此開會，亦難決其必可通過。吾叔前以意見不合辭職，則此時不能希望各董事均能幫忙。」張樹源四處奔走，從親友處又借貸到五千元，送到綁匪手中。綁匪發現無法榨出更多油水，於是在第六天（十月二十三日）晚上，用汽車將張元濟送回。

十一月十四日，張元濟在給好友丁文江的信中談及這場劫難：「弟突被劫質，殊非意料所及。然閉置窟室先後六日，亦別有一種情趣。若輩並沉溺其中之人，弟乘機說法，到親切處，亦有淚下者，自言此等可恥之事，即父母妻子之前亦不敢言，（倘）有生路，誰肯爲此？呼呼！誰實爲之而令其至於此哉？人言此是綠林客，我當飢民一例看。」他對綁匪的境遇頗有憐憫，倒不是患上斯德哥爾摩綜合症，而是由此思考上海及中國的貧富懸殊和社會分化，共產黨正是抓住這一點攫取人心、進而攫取政權。

十年之後的一九三七年，張元濟的內侄許寶驊在杭州被綁架，脫險後張元濟前去慰問，並在《東方雜誌》上發表一篇題爲《談綁票有感》的文章，談及此事，融入十年前那場無妄

7 張樹年，《張元濟往事》，頁112。

之災，從中窺視社會的重大危機：

> 國家看著教育，為什麼使他們得不到一些知能？國家管著工商、路礦、農林，為什麼使他們找不到一些職業？螻蟻尚且貪生，狗急自然跳牆。人們饑寒到要死，鋌而走險，法律固不可恕，其情卻也可憐。[8]

張元濟卻沒有料到，日後統治中國的共產黨，就是一個比他遭遇的綁匪更可怕千百倍的綁匪集團。共產黨一旦掌權，他在民國時代所從事的事業將化爲烏有。

「願祝化身千百億，有書分餉讀書人」

一八九七年，張元濟在北京籌建西學堂之際，夏瑞芳等人在上海設立商務印書館。隨即，戊戌變法失敗，張逃離北京，申明「絕跡仕宦」、「名不入公門」，爲發展文化教育和公共事業而進入商務。他與「中國文化總機關」的商務印書館相遇，意義與蔡元培與北京大學相遇同樣重大。

張元濟一生都是讀書人，標榜「第一件好事還是讀書」。他更是出書人，畢生信念是「以民族資本主義經濟爲依託，發展獨立自主的文化出版機構，使學術與文化的發展煥發並維持自由活潑的生機，不復成爲政治的附庸」。[9] 一九〇二年，他入主商務印書館，定下

8 張樹年，《張元濟往事》，頁115-116。

9 張榮華，《張元濟評傳》（南昌：百花洲出版社，1997），頁90。

「扶助教育、輸導新知」之宗旨，不到十年時間，將商務打造成編譯、印刷、發行三位一體的中國頭號出版企業。

在商務頭十年，張元濟做出三大決策，爲商務的興旺發達奠定雄厚的經濟實力。第一，編印新式教科書，全國很多學校長期使用；第二，抓住清末立憲運動高漲的時機，推出法政書籍，如多達八十一冊的《日本法規大全》，「國中自官署以至公共機關，幾乎每處訂購一部；銷數之多，僅亞於教科書」。第三，先後編印《英華字典》、《英華大辭典》、《日本法律經濟辭典》及《新字典》等工具書，新一代學子人手一冊。

張元濟又建立包括總務處、印刷所、編譯所、發行所在內的「一處三所」，在全國三十七個城市設立分支機構。他主張「本館宜改用新式機器」，引進西方最先進的印刷技術並加以改進，保證了出版書籍的高質量。他投資研發各種印刷機械、儀器標本模具、打字機、留聲機、幻燈機，「此外如運動器械、幼稚教具、兒童玩具，農工蠶商等校之實驗用具，學校通用之墨水、膠水、手筆、粉筆、墨錠、印泥及各種文具，均專家監製而成，用者稱便」。一九二二年，商務的資本已積累到五百萬元，是一九〇一年的一百倍，其資本額冠於全國出版業，在私營廠礦企業中躍居第一位。[10]

張元濟重視人才，悉心培養第一流的作者隊伍。許多思想家和學術菁英，在成長道路上都受益於張元濟和商務印書館。他用兩千兩銀子巨款購買嚴復譯著《原富》（亞當·斯密《國富論》），還主動追加百分之二十版稅，更按書價的百分之四十支付嚴復其他著作的版稅。他聘請蔡元培爲商務的撰述和顧問，以優厚薪水支持其赴歐遊學，將自己的部分股份送

10 張榮華，《張元濟評傳》，頁93、120、135。

給蔡，使之當選商務董事。他與梁啓超是戊戌舊交，商務出版了梁啓超的很多著作，以極高稿費支持梁的寫作，梁寫作《清儒學案》時，張派人抄寄涵芬樓所藏之若干古籍。他更鼓勵年輕一輩的胡適「著書爲上」，一九二〇年代最後三年，胡適寓居上海，是張元濟的鄰居，張元濟向其提供大量珍貴古籍供其撰寫《白話文學史》、《菏澤大師神會傳》、《中古思想史長編》等著作。

商務之於現代中國，絕不單單是一個商業出版社，更是若干文化團體的盟友和金主，亦是若干學術活動的推動者和贊助者。梁啓超成立「培養新人才，宣傳新文化，開拓新政治」的共學社，商務出版了八十八種《共學社叢書》。商務慷慨資助梁啓超等成立講學社，承擔邀請羅素等西方學者來華講學之費用。他聘請沈雁冰擔任《小說月報》主編，將鴛鴦蝴蝶派重鎮一變而爲文學研究會大本營，商務先後出版《文學研究會叢書》、《文學研究會世界文學民族叢書》，沈從文、張天翼、朱自清、鄭振鐸等很多新文學作家通過此一平台登上文壇。

商務印書館在保存和影印古籍方面也做出卓越貢獻。張元濟「歎讀書者購置惟難，流通之責匪易」，因此「願祝化身千百億，有書分餉讀書人」。他不惜巨金影印《二十四史》、《四部叢刊》、《涵芬樓秘笈》等古籍。[11] 公司同仁和股東未必理解和認同這番苦心。一九二七年五月一日，張元濟出席股東年會，有股東根據《晶報》所載「徇一人之嗜好，購此無益處之古書至十六萬元之多」等事質問之。他回答說：「本館營業向有印行古書一項。僅《四部叢刊》一種收入可達百萬餘元，因此遂思發行續編。然此種古版書不易搜求，向藏書

11 汪家熔，《大變動時代的建設者》，頁208。

家借印亦頗煩擾。適蔣孟蘋君家藏古版書，悉抵押於銀行家，因有收回讓渡之意，於是以銀十六萬兩買歸本館。」[12]

經過多年努力，商務印書館成爲開拓公共領域的一個典範，通過與社會團體和學術機構廣泛的合作，爲培植結社自由風氣和學術自主性提供溫床。它改變了國家支配知識分子命運的傳統方式，爲知識分子安身立命提供新的活動空間。它運用傳播媒介引導並傳遞公眾與輿論意志，並爲提高公眾素質而積極輸導現代文明知識。[13]

張元濟爲何急流勇退，毅然辭職？

據張元濟的兒子張樹年回憶，張宅爲寬敞的西式洋樓，還有精美的花園，但張元濟生活簡樸，家中家具大都是從拍賣行購買的二手貨。遷入新居之際，正是一戰爆發，上海很多西方僑民返國參戰，賤賣房產及家具，張元濟撿到這個機會，購入許多家具、地毯和廚具等。

關於張元濟的作息情況，張樹年記載：「父親天不亮就起身，在盥洗室煤氣灶上燒一壺開水，用來洗臉。……盥洗完畢，父親就開始工作。開了電燈，伏在書桌上批閱公文，寫信，查資料，總之寫個不停。等到天亮開了百葉窗，熄了燈，繼續寫。七時半吃早飯，一大碗大肉麵，上面還要撒些蔥花。吃罷，收拾公文包，把文件、書信等放入包中，出門上馬車，還要帶兩份當天的報紙，可在馬車上閱讀。」[14]

12 張人鳳，《張菊生先生年譜》，頁259-260。
13 張榮華，《張元濟評傳》，頁133-146。
14 張樹年，《張元濟往事》，頁34。

一九二七年元旦，蘇州東吳大學授予張元濟名譽法學博士學位。他前往東吳大學參加典禮，同時被授予博士學位的還有張一麐、馬寅初和趙紫宸。這是學術界對張元濟的學術研究和文化出版事業的肯定。一九四八年，他當選爲中研院第一屆院士，也是最年長的院士。

一九二七年，張元濟已進入半退休狀態。一九二六年四月，他在《申報》刊登啓事，宣告因年老體衰而辭去商務監理之職。他的辭職，表面上是因爲與總經理高鳳池等人在經營理念上有所分歧，實際上還有個人興趣、喜好的原因，以及實踐早年的願望——爲公司開創一種無終身制的風氣，當然還有更大的時代背景。[15]

張元濟本人的興趣在保存、校勘、整理、出版古籍方面，退出商務一線的經營事務後，聚精會神地從事此一事業。僅在一九二七年的日記和書信中，他就跟傅增湘、蔡元培、梁啓超、黃炎培、胡適、葉恭綽、朱希祖等學者討論若干古籍整理和出版事務。他向傅增湘借閱《晉書》、《荀子》、《顏氏家訓》、《山海經》、《西域記》、《元次山集》、《浣花集》等古籍，整理出版。二月二十七日，他致信朱希祖：「茗齋先生詩稿近已由友人寄到。凡十二冊。……《客舍偶聞》先生族孫暭跋，已不獲見全集。我輩生數百年後竟得先生寫定之稿十分有九。……今正編輯續集而此稿適見於世，不可謂冥漠之中無呵護之靈。此實有可印之價値。」[16]

這一年，張元濟撰寫了《元氏長慶集．校記》、《許恭愼公書札．跋》等文章，校畢《夷堅志》共二百〇六卷。胡文楷在《我與商務印書館》中記載說：「一九二七年，張菊老

15 張人鳳編著，《張元濟研究文集》（上海：上海辭書出版社，2007），頁185-186。

16 張人鳳，《張菊生先生年譜》，頁258。

校輯印《夷堅志》，有百餘頁，須重排校樣，上注某年月日火車上復校、某年某年月日輪船上復校。計其月日，前後約十年。批語嚴肅，前後重排紙版有二、三次。菊老校勘之慎嚴，功力之勤，此爲一例。」十二月十四日，胡適致信稱讚說：「先生校全史之功偉，眞可敬佩，令我神往。」[17]

從清末以來，張元濟即是時代的弄潮兒。他是改良派知識菁英，主張「和平改革勿傷元氣」。然而，入民國以來，各種激進革命思潮互相激蕩，孫文及改組後的國民黨選擇蘇聯的共產革命模式，又出現比之更極端、以階級鬥爭爲旨歸的中國共產黨。張元濟對國民黨和共產黨的目標及手段都不能認同，自然與之發生衝突。

一九一九年，孫文派人將《孫文學說》手稿送到商務，希望商務印行。張元濟婉拒出版此書。孫文對「商務竟不肯印，阻礙伊之學說」大爲惱怒，在《致海外國民黨同志函》中痛加指責：「我國印刷機關，惟商務印書館號稱宏大，而其在營業上有壟斷性質，固無論矣。不特且以保皇黨之餘孽所把持，故其所出自一切書籍，均帶保皇黨氣味，而又陳腐不堪讀。不特此也，又壓抑新出版物，凡屬吾黨印刷之件，及外界與新思想有關之著作，彼皆拒不代印。即如《孫文學說》一書，曾經其拒絕，不得已自己印刷。當此新文化倡導正盛之時，乃受該書館所壓抑，四望全國，別無他處大印刷機關，以致吾黨近日又絕大計畫之著作，並各同志最有價值之撰述，皆不能盡行出版。」[18] 孫文心胸狹窄，不明白商務是一家獨立出版機構，不是他掌控的宣傳部。他將商務形容爲落後而壟斷之企業，給張元濟扣上「保皇派」的帽

17 張人鳳，《張菊生先生年譜》，頁268、頁267。
18 孫文著、中國社會科學院近代史所編，《孫中山全集》（第五卷）（北京：中華書局，1981年），頁210。

子，但既然商務和張元濟如此不堪，為何要將著述送去出版？從這場爭論中，張元濟隱約感到一個不寬容、不自由、獨裁專斷的時代即將來臨。

果然，戊戌以後出現的政治民主化、經濟自由化、社會多元化進程，至一九二七年南京國民政府的成立而告終止。張元濟在此刻選擇辭職，是他意識到從一八九七年到一九二七年這三十年的「借來的時間」已經用盡——就如同英治香港一百年亦是「借來的時間」。他與王國維、梁啓超等少數的清醒者，對國民黨政府持負面看法。國民黨政權成功地削弱並褫奪了資產階級手中的政治主動權和社會自治權，並加緊對輿論和傳媒的監控，各種苛刻嚴厲的出版法律和書報檢查令不斷出現。在這股強大的逆勢之下，曾在公共領域充當先鋒的商務印書館，不可避免地會陷於難以為繼的窘境。張元濟的辭職，表明他對局勢發展及趨向已有所逆料，正是在一九二七年以後，商務作為公共領域的特色漸次褪去，走上一條慘淡經營的坎坷之路。[19]

長期以來，很多學者認為南京政府是一個資產階級政府，資產階級是其主要支持力量。日本學者長野在一九三一年寫道：「近年來上海和其他城市的資本家的影響已經顯著增長了。……資本家左右著政府的政策。」一九三三年，魯斯的《幸福》雜誌說，南京政權主要是建立在和上海銀行家聯合之上的。左翼編輯斯潘塞在一九三四年寫道：「改組後的國民黨建立在一個新的社會基礎——上海銀行家和城市的實業、商業資產階級以及農村的地主之上。」[20]

19　張榮華，《張元濟評傳》，頁149。
20　帕克斯．M．小柯爾布，《上海資本家與國民政府：1927-1937》，頁13-14。

張元濟和商務印書館在一九二七年前後的頓挫，則證實了截然相反的觀點。法國學者白吉爾指出：「在國民黨政權中一直佔有統治地位的，是一種反對資本主義的觀點。……國民黨的主要目的並不在於創立一種更加有利於私人企業發展的體制格局。大量事實證明：國民黨政府對於發展私人企業的態度是相當冷漠的。」[21] 美國學者小柯爾布亦指出：「南京政府的政策，所關心的是財政收入而不是資本家的利益或經濟的發展，政府極力從政治上使城市資本家俯首聽命，並從現代經濟中榨取利益。政府的這種作用加深了中國資本主義的軟弱地位……資本家作為政治力量是被抑制的，而到一九三七年他們就成為政府的附庸了。南京政府並不代表資本家的利益，而資本家也不能在政府決策上發揮重大的政治影響。」[22] 儘管張元濟挑選的幾班人王雲五後來曾出任國民政府財政部長、行政院副院長並短暫代理行政院院長，但商務的事業卻江河日下。

當書局成為戰場，革命就是殺戮

一九二七年六月二十日，張元濟在給金兆蕃的信中寫道：「兩載以來，時逢厄逆，心緒之惡，幾如槁木死灰。」[23] 所謂「兩載」就是黨軍北伐的兩年。國民黨軍隊僅用短短兩年擊潰吳佩孚、孫傳芳、張作霖等北洋三大山頭，顛覆北京政府，拉枯摧朽，何其得意；卻不曾想到，二十年之後的國共內戰，短短三年，國民黨的潰敗比當年的北洋軍閥還要淒慘。張

21 白吉爾，《中國資產階級的黃金時代：1911-1937》（上海：上海人民出版社，1994），頁323、325。
22 帕克斯．M．小柯爾布，《上海資本家與國民政府：1927-1937》，頁14。
23 張人鳳，《張菊生先生年譜》，頁261。

元濟對國民黨用戰爭手段奪取全國政權持負面看法，對比國民黨更殘暴的共產黨也不會有好評。

一九二七年二月十九日，張元濟主持商務董事會會議。「本日上海總罷工情形，主席詢問總務處對於此事之應付方針。鮑答：此爲大勢所驅，祇可任其自然。最後主席言：此次罷工完全爲對外之事，鄙意惟有忍耐、和平，認清同仁之意向爲要。」此時，孫傳芳的軍隊在前線潰敗，共產黨企圖染指上海，把持上海總工會，並組織工人武裝糾察隊，藉罷工響應北伐軍爲號召，建立「上海市民政府」。對於這種組織嚴密的罷工以及由罷工形成的暴動，張元濟等商務印書館領導層，基本無能爲力。他意識到，這次罷工跟此前工人要求提高工資、改善待遇的罷工不同，完全爲「對外之事」，商務（資方）只能「忍耐、和平」，靜觀其變。

在北伐軍進入上海之前，共產黨在上海設立軍事小組，經常舉行祕密會議。[24] 共產黨的勢力也滲透到商務印書館，中共派遣陳雲潛入其中：早在一九一九年，陳雲經老師張行恭介紹，到商務當學徒，學習書局的商業運作與財務交易。五卅運動期間，陳雲被推選爲商務印書館罷工臨時委員會委員長，與沈雁冰等一起領導全館職工大罷工。隨後由董亦湘、惲雨棠介紹加入中共，任中共商務印書館總支部幹事、發行所支部書記。

商務印書館工會爲上海四大工會之一。國共兩黨爲爭奪控制權，早已展開激烈鬥爭。國民黨在商務的黨組織，是上海市第一區第十三、十四等分部。十四分部領導人郭晴釗、黃金

24 周恩來爲軍事小組名義上的領導人，其背後有蘇聯軍事和政治顧問幫助謀劃。共產黨組織工人突擊隊，總數爲一千兩百人，予以正規的訓練，特別注意如何使用武器。另外還有五千人的工人糾察隊，分爲四隊，其中第一隊爲基本隊，其餘三隊爲後備隊，擁有手槍兩百五十枝，手榴彈兩百枚。中華民國史事紀要編輯委員會，《中華民國史事紀要‧中華民國十六年（一九二七年）一至六月份》，頁210。

燦等人被共產黨和國民黨左派指斥爲西山會議派，遭到孤立。共產黨人操控了商務印書館的工人運動。

在孫傳芳軍隊撤離上海、國民黨軍隊尚未進駐的空窗期，共產黨控制的總工會企圖接管上海。共產黨利用三次暴動中所繳獲的直魯聯軍的槍支及蘇聯由海上祕密供給的武器，組成一支實力相當於兩個戰鬥團的武裝力量。工人糾察隊成爲共產黨第一支「黨軍」，先後佔據寶山路商務印書館總廠、商務印書館所屬的東方圖書館、商務印書館俱樂部、商務工人辦事處等重要建築。

四月十二日，杜月笙控制的共進會勢力與共產黨的工人糾察隊發生武裝衝突。負責維持地方秩序的國民革命軍二十六軍前往彈壓，收繳工人糾察隊的武器。商務的這幾處建築成爲主要衝突地點。藏書和印書的地方，淪爲焚書和殺人之處。

總工會糾察隊被軍方繳械並解散後，商務的國民黨人組織各工會代表大會，將由共黨把持的第三屆委員會解散，另行產生第四屆委員會。共黨重要分子王景雲、蔣鍾麟、徐祖輝等先後出走。

共產黨在上海的赤色勞工運動，原以閘北商務印書館工會爲中心。自從商務工會響應清共，將該會所有共黨分子及跨黨分子悉數清除，共黨的赤色勞工運動遂失去大本營，轉向租界及虎溪一帶，從事地下活動。[25]

國共鬥爭讓商務印書館淪爲戰場，此後日本侵華又將東方圖書館夷爲平地。抗戰剛結束，國共內戰讓中國經濟陷入崩潰——前商務總經理王雲五受蔣之命推行貨幣改革，引發惡

25 中華民國史事紀要編輯委員會，《中華民國史事紀要．中華民國十六年（一九二七年）一至六月份》，頁672-673。

性通貨膨脹，成爲國民黨政權喪失民心的重要原因。優秀的民營企業家一旦進入政府，很有可能受舊有體制連累而好心辦壞事，這是張元濟誓言不入公門的原因。

普通民眾饑寒交迫，哪裡有能力買書和讀書？一九四八年十二月，商務開股東常會分配上年盈餘。從賬面上看，上年盈餘法幣四十八億元，但幣制已改成金圓券，這些錢只合金圓券一千六百元，當時共發行十億股，算下來即使持有十萬股的股東，也一分錢都拿不到。董事會只能決議當年不發股息。不但不發股息，商務從一九四八年十一月以後就沒有新書出版，連堅持三十多年的《東方雜誌》及其他雜誌都宣佈停刊。

一九四九年，中共軍隊席捲全國。年事已高的張元濟留在上海，沒有像王雲五那樣隨蔣政權遷往台灣。中共對他頗爲禮遇，邀請他到北京參加政協會議，但對私有企業的改造運動（「私改」）已暴風驟雨般展開，商務無法置身其外。九月六日，張元濟赴北京開政協會，給公司同事丁英桂寫信說：「昨日見職工會懸有紅字通告，對公司改組總務處辦法有所不滿。」他叮囑，以後見到這樣的通告「均請錄存，以備查考」。九月十三日，他在北京下榻的六國飯店處又收到陳夙之來信，「知職工會指責改組案，異常蠻橫……然同人無能相助者」。那天晚上，他一夜都沒睡好。

九月十九日，毛澤東邀張元濟等人遊天壇。毛特別問及戊戌變法時光緒帝召見的儀式——毛儼然自視爲皇帝。毛談到商務時說，青年時代讀過商務出的《科學大綱》。毛又說，你是參加過戊戌變法運動的，你們幾個讀書人，關起門來變法，是注定要失敗的。「戊戌變法失敗的主要原因，你們不發動群眾。我們就不一樣。我們發動群眾，群眾起來，革命才能成功。」[26]毛當面對張做出羞辱和嘲諷並自我炫耀，一副小人得志便猖狂的痞子嘴臉。

十二月初，張元濟求見上海市長陳毅，希望商務能向人民銀行借款二十億。陳毅居高臨下地說，商務不能靠借債吃飯，「編輯只願搞大學叢書，不願搞通俗的東西，這樣不要說二十億，二百億也沒有用。要你老先生這麼大年紀，到處軋頭寸（指借錢），他們就是坐著不動，我很感動，也很生氣。我不能借這個錢，借了是害了你們。」張元濟只能唯唯退出。

張元濟只好以退爲進。中共還未全面展開公私合營運動，他主動向當局提出將商務改爲合營企業。十二月二十五日，他出席商務印書館工會成立大會，在會上發言時，遭到工人惡意攻擊，氣憤之下，中風昏倒，從此半身不遂。

一九五〇年代初，中共發起大規模的批判胡適思想運動。胡適的得意門生顧頡剛宣稱，與胡適的交誼「由枯萎而死亡」。受命塡寫《幹部履歷表》的張元濟，在「社會關係」欄中將胡適列在首位，並直書「余頗重其爲人」，這是是他對中共文化暴政的微弱反抗。

一九五九年八月十四日，張元濟在上海病逝，終年九十三歲。世間再無張元濟，世間再無張元濟的商務印書館——此後的商務印書館，無論是在沒有出版自由的中國，還是在有出版自由的香港和台灣，都已「泯然眾人矣」。

26 汪家熔，《大變動時代的建設者》，頁277。

19 穆藕初

「商而優則仕」的死胡同

穆藕初先生

民國成立以來，忽忽已閱十四寒暑。問國家主權究屬誰手？恐無人能置答之。在軍閥乎？則自相殘殺，所存者僅碩果耳；在政客乎？則前赴後繼，坐視人才之消乏而已；在事業界之知識階級手中乎？則教育墮落，事業凋敝，求生不得，訴苦無門，坐視百業之蕭條，國力之耗損而已。故余嘗謂民國成立以來，所宣佈之主義也，方針也，乃至策略也，鬥爭也，紛紛擾擾，無非自相殘殺而已，無所謂主權也。

——穆藕初

一八四〇年清英貿易戰爭之後，清帝國在西方列強的軍事壓力之下被迫打開國門，被動地捲入近代第一輪國際貿易大潮。棉花是主要貿易標的之一。從一八八〇年到一九一〇年，英國、美國、日本等國銷售入華的棉紗增加二十四倍。傳統的棉紡業無法與之競爭，紛紛倒閉。

沒有人能獨處於此潮流之外。一名出生於上海縣的孩童的生命軌跡由此發生劇變：穆家是植棉世家，開辦有一家花行。穆藕初幼時因體弱膽小，木訥靦腆，被族人謔稱「五小姐」，若清帝國依舊自給自足，他可繼續過衣來伸手、飯來張口的少爺生活。然而，一八八〇年代，印棉、洋紗傾銷，上海棉紡業遭受重擊，穆家的小花行難逃破產噩運。家道中落、生計艱難，穆藕初少年發憤，十四歲棄學從商，到另一家花行當學徒，十七歲又遭喪父之痛。他稟性堅強，學徒生活雖辛苦，但他不以爲意，借機學習棉花貿易知識，期待重振家業。

同時，穆藕初立志求西學，研習英文，二十五歲考入江海關，捧上「金飯碗」，娶妻金氏。三十四歲，在朱志堯等人的資助下，以自費特科生資格考入美國威斯康辛大學學習農科。他深佩「西人研究之精深」，致力於聲、光、化、電各科的學習，一年之後獲得江蘇省官費生待遇，先後就讀於伊利諾斯大學和德克薩斯農工專修學校，兼修製皂、紡織專業。

一九一四年夏，穆藕初獲農學和企業管理學碩士學位後歸國。時逢一戰爆發，列強企業回撤，他認爲這是創辦企業的良機，與胞兄開辦德大紗廠。他將在美國學習到的企業管理知識付諸實施，在工廠中棄用工頭制，改用工程師治廠。他編制了一套各車間生產統計報表，並設計了適合於紗廠的簿記格式，使企業運作情況一目了然。他高度重視市場訊息，及時開發新產品，又對工人進行培訓，使工人熟練操作新式機器、提高工作效率。新式管理讓德大紗廠大獲成功，其「出品之佳」超過華商紗廠，也勝過英、日產品。一九一六年，在北京商品陳列所舉辦的產品品質比賽會上，德大紗廠的寶塔牌棉紗「得列第一」。[1]

穆藕初「名譽大著」，邀請他另組紗廠的人絡繹不絕。他認爲，「歐美日本諸先進國事業之能發皇者，賴有大組織耳」。他聯合薛寶潤、貝潤生等人開辦厚生紗廠。厚生的機器是從國外進口的最新款，其管理體制「益見完善」，企業經營蒸蒸日上，一時間「國人欲辦新紗廠者皆自參觀先生之厚生紗廠爲入手，且多派員至廠實習，無形中厚生不啻爲在華美國紡織機器之成績展覽會及實習工廠」。

一九一九年，穆藕初因鄭州交通靈便、原料充沛、與北方及西北市場緊密相依，而且煤碳、勞力與上海相比價格低廉，決定在鄭州投資創辦豫豐紗廠。豫豐紗廠是上海民族資產階級大規模向內陸投資的先驅。

短短數年間，穆藕初成爲上海最成功的近代企業家，被譽爲「棉紗大王」，與榮氏家族並駕齊驅。然而，中國的政局發生了意想不到的劇變：一九二六、一九二七年間，國民黨從廣東發起北伐，孫傳芳在東南五省的統治瓦解，國民黨成爲新的執政者。此一政局丕變，對穆藕初而言，是禍是福？上海的工商業階層如何面對一個過去遠在廣州的新興政治勢力？

從士大夫到現代企業家的艱難轉型

穆藕初是近代中國第一代也是最後一代學貫中西、兼有儒家士大夫和現代企業家雙重氣質的資本家。他是引進西方科學管理方法的第一人，研究實學、興辦實業、培植人才、復興

1 魏文享，《開闢手穆藕初》，愛思想網站，http://www.aisixiang.com/data/105340.html。

絕學、勤敏好思、識見高遠，堪稱近代中國難得的知識型企業家。

在留學美國期間，穆藕初利用假期到德克薩斯的大農場就企業管理體制作專題調查，撰寫了《遊美國塔虎脫農場記》。他認爲，美國在企業管理上具有七大優點：嚴密的計畫、力求投資和建設「無虛耗」；用人講求科學，「各場、廠主任、部長皆系專門人才」；事權專而不侵越，各部門、各層次，各司其事，各專其責；獎勤罰懶，賞罰分明；企業內部注重經濟核算，各部門之間的往來均以市價爲核算標準；簿記清晰，便於查考、統計、核算；設施完備。他又列舉中國企業管理的三大弊端：經理人員選拔不憑學識，只憑模糊的聲望；企業衙門化，講排場，圖虛榮，安私人，工廠企業「冠冕堂皇與衙署相伯仲」；工頭制盛行，勞資矛盾突出，工人「惰心生、出貨遲而成本遂加重」。[2]

回國之後，穆藕初在創辦、經營企業的同時，筆耕不輟。他翻譯了美國學者泰羅的管理學著作、克拉克研究日本紗布業的著作，出版了《植棉改良淺說》、《紗廠組織法》、《日本紡織托賴斯之大計畫》等論著。自身經營紗廠成功，使他在推廣科學管理方面有著強大說服力。在其推動下，二十世紀二十至三〇年代，中國棉紡織業普遍採用科學管理理論，掀起技術改革和管理改革熱潮。

一九二五年，穆藕初開始撰寫《藕初五十自述》，全面回顧其創業經歷、總結管理經驗。教育家黃炎培欣然爲之作序，認爲此書「可以識五十年來社會現況，可以識青年立身處世之方、企業成功之術」。[3] 其企業管理思想大致可分爲四大方面：一是重視資訊情報的收

2 魏文享，《開闢手穆藕初》，愛思想網站，http://www.aisixiang.com/data/105340.html。

3 穆家修、柳和城、穆偉傑，《穆藕初年譜長編》（上海：上海交通大學出版社，2015），頁663。以下所引自本書之內容，不再一一標明出處。

集與利用。他指出，「組織工廠之要點有九，即人才、資金、原料、機器、傭工、管理、交通、市場、金融」，要辦好一個企業，必須在投資前對上述諸方面「實地考求，了然於胸中，必確有把握而後已」。還要密切關注國際國內市場，「妙應時機，發在機先」。二是建立科學管理制度，建立規範的財務制度、人事制度、生產管理體系。三是重視技術進步，緊跟市場步伐，及時開發新產品。四是重視管理人才，「管理法即治人之法也」，「人才爲事業之靈魂，物色人才與善用人才，實爲事業家首務」。

穆藕初發現，「我國二十年來，累辦新業而累招失敗」的重要原因之一是「缺乏實業人才」。於是，他全力資助教育事業，參與發起成立中華職業教育社、東南大學、上海商科學校、位育小學等。他還出任章太炎創辦的無錫國學專修館（無錫國學專科學院）經濟股校董，承擔學校經常費和基本建設費用。

穆藕初重視、愛護、栽培人才，有一次在工廠中發現一位名叫方顯廷的十四歲學徒，恪盡職守、刻苦自學，他鼓勵這個少年人上職業學校，後又資助其赴美留學。方顯廷學成歸國，成爲與馬寅初、劉大鈞、何廉齊名的民國四大經濟學家之一。穆藕初還應北大校長蔣夢麟之請，以五萬銀元作爲獎學金，資助羅家倫、段錫朋等五位北大學生運動領袖出國留學。

穆藕初堪稱百科全書式的人物，琴棋書畫無一不通。他曾購藏名家碑帖二、三百種，精心臨摹。一九二七年春，他購得《靈巖寺宋賢題記》，經吳湖帆鑒定爲海內孤本。他將其重裝成冊，由吳湖帆題簽，陳承修跋云：「丁卯春日見之滬上，因慫恿藕初道兄重金易之。石已不存，而此拓古意盎然，筆鋒顯露，的是明以前毡墨，想見北宋諸賢文翰之盛。」

穆藕初熱愛崑曲，本人是票友。他「中年忽愛好崑曲，師事崑曲名家，收藏曲譜多種，朝夕習奏，既卓然成家」。他拜的老師，是戲劇大師吳梅。他到南京從政時，將宅邸選在吳梅家旁邊，就可隨時向吳梅請教。他整理出版珍藏的《度曲須知》等古籍，創設並支持崑劇傳習所。崑劇傳習所招收三十六名學生，「藝已斐然可觀者十數人，余亦多可造之材」。

一九二七年十月，由於戰亂讓穆藕初的企業經營出現困境，他難以繼續維持崑劇傳習所，將所務移交嚴惠宇、陶希泉接辦，組成新樂府崑班。遺憾的是，不久新樂府崑班亦解散。據「傳」字輩藝術家倪傳鉞七十多年後回憶說：「崑劇傳習所原定五年畢業，後來根據實際情況需要，又延長一年，當時穆先生經濟情況已大不如前。記得有一次，傳習所經費發生困難，所長孫詠雩到上海紗布交易所見穆先生，穆先生當場叫秘書開了張支票讓孫帶回。這筆錢是穆先生在交易所的工資。還有一次，他叫學生楊習賢向傳習所捐助了一筆錢。」

穆藕初生活簡樸，兩袖清風，卻從不吝嗇將金錢用於文化、教育和慈善事業。這樣的資本家，豈是今天中國富豪榜的那些人物所能望其項背？

曇花一現的「商人政府」

從天性而論，商人是最不需要「運動」、最不歡迎「革命」的一類人。從商人的角度來看，他們需要安穩的營業環境，以及可以對利潤率作出預測的政經制度及社會秩序。[4] 但是，近代中國因爲政治運行不良，導致企業家和商人沒有一個專心發展實業和商業的外部環境，這個階層不得不在各次政權更迭中選邊站。

穆藕初不是「在商言商」的尋常商人，他懷抱著實業救國的理想，他說：「事業界中，

4 馮筱才，《北伐前後的商民運動（1924-1930）》（台北：台灣商務印書館，2004），頁256。

簡言之即生產者，國民而有生產能力，實立國之命脈，爭存之要素也。國家主權而不在此種有生產能力之國民手中，而國能富強者，無未之前聞也。」他對國民性中的負面因素亦有深刻體認，指出骯髒、內鬥、逢迎為中國人的三大通病。

穆藕初對北洋政府的失治和處理對外關係時的軟弱深感不滿。一九二六年十二月十日、十一日，他發表《為中日商約事敬告全國商人》一文，批評北洋政府跟日本簽訂不平等的商約，此舉有害於國內商業發展，也損及中國的經濟命脈，國民尤其是商人階層必須對此發言：「夫國以民為本，若當局既漠視此約，不加注意，將使國無以立，民無以存，吾民於此亦可默而息乎？愚意茲事體大，非全國人民起而督促之、援助之，竊料終歸於失敗。然商人亦同是國民，且於商約上之利害，受直接影響者，較他人更為親切，則研究而助其改善之，以分內事也。」

反對此條約，是商人階層的政治參與及對自身權利的捍衛。穆藕初呼籲商人從四個方面介入：首先，商人應備有國際條約大全，及海關新出之中英文條約等書，悉心研究此條約之性質。其次，各商會及各私人團體應邀請具有外交或法學知識者，共同研究其如何改善之法。第三，定期匯集全國意見，公決最後之方針，供諸政府。第四，請求政府遴選公正商人參與修約會議，務達改善此約之目的。總之，他認為商人階層應具備一定的自治意識：「若智識與權，要由吾商人自為之也。」

清末以來，中央權力弱化，市民社會蓬勃發展，各種行業組織和民間社團在新興城市中如同雨後春筍般湧現，並形成公共空間。一九一七年，華商紗廠聯合會成立，這是一個立足於上海、跨區域的同業團體組織。據其《華商紗廠聯合會緣起》載，「紗為棉業主品，更屬萬矢之的，傾蕩搖撼之舉，勢將層出不窮」，所以「非有統一機關，難收折衝明效」，希望該組織「俾收眾擎之力，借脫波濤之險。公共利益，惟公共協力圖之」。[5]穆藕初是該協會的積極參與者。

素有中國「第一商會」之稱、在全國林林總總的商會中具有領袖群倫地位的上海總商會，更是在上海充當「準政府」之角色。它成立於一九〇二年，很快形成了政治力量。孫傳芳統治東南五省期間，支持與之關係密切的傅筱庵擔任會長。傅反對國民黨北伐，以總商會的名義通電呼籲「和平」，要求國民革命軍退回廣東。而支持國民黨的商人虞洽卿、王一亭等則退出總商會，於一九二七年出另行成立上海商業聯合會。

隨著黨軍在戰場上獲勝、國民黨統治區域拓展，黨派衝突與黨商衝突的戰場也在移動之中。在江浙地區，尤其是上海，黨商衝突、商會與商協（商民協會，是國民黨扶持的一個新組織）衝突較其他地方劇烈，這又與此地商界團體的複雜及利益資源較多有關。[6]在一九二七年，上海是西方各國在中國的經濟活動中心，也是嶄露頭角的中國資本家集團的集中點，全國性大規模的西式工業生產約一半在上海。上海銀行業公會二十六家在會銀行，持有中國現代銀行資金的四分之三。

當時的民眾運動均圍繞兩個字展開：一個是「人」，一個是「錢」。前者是所謂「群眾」，或稱「革命力量」；後者是所謂「財政」，或稱「經濟政策」。上海既有中國最多的產業工人，也有中國最多的財富聚集，成為各方覬覦的寶貝。上海已取代名義上的政治首都北京成為中國最重要的城市，誰控制上海，誰將能擁有天下。要統治上海，僅靠軍隊是不夠

5 黃漢民，〈近代上海行業管理組織在企業發展及城市社會進步中的作用〉，收入張仲禮主編：《中國近代城市：企業．社會．空間》（上海：上海社會科學出版社，1998），頁176-177。

6 馮筱才，《北伐前後的商民運動（1924-1930）》，頁55。

的，還要控制民間組織——上海總商會自然處在風頭浪尖上。

一九二七年四月，國民黨中央政治會議上海臨時分會下令通緝傅筱庵，並宣佈將上海總商會原有領導層解職。五月七日，國民黨派員接收上海總商會，將「現任非法產生之會長、副會長及會董，一體解職，另行改選」。四天之後，召開總商會第一次臨時會議，包括穆藕初在內的三十五名商董組成臨時委員會管理會務。穆在會上發言說：「今日起對於本會，觀念與前不同。此次辦理似含有革命意思」。他敏銳地意識到這是一場「革命」，不僅是人事調整。換言之，國民黨的統治方式是以黨代政，試圖實現對社會全方位掌控。嚴格而言，國民黨中央政治會議上海臨時分會是一個社會團體，上海總商會也是一個社會團體，前者卻能取代政府和法院的功能，公然干涉另一社會團體的內部事務和自治職務。國民黨政權是一個中國社會前所未有的全能式政權。

一九二七年十一月，國民黨上海特別市黨部轉發國民黨中央商人部通告，向上海總商會發出威脅說，由於「舊有商會組織不良」，該黨部計畫「請求撤銷全國舊商會，以商民協會為領導機關」。此事不但關乎上海總商會的命運，而且直接涉及全國商會的存廢。[7] 穆藕初對此憂心忡忡，卻無法力挽狂瀾。

7 朱英，《轉型時期的社會與國家：以近代中國商會為主體的歷史透視》（武漢：華中師範大學出版社，1997），頁525-526。

蔣介石與黨軍是上海工商業者的保護者嗎？

南北開戰，是上海商人的噩夢。戰爭雙方都大肆勒索軍費。吳佩孚的勢力雖不及上海，卻控制著穆藕初擁有的豫豐紗廠所在地河南鄭州。一九二六年九月十八日，河南鄭縣知事來函，向豫豐勒借洋四萬供軍餉。信中說，「吳大帥已來鄭……此時軍需萬急，決無商榷餘地，望即轉飭豫豐及興業兩家刻速照辦，限三日內送款到廳。」不給錢，就關門，他不得不出錢。

走了孫傳芳，來了國民黨和共產黨，不啻於前門驅狼、後門進虎。穆藕初等上海企業家和商人勉強接受國民黨，不是因爲認同國民黨的三民主義理念，而是不願看到比國民黨更壞的共產黨奪取權力，算是在兩個爛蘋果中選擇次壞的。

在孫傳芳及北軍潰敗、國民黨軍隊尚未進入上海的權力空檔期，共產黨試圖發動上海自治運動，有模有樣地籌組了以一群上海資產階級和社會賢達充門面的市政府——共產黨做事向來不講理，未經過名單上很多人同意就自行發表該名單。穆藕初對共產黨的本質看得非常透徹，始終拒絕與之合作。

中共煽動工人運動，爲工廠經營帶來巨大麻煩。中共卻很少對社會問題或對工人、農民生活問題進行實際討論，僅著眼於如何宣傳、組織、動員群眾，以及聯合、分化、鬥爭的策略。中共認爲，無產階級革命（奪權）才是「眞革命」，勞資妥協以及其他可以改良或改善工農生活的辦法，無法解決根本問題，還會阻礙「革命」進行。國共合作以及工商合作都不是眞正的妥協，而是聯合戰線策略的運用，是完成無產階級革命的手段。中共內部文件如此論述關於與資產階級的暫時聯合：「明知其爲將來之敵人，……而現在卻不可不視爲友軍，且爲有力之友軍。」[8]

正是出於此理由，穆藕初支持蔣介石清共，卻又不願過多捲入暴力事件。四月十六日，蔣清黨之後第四天，穆出席上海商業聯合委員會會議，討論組織商團武裝等事宜。親蔣的商人領袖虞洽卿發言說：「工人糾察隊槍械數雖已被繳，但未完全，以後危險殊多，吾商界亦亟宜自謀。勞資問題固應酌量辦法，然自衛隊之計亦所不可緩。」眾議，去電南京蔣總司令，請其肅清中共黨員。

次日，繼續開會討論組織商團武裝。虞洽卿報告，若組建商團武裝，人數約三、四千，經費每人約十五、六元，月計五、六萬元。穆表示不同意，反復詢問這是否爲當局授意。虞予以否認，但穆的問題問到節骨眼上：組織商團是蔣的授意，蔣希望以商團而非聲名狼藉的杜月笙黑幫力量幫助維持上海治安。然而，經商團審查委員會報告，該提議最終被否定。

不過，國民黨清共之後，穆藕初總算松了一口氣。五月十七日，他在總商會發言說，「如共產，則刻下不堪設想矣」。十二月十九日中午，華商紗廠聯合會於大東酒樓設宴招待各省商會聯合會代表，由副會長榮宗敬主持。穆藕初代表紗廠業主陳述該業痛苦與希望時，特別譴責共產黨的胡作非爲：「近年紗廠業衰疲，所受各種痛苦比各業爲甚。與紗廠爲仇者即爲全國痛恨之共產黨。今日對於剷除共產黨消息甚佳，實爲最可慶慰之事。」

一開始，穆藕初等上海實業家對蔣及國民黨抱有相當之期望。一九二七年三月二十九日上午十一時，他與上海商業聯合會「與蔣總司令接洽代表」二十九人共赴西區交涉公署，謁

8 李達嘉，《商人與共產革命：1919-1927》（台北：中央研究院近代史研究所，2015），頁505-506。

見蔣介石。他記載當時的場景：「蔣氏出見，一一握手，器度光明。」在蔣講話完畢後，穆發言說：「我輩辦工廠者與工人向頗融洽，此時雖因新潮流關係，或一時入於誤會，不久當可諒解。因勞資一家人，極應相親相愛，工資固應酌加，而其生產能力亦應同時增高，並以發展工商業要點在關稅自主與取消釐金兩端。」可見，他希望蔣幫助維持秩序，壓制共產黨煽動的工運，讓勞資雙方協商解決各種問題。對此，蔣答復說：「所有上海地方秩序生命財產自由，鄙人完全負責。」

同年七月五日下午七時，穆藕初出席蔣介石於新西區交涉公署舉行的上海官商界重要人物招待宴會。蔣在發言中承認：「自國民革命軍到滬，上海各界尤其是商界對國民革命軍十分熱烈，而革軍對商界既全無幫助，反增諸父老先生之憂慮。」蔣對此表示抱歉，卻又強調說，現在是「軍事時代」，首要目標是「剷除軍閥和共產黨」，並非「政府不知商界痛苦」。蔣進而要求商界「自動設法自定辦法，再由政府極力促進，使工商界之事業安全」。蔣言不由衷——拿人錢財卻不與人消災，勒索大筆軍費卻不願維持社會秩序。穆發言說：「實業界數年來差能立足，近年則工潮迭起，困難已極，行將瀕於絕地，深望政府有以保障。」但對蔣而言，此言如風過耳。

蔣介石的軍費需求如同無底洞。四月二十九日，上海商業聯合會召開臨時會員大會，討論認募軍費及認銷庫券事。虞洽卿報告，國民黨軍隊月需一千七百萬元，「情形至為緊急，倘軍餉不繼，軍事不能順手，不特南京危急，即上海亦不能如今日之安寧」。在壓力之下，上海商界被迫捐出五百萬軍費，佔蔣軍費的三成。蔣正是控制了上海乃至江浙財團，才得以擺脫蘇聯的經濟和軍事援助，以及由此而來的操縱，可以放手與中共一搏。

此後，蔣介石用更強硬的手段勒索軍費：利用杜月笙等黑幫力量，綁架勒索資本家及其家人。如先施公司經理歐炳光的三歲兒子被綁架，要求給黨國事業捐款五十萬元。美國領事指出，這種做法對有錢階級來說確實是恐怖統治。澳大利亞記者查普曼報導：「大富翁竟然被當做共產黨抓捕。蔣用這種手段共籌集到五十萬美元。上海在近代任何政權下都不曾經歷過這樣的恐怖統治。」美國學者小柯爾布指出，一九二七年，蔣介石控制了上海，他憑藉財政上的優勢打擊地方勢力及共產黨。然而，上海資本家對於政府不斷施加的經濟壓力十分不滿。他們的銀行、商業和工廠以大量的受益供給了南京政府，新的捐稅和強迫攤派的貸款使資本家處於困境。一九二七年春，他們對蔣的同情很快就消失了。[9]

另一方面，資本家希望在南京政府獲得政治上的發言權。一九二七年前資本家在政治上曾經是活躍的，他們希望在國民黨統治下還能如此。他們爲在黨內有直接的代表和承認私人資本的合法性而呼籲。資本家的組織，如商會、銀行工會，曾經企圖用電報、請願甚至以威脅停付各種稅金的手段來影響國家的政策。但蔣介石壓制了這些政治上的願望，他全力貫注於控制政治，不允許任何階級或政治團體發展成獨立勢力。而且，國民黨還保持著其在國共合作時期採取的反資本家理論。因此，南京政府與資本家之間是一種緊張和敵對的關係。資本家或任何其他城市階級都充當不了國民黨的政治基礎。南京政府主要依賴它的軍事力量。國民黨政府是一種專制政權，這個政權對城市社會團體是力圖孤立和控制它們，而不是收買它們。

長期以來，有一種被共產黨馬列主義史觀強化的普遍看法，認爲國民黨政府與江浙財閥等資產階級是緊密相連的。但實際上，南京政府熱衷於壓榨聚斂財富，敵視或慢待資本主義

9 帕克斯·M·小柯爾布，《上海資本家與國民政府（1927-1937）》，頁19-20。

企業，悍然利用罪惡分子控制上海資本家。蔣介石在制定和執行政策時很少考慮資本家，其經濟政策根本不照顧上海資本家的集體意見。蔣最關心的是軍費，至於軍費如何籌集，他不管。他會採取強迫手段，背棄政府諾言，或徑直攫取所需資產的控制權。爲了獲得錢，他不顧中國工商業家的需要，有時爲了追逐眼前的利益，不惜政府爲之付出高昂代價，並常常叫外國人佔了便宜。

加入國民政府，就能改變其盜賊統治的本質嗎？

一九二八年十一月六日，穆藕初接受孔祥熙的邀約出任國民政府工商部常務次長。南京政府建立之後，吸納了穆藕初、張嘉璈等江浙財團及實業界的重要人物入閣，但並未進入權力核心。[10]

一九三三年元旦出版的《東方雜誌》上，時年五十八歲的穆藕初發表新年夢想：「政治上必須實行法治，全國上下必須同樣守法，選拔眞才，澄清政治，官吏有貪污不法者，必須依法嚴懲，以肅官方。經濟上必須保障實業（工人當然包括在內），以促進生產事業之發展。合而言之，政治清明，實業發達，人民可以安居樂業，便是我個人夢想中的未來中國。」[11]可惜，南京政府的所作所爲，讓中國離這個夢想越來越遠。

10 上海各界人士聽聞穆藕初的任命頗爲振奮，紛紛發表賀電——「先生久匯工商，經驗豐富，榮膺次長，衆望久孚。值此訓政伊始，吾工商也之發展，可操勝算。」、「先生爲實業界泰斗，而又深悉民間疾苦，幸任工商次長，行見施展宏猷，培補民生。」、「五院創立，政治刷新。我公以實業專家榮膺工商次長，學優則仕有自來也。」然而，國民政府不改其盜賊政權之本質，穆藕初無法適應官場文化，很快去職，改換了無足輕重的閒職——實業部中央農業實驗所籌備主任。

11 穆藕初，〈新年的夢想〉，《東方雜誌》，第三十卷第一號（1933.1）。

一九三七年，中日戰爭爆發，烽火迅速蔓延。穆藕初舉家內遷，由上海而杭州、湖州、南京、漢口，輾轉數地，顛沛流離，於年底抵達重慶，開始在戰時陪都的生活。他臨危受命，主持國民政府新成立的農產促進委員會，擔任主任委員，表示「這無非是要在抗戰時期盡我一分國民的責任」。同年九月，他發明的「七七棉紡機」試驗成功，並迅速推廣，為抗戰時期的棉紡業生產發展立下汗馬功勞。

一九四一年二月，經行政院副院長兼農本局理事長孔祥熙提名，蔣介石同意，穆藕初被任命為改組後的農本局總經理，仍兼農產促進委員會主任委員。他在任上兢兢業業，殫精竭慮，成績斐然。據農本局職員記述，「他已經六十六歲，身體卻那麼壯健。他雖身兼數職，事繁勤勞，但從未看到過他的倦容。」國民政府為管制物價，在經濟部之下新設立物資局，農本局歸物資局統轄。何浩若任物資局局長，穆兼任副局長。同年四月，穆坦陳初衷：「我自信辦事一秉至公。雖然我本來是在工商界工作數十年，但我到重慶以來，沒有買過一包棉紗、一兩金子，也沒有和人合夥囤積做買賣，一心一意用全力執行政府命令，爭取抗戰最後勝利，那就是我的大目標……。」

穆藕初為國為民、鞠躬盡瘁，卻在一九四二年十二月二日落得個被蔣介石「撤職查辦」的下場，事發突兀，不免有令人心寒之感。

當時，市場供需矛盾突出，對生活必需品囤積居奇現象嚴重，黑市價格突飛猛漲，陝西棉市出現混亂。為應對危機，物資局匆忙頒佈《陝西省棉花統購統銷原則》，局長何浩若親自飛往西安，並規定先徵購棉花十萬擔，價格為每市擔九百元。獲悉後，穆藕初認為定價過高，立即呈報孔祥熙，建議核定為每市擔六百元，當即得到孔批准。因穆藕初與何浩若意見相左，兩人出現齟齬，而兩人又分別得到孔祥熙和經濟部長翁文灝的支持，越發對立。

一九四二年十二月二日，國家總動員委員會在蔣介石官邸開會。蔣親自主持，穆藕初以農本局總經理身份列席，以備諮詢。會議進行至中午時，孔祥熙先退席。軍政部軍需署長陳良發言，突然發難，指出軍用棉花一斤也未收到，攻訐農本局貽誤軍需。翁文灝趁機把責任推在農本局頭上。蔣大光其火，當場把穆藕初訓斥一番，會後即簽發手令：「農本局總經理穆湘玥推諉塞責，貽誤重要業務，應撤職查辦。送孔。」孔無奈之下，只好補簽：「遵辦，交陳公俠知照經濟部。」

知情者均為之抱不平。畢雲程對此事的個中緣由作點評：「穆先生辦事廉潔有能，為各方所嫉忌，當時重慶有『穆先生自己不想發財，妨害別人發財』之傳說。」張仁壽也認為：「國民黨政府的各派系都想奪取這個賺錢的機構，爭奪最激烈的是政學系和孔祥熙財團。……特別是政學系不甘利權外溢，便先從穆藕初開刀，致穆藕初突然受到撤職查辦的處分。」由此可知，穆背上貽誤軍機罪名的深層次原因，並不在於一時的因言獲咎，也非表面的私人恩怨所致，歸根結底在於利益爭鬥。非常講求做人原則、一向務實清廉的穆藕初，無端成了各方利益攘奪的犧牲品。他深受打擊，次年即含冤而逝。

穆藕初放棄經營私人企業而加入南京政府，宛如飛蛾撲火。美國歷史學者易勞逸認為，國民黨政府主要是一種依靠武力支撐的「為我」的自主政治力量，它只給它的組成者服務，按有利於自己的成員而行使統治權力。南京政府的政策只求有利於政府本身及其官員，不考慮政府以外的任何社會階級。另一方面，國民黨為了維持它的統治，對能威脅它權力的所有社會集團要用孤立和平息的手段來對付。地主、資本家、工人、農民、學生和知識分子——這些人都可能成為政府的威脅。於是，南京政府有計劃地系統地鎮壓代表這些人的所有組織，想方設法把它們置於政府監督之下，採用的主要手段是政治壓服。[12] 穆藕初加入南京政府卻壯志未酬，再次證明國民黨政權在經濟治理上的無能。

穆藕初英年早逝，未見到國民黨兵敗如山倒、共產黨如風捲殘雲。他嘔心瀝血創建的近代企業，在歷史的變局中如煙而逝；他所從屬的近代資本家階層，被中共暴政摧殘殆盡——他留在上海的企業界的好朋友很少有倖免於難的。在俄國發生的那一幕悲劇在中國重演了：列寧剛掌權時揚言說：「布爾什維克要吊死所有的資本家。」有一位高官質疑說：「但布爾什維克從哪裡找到那麼多吊死資本家的繩子呢？」列寧回答：「不用擔心，資本家會賣給我們用來吊死他們的繩子。」

12　帕克斯．M．小柯爾布：《上海資本家與國民政府（1927-1937）》，頁208。

20 吳鼎昌

我並不缺金，我是要立言

政治資本有三個法寶：一是銀行；二是報紙；三是學校，缺一不可。

——吳鼎昌

吳鼎昌是中國近代史上的一位聞人，身跨金融、新聞、政治三界。他是中國近代銀行業的開創者之一，以鹽業銀行總經理身份主持成立四行聯合經營事務所和四行儲蓄會，爲北方金融界實權人物。他在上海靜安寺路建成遠東最高的國際飯店，成就了一代建築大師貝聿銘，該飯店實行現代化管理，聲譽超過華懋等外商大飯店。他接辦由徐樹錚創辦的正志中學，還是是南開學校創辦人張伯苓的好朋友，在經濟上予以大力支援，任南開大學董事。他在一九二六年購買《大公報》，自任社長，將《大公報》辦成北方乃至全國的輿論重鎮。[1]他三度爲官，出仕清帝國、北洋政府、南京政府三個政權，官越當越大，且在每一個職務上都有卓越成就。

吳鼎昌在文集《花溪閒筆》中對踏入仕途有一番說辭：「人皆知予喜談政治，然世之喜談政治者，不一定皆適於作官，予即其中之一人。平生志願在辦一學校，辦一報館。無意袍笏登場，便無須組織班底。二十四年冬起，竟在南京作了兩年中央官吏，本事出意外……又不意二十六年冬忽奉命出主黔政，抗戰時期義不得辭。此皆平日喜談政治之結果，遂不得不一再爲所不欲。」[2]不想當官而能當大官，恐怕要讓那些想當官而當不了的人嫉且恨。

一九二六年，國民革命軍在廣東誓師北伐，宣布中國關稅自主。時任天津鹽業銀行總經理的吳鼎昌，擔心廣東政府不承認北洋歷屆政府和西方各國簽訂的條約，影響銀行界買賣外國股票債券。尤其是一九一三年袁世凱的善後大借款公債，是外國銀行所承購，以關鹽兩稅

1 吳鼎昌辦報，多少是受日本的刺激，他曾對正志中學的學生訓話說：「中日間種種讐恨，遲早必有總解決的一天。今日徒喊口號，於事實無補；不如做點實際工作，使敵人能覺悟到我們人心未死。你們知道北平的《順天時報》，瀋陽的《盛京時報》嗎？這兩份報，在我們國土內發行，卻是日本人所辦，眞是我們的恥辱！你們應各盡自己的力，使大家全不去看它，才眞是做了點眞正救國工作。」張慶泗，〈我對吳先生的追隨與認識〉，《傳記文學》，總第203號（1979）。

2 吳鼎昌，《花溪閒筆》（貴陽：貴州人民出版社，2018）。

爲擔保，按期由匯豐銀行發放利息，這種公債一直很堅挺。他爲探明廣東政府的意向，特派《大公報》記者徐鑄成，以探訪新聞爲名前往廣州，探聽廣州的外交政策，特別注意廣東對北洋政府發行的各種公債持何種態度，若維持舊公債，即以「母病愈即出院」爲暗語電吳。徐去後，得悉廣東繼續承認舊公債有效，對於海關擔保的善後借款公債更無問題。吳即根據徐的電報，大量購進善後債券。後來，這種債券一直上漲，鹽業銀行及吳本人都發了一大筆橫財。[3]

這個細節，既凸顯了吳鼎昌見機行事、敏感應變、絕不坐以待斃的金融家特質，又驗證了在政權頻頻變更的民國時代，金融家不能單單是金融領域專才，還須「懂政治」、掌握瞬息萬變的資訊，所謂「資訊就是金錢」。吳氏熱衷於辦報，不單純是「爲辦報而辦報，爲國家民族利益說話，絕對沒有私心和成見，更從來不以報來沽名謀利」；對他而言，報紙本身可以掙錢，更能爲他帶來經營報紙之外更大的財富。

這個細節，亦表明一九二七年前後的兩個民國，儘管政治、經濟結構和意識形態迥異，儼然是兩個截然不同的朝代，但兩者之間又有藕斷絲連之處——由廣州而武漢、由武漢而南京的國民政府，以「反帝」爲核心意識形態和政治口號，將北洋政府妖魔化爲帝國主義代理人，由此煽動民意、贏得民心。實際上，反倒是被北伐之役打倒的吳佩孚實現了絕不踏入租界的誓言，而從孫文到蔣介石再到共產黨都很喜歡在租界活動——孫文失勢之後長期居住在租界，蔣介石與宋美齡的婚禮是上海租界舉行的。可見國民黨口口聲聲的「反帝」之說經不起推敲。國民政府亦不可能全盤推翻清帝國及北京政府與西方列強簽訂的所有條約，若中國

3 張伯駒，〈鹽業銀行與我家〉，收入李北濤等原著、蔡登山主編，《民初銀行大亨》（台北：獨立作家，2015），頁171-172。

完全推翻其在近代條約體系中的位置，則無法走向現代化——一九四九年取代國民黨政權的共產黨政權，一度徹底實行「反帝」政策，與西方斷絕政治、經濟和外交關係，遂使中國陷入貧困與野蠻之境地。

銀行家：多財善賈，錢能生錢

吳鼎昌跟蔡元培、吳稚暉是同一代人，早年考中秀才，又考取官費留學資格，一九〇三年東渡日本，入東京高等商業學校學習。在日期間加入同盟會，後因有志於從事金融業，在孫文同意下退出。一九一〇年，他畢業回國，以「最優等遊學畢業生」參加「洋翰林」復試，得授商科進士。此後歷任北京法政學堂教習、東三省總督署度支、本溪礦務局總辦等職。[4]

一九一一年，吳鼎昌任大清銀行總行總務科科長。不久，辛亥革命爆發，因與同盟會的淵源，他出任臨時政府軍用票發行總辦。隨即，大清銀行停業，他被委派參與大清銀行清理，任籌備中國銀行事務正監督，主持草擬《中國銀行則例》，又任中國銀行第一任總裁，是中國銀行創始人之一。他堅持中國銀行不能全由政府來辦，一定要加入商股，成爲股份有限公司。後來中國銀行就是照他的精神，其中有官股，有商股。[5] 一九一七年，他又參與創辦金城銀行。一九一八年，出任鹽業銀行總經理。

4 李新、孫思白，《民國人物傳》（第二卷）（北京：中華書局，1978），頁145。
5 張嘉璈，〈回憶吳達詮先生〉，《傳記文學》，總第204號（1979）。

吳鼎昌在「財神」梁士詒推薦下，曾短暫出任財政部次長。袁世凱篤信相學，某次見過吳氏後說：「此人有聲無音，兩頤外張，儀容陰險，不可重用。」此後，吳氏在天津造幣廠總辦任上，促成鑄造全國統一使用的「袁大頭」，在中國製幣史上有很大貢獻，也由此贏得袁的信任，任命其爲農商部次長。但此時袁政權已搖搖欲墜，吳氏審時度勢，未就任。

一九一七年，鹽業銀行創始人、北洋巨頭張鎮芳因參與張勳復辟被捕入獄，股東大會緊急推舉吳鼎昌爲總經理。吳氏上任後即著手充實股本，減弱該銀行的官僚氣，做出諸多有利於股東的改革。[6]在擴股方式上，他制訂「十年擴股，自由繳股」的辦法，依靠其精明強幹和準確判斷，及廣泛的交際關係，銀行業務蒸蒸日上。長期在鹽業銀行任職的高級職員李肅然認爲：「該行自吳鼎昌主持以來，除內部革新外，業務發達，蒸蒸日上，獲利甚豐，每年所發股息，向未少過一分，是以鹽業銀行之聲譽大振，成爲華北四大商業銀行之一，且居首位。」[7]

一九二一年初，吳鼎昌赴歐美考察銀行製度，發現銀行聯盟的經營模式，回國後推動鹽業、金城、中南銀行達成聯營決議。次年，大陸銀行也加盟，形成四行聯營格局，時稱「北四行」。後又採用美國聯邦準備制度，成立四行儲蓄庫，作爲發行鈔票的儲備金。一九二三年，北四行在四行聯合經營事務所之下，設立四行儲蓄會，並推選四行的總經理爲執行委員，組織執行委員會，吳鼎昌爲主任委員，總理一切事務。在其主持下，四行儲蓄會成爲北方金融壟斷集團。

6　白吉爾，《中國資產階級的黃金時代（1911-1937）》，頁318。

7　李肅然，〈鹽業銀行與張伯駒〉，收入李北濤等原著、蔡登山主編：《民初銀行大亨》，頁192。

張鎭芳的兒子、「民國四公子」之一的張伯駒，對於吳鼎昌「鳩佔鵲巢」頗爲不滿，卻也承認：「這四個行，在調動款項上互相支持，擴大了『北四行』的影響，顯然與南方的江浙財閥相對抗，因而提高了鹽業銀行在北方的信譽和他本人的聲望。」至一九二七年，鹽業銀行股本已位居國內商業銀行之首，其存款總額與浙江興業銀行交替爲私營銀行之首位。「吳鼎昌既有四行準備庫的鈔票發行權，又有四行儲蓄會現款收入，再加上他手裡的言論機關《大公報》，他在政治上和金融界儼然執北方經濟實業之牛耳。」[8]

北伐期間，國民革命軍對銀行、財團、資本家予取予求，有竭澤而漁之勢。強索銀行錢銀之事，時有所聞，銀行成爲驚弓之鳥。鹽業銀行的根基在天津，但已在上海、武漢等地設立分行，不能不受其影響。[9]

一九二七年，吳鼎昌出版《中國新經濟政策》一書，向剛成立不久的南京政府提出創設「中國經濟議會」和效仿美國創設「聯合準備銀行」（即複合式分權型中央銀行）兩項建

8 張伯駒在回憶文章中痛說鹽業銀行的種種黑幕，對吳鼎昌有頗多非議。對此，深知鹽業銀行內情的李肅然撰文指出，張伯駒揭發吳鼎昌等人私吞鹽業銀行送到美國花旗銀行保存的清宮珍貴文物一事，純屬子虛烏有，這批文物在李氏代爲監管五十年後，於一九七九年歸還給香港鹽業銀行，由香港花旗銀行協理格蘭特監交，雙方律師作證。李氏反駁說：「張伯駒遺作內載：鹽業銀行各分行經、協理假公濟私、侵吞公款，何以不在他們生前追問，以盡其監察人與總稽核之責，反而坐視損失銀行權益，是有失職之處。在鹽行黑暗之一面，分行主持人利用職權假借透支動用公款，實屬違法，何以張伯駒也有如此作法，其數目且達四十萬元之鉅，豈非知法犯法？在其文中任意披露醜行，忘卻親恩，有失孝道。吳鼎昌爲鹽行發生變故時，由其挽救，得以安然無事，對於張伯駒本人種種關照與提攜，不但不思圖報，且以惡言批判，豈不有失仁義？對於忠心職守行員，不但不加以獎勵，反用隨意毀謗，豈是君子所爲？最後吳鼎昌加派其爲南京分行經理，亦有數十年之久，向未到差，故未爲該行做出任何有益之事，然其經理一切待遇，照支不誤。根據事實查看，一切經過，可謂張伯駒有負鹽業銀行矣！」李肅然：〈鹽業銀行與張伯駒〉，收入李北濤等原著、蔡登山主編，《民初銀行大亨》，頁196。

9 南京政府成立後，因軍餉不足，發行二五庫券，託上海工商各界勸募承銷，於是在上海組織財政委員會。參與者除了江浙財團的陳光甫、虞洽卿等人外，還有「北四行」系統的錢新之（四行準備庫滬庫主任）、吳蘊齋（上海金城銀行經理）等人。此會是民間組織，與司令部之關係，乃是客卿對等地位。司令部軍需處發來文電，往往不知輕重，有時像對付下屬。錢新之哀歎說，「這是軍事時期，秩序未定，只能慢慢來」。果然，有一天，行營來電催款，竟有「限令……」等字眼。李北濤，〈吳鼎昌由商而政〉，收入李北濤等原著、蔡登山主編，《民初銀行大亨》，頁275。

言，希望南京政府「組設中國經濟會議」和「建立眞正中國式銀行之銀行」。第一項建言被國民黨當局採納，其結果是一九二八年六月財政部長宋子文主持召開全國經濟會議，但其組織結構和吳鼎昌希望創設的「中國經濟議會」大不一樣。第二項建言未被當局採納。

南京政府於一九二八年設立中央銀行，將原來半官方的交通銀行、中國銀行及新設立的中國農民銀行集中在其權威之下，給中國銀行業帶來一次大的調整。但這個中央銀行並非吳鼎昌主張效仿美國建立的複合制分權型中央銀行（美聯儲），而是效仿歐洲國家建立的單一制集權型中央銀行。[10] 這背後是中國中央集權、大一統傳統的影響，而不願引入聯邦制、分權的理念。

南京政府建立後，實行國家資本主義政策，對民營經濟包括獨立的銀行比北洋政府更不友善。一九三五年十一月，南京政府實行全國銀行「準國有化」，爲政府對實業界的干預提供了大量機會。資產階級長期嚮往的改革，此時似乎已轉而成爲損害這個階級本身利益的一種手段。[11]

一九二七年「新民國」取代「舊民國」，大部分國民尤其是檯面上的大人物，都需要在政治認同、職業選擇、效忠對象等諸多方面做出實踐上和心理上的重大調適。這種大的國家政策和行業環境的驟變，饒是像吳鼎昌這樣手腕靈活、見機行事的銀行家，也意識到其在此一領域騰挪發展的空間大大縮小。他牢牢控制鹽業銀行的決策權，但逐漸將人生的重心轉向報業和仕途。

10 蔡志新，〈民國時期貴州省政府主席吳鼎昌的經濟思想〉，《貴州財經學院學報》，第152期（2011）。

11 白吉爾，《中國資產階級的黃金時代（1911-1937）》，頁324-325。

報人：意在立言，秉持「四不」

吳鼎昌字達詮，常有人誤寫做「銓」，吳藉此聲稱自己不缺金，而是要立言。

進入二十世紀，新一代知識人要「立言」，已不同於傳統士大夫「皓首窮經」、「我注六經」，而必須通過現代媒體傳播其思想觀念。梁啓超是第一代報人，吳鼎昌是第二代報人。梁啓超以「筆端常帶感情」的文字見長，吳鼎昌則以經營報紙見長。

一九〇二年六月十七日，英斂之在天津法租界創辦《大公報》，取「大公」一名意爲「忘己之爲大，無私之爲公」，辦報宗旨是「開風氣，牖民智，挹彼歐西學術，啓我同胞聰明。」《大公報》與南開大學、天津鹼廠並稱「天津三寶」。一九一六年，英斂之將《大公報》轉讓給與安福系關係密切的實業家王郅隆。一九二五年，《大公報》因經營不善宣布停刊。一九二六年，吳鼎昌以五萬元低價買下《大公報》，成立「新記公司」經營之。吳自任社長，以張季鸞爲主筆，胡政之爲經理，三位留日舊友形成「三駕馬車」。

吳鼎昌是「新記」《大公報》的主要創始人和獨立出資人。他曾說：「一般的報館辦不好，主要因爲資本不足，濫拉政治關係，拿津貼，政局一有波動，報就垮了」，因此決定「拿五萬元開一個報館，準備賠光完事，不拉政治關係，不收外股。請一位總經理和一位總編輯，每人月薪三百元，預備好這兩個人三年薪水，叫他們不兼其他職務，不拿其他的錢」。張季鸞對此深以爲然：「達詮於新聞事業，見解獨卓，興趣亦厚，以爲須有獨立資本，集中人力，全力爲之，方可成功。」

一九二六年九月，《大公報》甫一復刊，即發表〈本社同人之志趣〉一文，提出「四不」主張，即政治上「不黨」、經濟上「不賣」、人格上「不私」、思想上「不盲」，是爲「大公」。「四不」精神是文人論政的體現，更是新聞獨立與自由的突出表現。新聞史研究者方漢奇認爲：「（四不）核心思想是吳鼎昌首先提出來的幾個觀點」。[12]

後世評價「新記」《大公報》時，認爲其有「三絕」，即「吳鼎昌的錢、胡政之的管理、張季鸞的筆」。吳鼎昌的貢獻不僅是資本，他還發揮所長，負責紙張、設備、遷址等重大經營問題。如訂購紙張一項，當時印報所用白報紙需從海外訂購，紙價漲落受外匯市場影響很大，而購置紙張的費用是報社的一筆大開支，一時算計不周，會造成巨大損失。初期的紙張訂購及結算，都由吳運籌帷幄，選擇合適時機購匯結匯，每每恰到好處。《大公報》成立十週年之際，胡政之撰文指出：「吳先生也幾於每晚到社談新聞，商文字，他走後，我們才撰寫社評。有時吳先生也寫文章，大抵是關於財政與經濟的問題。……吳先生對於事務，尤其是會計方面，替我設計了許多。我們事業之所以能有今日，最初立法周密，計算精確，實一主要因素。」[13]

吳、胡、張三人共組社評委員會，研究時事，商榷意見，決定主張，輪流執筆，最後張季鸞負責修正，三人意見不同時，以多數決定，三人意見各不同時，以張季鸞爲準。吳鼎昌並非「甩手掌櫃」，而是爲報紙付出巨大心血。「其時吳氏自鹽業銀行退値下班，晚間常來報館，對於專電機報上標題，甚爲注意。有時吳氏即夕在報館寫成社論，交胡、張二人修改。三人總是圍坐在辦公室，一面吃花生米，一面商談各事。此種合作無間之態度精神，足

12 方漢奇等，《〈大公報〉百年史》（北京：中國人民大學出版社，2004年）。

13 李北濤，〈吳鼎昌由商而政〉，收入李北濤等原著、蔡登山主編，《民初銀行大亨》，頁282-283。

使全體館員，感動效力。」

吳鼎昌用「前溪」爲筆名發表文章。曾任《大公報》編輯的陳紀瀅在〈悼前溪先生〉一文中寫到：「他（吳鼎昌）每天下午從銀行辦完工以後，就到編輯部來聊天。天上地下，無所不談。有時候他拿起外埠發來的專電來看，隨手改動一兩個字，或對某一條新聞加上一個標題。晚上，各地消息都集中了以後，他有時自告奮勇說：『今天的社評我來寫。』於是便走到季鸞先生的房間去寫。他寫作甚速，大約兩三千字的社評，有一個多鐘頭便完稿。寫完以後就交給季鸞、政之兩位先生輪看。他兩位如覺文意不妥，或哪個字用得不好，馬上就提出來修改。相同的，他倆寫的社評，如遇達詮先生在報館時，必也交給他看或修改。」吳鼎昌撰寫的〈戰卜〉、〈注意國內及國際之變化〉、〈注意兩大潛勢力之爆發〉、〈全國實業界應要求蔣介石宣明態度〉等評論文章，都曾傳誦一時。

吳鼎昌深知老友張季鸞的文章更好，放手讓張負責社評。文人議政，名動天下，在一九二〇年代中期之前爲梁啓超，此後則爲張季鸞。一九二七年十二月一日，蔣介石與宋美齡在上海舉行豪華婚禮。同一天，《大公報》第二版以〈今日之新郎新婦〉爲題登載蔣宋之頭像，並以電訊形式轉發蔣的〈我們的今日〉一文。次日，張季鸞發表〈蔣介石之人生觀〉，嚴厲批評蔣之奢靡。次年，在陳布雷引薦下，蔣親自接受張季鸞採訪，引爲諍友，「國士視之」。蔣每日必看《大公報》，在辦公室、公館和餐廳各放一份，以便隨時翻閱。[14] 蔣下令扶持《大公報》，從一九四〇年到一九四六年，國民黨中宣部提出「黨報不爭新聞」之

14 李滿星，《張季鸞與民國社會》（天津：百花文藝出版社，2011），頁80-82、95。

方針，若有重要新聞先由《大公報》刊登，其意在培養《大公報》成為輿論權威。[15]不過，《大公報》仍對國民政府有諸多批評，也曾因報導河南饑荒遭到停刊三日之處分。

在國共鬥爭中，《大公報》的基本立場是，中國需要穩健的發展，而國民黨是唯一能讓中國穩健發展的政治力量。而中共若得勢，必然實行蘇聯式激進革命，將釀成大禍。因此，《大公報》明顯站在國民黨一邊，在批評國民黨的腐敗低效的同時，對共產黨的叛亂的譴責更加嚴厲，中共的媒體及左派文人常常與《大公報》打筆仗，也將吳鼎昌視為敵對人物。

吳鼎昌讓《大公報》復刊時發行量不足兩千份，一九二七年五月漲至六千份，收支已平衡。五年後，增加到五萬份。一九三六年，突破十萬份，成為全國輿論中心。與一般報紙只顧都市，棄全國人口九成的農民於不顧不同，《大公報》在各地設立記者站，派記者巡迴各地，為民間疾苦發聲和把脈。徐鑄成、范長江、蕭乾成為名滿天下的名記者。一九四一年，美國密蘇里新聞學院授予《大公報》外國報紙獎，盛讚其國際和全國報導全面，評論「無畏而深刻」。[16]

一九三五年，吳鼎昌在步入政壇之前，為貫徹「不黨」之方針，辭去《大公報》社長一職。但仍為董事之一，並未與《大公報》脫離。直到國民黨在內戰中潰敗，他才辭去《大公報》董事，而此時的《大公報》已在共產黨控制之下，王芸生、徐鑄成等急劇左轉，後來在中共的反右等政治運動中成為犧牲品。香港《大公報》則純粹變為中共在香港的喉舌。

15 王新命，《新聞圈裡四十年》（下冊）（台北：龍文出版社，1993），頁497。
16 李金銓編著，《文人論政：民國知識分子與報刊》（台北：政大出版社，2008），頁22-24。

做官：「爲政不在多言，只需埋頭苦幹」

一九三五年，幣制改革和銀行騷動，使南京政府趁機控制了主要銀行信貸機構，此後一直委派官員直接管理之。有些銀行家認識到此後商業銀行將無所作爲，就利用派系關係（吳鼎昌、張嘉璈與政學系關係密切），在政府中謀求官職。當吳鼎昌、張嘉璈兩人分別當上部長之後，似乎地位更加顯赫，但作爲獨立銀行界領袖的地位終止了。[17] 吳鼎昌生命的最後十五年，在相當程度上斷絕了與私人企業的關係，專心致志當官，「獲得了特權，卻完全喪失了以往的首創精神」。

這種變化，對銀行家等資產階級，對政府，並非雙贏，而是雙輸。即便加入政府者有可能做出相當政績，但政府對民間人才磁鐵般的吸納，使民間失去人才和活力，整個社會亦陷入死氣沉沉。一九二七年之後，資產階級菁英被納入國家領導機構，「國家一方面對資產階級加以約束，另一方面則授予它特權，約束常常給予工業家，而特權則授予銀行家」。政府通過對資金的迫切需求，說明銀行家獲得優厚待遇的原因。同時，由於中國現代銀行的業務幾乎專門是爲國家開支提供投資，這使得銀行家比具有行會和自治傳統的商人和手工業者更具備向官僚轉化的條件。因此，異化的資產階級開始分裂。由於受到政府的束縛，他們再也不可能像以往那樣自由自在、享受自治的好處，此後的命運只有依賴於對其實行監管的政

17 帕克斯・M・小柯爾布：《上海資本家與國民政府》，頁160-161。

府。[18]

一九三五年，吳鼎昌被任命爲南京政府實業部部長，加入「名流內閣」。在位兩年，他縱橫奔走，勤於政事，鼓勵生產，發展貿易，推動國民經濟建設運動，發展農村金融。

抗戰全面爆發後，吳鼎昌被任命爲軍事委員第四部部長，主管民營工業，負責上海、南京等地工廠內遷。

一九三七年十一月，吳鼎昌出任貴州省政府主席兼滇黔綏靖公署副主任及貴州省保安司令，佩上將軍銜，開始八年主政貴州時期。[19]

吳鼎昌提出「開發貴州、支援大西南」口號，勵精圖治，篳路藍縷，使貧困落後的貴州在社會經濟、文化教育、醫療衛生、人才培養、民眾精神面貌等方面有巨大發展與進步，輿論公認「貴州在抗戰後方是進步相當迅速的省份」。他在主政貴州三年後提出施政願景：「予開發人力三年，成就有限，爲予在貴州一日所夙興夜寐不能須臾忘者……假使能使衛生行政普及，貴州人口數量增加半倍，質量強健一倍。教育行政普及，未來之一千五百萬人民無文盲，八十二縣平均有大學畢業生三、五人，貴州大學有世界的、全國的學者主持講座，以天時地利相當適宜之貴州，何患物力之不克發展，財力之不克配合，是所期望於貴州官民不斷之努力。」

吳鼎昌治理貴州，得天時地利人和。以時代環境而論，戰時國民政府遷都重慶，將大西南經營爲抗戰的「大後方」，一大批工廠、金融機構、機關、學校搬遷到貴州，人才、技

18 白吉爾，《中國資產階級的黃金時代（1911-1937）》，頁321。

19 一九三九年春，張伯駒到貴陽訪吳鼎昌。「我見到他時，他穿著陸軍上將的軍服。多年來我在鹽業銀行裡見著他都是長袍馬褂，今天他這樣打扮，使我忍俊不已。」張伯駒，〈鹽業銀行與我家〉，收入李北濤等原著、蔡登山主編，《民初銀行大亨》，頁187。

術、資金、設備、知識隨之而來。以主政者的個人特質和資源而論，吳鼎昌具有強勁的執政能力，其眼界、胸懷及手腕遠超此前貴州的執政者。

吳鼎昌認爲發展工業是重中之重，而且應當以私人資本爲主、政府爲輔，「工礦事業，除因性質特殊，必須政府單獨舉辦者外，不宜多歸官辦，亦不宜概聽商辦，更不宜官商零亂爭辦。最好有一官商合辦之健全公司，任計劃、提倡、統籌之責。」這樣，將「得官辦之利，而無官辦之弊，有商辦之便宜，而免商辦之操縱。」本著這一思想，他創辦了貴州企業股份有限公司，該公司是抗戰時期第一家省營大型企業，官股占四成，商股占六成，商股中，主要是銀行股。股東代表中，多是金融銀行界一時之選。[20]該公司讓省政府、銀行界和民間的力量都充分發揮，張嘉璈稱讚說：「這個經濟政策是一個很新式的政策，而且是辦起來一定會有成績的政策。」[21]

吳鼎昌還創辦農業改進所，引進、培育、推廣優良農作物品種，農業產量大大提高，農民生活得以改善。他從湖南引進棉花；從江西、湖南、江蘇引進優良稻米品種；從美國引進優質菸草品種，爲貴州菸草業提供關鍵的技術支持——貴州作爲中國菸草業重鎭的地位由此奠定，至今不可撼動。

貴州是山國，地無三尺平，交通不便。吳鼎昌到貴州一年後，在省參議會第一次開會時，口頭報告其施政方針，有關交通方面包括鐵路、公路、水道、交通工具、電話、無線電

20 莫子剛，〈貴州企業公司研究（1939-1949）〉，《近代史研究》，2005：1。

21 在貴州企業股份有限公司主持下，貴州誕生了貴州油脂工業廠、梵淨山金廠、貴州印刷所、貴州絲織廠、貴州玻璃廠、築東煤礦公司等一大批成功企業，所生產的產品，種類齊全，數量繁多，設計新穎，質量上乘。貴州菸草公司生產的企鵝牌、企鷹牌、黃河牌香菸，遠銷四川、雲南、廣西、湖北、湖南，直至陝西，創造了貴州近現代經濟史上的空前記錄。

臺、有線電線、廣播事業等八項。後又加修建機場一項。他親自主持修建遵松公路、黔桂鐵路黔段，當通車到獨山時，他親自到獨山主持典禮，並親筆題：「獨山車站」四個大字。日軍侵入湖南、廣西，貴州地位更加凸顯，他又督促完成獨山軍用機場工程。[22]

在行政管理上，吳鼎昌從選拔人才著手，增強各級政府工作效率。他認爲，省政成敗之關鍵在於能否「管好縣政、管好縣令」。他挑選縣長有三個途徑：從有經驗的舊縣長中考察留用；從中央行政院和政校畢業生中調用；從省府、地區專署及各縣的祕書、科長、科員中考察擢用。在抗戰期間，貴州是起用政校青年最多的一省。他將三十出頭的劉永愨由省政府秘書兼第二科科長提拔爲平壩縣長，後者果然在任上大有作爲。[23]

吳鼎昌重視教育，先後創辦貴州大學、貴陽醫學院及貴陽師範學院，同時發展小學、中學、職業教育，開展國民教育活動，以提高民眾文化科學素養。

當貴陽遭到日本飛機轟炸、民宅損失嚴重時，吳鼎昌想到由省政府舉辦重建保險的策略：「略收保險費，鼓勵商民重建店面住宅，倘再有轟炸，由省政府賠償半數，賠償的基金主要部份用省政府預算裡的第二預備金，以及所收保險費。同時說服銀行，幫助辦理保險業務，也投一點資金，來增強商民的信心。」然而，當時貴州民眾觀念落後，保險業務未能推廣開來。

一九四五年一月，吳鼎昌調任至重慶，擔任南京國民政府文官長，兼國民黨中央設計局秘書長、總統府秘書長等，這是他從政的最高峰。

22 張慶泗，〈我對吳先生的追隨與認識〉，《傳記文學》，總第203號（1979）。
23 劉永愨，〈吳先生治理貴州的片斷回憶〉，《傳記文學》，總第203號（1979）。

抗戰勝利之初，舉國歡慶。然而，國民政府已病入膏肓。吳鼎昌的老部下李北濤感歎說，重慶來人，接收變成劫收，許多友人無辜受累。「以前日本人侵佔期間，尚可與敵人講理說情，現在中國人對中國人，反而無理可講。勝利初臨，老百姓一片歡呼之氣氛，曾幾何時，一變爲有條（金條）有理，無法（法幣）無天，五子登科，萬民蹙額，怨聲載道，人人自危，人心之失，莫此爲甚。」國內局勢糜爛，吳對國際局勢更爲悲觀：

這次勝利，真是僥倖。……美國重歐輕亞，開羅會議許了我們的願，等於空頭支票，沒有全部履行。日軍攻桂之役，到了獨山，我在貴陽省政府，已奉命撤退，人心恐慌，日軍又不前進，真是大的運氣。後來羅斯福有病，只望戰事速了，高估日本戰力，遂有雅爾達密約，要俄國出兵攻日，上了史達林的大當，吃虧的總是我們中國，以後為難的日子多著呢。[24]

果然，一年多之後，國民黨軍隊在徐蚌會戰中慘敗，國民政府潰敗之勢無法挽救。由於吳鼎昌長期在國民政府身居高位且敵視共產黨，共產黨將其列爲四十三名戰犯中的第十七名。

其實，吳鼎昌當官只是客串，且非蔣介石嫡系，他不願遷往台灣，對台灣能否守住亦無信心。他向來狡兔三窟，迅速處理財產，將外匯轉移到香港。一九四九年一月，他辭去公職，赴香港做寓公。一九五〇年八月，他患癌症不治，在香港去世。

24 李北濤，〈吳鼎昌由商而政〉，收入李北濤等原著、蔡登山主編，《民初銀行大亨》，頁299-300。

文人：花溪閒筆，經世致用

吳鼎昌亦商亦官，但仍以「本色是書生」自詡。他的報導性文字，及遊記、舊體詩，均風格鮮明、功力不俗，評論家稱讚其「老於世故，多謀善斷，不怒而威，勤於政事而張弛有度，公餘喜歡小酌、讀詩作詩，既精明又風雅，其風度、風采廣受禮讚」。[25]

吳鼎昌著有《花溪閒筆》一書，記錄主持黔政的經歷與心得，該書出版後，頗受政界及讀者好評。胡政之到貴州，告訴吳，近年在很多省都看到執政者以這本書作爲參考資料，建議吳寫續篇。吳已近花甲之年，但「不忍有拂老友雅意，愛惜精力，坐待衰朽」，於是在百忙之餘寫出《花溪閒筆續編》。他在書中談到衛生問題，頗有魯迅國民性批判的尖銳與深刻：

> 五千年遺留之大好土地，久為蠅蚊蟲蚤虱、痰涎涕尿糞十個強盜所占領，四萬五千萬黃帝子孫，在此等強盜占領土地中過污穢惡濁之生活，作無規則無紀律無禮貌之行動，殊為可憐，此固早為歐美列強人士所不能一日忍受者。如此國家社會而欲與歐美爭平等，豈不自慚形穢，縱有其名，亦無其實，縱能得之，亦何能守？[26]

25　一九四四年，正值六十生日的吳鼎昌賦詩一首：「一驚壯歲匆匆去，更惜餘年緩緩過。不輟耕耘酬帝力，詎容禪坐學頭陀。江山佳麗恣游釣，風雨猖狂任嘯歌。開夏初筵期盡罪，童心猶在任消磨。」有入世的沉重，亦有出世的瀟灑；有儒家的鐵肩擔道義，亦有道家的返璞歸眞。

26　吳鼎昌，《花溪閑筆續編》，（貴陽：貴州印刷所，1943）。

作爲銀行家，吳鼎昌對經濟學有獨到研究。他在《中國新經濟政策》一書中系統闡述其經濟思想：「歐美式政策，財富集中於少數大資本家；蘇俄式政策，集富於國家，實際上支配蘇俄全國經濟者，僅少數政府高官。一個國家、一個民族的經濟狀況，其重心置於少數人之手，實在是至爲危險的事。偏重個性的歐美近代政策，造成大資本家，蘇俄是這種政策的反動，結果卻因漠視個性，導致生產率一蹶不振。」[27] 因此，他提出「新均富主義」，雖可見孫文「節制資本」理論的影子，實際上是希望在資本主義與社會主義之外走出第三條道路，「有兼容並收之量，無畸輕畸重之嫌」。他認爲中國古代本於「均富主義」的經濟政策，沒有「容納物質文明發展」的可能性，遂提出「本於均富主義」的「新經濟政策」：「所謂新者，即政策中有容納物質文明發展可能性者是也。……俾全國之富力均之社會，以五千年來相沿之均富精神，應用於今日物質文明進步之社會也。」[28]

吳鼎昌反對計畫經濟和國家資本主義。一九三三年，他在上海銀行學會講演，警告當權者若「不是整個中國腦筋，便是整個外國腦筋」，視統制經濟爲萬能，又自以爲是史達林、墨索里尼或希特勒，那麼「也許統制經濟起來，比自由經濟還壞」，「只得一個擾亂經濟之結果，造成一種摧殘經濟之事實」。但國共兩黨都不願傾聽其忠告。

吳鼎昌還是一位書法家。他在花溪公園蛇山巖壁上題寫的「壩上橋」三個楷書大字，「透露出純正的柳、歐氣息」；他在天津戶部造幣總廠題寫的「造幣總廠」門額四字「無疑是對唐楷的消化、吸收再創新……讓觀者既感楷書的嚴謹與法度，又領略行書、隸書那種隨

27 劉自立，〈爲吳鼎昌辨〉，《民主中國》網站，https://www.minzhuzhongguo.org/UploadCenter/mz_magazine/147issue/147rw9.htm。
28 吳鼎昌，《中國新經濟政策》（天津：國聞週報社，1927），頁1-16、頁100-148。

意自然之韻味」。[29]

吳鼎昌一生在報業、銀行、政界的事業，全都在一九四九年戛然而止。中共建立的新朝，不允許他在以上任何一個方面有所作爲。他在主政貴州期間，親眼目睹此前紅軍經過貴州一路造成的災禍，此後他努力彌合這些巨大的破壞。然後，正如張愛玲所預感的那樣，很快更大的災難就降臨了，不僅降臨在貴州，更降臨在全國。

29　書法研究者認爲，吳鼎昌的書法體現了中國書法這一文人餘事的定位。吳鼎昌這一代文人書家所書內容大多是自己撰寫的聯語、詩詞和手劄，讓人賞其書又可賞其文。俞棟，〈吳鼎昌：集銀行家、報人、政客於一身的聞人〉，《杭州金融研修學院學報》，2020：11。

21 林獻堂

踏破鐵鞋尋找救台灣的藥方

我旅行歐洲得到最大的教訓是自治能力的訓練。……如果台灣人想要追求解放、祈求幸福，就非得訓練自治能力、培養犧牲精神不可。

——林獻堂

一九二七年五月十五日，四十七歲的「台灣第一公民」林獻堂展開策劃已久的環球旅行。第一站是廈門，然後到香港。一個身處日治之下台灣的公民社會領袖，到了英治之下的香港，對照兩個不同殖民地的處境，有什麼樣的觀察和思考呢？

林獻堂寫道，香港這個「百年前惟有漁人數十家，以自樂其桃源」的小島，「八十餘年來，英人經營不遺餘力，其蒸蒸日上，實大有令人可驚，至一九二五年未罷工之前，其土地價格，每方尺最高者百元，最低者亦有十餘元」。[1]

此處提及之罷工，即爲省港大罷工——從一九二五年六月展開，到一九二六年十月結束，歷時十六個月，是國際性罷工運動史上最長的罷工之一，正在中國訪問的法國作家馬爾羅以此爲背景創作了小說《征服者》。

廣州和香港的罷工之所以能持續如此之久，是因爲廣東國民政府和國民黨在經濟和政治上提供支持。中共工運領袖、省港罷工策劃者鄧中夏承認，若沒有國民黨的幫助，「罷工不到一個星期便要垮臺」。劉少奇也說：「廣東因有政治的自由，及有國民黨幫助農工運動，所以粵港罷工，尚能再接再厲，堅持下去。」[2]

香港經濟受工人離開和經濟封鎖影響，出現蕭條，一九二五年出入口貨總值只有前一年的一半，大量商戶倒閉，政府收入大減。[3] 新任港督金文泰到任後，與廣州政府展開談判。共產國際和中共發現，罷工拖得太久，商人遭受重大衝擊，工人不滿情緒逐漸升高，必須盡

1 林獻堂，《環球遊記》（台北：天下雜誌，2015），頁42。

2 李達嘉，《商人與共產革命：1919-1927》，頁283-284。

3 從一九二五年六月十九日起，香港的電車、印刷、船務等行業的工會首先響應罷工，三日內即有二萬人離開崗位，返回廣州。隨即，廣州政府由廖仲愷主導下，成立省港罷工委員會，封鎖香港，禁止糧食輸出香港及經香港之貨物入口。至七月八日，已有十三、四萬人離港，前往廣州、佛山等地。

快結束罷工。廣東政府內部亦出現變局，國民黨左派領袖廖仲愷遇刺，中山艦事件爆發，北伐出師。一九二六年十月十日，罷工委員會發表停止封鎖香港的宣言，省港罷工宣告結束。

當林獻堂訪問香港時，省港罷工已結束半年多，但香港經濟仍未恢復：「自罷工以後至於現在，其價格暴落，有的僅三分之一，有的欲求三分之一而不可得，此僅舉土地而言，至房租物價亦皆有變動，以致破產逃亡者不少，無怪英人痛恨南方政府也（當時罷工，南方政府曾設法維持失業工人，故能繼續罷工）。」作爲台灣首富，林獻堂擁有土地、工廠、銀行、商鋪，對危及經濟發展的省港罷工持否定態度，也擔心此種玉石俱焚的罷工運動出現在台灣。

十月革命成功之後，蘇聯向外輸出馬列主義、革命思想，東亞成爲其重災區。日治之下的台灣也不能倖免。一九二七年，台灣文化協會分裂，根源就是左派奪權，此事給林獻堂造成巨大困擾和傷痛，也是其暫時脫離現場、赴歐美旅行的原因之一。

台灣雖不像中國那樣面臨共產黨奪取政權的危機，但林獻堂的擔心並非杞人憂天，正如他與一名流亡台灣的俄國婦人的談話：

> 昨日有露西亞（俄國）婦人來賣布，問其曾否歸莫斯科，對曰不敢歸去。曰何故不敢歸去？對曰我是白色，恐被赤色者所殺，革命前原是有資產之人，自革命後一變為窮無立錐之地，而彼赤色者盡為富豪矣。今朝聽培火譯高橋龜吉所著之《資本主義之末期》，言資本主義前之利益社會，後之毒害社會云云，若是，其將何以解救之，即非革命不可也。余恐一旦革命後將變成露西亞，白者為乞丐，赤者為富豪焉。[4]

4 林獻堂，《灌園先生日記（一）一九二七年》（台北：中央研究院近代史研究所、台灣史研究所，2004），頁42。本文以下所引林獻堂日記內容均來自此書，不再一一註明。

「文化運動轉爲勞動運動，吾人非與之脫離不可」

林獻堂是成功的商人，更是一九二〇年代台灣政治及思想文化運動的領袖人物。他先後創建啓發會、新民會等社團及《台灣青年》、《台灣民報》、《台灣新民報》等媒體，並以十四年時間推動「台灣議會設置請願運動」，「如果設立了具有立法權與預算審核權的台灣議會，台灣就會變成一個獨立的自治體」。[5]

一九二一年，台灣文化協會成立，林獻堂擔任總理。此後數年間，該組織茁壯成長，成爲尋求台灣自治乃至獨立的台灣人的「統一戰線」。到了一九二〇年代中期，文化協會內部出現左右與新舊之分歧。

一九二七年一月一日，林獻堂在日記中記載：「連溫卿等主張委員制，不如使其負責任，委之辦理。言語間，忽與（蔡）培火起衝突，殊出意外，余自來之對培火事事取隱忍退讓，不意此刻竟不能忍也。夜餐後向之道歉。」他已萌生退意，不願與左派與新派共事。他如梁啓超所評論的那樣「溫而重，氣靜穆而志毅果」，這一次卻爲協會事務而與蔡培火發生衝突，說明其心情相當不佳。

次日，文協臨時理事會在台中林獻堂經營的東華會社開會，理事出席計三十六人，林爲議長。會上，蔣渭水、蔡培火與連溫卿發生激烈衝突。會議從下午三點一直開到晚上十一點，林獻堂因身體不支，晚餐後的會議委託台灣民報社首任社長、侄兒林幼春主持。表決

5 黃昭堂，《台灣總督府》（台北：前衛，2013），頁144。

結果，連派大勝。林感歎說：「台灣人作事，大多數皆以感情用事，而歿卻主義，此其一端」。他尚未領悟這場爭端的焦點，並非組織形式上的總理制或委員制，以及人情與人際關係的親疏，而是主義之爭。

一月三日，文協又召開臨時總會會議。林獻堂記載：「渭水適來訪，述溫卿等作事自陰險，欲與分離或脫退，頗表示其決心。余與培火勸其不可，恐惹人恥笑並生誤解而起內訌，則我文協之前途不可收拾矣，六年間辛苦奮鬥之歷史，具付諸東流，實爲可惜，不如暫作冷靜，以觀其作爲……若彼等用文協以宣傳共產主義，或是無努力啓發文化，那時欲分裂、欲改革，皆無不可也。午後二時，在公會堂開文協臨時總會，會員出席計百三十餘名，其中台北無產青年新加入會者十餘名，此則溫卿等之作戰計劃也。」連溫卿、王敏川與幾位突擊入會的無產青年縱橫全場，壓制其他發言，「培火、渭水俱緘口不發一言」。新派擁有縝密的「作戰計劃」，舊派都是溫文爾雅的紳士，當然不是對手，只能退席或辭職抗議。

林獻堂本人有堅定的立場，不認可文化協會劇烈左轉，但他不願看到協會公開分裂，竭力勸說蔣渭水等留下。蔣渭水以「陰險」形容連溫卿，不僅指人品之陰險，更指左派政治鬥爭手腕之陰險——青年一旦陷入左派泥潭，迅速變成爲達目的不擇手段的陰險小人。毛澤東如此，謝雪紅如此，連溫卿亦如此。

此次會議，是文協分裂之標誌。林獻堂意識到已產生之裂痕無法彌補，「幼春來，余問對文協此後之意見。他謂溫卿、敏川輩欲將文化運動改爲勞動運動，吾人非與之脫離不可，然此後文化運動之旗幟更當鮮明，而欲立腳在於何處，尤當斟酌，約談一時餘。」至此，他終於明白，表面上的新舊之爭、南北之爭，實際上是主義之爭：左派要將文化運動改爲勞動運動（階級鬥爭），不願另起爐灶，卻要鳩佔鵲巢，用心何其險惡。

舊派出局，新派卻要裝模作樣地招攬德高望重的林獻堂出來維持門面。連、王等多次敦請林獻堂爲委員長，林極力固辭，提出兩個意見。第一，協會的宗旨已變更；第二，自己是「過時代之人物，不能適合」。

文協分裂，正是其最孱弱的時刻，台灣總督府趁機展開鐵腕打壓。二月五日，林獻堂在日記中記載：「溫卿言渭水被拘留，聞之頗爲疑惑，渭水與溫卿等，同受家宅搜查，而渭水獨被拘留，殊難取信。」二月八日又記載：「旬日內爲治安維持法違反嫌疑者，被搜索家宅百數十人，被拘留多人。此事如何結局，實難逆料也。」

退出文協的舊派人物另組機構。二月十日，林獻堂與蔣渭水等開會討論重辦《民報》，「決定社之方針」。晚餐後，「渭水提議組織政治結社之必要，有種種之討論」。次日，早餐後繼續審議政治結社會則，「其名稱曰『台灣自治會』，其綱領政策十二條，會則亦十餘條」。蔣勸林任總理，林「決不願受總理之名，若欲與此相強，則與之絕交」。二月十二日，「吳清波來，謂此後凡所有之結社不可參加，因現時之青年多放肆過激之流，若與共事，將來必生支節或有意外之虞」。他藉吳清波之口說出心裡話：若與「過激之流」共事，必然重演文協分裂之悲劇。

一九二八年，林獻堂完成環球旅行之後，在日本停留許久才返回台灣，基本沒有參與退出台灣文化協會的群體「分裂又分裂」的「第二波分裂」。蔣渭水等成立台灣民眾黨，蔣日漸左傾，認爲應當參考中國革命運動，效法孫文的容共政策，使民族運動與階級運動攜手並行。蔡培火等穩健派反對社會運動需要走階級運動路線，與林獻堂等在一九三〇年另成立台灣自治聯盟。一九三一年，林獻堂辭去民眾黨顧問之職，並表明「新黨綱定位爲無產階級運動本位，頗爲激烈」，他無法接受。[6]

與此同時，台灣文化協會變成帶有社會主義思想傾向的團體之後，左派也發生更激烈的內鬥。抱持共產主義思想的王敏川，將帶有社會民主主義思想的連溫卿逐出協會。連被扣上「地盤主義者、分裂主義者」的帽子，退出政治運動，晚年窮困潦倒、鬱鬱而終——左派陣營中，沒有最左，只有更左，剃人頭者，人亦剃其頭。

隨後，台共領導人謝雪紅在中國和蘇聯受訓後潛入台灣，將黨的影響力滲入新文協本部和農民組合本部，使台灣左翼團體的階級運動愈發激化。這正好中了總督府的對策，「激進分子占領文協後，嚴密監視其行動，迫使他們左傾到社會輿論也認爲無理的地步，最後採取下令禁止手段」。一九三一年，文化協會在總督府壓力之下宣告解散。

本是同根，今成異國：台灣人不是中國人

北伐名將張發奎未能防止共產黨滲透其部隊，引發南昌暴動和廣州暴動，被迫通電下野，赴日本避風頭。在日期間，他一度與一位台灣朋友同行。一天下午，他們走進一家藝伎館。一位老婦人問他們是朝鮮人還是台灣人，「因爲藝伎們拒絕接待日本國的奴隸」。張發奎說，我們是中國人。那位台灣朋友則悄悄說，別讓對方知道他是台灣人。張特別記載這個細節，並認爲「這是日本人自大狂情結的一種表露」。[7]

6 陳翠蓮，《百年追求．卷二．自治的夢想》（台北：衛城，2014），頁154-160。

7 張發奎口述、夏連蔭訪談，《張發奎口述自傳》，頁249。

這是張發奎將孤立個案擴大化爲普遍現象。民族主義思想強烈的張發奎無法接受的一個眞相是：在很多日本人眼裡，做爲其殖民地的朝鮮人和台灣人的位階高於中國人，因爲在日本人的幫助下，朝鮮人和台灣人的文明開化程度高於中國人。做日本統治下的台灣人，比做蔣介石，毛澤東或其他軍閥統治下的中國人，要安全和幸福得多。

林獻堂在環球旅行中的經歷，正與張發奎截然相反。他途徑香港，遊覽太平山最高峰時發現，「山上樓屋，比之十年前，無甚大增加，因英政府有禁止華人，不能住過海拔七百尺以上，謂華人不潔，又喜叫囂之故。噫！夫人必自侮然後人侮也」。他沒有譴責英國人的殖民主義和種族歧視，而是反省中國人的野蠻落後。

到香港之前兩天，林獻堂乘船到廈門，對當地市容的觀感極爲惡劣：「午餐後閒行市上，廈門街路之狹隘與污穢，堪推世界第一。」廈門是中國近代的通商口岸，已有相當的近代化，若是到貧瘠骯髒的中國中西部，那些地方的污穢惡臭才「堪稱世界第一」。他還發現，近來警察當局與市政會議有街道改善之舉，著手拆家屋築消（防）溝，經已造竣者約二十餘丈，這本是好事，卻有無辜市民受害，「有一老嫗僅有住宅一所，頗不惡劣，亦在拆毀之列，不得當局一文之補償，以至憂憤而死」。中國沒有保護私有財產的觀念，政府視人命如草芥，這些都與日治之下的台灣有天壤之別。

林獻堂沒有讀過美國旅行作家哈利．富蘭克在一九二四年出版的台灣遊記《一瞥》。作者從福州經由海路抵達基隆港，發現以台北爲首的市街井然有序，感到不可思議。台灣人居住的區域，比「紐約住宅區更爲整潔」，「日本人在過去中國式生活裡，注入了穩定與秩序」、「與台灣海峽對岸相比，從人力車車伕的衣著到斗笠，都顯得整齊清爽」、「在中國搭乘鐵路，說是旅行其實處於無政府狀態，但在台灣搭乘列車，就像是回到近代，列車內的查票員即使對三等車廂內『沒沒無聞』的乘客，也是先脫下帽子行禮，與中國不同，承襲的日本的美學水準車廂地板都打掃乾淨，撒水清潔」。作者特別強調台灣與中國最大的不同在於「不管去到哪裡，都沒有惡臭」。作者還提到近代國際輿論的一種觀點——與其任由中國處於無秩序的狀況，還不如讓其成爲可靠勢力下的「保護地」來得好，或者更應該說，人們一旦看到台灣的現狀，就會湧起一股「由日本統治的話會變成怎麼樣？」的念頭。同時，作者又諷刺說，人們或許更想問「自以爲住在天上之國的人們，難道比較喜歡喜好骯髒和混亂嗎？」這種觀點，對今天的東方主義、後殖民主義等左派論述是有力的反駁。

十月十八日，林獻堂在柏林參觀威廉一世之故宮，發現武器陳列館中收藏有八國聯軍繳獲的清國軍旗二百餘枝，旗上寫著帶兵將領的姓，又有左伍、前哨、後參、右貳。其中有一枝寫「重究窩藏」，想必是拳匪之亂兵士乘亂搶劫，上官表示要究辦及搜索贓物的意思，但一看就是官樣文章。「最可恨者就是二百餘枝的旗皆完好，無一枝受過子彈打破的，這明明是不戰而委諸敵人。當時軍隊之腐敗如是，眞是令人欲笑不得，欲哭又不得也。」他使用「清國」一詞，其身份認同不是「清國人」。他對清國及自稱其繼承者的中華民國沒有多少好感。

十一月三日，林獻堂在海牙荷蘭女王的離宮中遊覽，看到有一個房間陳列著中國刺繡及繪畫，「獨有繪畫令人一見而生不快，不知當時何處尋此拙劣畫工，實有污辱中國的美術。其所畫中國各種方俗雜亂無章，其中令人最不快者就是辮子與纏足，留一民族野蠻的污點於異國宮中，永久不能磨滅，斯爲可恨耳」。他覺得民族自尊心受傷，只是心繫「文化中國」或「漢民族」。即便如此，他對文化傳統和國民性亦有深切反省，從在環球旅行中頻頻進行東西方文化及國民性比較就看得一清二楚。

途經新加坡時，林家旗下企業南洋倉庫會社經理、日本人矢田順一來港口接林家父子上岸，有巡警盤問是日本人還是中國人，若日本人則放之過去，若中國人則被阻止不得上陸。矢田告知，這是防備共產黨人來新加坡。林獻堂不禁感歎說：「爲防共產黨人之故，而禁中國人概不得上陸，眞是豈有此理。」

又有人告知，此前在孫文紀念日，華人列隊遊行，約有二三千人，正好有電車開道，遊行群眾命其停止，司機不聽，好事者出手毆打，巡查前來制止亦遭毆打。巡查開槍擊殺八人，傷者十餘人。此事至今尚未了結。可見，英方禁止中國人登陸實在出於無奈：左派驅使市民暴動，造成人命傷亡，形成讓難以善後的「慘案」。這種做法，共產黨在中國屢試不爽。每當某一「慘案」發生，左派及中共大做文章、加油添醋，煽動義和團式暴亂。英方嚴防死守，以免赤潮席捲新加坡。

此時此刻，林獻堂必定爲自己持有日本護照感到慶幸。

林獻堂的產業和生意有以部分與中國有關，如同今天到中國淘金的台商。他記載其五弟林階堂到上海經商，也將香蕉賣到天津。一月二十日，五弟從中國歸來，「首談中國情形」。二月三日，他往五弟處，「觀其自上海買歸之驢，計五匹，共爲試乘」。此後，又有廈門中華中學教授陳沙崙及台北人蘇辭源來訪，「述彼自來台爲募集學校建築寄付金，請余爲之援助」。

更值得關注的是三月十一日之日記載：「午後李肇基（李友邦）來訪，述其新歸自廣州，略言黃埔軍官學校之狀況及台灣學生會之活動。」李友邦是黃埔軍校的台灣學生之一，向林獻堂分享黃埔及北伐的消息，必定都是正面的。[8]

8 李友邦是首批得到國民黨重用的台灣人，抗戰時期官拜少將，戰後曾任國民黨台灣省黨部主委，後來捲入共諜案，被捕並遭處決。

台灣史學者李筱峰認爲，在日治時代，林獻堂有著相當強烈的「祖國」情懷，是十足的「民族派」人物。一九三六年，林氏參加「華南考察團」，到中國各地遊歷，在上海發表演講時提及「歸還祖國」之語，遭到日本統治當局嫉恨，派遣流氓到台中毆打之，以警告台灣人不得心向中國。[9] 左統派學者王曉波在《台灣史與台灣人》中認爲：「林獻堂具有中國人意識，進行穩健的民族運動。」實際上，林獻堂在中國的隻言片語並非其心裡話，亦有可能被中國媒體所歪曲。他有一定的漢民族和漢文化的認同，並不意味著他認同做爲一個國家或政權的中國，日本學者伊藤幹彥認爲，林獻堂極欲保存漢民族文化，但其所指的並不是中國文化，而是台灣文化，他從事「台灣自治」運動，其終極目標是「台灣獨立」。[10]

對於林獻堂的眞實企圖，台灣總督府自有其判斷。《台灣總督府警察沿革誌》中給台灣文化協會的定性是：「台灣文化協會的會旨表面上是『助長台灣文化之發達』，是一種很抽象的目的，但是其動機和目的……乃著眼於島民的民族自覺……朝向民族自決及台灣民眾的解放之路前進。」由此，伊藤幹彥認爲，由於台灣文化協會的啓蒙運動，出現了「台灣人是漢民族，台灣應該台灣人來統治」的台灣獨立思想。

林獻堂在台灣的商業活動，亦有爲台灣人爭氣的意識貫徹其中。一九二七年，他與陳炘等成立第一家台灣人的銀行：大東會社。二月二十日，在開業前一天，他來到總部，以會長身份講話：「我會社明日將營業開始，望諸君加之以努力，無負諸株主（股東）委託之美意，萬一我會社若失敗，不但對不住諸株主，必大受日本人之恥笑台灣人無經營會社之能

9 李筱峰，《台灣史101問》（台北：玉山社，2013），頁215。

10 伊藤幹彥，《日治時代後期台灣政治思想之研究——析論台灣抗日運動者的政治思想》（台北：鴻儒堂，2005），頁123。

力。不僅此也，我會社之盛衰實大有影響於全台，關係如此之重大，諸君豈可不勉之哉。」

更能清晰體現林獻堂的台灣意識的一個細節是：他在廈門遊覽時候發現——

市街道之上，有一亞鉛坂大書高掛電柱，曰「光緒十二年英人侵佔我緬甸」，「光緒廿一年日本割據我台灣」，下書「通俗教育社」。彼自為此，其用意何在，余不敢遽斷，然凡民族運動必受外界之壓逼，至於不可忍，而民族之團結始能成功，今方民族運動之初期，豈能無的放矢，故用此以喚起國民之覺醒也。是以排英排日之風潮，日有所聞也。

中國正在興起的民族主義革命和宣傳中，將台灣和緬甸都當做中國的一部分。而台灣與緬甸被「帝國主義」的英國和日本侵吞，乃是中國的國恥，中國若完成革命而強大，一定要將台灣和緬甸收回。中國當時是弱國，但本身的帝國主義之野心卻毫不掩飾。林獻堂對這種論調明顯不以為然。在這裡，他將台灣與緬甸並列，就認為台灣和緬甸一樣，不是中國之一部分。

踏通五洲，尋找自由與獨立

林獻堂的環球旅行，與次子林猶龍從基隆出發，經過華南、香港、新加坡、埃及、義大利、法國，與在英國留學的長子林攀龍會合，繼續旅行英國、德國、丹麥、荷蘭、比利時、摩納哥、瑞士、西班牙，橫渡大西洋到美國，橫穿美國，再穿越太平洋，抵達日本橫濱，前後三百七十八天。一路上，他既寫日記，又撰寫《環球遊記》，將書稿分批寄回台灣，在

《台灣新民報》上連載。「在旅途中他第一次面對歐美文化時，常做東西方文化主觀性比較，並以台灣做為思考、比較的軸心。」[11]

林獻堂的《環球遊記》深受梁啓超的《新大陸遊記》和《歐遊心影錄》之影響。梁氏於一戰後走訪西方，看到戰爭造成的斷壁殘垣，對西方文明的憧憬頗有破滅之感；而林獻堂在一九二七年所看到的歐美，已從戰爭的破壞中復甦，他更多觀察和吸取歐美之文明進步，尤其是很多國家爭取自由與獨立的道路，以此激勵台灣同胞。

林獻堂在旅途中要經過埃及，他到香港時到香港總督府將護照拿去找護照司主任簽字，但對方說埃及已獨立，到埃及無需總督府簽字。他在埃及參觀金字塔時感歎說：「當時之人民，受此徭役及苛斂誅求之痛苦，當不減秦始隋煬之長城與運河，然城、河後世之人亦有多少蒙其利者，若此塔，唯以與後人作古董觀耳，豈有絲毫自利哉。」他又總結埃及獨立的經驗：「夫獨立之成功，非自其運動開始自日便能成功，亦非其成功之日，始見有獨立之運動也。埃及今日能得獨立爲立憲國之地位，實自最近四十年國民奮鬥之結果也……不屈不撓前赴後繼，不知灑許多志士熱血於荒煙沙漠之中，乃得有今日也。」

在英國，林獻堂參觀保羅教堂，發現其地下室有威靈頓與納爾遜將軍之墓，「一爲純黑的石頭，一爲純赤的石頭，比西敏寺的君王墓地更宏偉」。一開始，他「深感一種矛盾，一方面講博愛講人道，一方面獎勵殺人」，但仔細思量後得出結論：「然處此生存競爭優勝劣敗之世，而爲其民族自衛計，亦誠非得已也。故凡民族能團結自衛者，則其國家行見蒸蒸日上，若其民族不能團結，而又內訌不止息，甚至互相屠戮，其國家之不亡亦僥倖矣。」相信

11 許雪姬推薦序，〈追求現代、走入世界：我看灌園先生的《環球遊記》〉，林獻堂，《環球遊記》，頁21。

每一個熱愛自由與獨立的台灣人，都能聽出其弦外之音。

在英國，林獻堂除了旁聽議會辯論，更參訪各種民間團體。他訪問倫敦的汽車俱樂部，會員一萬八千人，設備有水泳場、擊劍場、撞球場、圖書館、餐堂、宿舍、談話室、吸煙室、休憩所、會員調停所、銀行、郵便局、保險會社，尚有一棒球場在市外。組織分爲監督機關及執行機關，如議會之與內閣，凡事由監督機關決議而行，有條不紊。「我想凡要視察一國之政治，到不如視察其自治之小團體，國家是小自治團體放大做成者，若自治小團體做不來，未有國家有良好之政治也。」這種看法，與托克維爾對美國的觀察和分析相當接近。

林獻堂多次到海德公園聽不同族群和政治立場的人物露天演說，體驗「言者無罪」的英式民主。演講者中，有譴責英國殖民統治的印度人，亦有豎著紅旗的共產主義者——後者批評英國政府侵略「熱愛和平的支那國」，指責政府「僅作在資本家之走狗而而已」，更認爲「機器愈發明，失業勞動者愈來多……資本家受其利，勞動者受其害也」。有四五個警察遙遙而立，概不干涉。有一次，他在雨中到海德公園，沒有發現有社會主義演講，詢問警察，警察說「社會主義者不能敵風雨故也」。林氏借用警察的話嘲諷社會主義者言行脫節，他明顯不贊同社會主義者的觀點。

在摩納哥這個「世界上最小的自治國家」訪問時，林獻堂感歎「其人民之寡，其出產之稀少微，竟能治理其國家若是，可見世界上無一寸土地、無一民族不可獨立的，唯視其自治能力如何呢」。他將民眾的自治能力而非國土、資源等外部條件看成是獨立的首要條件，進而將印度與摩納哥做比較：「若其民族沒有自治的能力，如印度之大，沃野千里，稱爲天府之國，徒供人家作殖民地罷了，豈不可哀嗎。」這背後，豈不也是說中國和台灣？

在遊覽比利時，林獻堂尤其感佩比利時在一戰中拒絕德國借道要求，挺身抵抗強鄰，

「比利時爲保持其自由獨立，而不惜犧牲一切以捍衛之。若以東方人之眼光觀之，必笑其愚，謂其所得不償其失，設使他若請願將其土地借給人家作戰場，則自己則可在其中望收漁人之利。噫，東方人所愛者是利，西方人所愛者是自由。愛利之人，若以利誘之，雖未奴隸亦所甘心，自由之人，則『不自由毋寧死』，此則東西之所大異之點也。」

在瑞士旅行時，林獻堂議論說：「瑞士爲歐洲完全之陸國，既無通海之商港，又無殖民之領土，且其地位，復居於列強角逐之區交通之要道，而能保全獨立，建共和之國家數百餘年者，皆其國民愛自由之心切，故能如是也。古時亦曾爲奧地利之殖民地，不堪其凌虐，屢次與之惡戰，不知其流盡許多無名英雄之熱血，乃從專制底下奪回自由，唉，世間之事，『求則得之』此語誠不虛也。」摩納哥、比利時、瑞士等歐洲國家，國土面積和人口與台灣相仿，這些國家能獲得自由與獨立，是因爲民眾有自治能力，更有戰鬥勇氣，他希望台灣人效法之。

抵達美國後，林獻堂參觀了紐約、華盛頓、波士頓、費城、芝加哥、道奇城、舊金山、洛杉磯等城市，以及尼加拉瀑布、大峽谷、優勝美地等自然景點。他參觀白宮時發現，「室內並無何等之裝飾，其美麗宏大，不及台灣總督府官邸多矣。然共和國之元首，自居爲國民公僕，不敢絲毫自侈，以示尊嚴，有此美德，令人不得不歎羨平民政治樸素之風，其所謂平等，眞乃實行而非徒作美名也」。

林獻堂參觀了美國獨立戰爭的若干遺跡，特別指出：「美國之有今日自由，成爲泱泱大國者，皆英王促其購取者也。向使非有英王之壓制，則彼十三州之殖民，方且耕田鑿井，自安於不識不知，安得有其獨立之思想哉。」這段話是在警告日本殖民當局不可對台灣施加過度的欺壓凌辱。

旅途中，林獻堂注意到東西方另一重大差異：西方重視男女平等及尊重女性，東方仍是男尊女卑。他到英國議會旁聽時發現，「六百十五名之中，有女議員八人，就中有一女優。若以東方人之視女優位一種玩物，自來不以藝術家看重之，設使婦女參政權得以實現，亦絕對無望選其爲議員，此亦東西方人特異之一點也。是日的旁聽席幾無立錐之地，但是婦人佔有十之六，亦可見婦人之關心政治也」。他在倫敦乘坐地鐵時觀察到，「車中有後至之老年人或婦人，男子必起立而讓之坐，讓坐是一種美風，豈惟文明人所獨有耶」。他在美國發現，「美國婦人之地位，在萬國中比較爲高。凡男子相遇於道中，點頭而已，惟遇婦女，則必須脫帽爲禮。……美國男子對於婦女，有一種特殊禮貌，凡在升降機（電梯）中，若有婦女在焉，不論男子有幾多人，必皆脫帽以表敬意，此種禮貌，是歐洲之所無者」。

在當時的台灣，男女平等意識相當落後。林獻堂記載了與友人張棟樑的一番談話。張不認同文協會則中男女平等條款：「我有十甲之土地，既主張男女平等，必讓與五甲，非是則不平等矣。況台灣之婦女甚驕悍，若復主張平等，則不可收拾矣。」林反駁說：「汝以財產解釋平等則大謬矣，凡解釋平等，皆以人格論也。試問汝視婦女爲人乎，若視彼爲人，須尊重其人格，此則平等之大意也。若云驕悍，是皆不使受教育之過，非不能平等之原因也。」

比起一般遊客來，林獻堂對歐美的歷史地理、政治人文的觀察和思考更深入。他到波士頓郊區普利茅斯參觀五月花號登陸地點，認爲這是美國歷史和美國精神的起點：

船中乘著百有一人，於洌風陰雪中，捨舟登陸，繭足而立於大西洋岸上，其身體無限自由自在，其襟懷無限光明俊偉，而其一片獨立之精神，遂以胚胎孕育今日之新世界。此百有一人為誰，則英國之清教徒也。十七世紀之初，英民以謀利目的，渡航美洲者漸夥，至其真為主義，堅貞刻苦，以行其志者，實始自此百有一人。蓋當日英王之壓逼新教，遂使愛自由之清教徒不得不出奔異國，以圖自立，豈知後日，竟成一個泱泱大國，獨霸全洲，稱雄世界哉。天下事，固有種因在數百年以前，而結果數百年以後即此是也。當日期繫纜之石猶存，余等特往觀之，誠歷史上有價值之遺跡也。

林獻堂發現，清教秩序是美國強大的源泉。百年之後，美國左派偏偏要抹殺清教徒的歷史、貢獻與價值。百年之後，比百年之前，尤其需要反左、反共和捍衛資本主義、捍衛西方文明。

第七卷

檻外人

22

愛新覺羅・溥儀

有我在，大清就不會亡

一塊留蘭香牌口香糖，或者一片拜耳的阿司匹靈，不要小看它僅賣幾分錢，這幾分錢的東西就足夠使我發出喟歎，認爲中國人最愚蠢，外國人最聰明。……我花了無數的錢，買了無數用不著的東西，也同時買來了一個比莊士敦給我的更強烈的觀念：外國人的東西，一切都是好的，而對照之下，我覺得在中國，除了帝制之外，什麼都是不好的。

——愛新覺羅・溥儀

一九二七年一月，旅居天津日租界張園的前清遜帝溥儀以壽皇殿歷代列祖列宗神像被人移走爲由，向北京法院起訴故宮博物院管理方失責。[1]

清帝國皇家祖宗神像始終安置在景山內的壽皇殿。一九〇〇年，八國聯軍佔領北京後，法軍將領弗雷率軍駐紮景山，他深諳東方文化，知道神像乃無價之寶，歸國時將神像作爲戰利品運回法國。後來，慈禧太后與光緒帝返回北京，重新製作了一套神像，繼續頂禮膜拜。

一九二四年，紫禁城內的小朝廷被馮玉祥軍隊暴力驅逐之後，以李石曾爲首的清室善後委員會成立。次年九月二十九日，李石曾召集全體委員會議，決議成立故宮博物院，擬定《故宮博物院臨時組織大綱》。十月十日雙十節，故宮博物院揭幕成立。

故宮博物院成立之初，管理混亂，漏洞百出。中國政府的管理水準，直接決定故宮博物院的管理水準。一個腐敗低效的政府治下，不可能出現大英博物館、法國盧浮宮博物館、美國史密森博物館系統那樣專業且有序的國家級博物館及研究機構。

景山壽皇殿年久失修，大殿漏雨，管理方隨隨便便將神像搬到神武門內。此一舉動，讓溥儀及清皇室非常不滿，認爲違背祖制、羞辱先人，向法院提出訴訟。

爲應對訴訟，故宮召開常務會議討論。京師警察總監陳興亞應邀出席，強調這個案子必須妥善處理。

會上，故宮負責人解釋說，景山按照常規仍屬故宮管轄，景山內壽皇殿一角淋雨倒塌，故而將神像移至神武門，實屬無奈。張作霖政權的財政瀕臨崩潰邊緣，連政府各部僱員和各大學教師薪水都發不出，不可能撥款修繕壽皇殿。

1 賈英華，《末代皇帝秘史：你所不知道的溥儀》（香港：中和出版社，2020），頁274-275。

北洋時代的司法系統，腐敗而低效。但比起此後國民黨政權和共產黨政權之「黨（黨魁）大於（高於）法」或「黨（黨魁）就是法」來，其司法仍具有相當獨立性。[2]

法庭開庭審理此案，溥儀的律師向法庭提出：「壽皇殿內擺放的神像是清國列祖列宗，乃是溥儀的祖宗。從法律角度來講，這應當爲私有，應當歸還清室。」

應訴的故宮以政府代表身份，駁斥神像私有觀點，向法庭提出，包括明代在內的歷代帝王神像並未發還其子孫，仍保存於故宮，所以不可能對清室例外。

溥儀的律師退而求其次，要求將神像重新放回壽皇殿。

故宮認爲，壽皇殿屬於故宮行政管轄權內，等於由左手交回右手，只要不把神像擺放在漏雨之處即可。於是，故宮常務會議馬上通過，同意將神像搬回壽皇殿。溥儀得知這一結果也表示滿意。故宮代表聞訊大笑不止——溥儀似乎一無所獲。其實，雙方不是因爲誤會才走上法庭，乃是因爲作爲故宮管理方的現代知識分子不能理解並尊重溥儀及清室的祖先崇拜傳統。

官司結束，皆大歡喜。有報紙報導說，皇家神像事件的判決，顯示民國政府還是依法辦事的。然而，此事只是溥儀及清室與民國政府及軍閥交手過程中一個意外且無關痛癢的勝利。

2 學界普遍認爲，北洋時期儘管軍閥割據，政治昏黯，但在「法官不黨」原則下，司法抱有一定的獨立自主，相形之下，國民政府時期在黨治與黨化司法等前提下推動的司法建設與改革成效不彰，在司法獨立方面代表一種倒退。羅久蓉，〈從1938年甄審看國民黨對司法的「滲透」〉，收入黃自進、潘光哲主編，《蔣介石與現代中國的形塑．第二冊．變局與肆應》，頁35。

馮玉祥逼宮，失國家之信用

一九二四年十月二十三日，馮玉祥發動北京政變，又稱「首都革命」，軟禁總統曹錕。十一月四日，馮提出修改清室優待條件。未待清室回覆，次日馮便派兵包圍紫禁城，強迫溥儀廢去尊號，交出印璽，之後驅逐出宮。

馮玉祥所扶持的代行大總統名義的國務院總理黃郛聲稱，溥儀願意取消帝號，與國民一體享受民國政府之法律待遇，「在溥儀方面，既得自由向學之機，復甦作繭自縛之困，異日造就既深，亦得以公民資格，宣勤國民，用意之深，人所共喻」。[3]但當事人之一的溥儀並不認同此一看法。一九二五年，暫居北京日本使館的溥儀在過二十歲（虛歲）生日時，接受數百名遺老朝拜，對人們發表了一通即席演說。

溥儀受過那個時代優質的中式及西式教育，其知識結構及人品遠非兵痞馮玉祥所能比擬。若清末之立憲改革取得成功，中國實行英式或日式君主立憲制，未必會陷入一九二七年之後萬劫不復的極權主義淵藪。

北洋前輩張廷諤早年留日，聽聞武昌起義爆發，趕回國內參與灤州起義。但他並不像章太炎、孫文那樣對清廷予以全盤否定，他承認大部分清朝皇帝的素質優於民國的執政者：「滿人統治中國，對皇帝的教育十分注重，每天五點起床，三天不上朝就不得了，下了朝剛吃過飯，侍讀侍講就來了，皇帝要認真唸書，有時疲倦了一靠椅，侍讀就跪奏：『請皇上端

3 韓信夫、姜克夫主編，《中華民國史大事記．第三卷（1922-1924）》（北京：中華書局，2011），頁2075、2081。

坐。』每天有這些人作件，也不能痛快的玩。……皇帝實在不好做。」[4] 不可否認，一八四○年以降，滿清統治者的尊嚴受到打擊，帝王個人素質明顯下降，他們仍在既統又治，在政府的日常運行中發揮著中心作用，但已愈來愈無力去構思或立志去進行重大的社會變革，更不要說去實踐這種變革了。[5]

清帝國覆亡時，溥儀是嬰孩，這場災難不是他的責任。此後在紫禁城中猶如囚徒的生活，他並不快樂。在這次即興講話中，他指出：「照世界大勢，皇帝之不能存在，余亦深知。平日深居大內，無異囚犯，諸多不能自由，尤非余所樂爲。余早有出洋求學之心，所以平日專心研究英文，原爲出洋之預備，只以其中牽制太多，是以急切不能實行。」[6] 他被儒家教育馴化太過，喪失了祖先縱橫於白山黑水之間的英姿颯爽，行動能力遠遜於認知水平，不能像俄國彼得大帝那樣到歐洲訪問，化身爲工匠在尼德蘭造船廠學習製造工藝，歸國後啓動大規模西化改革。

溥儀在演講中談及民國政府單方面更改清室優待條件一事：「至優待條件存在與否，在余視之，無關輕重，不過此事在余自動取消則可，在他人強迫則不可。優待條件係雙方所締結，無異國際之條約，斷不能一方面下令可以更改。」他的英文老師莊士敦亦指出：「使用武力者不知道，或許也永遠不會相信，皇帝自己也急於想要放棄這些特權。」莊士敦曾在信中寫道：「皇室未來的待遇問題很可能會被提出來討論，對於此，皇帝陛下完全了解，他也希望，應該讓全國人民都知道，他是自願放棄他的頭銜與補貼。他自願放棄一切，是自己決

4　郭廷以、沈雲龍、陳三井、陳存恭，〈張廷諤先生訪問紀錄〉，《口述歷史．第七期．軍系與民國政局》，頁199。
5　吉爾伯特．羅茲曼主編，《中國的現代化》（南京：江蘇人民出版社，1995），頁74。
6　溥儀：《我的前半生》（北京：群衆出版社，2013），頁158。本文以下所引自本書之內容，不再一一標明出處。

定採取正確行動的結果，並不是搶在議會強制行動前的『保留顏面』之舉。如果人民不能這樣理解，他會很難過。」[7] 然而，民國政治變化太快，對清室採取行動的不是國會（國會已不存在），而是一個聲名狼藉的軍閥及其草草任命的、民選的「內閣」。[8] 溥儀認爲：

> 即為民國計，此等野蠻舉動，亦大失國家之體面，失國家之信用，況逐余出宮，另有作用，余雖不必明言，大約爾等亦必知之。

溥儀在此暗示，馮玉祥掠奪宮中珍寶。馮百般抵賴，說未曾竊取清宮寶物。但此一事實眾所周知：「專制帝皇寶藏之富，人所艷羨也，況清室傳國三百年，搜羅遍天下……馮氏此舉，端爲國寶。據說清宮菁華，馮得六七。」[9] 據袁世凱女婿薛觀瀾回憶，馮氏於直奉二次戰爭中倒戈之後，因曹錕在保定頗得民心，保定民眾怒吼，議決鏟毀其祖墳。薛時任保定道道尹兼戒嚴司令，代爲設法疏通，馮之祖墳得以保全。馮甚感德，轉贈磁器一大箱給薛，皆大內精品。薛只允收三件，「一爲萬曆年製麒麟送書花瓶，高三尺；一爲乾隆五彩大花瓶；一爲慈禧太后御用冰盤，所繪三英戰呂布，康熙年製，工致非凡。蓋皆馮逼宮之時所攫取之清宮御用品也」。據送禮的孫副官說，馮軍在察哈爾一帶，軍費匱乏，靠變賣寶物來維持。[10]

7 莊士敦，《紫禁城的黃昏》（台北：博雅書屋，2009），頁354。

8 馮玉祥發動北京政變後，蔣介石的拜把兄弟、被稱爲「北方國民黨人」的黃郛支持馮，任代理內閣總理，成立黃郛攝政內閣。馮玉祥部下鹿鍾麟「奉攝行大總統黃郛命令」帶領軍隊佔領紫禁城，要求溥儀取消大清皇帝尊號，並命令溥儀在兩天內收拾行囊，離開紫禁城；否則就用大炮把紫禁城夷爲平地。

9 昌人，〈馮玉祥的轉變〉，《現代史料》（第三集）。

10 薛觀瀾，〈馮玉祥爲何送我清宮磁器〉，《春秋雜誌》，總第178期（1964）。

馮軍包圍紫禁城，溥儀的隨侍李國雄爬到御花園秀堆上向外張望，被人按下頭斥責說：「把腦袋抬那麼高，想吃槍子呀！」接近中午時，溥儀被迫出宮，暫居醇親王府，進門還要履行手續，形同軟禁。[11]他對馮軍的粗暴耿耿於懷：「余此時係一極無勢力之人，馮玉祥以如此手段施之於余，勝之不武，況出宮時所受威脅情形，無異凌辱，一言難盡。逐余出宮，猶可說也，何以歷代祖宗所遺之衣物器具文字，一概扣留，甚至日用所需飯碗茶盅及廚房器具，亦不許拿出，此亦為保存古物乎？此亦可值金錢乎？此等舉動，恐施之盜賊集團，未必如此苛刻？」

馮玉祥聲稱，此前張勳復辟表明清室早已自行破壞優待條件，是主動撕毀協議。但溥儀辯解說，復辟之時，他年僅十二歲，按照現代法律，是不用負法律責任的未成年人，也沒有「自動復辟」的能力，況且張勳等人都已受到法律的懲罰。他更進一步追問，是民國違約在先：「自優待條件成立以來，所謂歲費，曾依時付過一次否，王公貴族俸銀，曾照條件支給否？八旗生機，曾照條件辦理否？破壞之責，首先民國。」[12]

毋庸諱言，辛亥革命期間，成千上萬滿族平民遭到種族屠殺。一九一一年十一月初，上海軍政府宣佈，「實行光復重任，通過殺盡滿人以洩漢人胸中仇恨」。入民國後，除了皇室和少數富裕的遺老遺少，滿族平民普遍遭受「逆向種族歧視」，政府隨時隨地沒收他們的私人財產。大部分滿人被迫改身份和用漢姓，以避免受到歧視。一九二八年，燕京大學的社會

11 李國雄口述、王慶祥撰寫，《隨侍溥儀紀實》（北京：東方出版社，1999），頁24-25。

12 溥儀對民國政府的指責並不完全屬實。民國政府在一定程度上努力履行對清皇室的財政承諾，這筆佔政府年度財政收入接近百分之一的巨款讓政府頗感吃力，袁世凱曾簽訂一份有爭議的善後大借款條約，其目的之一是支付這筆款項。民國政府修繕完成光緒帝陵墓，這也是善後大借款的主要用途。

學家對一個屬於京旗守衛營的村莊進行調查，發現兩千四百三十七名居民中承認是滿人的不到百分之三。[13]可見，民國政府宣揚的「五族共和」並未實現。

中華之爲民國，以清朝讓之，非民國自得之也

馮玉祥驅逐溥儀出宮，據說得到民意普遍認同與肯定，尤其是南方激進革命派大爲贊賞。孫文致電馮玉祥，嘉許逐溥儀出宮行動，並謂「復辟禍根既除，共和根基自固」。[14]清末激進革命派的章太炎，此時已被國共兩黨視爲守舊派（章因支持吳佩孚和孫傳芳而被國民政府通緝），卻對馮玉祥表示祝賀，因爲「清酋」早就該被逐且早就該被「夷爲平民」，他甚至認爲馮玉祥對皇室仍過於仁慈，並致電黃郛、王正廷等，主張收回清室畿輔義田。

然而，也有很多人反對馮的做法。

曾任北洋政府總理、曾參與優待條款談判的唐紹儀認爲，這不是一個政治問題，而是一個道德問題，馮的強制行爲是「不擇時，不公正和不道德」的，因爲他使用武力來對付年輕且手無寸鐵的溥儀。唐主張，退位協議即使要改變，也應通過談判來解決，「必須以公平、具有紳士風度的方式來做」。

居住在天津的皖系領袖段祺瑞認爲，優待條款是民國政府與皇室達成的具有強制力的正

13 路康樂，《滿與漢——清末民初的族群關係與政治權力（1861-1928）》（北京：中國人民大學出版社，2010），頁293、272-273、324-325。

14 韓信夫、姜克夫主編，《中華民國史大事記・第三卷（1922-1924）》，頁2081。

式條約，強行驅趕溥儀出宮違背了民國向皇室所做出的承諾，也會削弱民國將來與外國的外交談判的信譽。他致電攝政內閣說：「要知清室遜政，非征服可比，優待條件，全球共聞。雖有移住萬壽山之條，緩商未爲不可。迫之，於優待不無剌謬，何以昭大信於天下乎？望即從長議之可也。」段個人給溥儀傳話，表示願意「竭盡全力」支持皇室，但他手上沒有兵力，無法提供實質性幫助。[15]

新知識分子領袖胡適曾到紫禁城見過溥儀，對其印象頗佳。他致信外交部長王正廷（其實應當致信馮）表示，「清室的優待乃是一種國際的信義，條約的關係，條約可以修正，可以廢止，但堂堂民國，欺人之弱，趁人之喪，以強暴行之，這眞是民國史上一件最不名譽的事」。他譴責說，用「軍事脅迫」的手段改變優待條款，是「中國共和政府最醜惡的行爲」。

保皇派首領康有爲痛斥馮的暴行。他肯定清朝的功德，諸如「康熙三十六年定國稅後永不加賦」、「歷朝百戰力征，三百萬萬之地歸於中國」等——清朝的統治大大優於明朝，清朝皇帝中沒有哪個一個如同明朝皇帝那麼普遍性地殘暴昏庸。康認爲，民國不是靠革命軍打下來的，而是靠清室讓來的。[16]

此前，梁漱溟的父親、學者梁濟以自殺表達對民國的失望和絕而亡，他認爲：「中華改爲共和，係由清廷禪授而來，此寰球各國所共聞，千百年歷史上不能磨滅者也。……今民國七載於茲，南北以爭戰而大局分崩，民生因負擔而困窮憔悴，民德因倡導而墮落卑污，全與

15 路康樂，《滿與漢——清末民初的族群關係與政治權力（1861-1928）》，頁306。
16 康有爲對清室忠心耿耿，張廷諤曾親眼目睹康有爲拜祭德宗（光緒）陵之經過：在高碑店車站下車後，康有爲到一小店買白孝衣，到陵墓前愼重地說：「這是聖地。」隨即跪下去放聲大哭，三跪九叩。

遜讓之本心相反。」梁濟並非保皇派，卻認爲民國之治理並沒有勝過清帝國，民國治理失敗辜負了清室讓國的初心。

人們紛紛譴責馮的做法，表現出對君主制的同情和對共和制導致的混亂的失望。一位並不認同君主制的西方觀察家指出：「政府任意取消退位條例，引起了廣泛的驚恐……贊同政府這一行動的只有少數人，就是那些與蘇聯大使館與孫逸仙博士有密切聯繫的政治家。」上海一家報館尖銳地指出：「對君主思想的同情由於中國僞共和主義的拙劣表現，而變得更加直言不諱……它是一種政治試驗帶來的反作用，迄今爲止，這種試驗不過是導致了一些軍事集團之間的鬥爭，而沒有建立起一個共和政府。很多中國人愈來愈信任君主制度，不是出於別的原因，而是因爲他們認爲，應當爲野馬套上韁繩。」

隆裕太后頒布由張謇撰寫的退位詔書時，溥儀是一個六歲的懵懂小娃，只模糊記得：「有一天在養心殿的冬暖閣裡，隆裕太后坐在靠南窗的炕上，用手絹擦淚，前面地上的紅氈子墊上跪著一個粗胖的老頭子（袁世凱），滿臉淚痕。我坐在太后右邊，非常納悶，不明白兩個大人爲什麼哭。」此即袁世凱居中調解、讓清廷與革命黨人談判達成清帝退位的時刻。這名孩童皇帝應感到慶幸，他沒有像之前的法國國王路易十六及俄國沙皇尼古拉二世那樣遭到革命黨人處決，也沒有像土耳其革命後被罷黜的穆罕默德六世及伊朗革命後被推翻的巴勒維國王那樣永遠流亡異國他鄉。

此刻開啓了三千年未有之「立憲時刻」，只是當事人都未意識到其歷史意義。法學家高全喜指出，與清帝遜位詔書一通頒布並作爲其內容之一部分的是三個《優待條件》（《關於大清皇帝辭位之後的優待條件》、《關於清皇族待遇之條件》、《關於滿、蒙、回、藏各族待遇之條件》），不單單是民國政府給予大清皇帝、皇族及滿、蒙、回、藏等少數民族的種種待遇，更是這一系列文件將清帝國之地域、族群和人口等物質和精神的財富和平轉讓與中華民國。正如唐紹儀所說：「我們贊同退位條款，這是因爲，由於皇帝退位，滿清王朝使我們得以避免拖長革命的時間，挽救了人們的生命，並爲我們提供了著手進行重建工作的機會。」高全喜強調：

> 儘管中華民國之創制屬於人民制憲建國的革命構建，但由於清帝遜位的和平參與，使得這個共和國在憲法性契約中，不僅熔鑄了「革命的反革命」的憲法精神，而且還擬制出一個準虛君共和立憲的國體，即在人民共和國的基本憲制內，容納了清帝優待條件及其他優待條件，這個業已喪失了統治權力的遜位君主，其享受的物質性優待是次要的，但其秉有的尊崇以及由此所承載的傳統文明之價值蘊含確是極其重要的，它不但彌縫了古今之變的裂痕，而且實現了從王朝帝制向人民共和國的和平而正當性的天命流變，真正地克服和超越了革命激進主義的建國路線，為現代中國的構建注入了傳統文明的光榮和尊嚴。[17]

然而，以馮玉祥爲代表的激進派不尊重這一新法統。將溥儀趕出皇宮，似乎打倒了殘存的舊制度、切斷了藕斷絲連的舊法統，爲大快人心之事（比之更激進的國民黨和共產黨也都想做這樣的事）。殊不知，現代共和國由此成爲無根之幽魂。此後奪取政權的兩個列寧式政黨——國民黨與共產黨——企圖塑造孫文崇拜、蔣介石崇拜和毛澤東崇拜（一直到今天的習近平崇拜），並以此開闢出一個紅色革命主義的新法統，卻一個比一個拙劣而卑賤。

17 高全喜，《立憲時刻：論〈清帝遜位詔書〉》（桂林：廣西師範大學出版社，2011），頁132。

旅居天津租界，是溥儀一生中僅有的快樂時光

溥儀被驅逐出宮之後，遷入醇親王府。他覺得生命安全沒有保障，逃進日本使館。這並非可恥的行動，清末及民國在政治鬥爭失敗的人物常常這樣做，從康、梁到孫文，再到黎元洪，以及國民黨元老吳稚暉和共產黨領袖李大釗，都曾躲進外國使館。

避居外國使館，非長久之計。次年二月二十三日，溥儀離開北京的日本使館，遷居天津日租界的張園（後又搬入靜園）。這個被遺老遺少稱爲「行在」的地方，沒有雕樑畫棟的宮殿，卻有舒適的西式生活設施，如抽水馬桶和暖氣設備。溥儀覺得這裡比紫禁城隨便而舒服，在天津的七年，是他一生中最自由而愜意的時期。

在紫禁城裡，溥儀最不喜歡的，是連上街逛逛的自由都沒有。如今，他不但能逛街，也有了任意行事的自由。他西裝革履，打扮得像西洋人，用惠羅公司、隆茂洋行等外國商店的衣飾、鑽石，將自己裝點成《老爺》雜誌上西方貴族的模樣。他還設計了一枚「寶星」，鑲鑽石的，交給英租界一家珠寶店承做。他還接受英國一家電影公司爲其拍攝生活記錄短片。每次外出，他都穿著最講究的英國料子西服，領帶上插著鑽石別針，袖上是鑽石袖口，手上是鑽石戒指，手提文明棍，戴著德國蔡司廠的眼鏡，渾身散發做古龍香水的味道，身邊還跟著兩條或三條德國獵犬及一妻一妾。他的日常生活中西合璧，在日記中記載某天的日程：

八月初五日，早七時起，洗漱畢，蕭丙炎（醫師）診脈。八時，鄭孝胥講《通鑒》。九時，園中散步，接見康有為。十時餘，康有為辭去，適張憲及張慶昶至，

留之早餐，賜每人福壽字一張，在園中分攝一影（張憲為李景林部之健將，張慶昶為孫傳芳部之驍將），十二時辭去。接見濟煦，少時即去。余用果品並用茶點，適英國任薩姆女士（婉容之教師）至，與之相談。皇后所召之女畫士亦至，余還寢室休息。在園中騎車運動，休息，並接見結保川醫士。十一時寢。

莊士敦將溥儀介紹給英國總領事和英國駐軍司令。各個國家的總領事、駐軍長官、洋行老闆，對他極爲恭敬，稱之爲皇帝陛下。在他們的國慶日請他去閱兵，參觀兵營，參觀新到的飛機、兵艦。外國人對溥儀的禮遇，超過天津任何一個民國官員。天津有一個英國人辦的鄉村俱樂部，是只准許外國人進去的豪華遊樂場所。但溥儀可以自由出入，還可帶著家人們。溥儀在回憶錄中說，他是在享受「特殊華人」的滋味——其實，他不是「特殊華人」，他是華夏之外的滿族皇帝，他能享受此特權，表明西方人普遍認爲，這位滿洲之皇帝早已不再是中國之皇帝。換言之，溥儀有權利在屬於其祖先和民族的土地——滿洲——重建一個滿人的國家。

與此同時，國共兩黨煽動的民意卻將溥儀視爲民國之敵，特別是愈發激進的年輕學生。曾任天津市長的張廷諤承認，溥儀在津時，「國人對他並不好，他到英租界看球賽，學生都轟他」。[18]

一九二六年，吳佩孚東山再起，聯合張作霖討馮，馮軍敗退，張宗昌部率先佔領南口。溥儀寫信給張宗昌，贊揚其「堅持對赤……挽中國之既危，滅共產之已成」，並建議說「今赤軍雖已遠颺，然根株不除，終恐爲將來之患，仍望本除惡務盡之意，一鼓而蕩平之，中國

18 郭廷以、沈雲龍、陳三井、陳存恭，〈張廷諤先生訪問紀錄〉，《口述歷史・第七期・軍系與民國政局》，頁199。

幸甚，人民幸甚」。他知道，來自蘇聯的赤禍是最可怕的敵人，馮是蘇聯在中國扶持的代理人。但他沒有想到，馮軍雖暫時落敗，南方更可怕的黨軍即將發起一場拉枯摧朽的北伐。

一九二七年，局勢愈發危險。羅振玉告知，有一場國民黨和共產黨策劃的暗殺陰謀正在逼近，勸溥儀去日本控制下的旅順。但溥儀觀察到，蔣介石發動四一二事變，屠戮被清室視爲「洪水猛獸、殺人放火」的共產黨人。隨即，英國軍艦炮擊南京、日本出兵山東以及蔣對英日妥協等消息傳來，溥儀安心下來：「蔣介石既然和袁世凱、段祺瑞、張作霖一樣地怕洋人，我住在外國租界，不是和以前一樣的保險嗎？」[19]

東陵事件，民國成敵國

這種苟安狀態被東陵事件打破。

一九二八年七月，賭棍和毒販出身的流氓軍人、國民革命軍第六集團軍第十二軍軍長孫殿英率部包圍清東陵，用炸藥炸開陵墓，乾隆皇帝和慈禧太后的棺槨被撬開，金銀財寶被洗劫一空，屍身被砍成碎塊，骨頭撒得遍地都是。溥儀記載：

我聽到東陵守護大臣報告了孫殿英盜東陵的消息，震動我的倒不是什麼珠寶的損失，而是對我的宗族感情的傷害，因此這個事件引起我的震動，竟超過了我自己被

19 在此期間，溥儀除了聯絡軍閥，無法採取推進復辟的任何實際行動。爲了宣洩心中鬱悶，他找到一種「紙上談兵」的方式——在幾張八開大紙上布陣，委派指揮官，調動雙方將領。他常把這種紙上軍事行動做得很認眞，例如指令某軍向某軍進攻，用兩色筆標明攻方的進攻能力、戰術及偷襲還是側面攻擊，以及守方的防禦兵力、陣地方向等。雙方勝負由溥儀決定，叫誰勝，誰就勝，叫誰敗，誰就敗。李國雄口述、王慶祥撰寫，《隨侍溥儀紀實》，頁79。

驅逐出宮。

溥儀在張園設置靈堂，心中燃起無比的仇恨之火，當著痛哭流涕的宗室人等，向著空中發出誓言：「不報此仇，便不是愛新覺羅的子孫！」此時，他想起末代恭親王溥偉到天津時說的一句話：「有溥偉在，大清就一定不會亡！」因此，他也發誓：「有我在，大清就不會亡！」他的復仇和復辟的思想，達到了一個新的頂峰。

蔣介石和南京政府的反應讓溥儀失望。一開始，蔣介石派閻錫山查辦此案，孫殿英派到北平的一個師長被扣留，一個特別法庭成立了。然而，很快大事化小小事化了。孫殿英等罪魁禍首逃過了一切懲罰。

溥儀期待能從國民政府那裡得到些許的同情或遺憾之詞，此前政府曾兩次鄭重承諾，要對皇室墓地提供充分保護。然而，他的等待是徒勞的，他從未得到來自蔣介石或南京政府的道歉。據說，孫殿英給宋美齡送去一批贓物，慈禧太后鳳冠上的珍珠成了宋美齡鞋子上的飾物。

孫殿英東陵盜寶是一件重大的憲法性犯罪事件。蔣介石及國民黨政府不處理此事，不僅僅是他們得到賄賂，也不僅僅是他們的勢力不及北方，而是蔣介石的國民政府不是跟清室簽訂優待條款的中華民國。蔣介石定都南京，將北京改名爲北平，不是害怕革命政權被北京的暮氣和腐敗玷污（很快他們的腐敗衰朽就青出於藍而勝於藍），而是企圖重鑄中華民國歷史：「將中華民國之正統奠基於孫中山辛亥革命之南方政府的法理基礎之上，由此推翻袁世凱所企圖確立的北京中華民國之正統地位。」因此，清帝遜位詔書所確認的立憲之國體被遺棄：

這個民國發生了一些對於民國肇始之際的共和立憲精神乃至中華人民之文明精神的背叛，國民黨南京政權已經變色，不再是臨時越發與遜位詔書所共同鑄就的中華民國之共和國，已經淪為一個獨裁的黨國體制。[20]

實際情況是，從一九二七年至一九四七年，南京政府實行沒有憲法的統治（黨治，即孫文所說的訓政），到了國共內戰全面開打，蔣介石爲了贏得民心而匆匆行憲，卻弄巧成拙。

一九三一年十一月二日，溥儀會見土肥原之後第二天，蔣介石派前清舊臣、監察委員高友唐前來遊說。高聲稱，蔣希望溥儀不要與日本人合作，民國政府願意恢復優待條件，支付優待費，或者一次性付一筆錢，請他提出數目，至於其住處，最好是到南京，出洋到外國也可，或可提出東北和日本以外任何地方。優待條件恢復，就等於溥儀可重新擁有帝號。

溥儀冷笑說：「國民政府早幹什麼去了？優待條件廢了多少年，孫殿英瀆犯了我的祖陵，連管也沒有管，現在才想起優待我？我這個人是不受什麼優待的，我也不打算到哪兒去。」

高又說，他是以遺老身份，爲皇上著想，蔣的條件最有利，若不相信，可由外國銀行做擔保。這個說法讓人噴飯——民國政府最高統治者對被放逐的前朝皇帝開出優待條件，本國法律不能保證，要由外國銀行保證，這不就自己承認，這個國家不是法治之國，這個政府沒有信用可言？

溥儀不是傻瓜，他不認爲外國銀行可確保蔣信守承諾。北伐期間，黨軍侵入租界、撕毀國際條約的新聞，他不是沒有讀到過。他看出滿口仁義道德的蔣一肚子的男盜女娼：「我聽

20 高全喜，《立憲時刻：論〈清帝遜位詔書〉》，頁128。

說蔣介石的手腕厲害，又聽說他為了和英美拉攏而娶宋美齡，連他的髮妻都不要了，根本不講信義。我認為這個人專欺軟怕硬，因為他怕日本人，現在看到日本人跟我接近，就什麼條件都能答應，等我離開了日本人，大概就該收拾我了。」這番遊說未能奏效。

東陵事件是溥儀人生的一大轉折點。莊士敦指出：「侮辱、嘲弄、死亡威脅、撕毀協議，所有這一切都可以原諒，唯有這駭人聽聞的暴行與褻瀆是不能容忍的。從此後，皇上對中國，或者說是對那些應對國家管理不當負責任的人的態度，發生了變化。……他始終希望，中國能恢復她健全的理智，一切都將好轉。但是，現在這希望破滅了。……他彷彿與長眠地下的祖先們進行過一次精神溝通，他們催促他盡快離開曾使他和他們蒙受恥辱的國家，趕快把目光轉向三百年前他們曾為他奠下強大基業的那塊土地。」[21]

一九三一年十一月十日，溥儀悄然離開靜園。這天深夜，他鑽進一輛天藍色雙座敞篷跑車的後備箱，司機佟公勇獨自將車開出，或許太緊張，車剛駛出門口就撞到一根電線桿，溥儀被嚇出一身冷汗。此時，早已等候在門口的吉田忠太郎等人立即指揮兩輛黑色轎車一前一後護送這輛跑車上路。路過日本憲兵檢查，吉田迅速下車制止，還協助移開橫在馬路上的路障。汽車抵達日本人開的敷島料理店前，吉田放出後備箱中的溥儀，將其護送入店內。在店內等候的日本陸軍軍官眞方勳大尉為溥儀換上一套日軍軍服及軍帽。然後，一行人來到白河畔，登上一艘日本商船。[22]

當時任天津市長的張廷諤記載，有人打電話給負責平津軍事的張學良報告溥儀離開天津

21　莊士敦，《紫禁城的黃昏》，頁401。
22　賈英華，《末代皇帝秘史：你所不知道的溥儀》，頁334-335。

之事，張說：「不要管此事。」可見，張學良對此聽之任之。

從此，溥儀走上滿洲國建國之路，與中國分道揚鑣。

溥儀再次踏上中國土地時，已是一九五〇年八月一日，他已在蘇聯被關押五年，此時的身份是「僞滿洲國戰犯」，在綏芬河由蘇聯移交給中華人民共和國。隨即，他被送往撫順戰犯管理所，接受爲期十年的勞動改造，其囚犯編號爲九八一。

一九五九年十二月四日，中華人民共和國最高人民法院遵照國家主席劉少奇特赦令，特赦首批戰犯。溥儀的特赦令寫到：「溥儀關押已經滿十年。在關押期間，經過勞動改造和思想教育，已經有確實改惡從善的表現，符合特赦令第一條的規定，予以釋放。」

一九六〇年三月，溥儀被分配到中國科學院北京植物園擔任植物護理員和售票員。一九六四年一月一日，又被安排到政協擔任文化歷史資料研究委員會專員。

一九六七年十月十七日，在文革的風暴中，溥儀因腎癌在北京協和醫院病逝，終年六十二歲。

溥儀的歷史及文學形象被「奉將令」而作的自傳《我的前半生》及獲得九項奧斯卡獎的電影《末代皇帝》所定格。其實，他並非被國共兩黨及進步價值妖魔化（及被迫「自我妖魔化」）的「廢物」（國共兩黨妖魔化溥儀，是要顯示他們的現代威權主義及極權主義模式優於溥儀代表的帝制），他並不愚蠢，也不懦弱，他只是生不逢時。他既不是中國的叛國者，也不是愛新覺羅家族的「不肖子孫」。「革命」這一利維坦的破壞性力量超過歷史上任何一次內亂與外患。溥儀的那些英明神武的祖先，如康熙大帝，若處此一「三千年未有之大變局」，未必能審時度勢、駕馭全局。

溥儀建立滿洲國的失敗，不單單是他個人的理想的失敗，更是日本建立東亞新秩序的失敗。若不是日本軍方執意發動太平洋戰爭，而與英美達成妥協，滿洲國或許能長期生存下去。另一方面，溥儀所代表的滿人的民族利益，並未得到大部分漢人的認同，他的努力與中國的大一統傳統發生了嚴重的衝突——作爲清帝國的最後一位皇帝，他本來應當是大一統傳統的代表者，卻在新的時代背景下成爲此一傳統的顛覆者。然而，大一統的慣性如此之大，使得中國在現代轉型的過程中，雖然吸收各種西方思潮，偏偏排斥地方自治乃至住民自決的觀念，正如美國學者孔飛力所指出的那樣，中國作爲一個統一國家而進入現代，是一個顯而易見的事實。「由中央政府統治的單一中國國家的現實和概念，經歷了軍閥混戰、外國侵略和內戰而生存下來。在早期地方自治實驗的整個過程中，各省份和都市的許多政治活動家們是用民族救亡的語言來表述自己的行動的。甚至在軍閥混戰的動亂歲月裡，從來沒有什麼將某一省份分離出去的行動或建立邦聯的建議，能夠同中國人民關於國家統一的壓倒一切的嚮往匹敵。由於國家統一的需要，產生了建立中央集權的領導體制的要求。這在中國憲政發展的建制議程上也成爲重中之重的需要。」[23]

溥儀一生都在與命中註定的悲劇做鬥爭，宛如薛西弗斯，宛如李爾王，最終被悲劇命運所吞噬。在中共的政協會議上，晚年的溥儀與打響辛亥革命第一槍的熊炳坤和驅逐他出宮的鹿鍾麟相逢，三人相擁而笑，供攝影師拍照宣傳。但溥儀心中的真正的悲苦唯有他自己知道。晚年在台灣的張廷諤，對溥儀顛沛流離、多次入獄的一生深表同情，認爲溥儀是「近代最苦命之人」。

23 孔飛力（Philip A. Kuhn），《中國現代國家的起源》（北京：三聯書店，2013），頁121。

23 釋太虛

人已度新歲，天猶帶舊冬

在民國十六、七年間，全國都充滿了國民革命的朝氣，我們僧衆也有起來作佛教革命的。

——釋太虛

一九二七年，林獻堂和呂碧城分別踏上環球旅行之路，另外有一個人也想作環球旅行——被美國學者白德滿（Don A. Pittman）稱爲「現代化佛教領袖人物」的釋太虛。[1]這一年，太虛年僅三十八歲，卻已名滿天下，同時代的僧人中，沒有一個人具備他的活動能力與影響力。

九月十一日，太虛在與蔣介石會面之後，致函申謝，並告自己將赴歐美遊歷、弘揚佛法。蔣氏叮囑陳果夫，資助其三千元爲旅費。這是太虛第一次從蔣介石處得到資助，他非常感念，多次在文章和演說中提及。[2]

因事務纏身，直到次年八月十一日，太虛才踏上西行之路，途經香港、西貢、新加坡、錫蘭、埃及，遍歷英、德、法、荷、比、美諸國。他設定的目標是：「昌明佛學，陶鑄文化，增進人生之福慧，達成世界之安樂。」

在旅途中，太虛與哲學家羅素有一次會晤。蔡元培托太虛帶一封信給羅素。信本可郵寄，蔡托太虛轉交，用意是向羅素介紹太虛。羅素自一九二〇年訪華之後，愛上了中國文明，願意與太虛會面，並邀請太虛至其隱居之山中午餐。

一九二八年十月底的一個週末，太虛與翻譯陳濟博一起前往羅素之住宅。「是晨，天色晴麗，一路之鄉景極佳。既抵彼特士菲爾德車站，已派其汽車來接，沿途十餘里，風物幽蒨，心至舒暢！抵門前，由羅素先生迎登高樓之畫室，四望山景蕩漾，遙接滄海，洵哲人修養之地也！」

1 白德滿（Don A. Pittman），《太虛：人生佛教的追尋與實現》（台北：法鼓文化，2008）。

2 侯坤宏，《太虛時代：多維視角下的民國佛教》（台北：政大出版社，2018），頁231-232。本文以下引自該書之內容，不再一一註明出處。

太虛與羅素會談二小時，由陳濟博以法語翻譯。太虛談到佛教思想部分，羅素均難以回應，聲稱「吾於佛學書，只看過幾冊英文譯本，所舉二論，恐唯中國文所有，惜不能研究之」、「如旅行到荒漠中」。羅素對中國當下政治頗有興趣，詢問：「吾昔年遊歷中國，知中國爲今後世界中極有希望之一國。大師新從中國來，中國之政治情形，可言其大略乎？」羅素向一名出家人（儘管這名出家人對政治頗有熱情）詢問政治事務，宛如問道於盲。

太虛答：「據吾離開中國時所知者以言，則中國已統一於國民黨政府；內部能融合一致而不分裂，則中國從此走上安內抗外之政治軌道。」此回答宛如外交部發言人，滴水不漏，卻與現實脫節。

羅素不是吃素的，不會被糊弄過去，又問：「然則國民黨內部，果能不再分裂乎？」太虛答：「據吾所知，則國民黨領袖蔣介石等，頗能調融黨內各人之意見，努力以求歸一致，故或能組成賢明有力之國民政府，以致中國於治理。」太虛的旅費來自蔣，在國外充當蔣的吹鼓手也就不足爲奇。實際上，國民黨內部早已分裂爲左右兩派，水火不容，且又形成蔣、馮、閻、李（桂系）等四大新軍閥山頭，直到抗戰爆發乃至內戰失敗，國民黨都未能完成整合。[3]

太虛提出一個問題：「然據先生觀察，中國人今日所應作者，究爲何事乎？」

羅素答：「今日之中國，猶在帝國主義者日本等侵略壓迫之下，故一方面雖不可忘卻其特長，一方面則當造成抵抗帝國主義者之實力，先使中國能自立於世界各國之平等地位。」

3 在北京旁觀國民黨興起的黃尊三對國民黨派系鬥爭洞若觀火，在日記中記載：「國民黨現有蔣派，汪派，胡派，西山派，廣西派，廣東派，湖南派，各派內訌不已，如何能完成統一。」黃尊三：《黃尊三日記》（下）。

他建議中國人到西方留學：「當多學理科、實科之各科學，如哲學、文學，中國自有其極優長者，似無須學」。[4]

太虛向羅素提問，亦是問道於盲。羅素對中國文化及中國的現狀並無深入了解，卻「希望中國文明在非常時刻能夠擔當起拯救西方文明乃至整個人類文明的責任」，因此「懷著強烈的使命感去盡量挖掘中國文明值得稱譽的光明面，盡量渲染西方文明中理應詛咒的陰暗面」。[5] 羅素的這種東方想像，重蹈啓蒙時代歐洲思想家之覆轍。是故，對於中國「有長期的大一統官僚政治、似是而非的等級倫理規範和儒家所擅長的誅心之術所共同塑造的奴性心理」有切膚之痛的魯迅嘲諷說：「至於羅素在西湖見轎夫含笑，便讚美中國人，則也許別有意思罷。但是，轎夫如果能對坐轎的人不含笑，中國也早不是現在的中國了。」

佛教征服中國，革命征服佛教

對於中國來說，佛教是一種外來宗教，自從漢代傳入中土，它卻在短短兩三百年間迅速超越道教等本土宗教，成爲中國信仰者最多的宗教。

佛教何以征服中國？荷蘭漢學家許理和認爲，佛教是一種救世之道，一朵生命之花，它傳入中國不僅意味著某種宗教觀念的傳播，而且是一種新的社會組織形式——修行團體的傳入。僧團一旦成爲學術和文化中心，必然對有才能卻出身低賤的人產生極大吸引力，他們進

4 陳濟博記錄，〈太虛大師與羅素先生之談話〉，《海刊》，10：2。

5 馮崇義，《羅素與中國：西方思想在中國的一次經歷》（北京：三聯書店，1994），頁158-159。

入寺院就能充分享受到某種程度的士大夫生活。由此，中國文化史上出現了一種新現象：作爲印度傳統一部分而傳入中國的佛教出家修行的觀念，創造出一種新型的社會組織形式，中國中古時期嚴格的等級界限逐漸消失，出身不同的人均能從事智力活動。[6]

佛教進入中國一千多年，形成士大夫的佛教、皇家的佛教與庶民的佛教這三個支流。在帝國時代，有皇帝滅佛、儒家領袖攻擊佛教以及道教與佛教之論爭，但直到清末以來西學及西方列強的船堅砲利帶來「三千年未有之大變局」，佛教並未遇到根本性的挑戰與衝擊。中土佛教及藏傳佛教廣爲流傳，其若干觀念已進入中國人的日常生活乃至潛意識之中。

一八四〇年以來，受到「西潮」首當其衝的衝擊的，是支撐帝制、郡縣制和天下秩序的儒家倫理，而已經充分中國化的佛教亦被波及。中國知識人在尋找拯救中國衰亡的藥方時，思路愈來愈激進，方法愈來愈粗暴。但如譚嗣同等晚晴知識人不約而同地採用看似保守的佛教的思想和觀念來闡釋西學中最爲激進的部分——天演論、進化論、民族主義、無政府主義、社會主義和共產主義等。因爲佛教思想中本身就蘊含著烏托邦思想。

經歷了更爲激進的五四運動及「五卅」運動之後，中國現代史上全盤化或整體主義的反傳統主義興起，主流知識界逐漸將佛教與儒家共同視爲封建、落後之代名詞。再到共產黨的敘事中，封建主義、帝國主義和官僚資本主義成爲壓迫人民的「三座大山」。中國跟印度及伊斯蘭地區截然相反——在印度和伊斯蘭地區，面對帝國主義的入侵，知識分子傾向於選擇一些傳統文化（包括宗教）成分來加以歌頌，並聲稱傳統成分是與民主政治或社會主義相容

6 許理和，《佛教征服中國》（南京：江蘇人民出版社，1998），頁2、13。

的，而非對立的。[7]

在此一轉型時代，被視爲「末法時代的玄奘」的太虛出現在歷史舞台上。太虛，俗名呂淦森，一八九〇年出生於浙江海寧長安鎮一個木工家庭，五歲喪父，母親改嫁，遂由外祖母養大。十四歲出家，記憶力超常，口才出眾。他研修佛法，大量閱讀改良派和革命派著述，還跟蘇曼殊學習英文。二十一歲，出任廣州白雲山雙溪寺主持，閱讀托爾斯泰、巴枯寧、馬克思等人的譯著，與孫文、朱執信、馬君武等革命黨人交往。黃花崗起義失敗後，作詩《弔黃花崗》，內有「爲復民權死亦生，大書特出一烈字」之句，受清兵圍捕而逃亡。

太虛的政治思想「由君憲而國民革命，而社會革命，而無政府主義」，並萌生「要如何根據佛教的眞理，適應現代的國家和社會」之佛教改進思想。[8] 一九一二年三月，他在南京面謁孫文，尋求支持。孫文在一封回信中強調政教分離，「在教徒苦心修持，絕不干預政治；而在國家盡力保護，不稍吝惜」。[9]

五四運動興起，反對所有宗教，但對佛教等宗教的打擊局限於思想觀念層面。太虛曾說：「及五四運動『打倒孔家店』的口號影響，致全失固有文化的優點，而種種惡習流弊反加滋長；於外來文化亦無從採納其長，反盡量吸收了很多毒素。」[10] 但他無力扭轉此一強大思潮。

比五四更可怕的打擊很快來臨：一九二六年夏天開始的黨軍北伐，在實踐層面觸動了

7 林毓生，《中國激進思想的起源與後果》（台北：聯經，2019），頁132-133。

8 太虛，〈太虛自傳〉，《太虛大師全書》（第29冊）（台北：善導寺佛經流通處，1980），頁194。

9 孫文，〈復佛教會函〉，《孫中山集外集》，上海：上海人民出版社，1990），頁350。

10 太虛，〈評同治新政考〉，《太虛大師全書》（第25冊），頁417。

包括佛教在內的傳統社會及生活方式。黨軍北伐，軍事上的勝利是首要的，與之相伴的更有「主義」和「黨」等新的宣傳事物的勝利，後者讓這場勝利變得與辛亥之後的不絕於縷的南北之爭和軍閥混戰大不相同，它撼動了整個中國政治和社會。美國學者林霨（Arthur Waldron）認爲，早在北伐之前一年的「五卅」運動，已然開啓一個新時代來臨，標示中國新舊思潮的分水嶺，且宣告民族主義運動和新興政治力量的崛起。「五卅」不僅帶來一般基層民眾所展現的愛國情緒，也象徵既存的軍紳權力結構面臨分崩離析之境；由於權力象徵和思想的眞空，遂使「主義」得以竄起，吸引普羅百姓，加上民族情感的政治性運用，促使現代民族國家形成。受到「五卅」所影響，北伐軍事活動加速而順利開展，成爲一九二〇年代中國邁向「現代國家建構」道路上的「型變之鏈」當中最顯著之處，是整個國家體制以全新面貌呈現，隨之而來的是社會、外交、文化及思想各層面歷經徹底的改造。[11]

此一進程中，「革命」是最受矚目的政治性話語之一。最早將「革命」一詞引入中國的梁啓超，發現自己駕馭不了這個魔鬼，進而與之劃清界限，以改良派自詡。更激進的孫文和章太炎等則搶奪「革命」的話語權。任何被賦予「革命」兩字的事務，其象徵的所有行爲彷彿都充滿動力，這個新詞彙征服了社會生活的每一個領域。反之，任何人和集團都害怕被冠以「反革命」之名——一旦被冠以這個名稱，無異於被判處死刑、被剝奪生存權，「反革命」不配生活在人間。在現代口語裡，正如小說《暴風驟雨》中趙玉林批鬥韓老六：「非革他的命，不能解這恨。」這也是「革命」本身的含意：對生命、肉體的消滅。[12] 在此語境之

11 林志宏，〈北伐期間地方社會的革命政治化〉，《國立政治大學歷史學報》，第36期（2011.11），頁86-87。

12 陳建華，《「革命」的現代性：中國革命華語考論》（上海：上海古籍出版社，2000），頁169。

下，佛教亦淪爲革命對象。

佛教主張出世，但在全能型革命風潮面前，無法置身事外。就佛教的處境而言，北洋軍閥對佛教比南方黨軍更加友善。吳佩孚、孫傳芳、張作霖等都是某種程度上的佛教徒，太虛在北洋時代的各類弘揚佛教的事業都頗有空間。然而，北伐軍所到之處，太虛此前風生水起的諸多事業都被迫關張。一九二六年十月十日，國民革命軍克武昌，太虛任院長的武昌佛學院及漢口佛教會，均陷於停頓，武昌佛學院只留少數工人在院中負責看守。一九二七年三月，北伐軍進入上海、南京，南京法相大學解體，內學院亦陷入窘境。太虛於同年前往福建，主持南普陀寺，重心轉移到閩南學院。

佛教界人士目睹北伐對佛教的摧殘時痛心疾首。胡禮賢在〈兩湖與江西的赤禍〉一文中，描述共產黨勢力造成的「非人的社會」：「一到漢口，所見的事事物物，就使我神志不安。及至到了湖南，越發鬧得不像樣子，終日『打家劫舍』，『坐地分贓』，簡直和魔窟一般，連施耐庵水滸上所說的梁山泊還不如，哪裡還配得上革命。」碧梧在〈共產黨宰制下的湖北現狀及其主義政策之失敗〉一文中指出，「武漢方面的赤色恐怖，暴民專制，真可同歷史上有名的張獻忠、李自成後先比美。」佛教徒覺生更是感歎：「湖北現變成阿鼻地獄、共產黨罪惡是一部廿四史、無從說起。」[13]

13 覺生，〈共產黨打倒之湖北〉，《清黨實錄》，1928年。

與其被革命，不如自己先革命

在此一情形之下，佛教界主動或被動地言必稱「革命」——同樣是外來詞彙和意識形態的「革命」成爲佛教界領袖的口頭禪。他們積極參與若干革命活動，釋明眞在〈南嶽通信〉中描述，一九二六年以後的湖南佛教極具「革命」特色，當革命怒潮，排山倒海，從珠江流域流向湘江時，社會各層面呈現一種新的變化，一向悄無聲息潛藏在寺院裡的僧眾，也感受到其中變化而做出一些調整，如改建寺院作工廠、參加民眾革命、參與請願或遊行，這在湖南佛教史上，是「破天荒的新紀錄」。

此時，作爲「革命僧人」的太虛，發現隨著革命軍事的擴展，出現了一場日益嚴重的「教難」——這分明是一場跟他想像中的革命完全不一樣的「革命」。

一九一三年，太虛發表演說，首次對佛教提出「教理的革命」、「教制的革命」和「教產的革命」等「三種革命」，力圖擺脫舊迷信、消極、逃避等不良習慣，建立經得起科哲思想批評、觀察宇宙人生大法則的新信仰：「此用之於中國，可令國力益加平和統一，而堅強信任自力更生。故從佛教新信仰、振作起全民族復興中國的建國精神，而佛教乃成適合於現代中國之需要的新佛教，得爲建設新中國相適而不相悖之因素。」[14] 太虛的佛教，是入世的佛教，或用其弟子星雲的話來說，是「人間佛教」。

14 太虛，〈新中國建設與新佛教〉，《太虛大師全書》（第22冊），頁1206。

凡是改良和革新，必然引起舊有勢力之反彈。太虛是新派僧人，其革新思想和舉措在佛教界內外備受爭議，甚至在會場引發肢體衝突。一九二七年二月，太虛在其親手創辦的上海佛教機構法苑爲張歆海及王森甫，依佛式婚儀主婚，引起舊派之猛烈反對，甚至有人指責法苑爲共黨機關。[15]

隨即，太虛應邀擔任南普陀寺主持，兼任閩南佛學院院長。這一年他的大部分時間都在南普陀寺，亦曾返回上海及短暫居住在杭州靈隱寺。南普陀寺始建於唐末，到民國初年，已成爲閩南香火鼎盛的寺廟。太虛出任方丈，以卓越的組織管理能力和深厚的佛學修爲，讓該寺迎來鼎盛時代。太虛重視佛教教育，深信振興佛教，首在教育，邀請弘一法師多次駐南普陀寺協助閩南佛學院整頓僧才教育，並於一九三四年與瑞今法師一同創辦佛教養正院。

在目睹共產黨和國民黨左派的激進革命及唐生智「佛化運動」的惡果之後，太虛的思想在一九二七年下半年有了重大轉變。他在該年年底撰寫《自由史觀》，放棄激進左派思想，轉而認同已成爲國民政府官方意識形態的三民主義。他對南京政府寄予厚望：「現在已經統一全國，掌握政權之國民黨，則固明許信教自由與宗教平等者，佛教自然亦能爲容許，而且可以有發揚光大之機會，故佛寺僧眾亦應有振作之希望。」他將國民革命與五四以來的激進主義思潮區隔開來，認爲國民黨內部有強大的傳統派勢力，對於反傳統的潮流「欲力圖挽救而不易」。他希望與這股力量結盟，將自己及佛教同仁塑造成三民主義信仰者，認爲「要想救水深火熱之中國，非三民主義不可，三民主義即是救國主義，亦可爲救民主義」，「三民主義的革命意義，如民權主義，是政治革命；民生主義，是社會革命；民族主義，是文化革

15 印順，《太虛大師年譜》（台北：正聞出版社，1991）。

命，也即是心理革命」。[16]他進而仿效孫中山創立「三民主義」的想法，自創新名詞「三佛主義」（即「佛僧主義」、「佛化主義」、「佛國主義」）：

> 由中國革命，推及世界革命的國民革命，有三民主義；由國民佛化，推及人世佛化的佛教革命，亦有三佛主義。[17]

這是一個高明的策略，若佛法與三民主義水乳交融，佛教以三民主義爲「準繩」，則佛教就能在革命大潮中起死回生。若與依附唐生智的「顧和尚」相比，則高下立現：顧和尚不學無術，不可能幫助唐生智整合孫文學說與佛教思想。太虛將佛教與三民主義掛鉤，或可讓佛教呈現「病樹前頭萬木春」的榮景，正如王儀華在〈中國佛教宣言〉中所說：「現在中國用以建國的三民主義，是集合中國古代的優美文化同西洋近代思想的精華所成，他的精深博大能夠容納而且發揮各時代各民族的特長。佛教正應該在青天白日旗幟掩護之下，發揚大乘佛法的正義，而謀佛教的新建設。」

後來，太虛專門致信內政部，在所附條陳中提出：「請內政部設立宗教局，內分基督教科、佛教科、回教科等，制頒宗教行政條例。……在訓政期間，由宗教局設宗教整理委員會，以整理關於國內之各宗教。」在另一份給內政部部長薛篤弼的信函中，又以「禮教司」取代「宗教局」，內分禮俗科、祀廟科、宗教科——這個他建議設置的政府部門，職權範圍更廣泛。他還呼籲召開全國宗教會議，以制定一宗教行政條例或宗教法。但這些建議都未能

16 太虛，〈佛教徒應參預中國和世界的新文化運動〉，《太虛大師全書》（第18冊），頁306。
17 太虛，〈對於中國佛教革命僧的訓詞〉，《太虛大師全書》（第17冊），頁598、604。

實現，南京政府行政院致函文官處表示，「吾國政府對宗教向採不干涉主義」。[18]

太虛不是蘇曼殊和弘一那樣的個人主義佛教徒，他既是佛學研究者，更是組織者、活動家和宣傳家。他看到政府不願在宗教管理方面有所作為，就先在佛教界內部凝聚力量。一九二八年五月，他在上海發起全國佛教代表會議，希望成立「一全國統一永久的法定佛教團體」。次年，第一屆全國佛教徒代表大會在上海召開，佛教會獲得內政部批准成立。然而，其內部新舊兩派衝突不斷，尤其是圓瑛與太虛的對立變得不可調和。一九三一年六月三日，太虛發表聲明退出中國佛教會，中國佛教會遂為舊派把持。後來，南京政府民眾訓練部介入中國佛教會內部爭端，但其整理方案卻受挫。

黨國之巨輪，無人能擋，佛也不能

太虛一生主要活動的年代與一九一二至一九四九年的民國時期重合，他在面臨一九二七年這個比一九一二年更大的轉折時刻時，跟所有人一樣都必須做出抉擇，這一決策不僅影響其個人的生命，亦影響「民國（南京政府）之佛教」的興衰。

一九二七年之後，黨義高過一切（包括佛法）的時代降臨了。歷史學者林志宏從在溫州士紳張棡的《杜隱園日記》中發現，北伐軍的到來，一步步改變了既存的社會信仰和價值結構。黨軍及其背後的整套宣傳精神和主張，促使地方社會產生一連串質性的變化：政黨的綱領剛開始是淩駕一切，到後來左右了人們的生活，令士紳私下深覺「黨人可殺」，對國民革

18　陳金龍，《南京國民政府時期的政教關係：以佛教為中心的考察》（北京：中國社會科學出版社，2011），頁6-8。

命轉而抱持反對態度。[19]

北伐帶來的重大轉變之一是，對各地民間信仰實行高壓統治。北伐軍在一路倡行革命口號的同時，身負建立統治意識型態之需，打倒神權的空氣跟著瀰漫，在各處造成不少騷動。一九二七年三月二十七日，張棡在日記中寫道：「杭省已有通令，孔廟、關、岳廟大祀一律廢除，且將文廟改爲孫中山紀念祠。」北伐結束後，他描述當地文廟的變化：「午飯飯後，赴大南謝池巷，便過郡大成殿，見已改爲商業學校。……大成殿至聖先師牌位，亦不知遷於何處，中間竟懸掛孫文像，左右懸革命黨旗，令人對之矗然心傷，此眞千古未有之大變。」

除了打擊儒家及傳統文化外，北伐軍還進一步壓抑其他宗教活動，將其定義爲「封建迷信」。在最初軍事征服的湖南、江西兩地，國民政府以反對帝國主義爲由打擊基督教會，以反封建爲由干預民間社會的宗教組織。

黨國巨輪，是由黨人、軍人和城市新式知識分子共同推動的。學者康豹（Kaul R. Katz）、高萬桑（Vincent Goossaert）認爲，對於某些商業、文化、政治菁英成員而言，宗教的世界觀仍持續是中國如何現代化的核心部分。[20] 誠如一位洋人觀察，「以黨領政」（以及「以黨領教」）等各項「運動」，無疑帶來民間基層的巨變，宛如降臨一場「社會性的颱風」。這場颱風吹倒了本來根深蒂固的農村裡人際關係與社會型態，還引來更複雜而多元的變動。

19 林志宏，〈北伐期間地方社會的革命政治化〉，《國立政治大學歷史學報》第36期，頁103。

20 康豹（Kaul R. Katz）、高萬桑（Vincent Goossaert）主編：《改變中國宗教的五十年：1898-1948》（台北：中央研究院近代史研究所，2015）。

一九二七年二月，日本人鈴木五郎到泉州開元寺參觀，看到寺廟辦的孤兒院的學生正在進行孫文紀念週會，發現有這樣的口號：「願我早覺悟，於二六時中，勤讀書做工，利己利黨國。」他感歎「黨化兼佛化矣」！[21]

一九二七年前的民國與一九二七年後的民國，都名爲民國，但有根本性差異：前者有政黨活動及政黨組閣，但政黨是鬆散的社會團體，沒有能力全面管控包括宗教在內的民間社會；後者則是蘇聯黨國模式，一切均由列寧式政黨來裁斷，宗教事務被納入其中——是「合法的宗教」，還是「非法的迷信」，由黨說了算。

即便包括佛教在內的宗教團體沒有威脅到黨國統治，但出於文化和經濟等原因，黨國亦要伸手加以控制，比如當局縱容和支持「利用廟產辦學」之運動。國民政府財政拮据，樂見地方上利用廟產辦學校及慈善事業，以緩解政府的財政壓力。清末以來，華北寺廟破壞高達九成，河北定縣在一九〇五年有四百三十五座寺廟，到一九二八年只剩下一百〇八座。福州寺廟破壞比例高達九成，昆明也是九成。寧波地區的寺廟破壞行動一直持續到一九三〇年代後期。

南京政府自蔣介石以下很多要人都是基督徒，其宗教政策偏向基督教、對佛教頗不友善。如蔣介石發起新生活運動，聘請基督教青年會黃仁霖任運動總幹事。內政部長薛篤弼有「基督部長」之稱，讚譽基督教國家的國勢「隨其宗教而膨脹」。基督教和天主教因有外國政府支持，南京政府承認其在中國的傳教特權。另一方面，南京政府對佛教的發展則較爲警惕，教育部認爲：「現在信仰雖任人民之自由，而佛教關係國脈民命，至爲重大，自不能過

21 鈴木五郎，〈泉州開元寺參觀記〉，《大雲佛學社月刊》，13：79（1927.7），頁37。

於放任，既妨害國家民族之發達，復阻礙社會文化之進步。」

在黨國之巨輪轟轟而來之際，「近代中國政府的治理使命建基於西方世俗化的理想，這促使中國宗教團體以官方能接受並試圖規範化的方式重新定義自身」，太虛置身其中，只能採取守勢，爲自己辯護，亦爲佛教辯護。

一九三一年，太虛、虛雲、印光及王一亭等發表〈廟產辦學促進會宣言駁議〉一文，指出當前教育破產的原因是「誤信物質萬能，抹殺精神修養，誤信西洋法寶之功利主義，鄙棄舊有道德」，使學校淪爲「高等遊民製造之所」，繼而認爲佛教能拯救教育破產，利用廟產辦學只能加劇教育破產：

> 佛教教義，為精神修養之無上良藥，培養道德之最高方法，今日誠欲其教育界之積弊，而振已頹之人心，吾人認為正應推廣佛教教義於教育界，庶有祛除自私自利之個人主義，而增長其清高遠大之精神，乃今日之辦教育者不知覺悟，惟務攘奪，試問如此教育為利為害？[22]

太虛晚年悲哀地承認：「我的失敗，固然也由於反對方面障礙力的深度，而本身的弱點，大抵因爲我理論有餘而實行不足，啓導雖巧而統率無能，故遇到實行便統率不住了。」他總結說，自己失敗的由來，「出於個人性情氣質固多，而由境遇使然亦非少」。[23] 其實，後者更是決定性原因。

22 康豹，〈近代中國之寺廟破壞運動：以江浙地區爲討論中心〉，收入康豹、高萬桑主編：《改變中國宗教的五十年：1898-1948》，頁12。

23 太虛，〈我的佛教革命失敗史〉，《太虛大師全書》（第29冊），頁62-63。

學者維慈（Homes Welch）在《中國佛教復興運動》一書中指出，太虛最嚴重的失敗，似乎在於只談論佛教而非實踐佛教。然而，如果依照其建議的方式進行改革，中國佛教是否仍算是佛教？維慈的結論仍是悲觀的：

> 如果照太虛大師所主張的中國佛教改革，促成現代化的目標實現，那麼，大多數人認為屬於佛教的，尤其是那些宗教組織與儀式，都將消失無蹤。[24]

太虛與蔣介石：此夜此人，改變歷史

太虛及佛教界主動推崇三民主義，既是爲了尋求與南京國民政府合作的基礎，也是爲了彰顯佛教自身的價值。他認爲，國民對於三民主義多半不甚了解，對於佛教都有幾分認識，故「欲實行三民主義，若借佛法爲他的先鋒，庶能解除一切隔礙和誤會」。[25]在此背景下，蔣介石與太虛相會了。

一九二七年九月，下野的蔣介石電邀太虛到雪竇寺講經說法。蔣的心腹黃膺白在蔣面前稱道太虛，因有此約。此時蔣尚未與宋美齡結婚，未接受宋氏家族影響而改信基督教，對佛法仍存好樂之心。

太虛抵雪竇，與蔣氏長談竟日，並與蔣介石、吳忠信、張治中等遊千丈巖。翌日爲中

24 釋道禮，〈清末民初太虛大師佛教護國維新理念探析〉，《圓光佛學學報》，26。
25 太虛，〈以爲衆生的佛法作爲民的三民主義之先鋒〉，《現代佛教》，5：1，頁114。

秋節，太虛寓溪口文昌閣，相與賞月，爲蔣介石、毛福梅夫婦等人略說《心經》大意。太虛即景賦詩，有「千古相知有明月，一生難忘是中秋」句，他還詩贈蔣介石：「黨國安危繫，青山未是歸。出曾驚鬼侮，退豈貽人譏！此日藏雲豹，他年縛海豨。大雄能大忍，莫使素心違！」[26]印順認爲：

> 國民政府下之佛教，得以從狂風暴雨中復歸安定，得以泄沓混日，確與此夜此人有關。[27]

由於太虛與蔣介石的交往，使得佛教在動蕩的時局中，受到政治上的庇蔭，尤其是得到蔣的支持。蔣是在野之身，但稍有政治常識的人都清楚，蔣很快將由「潛龍」變爲「飛龍」，成爲中國最高統治者。

太虛才氣縱橫，能詩善寫，在學術和著述上成就斐然，更是長袖善舞的社交長才。他利用此特質，投身中國上流社會，在大官富貴、學者名流之間，交朋結友，形成一股保護佛教利益的社會力量。

此次會面之後，太虛與蔣介石頻繁會晤。一九二八年春，蔣到杭州靈隱寺拜訪太虛，並合影多張；六月，蔣從前線返回南京，在總司令部召見太虛，並同遊湯山。太虛利用此機會，在南京宣講《佛陀學綱》，發起成立「中國佛學會」，設立「佛教辦事人員培訓班」。

一九三二年，太虛應蔣之邀，主持雪竇寺。蔣親自爲某一特定寺廟（這一寺廟與蔣及

---

26 太虛，〈和玉皇禪友贈蔣總司令歸隱原韻〉，《太虛大師全書》（第32冊），頁127。

27 印順，《太虛大師年譜》，1991年。

其家族有特殊淵源）主持安排人選，可見政治對宗教的滲入和控制已超過帝國時代。當時，當地駐軍派遣五十多名荷槍實彈的官兵到寺院護衛，蔣介石特命蔣經國、蔣緯國發來賀聯：「共拔迷途同登覺岸，長存妙道永固福田。」太虛主持雪竇寺期間，山上山下，奉化當地公安機關，均派有警察護衛，並以小包車代步。由於太虛與蔣政權關係密切，有人批評說：「太虛和尚儼然變成了顯官，乃因受蔣介石賞識，抬高了身價之故。」

一九三六年十月三十一日，慶祝蔣介石五十歲誕辰的「蔣公秩壽獻機典禮」，以國家慶典形式在中國盛大舉行。這場典禮對蔣介石個人崇拜的形成，可視爲一個劃時代的轉變期。[28] 太虛雖是出家人，也加入其中：在蔣介石五十歲生日之前一個月，他發起全國各寺廟誦《藥師經》，爲蔣祝壽。太虛說：「中國今値多難興邦之際會，而應復興中華民族者，實惟蔣委員長爲領袖，自當與國同壽。」又有詩祝蔣介石五十壽辰：「乾坤鼓鑄仗風雷，一代權威泰運開。直欲聖賢承道統，豈惟軍政展天才！國家正氣懷興復，民族頹流誓挽回，薄海同伸知命慶，金剛不壞仰如來！」[29] 這首詩已近諂媚，從中可見佛教缺乏基督教對人罪性的深刻體認，與儒家一樣崇拜「權威」、「聖賢」。

包明叔在抗戰期間到雪竇寺參觀，看到寺中滿壁字畫及照片都有太虛落款，稱太虛爲「政僧」，「大寺院請他做方丈，猶如文化機關請名人做董事長」。太虛由「革命僧人」一變而爲「政治和尚」。太虛本人解釋說：自古以來，不分中外，政教都相輔以行，宗教昌盛，有賴於統治者的倡導護持；反之，必因統治的阻力而衰頹。所以，歷來宗教家，必須和

28 橫山宏章，〈從中國革命的觀點探討個人崇拜與蔣介石的關係〉，收入黃自進、潘光哲主編，《蔣介石與現代中國的形塑．第一冊．領袖的淬煉》，頁58。

29 太虛，〈祝蔣公五十壽辰〉，《太虛大師全書》（第32冊），頁181。

統治者周旋，「僧人與政治接觸，並不違反教義」。理想的政教關係，僧人「站在超然的地位，專門做些弘揚佛法、辦理社會公益的專業。既不障礙於行政，且可補助政治之所不及」，「政治方面則負保護佛教的責任」。

太虛還參與調和達賴喇嘛和班禪喇嘛關係。一九二〇年代，達賴喇嘛和班禪喇嘛失和，班禪喇嘛離開西藏，出走中國。一九三一年，班禪喇嘛到南京參加國民大會，太虛前往探視，此後致函蔣，請求選派漢蒙藏佛教領袖入藏勸說達賴喇嘛歡迎班禪喇嘛回藏。

一九三三年十二月十七日，達賴喇嘛去世後，太虛再次向國民政府建議：「中央若劃西藏為佛教特區，以知佛法及政治者指導其『以佛教自治』，庶得其宜耳。」他的建議皆著眼於政治而非宗教，且站在中華大一統立場上，其目標是「堅藏人內向之心，藉固邊陲而杜覬覦」。[30]

就在同一年的二月十五日，蔣介石之《事略稿本》記載：「早起，決定雪恥條日：中國宗教應以耶教代佛教，方可與歐美各民族爭平等，而民族精神之發揚與固有德性之恢復，亦能得事倍功半之效果。」一九三七年四月十八日，蔣與「基督將軍」馮玉祥談話時表露：「佛教在中國勢力甚大，且阻礙中國進步，使中國人稱為自私自利之人。」[31] 這是此一階段蔣對佛教的眞實看法和眞實態度。其思想觀念已轉變為揚耶貶佛，必然使他與太虛的關係趨於疏遠。

30 〈中國佛教會致國民政府呈〉（1931年5月12日），轉引自陳金龍：《南京國民政府時期的政教關係：以佛教為中心的考察》，頁249。

31 中國第二歷史檔案館編，《馮玉祥日記》（第5冊）（南京：江蘇古籍出版社，1992），頁141。

一九四七年三月四七日，太虛在上海玉佛寺因腦溢血圓寂，葬於雪竇山。此時，蔣政權風雨飄搖。太虛在中國赤化之前去世，未嘗不是好事，否則以他與蔣的密切關係，必定難逃中共的政治整肅——除非他隨同國民政府一起遷台，方可保平安。太虛的弟子或受其影響的印順、星雲、聖嚴等人都到了台灣，繼續發揚其「人生佛教」觀念，以更世俗化、更政治化、更商業化的方式，大放異彩。

24 哈雷特．阿班

在中國每天都能發現新聞

一個人口眾多的古老的民族正在崛起，滿是怨憤與狂熱。不管是好是壞，一場驚心動魄的事件正在成形，它是壓制不了的。……我已經找到我生命中最大的新聞故事，不論給我多大的代價，我都不會回家。

——哈雷特．阿班（Hallett Edward Abend）

一九四〇年七月十九日，兩名便衣蒙面的日本人闖入《紐約時報》駐中國首席記者哈雷特．阿班在上海百老滙大廈的居所，用槍管戳他，並將他壓跪在地，對他的腰部和腹部猛踢。他們將他的若干手稿——包括《華爾傳》（華爾是組織洋槍隊幫助李鴻章鎭壓太平軍的美國軍官）的唯一手稿——搶走。此後，更有日本軍部派出的殺手在其住所門口與保護他的警察發生槍戰。

美國亞洲艦隊司令哈特海軍上將力勸阿班離開中國。阿班說：「我以中國爲家已經十五年了，這裡的國際局勢是我最喜歡的主題，這裡也是我的謀生之地，我絕不走。」哈特告知：「只要你繼續留在這裡，他們總會把你殺掉的。假設你眞的被害了，最多也就是讓華盛頓向東京作無用的抗議。你的任務，是趁現在還有機會，趕緊離開，回國去寫作，去講課，最大限度地發揮你的工作能力。美國公眾需要了解這裡的情況，而將情況告訴他們，本身就是對國家的重要貢獻。」

太平洋戰爭爆發前一年，阿班被迫離開中國，離開這個將有無數重大新聞發生的國度。他從波特蘭登陸，橫穿美國來到華盛頓，一路上看到美國處於沉睡狀態，讓他極度震驚。「那時，美國對自身的危險拒絕置信，死抱著可恥的信念⋯⋯美國人對著快速變得窮困和飢餓的世界，大肆炫耀其國家財富，卻仍在該用錢的地方縮手縮腳，尤其是吝於國防預算。⋯⋯在國外待了將近十五年，卻回到這麼一個萎靡不振、自私自利的故土，實在揪心。」[1]

1 哈雷特．阿班，《民國採訪戰：〈紐約時報〉駐華首席記者回憶錄》，頁304-305。本文以下引自該書之內容不再一一標明出處。

阿班定居於佛蒙特的山谷中，終於可以放眼四顧，前後瞻望，卻好像置身於一幅此前不懂得欣賞的中國山水畫裡，來對過去的東亞歲月，作一番審度。當地朋友十幾年都住在同一個地方，對外部世界一無所知，卻對他到亞洲當記者的選擇大驚小怪：「不值得，不值得，你爲什麼會去幹這行？這算是什麼日子？你又沒有掙到什麼錢！」

阿班爲之默然：按照美國人的標準，他確實沒有致富，記者是一個無法致富的職業。當然，他在上海擔任《紐約時報》駐華首席記者時，手下助理無數，僕役成群，保鏢隨行。中國政府高層及日、美、英、蘇等國在華最高層裡，盡是他的私交。對美國政府而言，他是不支薪的高級情報員；對其他各國的政府而言，他是編制外的美國外交官——日美之間、中美之間、蘇美之間，常常要他來傳話。但在此之前，他也曾三餐不繼，必須面對骯髒的飲水和臭蟲肆虐的陋室以及亞洲人對「白人帝國主義」的仇恨。這一切艱難困苦，都是他的冒險刺激生活的作料。他還沒有從史丹佛大學畢業，就幹上了實習記者的工作。他一生都獨身，赤條條來去無牽掛，像康拉德那樣直面「黑暗之心」，也像凱魯亞克那樣「在路上」。

阿班比絕大多數美國人都更知曉太平洋另一端的東亞和中國，其報導在太平洋兩端架起一座橋樑。近代以來美國人的「亞洲知識」和「中國知識」，主要靠記者和傳教士建構。但是，傳教士有傳教士的盲點，記者有記者的盲點，傳教士與記者還有共同的盲點，即用西方「進步主義」眼光去看待那片古老而陌生的土地。阿班在二戰硝煙濃烈時，期盼戰後回到中國，卻再也回不去了，他沒有料到戰後的中國將是共產黨的天下，更沒有料到中共會給中國及世界帶來亙古未有的災難。他犯的錯誤跟費正清一樣嚴重——儘管他在國共第一次合作時期的廣州採訪過蘇聯顧問鮑羅廷並對之做過精彩描述。多年後，他對中國共產黨的評估幾成一個並不好笑的笑話：

我們所說的中國共產黨，與蘇俄的「共產黨」，其實遠不是一回事。它既非列寧—托洛斯基意義上的共產黨，亦非史達林統治下那種意義上的共產黨。中國的所謂共產主義運動，其實是一場土地改革運動、一場勞工運動。該黨所要反對的，是中國的佃農—地主制度，以及這場內戰之前，中國初興的工業化及資本化對勞工的盤剝。多年來，中國共產黨既未從蘇俄那裡獲取現金，也未獲取軍備。

美國記者眼中三個截然不同的中國：廣州、上海與北京

一戰以後，美國躍升爲世界第一資本國，美國勢力進入亞洲。除了美國政府之外，貿易、傳教士、科學家、教師、商人企業、職業社團、學校、醫院、學術和慈善基金會等個人或群體也參與形塑美中關係。與英國勢力在中國及遠東的衰退和收縮形成鮮明對照，美國正取而代之，並與蘇聯、日本在亞洲大陸展開一場「三國演義」。

一九二〇年一月《密勒氏評論報》刊出經營機械進口的美商愼昌洋行的巨幅廣告，很貼切地反映了一戰後美國人拿著一把巨大的工程鑰匙，期待用造橋、鋪軌、設廠、河川治理、發展航運等工業化科技，來改變「孔老夫子」國度的旺盛企圖心。在這則廣告中還引用《論語》中的一句話：「工欲善其事，必先利其器。」[2]

初生牛犢的阿班於一九二五年來到動蕩不安的中國。他先到香港，再到廣州，在他眼中，廣州的醜陋骯髒與秩序井然的香港天壤之別：「街道兩邊的新建築和店面都因陋就簡，

2 吳翎君，《美國人未竟的中國夢：企業、技術與關係網》（台北：聯經，2020），頁427。

不中不洋，只的一個『醜』字。街道污穢不堪，泥濘濕滑，臭得如同一條敞開的陰溝。」他生活中唯一的樂趣是假日去香港，吹新鮮的海風，到淺水灣游泳，以及採購罐頭食品和新鮮蔬果。

然而，透過這一切，是活生生的生活，是激動人心的企圖，是魯迅所說的「帶著血的蒸氣」的生活場景。一九二六年六月中旬，阿班親眼目睹北伐軍開拔，申請隨軍採訪卻被拒絕。他在車站看到這些腳蹬草鞋、身材矮小、穿著不合身的制服的士兵絡繹不絕出發，驚歎地寫道：「我上一次看到這種十字軍東征式的獻身精神，還是在一九一七年和一九一八年兩年美國士兵出發參加歐戰時。而這年初夏的廣東，一切又重現了。我的新聞敏感受到極大的觸動，因爲，這群投身討伐的將士不僅要將英國的影響，還要將美國的影響從他們的祖國驅除乾淨。中國南方這場波瀾壯闊的運動發展如此迅速，而美國新聞界卻完全無動於衷，實在令人痛心。」

七月四日，阿班北上八百英里來到遠東第一大城市上海，他在上海只停留了八個星期——一九三〇年代，他還將返回這座城市，在此度過大多數時光。此時，他發現上海與廣州相比宛如另一個國家，上海已經相當西化，租界內秩序井然。這裡的人們得知他從廣州來，都對廣州頗爲鄙夷，並認爲廣州亂黨的折騰「是自作自受的愚蠢之舉」。阿班在《上海泰晤士報》找到一份記者兼編輯的活，月薪兩百美元，相當於他在洛杉磯週薪的一半。他預測蔣介石會節節勝利，卻遭到斥責，只好沉默。後來他才知道，這份報紙名義上的老闆是一名英國人，其實早已被日本買下。

八月底，阿班收到北京《英文導報》總裁克拉克打來的一個電話，邀請他去北京當主編。阿班欣然乘坐火車北上——隨後的幾個月，北伐軍打到上海，上海成爲革命風暴和世界輿論的中心。可惜，阿班不能自由選擇工作的地方，他失去了報導上海兩軍對峙、工人暴動和權力更迭的機會。

在北上的火車上，阿班驚歎於華北平原的貧瘠單調，當火車接近北京時，突然出現奇跡，他看到更多的樹木，雅緻的村落，售賣晚香玉的賣花人，直覺告訴他，他將在此作長久的盤桓。「我周圍的一切，全都是不熟悉、陌生和怪異的，但是，沒有一個地方像這裡一樣，讓我有如此強烈的歸家之感。初抵這裡，就有故地重遊的感覺，覺得一顆心終於找到了安寧。」

抵達北京的阿班發現，與粗野的廣州、摩登的上海相比，古老的北京又是另一個國度。王氣黯然的北京名義上還是中華民國的首都，但中央政府的權力正在迅速流失。北京不能再對全國各地發號施令，宛如卸下重擔的老人，更有從容不迫的氣度。這裡是一個讓遊子得到安慰的地方，是周作人和郁達夫喜歡的「故都」，在沈從文眼中，這裡高而藍的天空「讓人想要下跪」。

阿班在北京《英文導報》一直工作到一九二七年六月。此時的北京，是個奇怪的政治真空。各國的公使館和大使館運行依舊，而北京的政權，實在談不上是整個中國的政府了。北京政府的權力出不了古都城牆外三十英里。外交部的功能，只是用來存放各國給中國的文件，這些文件，也只是例行的法律及外交公文。

阿班與北京政府的外交部長顧維鈞不打不相識。因阿班發表一篇關於中國拖欠一筆外國貸款的報導，顧維鈞將他叫到外交部，這位年輕而優雅的外長對其厲聲斥責。阿班不卑不亢地應對說：「你沒有權力干涉我如何處理新聞。」顧告知，他花了一萬五千美金資助克拉克，後者答應他不發表關於北京政府的負面報導。阿班回答，他與報社簽訂的協議規定，他全權負責如何處理新聞，克拉克對顧的承諾對他沒有約束力。顧維鈞了解眞相之後，反倒對阿班刮目相看，兩人隨即相談甚歡。此後數月，升任內閣總理的顧維鈞向阿班透露了關於中國內政和外交的許多寶貴情況，也再未要求其對某件新聞作特殊處理。這跟後來的南京政府一度動用舉國之力驅逐阿班的做法迥異。

北京政府治下的新聞自由遠遠大於南京政府。南京政府嚴厲控制新聞界，甚至將手伸入租界。一九二七年北伐軍佔領上海後，很快在公共租界南京東路哈同大樓成立「新聞檢查所」，檢查各大報紙。國民黨的觸角到了無孔不入的程度：凡不利於國民黨的記錄，包括評論、新聞、圖片、攝影及小品文，均被檢查員刪去；被刪去之處，必須用其他文字或廣告塡補，不得「開天窗」。知名記者陶菊隱認爲，過去北洋軍閥控制上海時期，並無檢查租界報紙之例，如有認爲不合之處，也只能採取停止郵寄的辦法，或者通過工部局加以取締。國民黨所採取的手段，就要厲害多了，不僅中宣部干涉新聞自由，就連軍統和中統也介入，後來還將《申報》老闆史量才暗殺。[3]

阿班在北京工作期間，也遇到種種干涉。他因堅持報導國民革命軍攻佔南京時發生的劫掠和殺人事件，與三位董事發生衝突——其中一位董事即爲燕京大學校長司徒雷登。司徒雷登認爲，南京事件不值一提，不應以大標題頭版報導。阿班反駁，這是義和團事件之後二十六年來中國與西方發生的最嚴重衝突，也是美國軍艦第一次向中國人開火，對此事的報導，要佔據頭版位置。

3 陶菊隱，《陶菊隱回憶錄》（台北：漢京文化事業，1987），頁189-193。

司徒雷登又說，本次事件必將損害中國人對美歐人士的親善之情，從而損害他們本人在中國的傳教和辦學事業。所以，這類新聞必須封殺，或小而化之。

本著新聞自由的原則，阿班拒絕了司徒雷登的要求，並告知，如果再受到干擾，他將立即辭職。對方只好知難而退。

蘇聯對中國內政綿密與粗暴的干涉

一九二七年四月六日，控制北京政府的奉系軍閥張作霖派兵突襲蘇聯駐北京大使館，捕獲躲在其中的李大釗等數十名共產黨人，還查獲大量的文件。[4] 阿班目睹了被捕的共產黨人「在叫罵聲中被拖過使館區的街道，進入中國轄區，其中還有兩名被捕者是模樣標緻的年輕女子」。

在此一事件中，《英文報導》不僅僅是報導者，更是當事人：在當局查獲的文件中，赫然發現總裁克拉克給馮玉祥的多封信件。馮駐紮在張家口，以親蘇著稱。其中一封信是克拉克敦促馮支付「協議規定的一萬五千美元預付款」。此外，當局還查獲克拉克簽署的許多收據，顯示蘇聯人替馮向克拉克支付補貼。

《英文導報》是北京僅有的兩份英文報紙之一，發行量一千兩百份，名義上由教會資助（司徒雷登掛名發行人），卻成爲各方爭奪的陣地，暗中又接受北洋政府外長顧維鈞、馮玉祥和蘇聯的津貼。此一醜聞被曝光之後，該報銷量一落千丈，廣告客戶消失，克拉克被北京

4 據搜查北京蘇聯使館的法官沈維翰受訪披露，總計在大使館抄獲槍械及文件五大卡車，存放在京師警察廳，供各國駐華使領館人員參觀，公開展覽七日之久。並將所抄獲之文件，由北京外交部翻譯成《蘇聯陰謀文證彙編》一書行世。〈訪搜查北京俄使館法官沈維翰先生〉，《傳記文學》，總第193號（1978）。

的西方人社群排斥和隔絕。阿班亦隨之離開《英文導報》。

阿班對此事並未引起重視，或許他亦是廬山中人，未能順藤摸瓜。另一位比阿班早八年到中國並晚兩年離開的美國記者、《密勒氏評論報》主編約翰·本傑明·鮑惠爾（John B. Powell）則深入調查馮玉祥與蘇聯的關係：馮於一九二六年訪蘇，蘇聯希望將其塑造成在中國的代理人。[5] 一九二七年，馮回國，在俄國的金錢和武器供應下，成立「國民軍」，與北伐的黨軍遙相呼應。鮑惠爾發現：「奇怪的是，那時俄國供應馮玉祥的步槍，箱子上都漆有雷明頓軍火公司（Remington Arms Company）的標誌。這些步槍自然都是美國製造，原是第一次世界大戰期間，美國供應沙皇的武器。但在一九一七年俄共革命後，俄共就把這些軍火據爲己有。」[6] 這種荒謬的事情以後還會發生：在國共內戰中，蘇聯供應中共的武器，很多也是二戰期間美國支援蘇聯的武器。美國在日本投放的兩枚原子彈提前結束戰爭，這些武器蘇聯來不及使用，也未歸還給戰後被視爲敵人的美國，卻意外地幫助中共在滿洲打贏第一場與國民黨的重大戰役。

阿班脫離《英文導報》之後，一度找不到工作，他當過六個星期的京劇公關經理——將梅蘭芳訪美的消息發給美國各大媒體。隨後，張作霖向他拋出橄欖枝，想聘請他出任公關經理兼外事顧問。但他意識到張作霖政權已是夕陽西下，拒絕了這份看上去不錯的工作。

阿班在北京很快彈盡糧絕，不得不打點行李，準備打道回府。此時，他突然接到《紐約時報》駐上海記者摩爾的電話，邀請他到《紐約時報》工作。他求之不得。他第一次出差是

5 馮玉祥在回憶錄中大肆讚美蘇聯：「蘇聯是個新興的社會主義國家。社會上一切設施與制度，都是爲平民著想。」如今讀來，宛如黑色幽默。馮玉祥：《我的生活》（三），頁583。

6 約翰·本傑明·鮑惠爾（John B. Powell），《在中國二十五年：上海〈密勒氏評論報〉主持人鮑惠爾回憶錄》，頁156。

到滿洲的大連、牡丹江、哈爾濱等地採訪。那時，滿洲還一片平靜，他也未能洞悉底下已是暗潮洶湧。

兩年後，中蘇在滿洲展開一場局部戰爭。戰事於滿洲的東西邊境，沿中東鐵路爆發。在滿洲里，中國軍隊遭受重大損失，約有八千名官兵被殺。在中東鐵路東端的一個中國城市，被蘇聯大炮和飛機炸毀。松花江口另一個中國城拉哈蘇蘇被蘇聯飛機轟炸後整個燒掉。兩艘駐防的中國炮艇也被蘇聯飛機炸沉。與此同時，流竄在江西的中共卻發起「武裝保衛蘇聯」的宣傳戰。

因有一些白俄難民逃到滿洲居住，蘇聯展開一個宣傳攻勢，說這些白俄在中國「法西斯」的協助下，進攻西伯利亞。鮑惠爾在好不容易逃到哈爾濱的白俄婦人和男孩口中，聽到極為可怕的故事——在哈爾濱西邊約五百里的海拉鎮，數百人的白俄難民的車隊遭蘇軍劫殺，屍體全被焚毀。

中國的問題不是天災，而是人禍

加盟《紐約時報》之後，阿班從總部得到指示：盡一切可能接近事實眞相；即使是美國有錯，也要揭露事實；避免對事實作評論，因為「這是社論版的工作」；若認為故事內容美聯社可能已發過通稿，就不必再花時間去複述；若對事實存疑，寧可不寫，除非存疑的原因本身是新聞；還有，寧可不發消息，也不要發了錯誤消息後，再去更正。那時的《紐約時報》還有老派新聞人的原則和操守。

十九世紀中後期，中文報紙和白話文尚未流行，《紐約時報》即對中國事務做追蹤報導。美國社會看待中國這個東方大國，商業動機、傳播基督福音的理想，以及向東方世界探索和開拓的衝動，都非常強烈。二十世紀上半葉，《紐約時報》對中國的報導已形成「中國的編年史」，並對美式「中國觀」的形成產生重大影響。[7]

阿班生正逢時，爲此一事業添磚加瓦。數年之後，他從新手熬成老鳥，成爲《紐約時報》駐華首席記者，管轄中國各地多個記者站的數十名記者。一九三〇年代常常與阿班在上海江灣高爾夫球場打球的日本新聞聯合社上海分部部長松本重治認爲：「在所有美國新聞記者中，我認爲最爲傑出的要推《紐約時報》的哈雷特・阿班。由於阿班常年駐中國所積累的經驗，以及他頗爲老成的待人接物，加上又有時報的聲譽，所以他的交友相當廣闊。」[8]

阿班在《紐約時報》發表的第一篇重要報導是山東大饑荒。據說五百萬山東災民嗷嗷待哺，《紐約時報》也計畫參加一項大型募捐活動，他的報導在其中具有舉足輕重的作用。

據史料記載，山東先是旱災蝗災，繼而黃河連續決口，旱水相間，災民累計一千萬以上，這場災難還擴展到蘇北、皖北。[9] 阿班在山東看到災民震撼人心的苦難，難民營裡的人普遍染病，許多人橫死街頭巷尾，屍體暴陳多日，也得不到掩埋。成千上萬難民直接睡在凍土上，他們的住處，是沒有任何排水設施的。

阿班同情災民的遭遇，但在採訪統治山東軍閥張宗昌之後，其同情心降到冰點。在他眼中，「這個軍閥是個笑面強盜。他年輕時是個混跡碼頭的苦力，長得偉岸如山，個頭幾乎兩米一，肌肉發達。」張宗昌熱情宴請阿班，躊躇滿志地向其炫耀一套從比利時訂製的西餐餐

7 鄭曦原編，《帝國的回憶：紐約時報晚晴中國觀察記》（北京：三聯書店，2001），頁1-2。
8 松本重治，《上海時代》（上海：上海書店，2005）。
9 李文海等，《中國近代十大災荒》（上海：上海人民出版社，1994），頁186。

具，可供四十人同時進餐。每件餐具，包括咖啡杯在內，全是切割玻璃的。他吹噓，全套餐具價值五萬五千美金。阿班的描述稍顯誇張：張宗昌有「長腿將軍」外號，但不可能高兩米一。官方史料中並無其身高的記載，但根據張與其他人的合影對比，其身高大約為一米九。張宗昌訂製的高級餐具，也不可能價值五萬五千美金——或阿班中文程度有限，或翻譯出錯，或張氏刻意誇張。

阿班描述這場盛宴，還報導張宗昌在後宮藏嬌四十人，既有中國姑娘，也有韓國、日本女子，還有法國和美國的少女。他認為，山東的災難，並非水災、旱災或蝗災，而是人禍，是由張宗昌的暴虐統治直接導致的——整個中國的問題何嘗不是如此？他憤怒地寫道：「如果用美國的錢來賑濟山東的饑荒，無異於資助這個惡棍，為他的恐怖統治張目。」

阿班最後寫道，若災難不能獲救，山東人民很可能就揭竿而起，將張宗昌趕走。至少，他們會歡迎國民革命軍到來。

阿班完成這趟採訪之後，回北京過聖誕節。他的長篇報導在《紐約時報》發表，得到總部肯定，他也得到加薪——儘管加薪很微薄，每週只加十美元，但這畢竟是個好的開端。更重要的是，《紐約時報》最終沒有出面組織為山東饑荒賑災。

不過，阿班對張宗昌的描述太過單向度和負面。北洋時代曾任國務院秘書長的張廷諤如此評價張宗昌：「張宗昌是一個草莽英雄，人很豪爽。他到山東後將改嫁的母親請回家，照常侍奉，甚為孝順。可惜的是沒讀書，又不常和讀書人在一起，不能改變氣質，做的事說的話，留下笑柄頗多。」[10] 很多山東的平民認為：「張宗昌時代的山東，較後來要平安得多，

10 郭廷以、沈雲龍，〈張廷諤先生訪問紀錄〉，《口述歷史．第七期．軍系與民國政局》，頁198。

那是由於在那一階段，當地的土匪已全部被肅清了。張宗昌等人雖然不是什麼懂得政治的人物，但卻懂得百姓是軍費的來源；是所謂的『衣食父母』。所以他們都能儘量去做到不令百姓討厭。他們那些軍隊的特點，最值得一說的，乃是他們決不許軍人隨意進入民宅，他們的軍營，永遠是設在各種廟宇如城隍廟、火神廟、龍王廟等處、以及城牆之上的碉樓、箭樓之中，不似後來的許多軍隊，動輒就住進了民居，混雜在老百姓的婦女兒童之間。所以，那時的軍民關係，是相當融洽的。」而且，張宗昌等的部隊，都是採用募兵制度的。招兵時，在城門口擺上枱桌，插上招兵的旗幟，對於來報名的人，卻挑挑剔剔，甚爲嚴格。他們挑選身材高大、年輕力壯的，那時候想當個小兵也不容易。不似後來的軍隊，到處拉壯丁、拉民伕，弄得民不聊生，到處哭哭啼啼、怨聲載道。[11]

北洋軍閥的貪腐，與國民黨與共產黨相比小巫見大巫，如張廷諤所說：「北洋諸人，新知識也許欠缺一點，但大錯誤是不會犯的。失敗後除了少數人以外都很窮困，王占元、孟恩遠剩錢比較多，潘復剩兩百萬元，後來逐漸花掉，孫傳芳亦有兩百多萬，生息維持生活。王承斌很窮，在天津出門人力車都沒法子坐，其窘迫可知。」段祺瑞死後，家無餘財，連喪葬費都是老部屬湊的。

一九二八年，黨軍繼續北伐，佔領山東大部分地區。張宗昌麾下的白俄僱傭軍和鐵甲戰車皆頗有戰力，但獨木難支。最後，張部瓦解，張宗昌及其親信數十人遁避大連。[12]

11 失名，〈濟南「五三慘案」親歷記〉，《春秋雜誌》，總第380期（1973）。

12 南京政府派白崇禧帶兵攻打張宗昌，張不能支，向山海關撤退，但爲奉軍堵住去路，不准他出關。張供著老帥張作霖的遺像，終日跪哭，並不停的咒罵張學良與楊宇霆：「我是元帥的忠實幹部，張學良與楊宇霆這兩個小子，現在如此做法，有如此對我，實在不忠不孝。」郭廷以、沈雲龍，〈董彥平先生訪問紀錄〉，《口述歷史．第七期．軍系與民國政局》，頁250。

國民政府完成名義上的統一，但始終未能進入良治。一九三〇年十月六日，《大公報》嚴厲批評說：「夫國家今日之危甚也。……數千萬人民之救死恤傷，數百萬冗兵之供養安插，滿目瘡痍，到處禍水，除若干大小都會之外，全國數百萬方里中，盡是飢民、餓兵、土匪、紅槍會，而三萬萬以上之良農良工，幾乎消滅不能自存焉。試追念北伐當時所許以人民者何事？今日人民所享者何物？國事竟至此，危矣急矣！蔑以復加矣！」由此可見，中產階級對南京政府極端失望。

山東的災難遠未結束。共產黨奪取政權之後，毛澤東在一九五九年發起大躍進造成大饑荒，山東成爲這場人禍的重災區。山東省長譚啓龍在濟寧地區親眼看到農民餓死在路邊，孩子被遺棄，將災區情況報告毛澤東。山東省委書記、書法家舒同將毛的話當成聖旨，竭力壓制眞相，「他的烏托邦空想害死了無數人的性命，一旦有人阻止，這個土皇帝就暴跳如雷」。[13] 跟「沒有文化」的張宗昌比起來，「有文化」的毛澤東、舒同更要殘暴邪惡千百倍。張宗昌時代，阿班能到其轄區自由行動和採訪；到了毛澤東時代，所有西方記者都不能進入中國採訪。

13 山東的糧倉齊河縣在三年的大饑荒中死去十萬人，佔總人口的五分之一，存活下來的一半是病人。齊河縣韓莊在一九五七年有兩百四十名村民，一九六一年僅剩一百四十一名。馮客，《毛澤東的大饑荒：1958-1962年的中國浩劫史》（香港：新世紀出版社，2011），頁281-283。

傳教士在中國的事業何以失敗？

阿班抵達濟南當天，想下鄉察看附近農村的情況。但他下榻旅店的德國老闆說，濟南沒有出租車，恐怕很難下鄉。這位老闆想到一名美國傳教士有車，說不定能幫忙。

那位傳教士開著福特旅行車來了，帶阿班到了兩個村莊，卻只讓他訪問五個衣食無憂的信教的中國家庭。這位傳教士希望阿班撰寫一篇歌頌其傳教成果的報導，阿班希望採訪的是災荒的眞相。回城時，傳教士向阿班索要報酬——「一共是二十塊美金，一小時才四美金，多合理啊。」阿班付了錢，卻在心中埋怨說：「白跑了一趟，就算他倒貼我四十美金，我都要喊上當受騙的。」

此一遭遇，再加上此前與司徒雷登等教會人士發生的爭論，以及在中國多年間接觸到若干西方傳教士的不堪言行，阿班本人又是無神論者，所以對西方近代在華傳教運動做出尖銳批判。

首先，阿班承認，在過去一百年的傳教活動裡，絕大多數在郊區辛勤勞作的男女傳教士，都是胸懷遠大、無私無畏、全身心奉獻的。他們甘願放棄舒適、幸福、安全甚至生命，自動投身這項工作。「傳教活動的歷史，確實是由成千上萬宗英勇無私的事跡甚至是烈士事跡構成的。」[14]

14 西方傳教士在學校教育、建立醫院、防治痲瘋病、破除纏足陋習、提高婦女地位、翻譯聖經及英美文學精品等方面，成就至爲驚人。美國在華的教會資產粗略估計爲一億美元，在一九三〇年一年，美國和加拿大兩國在華傳教組織的工資及日常開銷就高達六百多萬美元。一百年來，新教在華的傳教費用，若算上交通運輸、房屋、土地、工資及日常花費，或可達十億美元。

在這些成就背後，阿班卻發現若干隱憂。近代西方在中國的傳教，依託於不平等條約和治外法權，對中國人的民族自尊心造成嚴重傷害，傳教活動被很多中國人（不僅僅是左派）歸入帝國主義侵略的一部分。一九二五年五月上旬，阿班在香港和廣州的媒體報導中發現，北伐軍總司令蔣介石在東操場檢閱部隊時，發表鼓動演說，宣稱中國之所以積貧積弱，全都應該歸罪於三大惡魔，分別是鴉片、基督教及外國人。兩年之後，爲了與宋美齡結婚，蔣介石表面上皈依了基督教，但南京政府打壓基督教的政策依然不變，比如以收回教育權爲名嚴格控制教會學校。[15]

阿班從蔣介石及國民政府的排外政策中已看到不祥之兆。即便在國民政府中任職或在知識界頗有影響力的基督徒華人菁英也指出，「傳教運動之動機，除希望拯救靈魂及散布基督教之外，也是爲了滿足白人自以爲是及爲高人一等的情結。欲改變一民族或一國家之宗教信仰，必然伴隨『汝不及吾』的態度」，此一態度讓很多中國人深惡痛絕。北伐軍在南京發動排外事件絕非偶然。

阿班的回憶錄是在太平洋戰爭打得如火如荼之際完成的。與很多人的樂觀預測相反，他認爲戰後重獲新生的中國，外國傳教士的處境，將大大不如外國商人或專業人士，因爲中國人將迸發出理所應當的民族主義和種族自豪感。他憂心忡忡地指出：「新教在中國的傳播，現在已到了要麼放棄、要麼做根本改變的時候。無疑，一個勝利的中國，將容不得別人繼續『將野蠻人基督化』。那種『拯救他人靈魂』的舉措，總帶著與生俱來的恩賜態度，必將遭

15 一九二七年，回收教育權運動風起雲湧，教會學校必須向政府立案，外籍人士不得擔任董事長和校長。至一九二九年四月，兩百多所教會中學中，有一百四十多所已立案或正在立案中。梁操雅、丁新豹、羅天佑：《教育與承傳：南來諸校的口述故事》（第2卷）（香港：香港教育圖書公司，2011），頁10-11。

到暴力抵制。福音教會的日子，也就隨之到頭了。」可惜，美國和西方的差會不願傾聽這位無神論者的忠告，對即將到來的時代的劇變採取鴕鳥政策，結果根本無力抵禦戰後亞洲大陸的民族主義和共產主義潮流。

阿班不能在某一個地方定居，像水手，像遊牧者，也像開拓西部的牛仔，他正是托克維爾描繪的「身在幸福之中還心神不安」的美國人，「一個人精心地蓋著一座房子準備養老，但屋頂尚未封頂，就把房子賣了；一個人選了一個地方定居，可是不久以後因為他的志望改變，又遷到另一個地方去了……人人都經常改變他們的路線，唯恐找不到一定使他們獲得幸福的最佳途徑」。[16]

阿班尋求一種康拉德式的「在那遼闊世界裡的人生」，在回憶錄中，讀者可以發現康拉德每部作品中都反覆強調過的主題——試圖理解全球化世界裡生活的盤根錯節：異鄉漂泊的道德與物質衝擊、多元種族社會裡的緊張與機會、科技變化導致的破壞。[17] 阿班聲稱，「多年來，我的片區一直是整個東亞。若單單派駐新幾內亞一地，或重慶一隅，勢必很快厭倦。戰前，我可隨心所欲擇地出訪，從各方廣集消息，寫作內容自在」。因此，他對戰後新聞報導的廣闊天地充滿樂觀期待：「戰爭的勝利，若不能使傳媒恢復徹底自由，並在鳴金收兵後即刻生效，則這場戰爭，便是徒然。自由報導自由及評論自由，方能避免和平初臨後的錯誤。而這種錯誤若出現，則不等回國將士的下一代成人，勢將使戰火重燃。」

阿班憧憬的自由世界沒有到來——尤其是在他魂牽夢繞的中國及東亞，共產國家如雨後

16 托克維爾，《論美國的民主》（下）（北京：商務印書館，1993），頁667-668。

17 瑪雅．加薩諾夫（Maya Jasanoff），《匿名的守望人》（台北：貓頭鷹，2020），頁47。

春筍般出現，不要說新聞自由，就連免於恐懼的自由都成為奢侈品。和平無比短暫，不必等待回國將士的下一代成人，很多回國的將士將重新披上戰袍走上韓戰戰場，很多跟他們作戰的中國士兵，是此前曾跟他們並肩作戰的盟友（共產黨將投降的前國民黨士兵投向戰場充當炮灰）。

阿班的一生，是努力書寫美國與中國「共有的歷史」的一生，他的努力看上去失敗了——美國沒有「勝者為王」，沒有如歷史學家史景遷所說的那樣「改變中國」，但是，在他之後，還是有很多人在繼續努力。早從十九世紀開始，美國人就懷抱野心，要將他們的文明（包括人權和新聞自由的觀念）散播到全世界，尤其要吸引中國人。一旦中國與中國人對於學習西方文明產生興趣，美國這樣的野心便創造了美國與中國的特殊聯繫。曾於二十世紀初期兩度擔任中國駐美公使的伍廷芳，在美國定居八年，在一九一三年寫道：「在世界上所有國家裡，美國對中國人來說是最有益處的……它顯然是最特殊的一個國家。該國人民很友善，對中國人來說是最有益處，也最有啓發性的。」一百多年後，有多少中國人認識到這一點呢？[18]

18 徐國琦、鍾沛君，《中國人與美國人》（台北：貓頭鷹，2018），頁346-347。

25 佐佐木到一

中國簡直就像一條蚯蚓

自從民國十六年即一九二七年二月國民革命軍進入南京城已整整十年了。城內人口從當時的三十萬增加到現在的八十萬。通過剝削農民成功地建成了一個炫耀自己的現代化城市。然而，如今已成爲過眼雲煙，任何人目睹首都被破壞的慘狀，都會感慨萬分的。

——佐佐木到一

一九三七年十二月十三日，日本華中派遣軍步兵第十六師團三十旅團少將旅團長佐佐木到一率部攻入南京。他在當天的日記中寫道：「今天，在我支隊的作戰區域內，遺棄的敵人屍體達一萬幾千具。此外，還有在江面上被裝甲車擊斃的士兵和各部隊捉到的俘虜，合在一起計算，僅我支隊就已解決了敵軍兩萬以上。」

下午兩點，掃蕩結束，部隊向和平門方向前進。接連不斷有俘虜前來投降，其數量高達數千人。情緒亢奮的士兵絲毫不理睬上級軍官的勸阻，將俘虜一個個地殺死。佐佐木承認自己縱容部下虐殺俘虜：「回想到許多戰友流的血和十天來的艱難困苦，別說士兵了，我自己也想說『全都幹掉吧』。」

隨後，佐佐木率部登上和平門，高呼三聲大元帥萬歲。「今天的天氣十分晴朗。金陵城牆頭到處飄揚著日章旗。看著這一切，禁不住眼角發熱。今晚可以睡個好覺了。」這位曾在日本駐北京使館任武官、並任駐廣東政府聯絡官、被孫文聘爲軍事顧問、在日本陸軍有「第一支那通」稱號的陸軍少將，站在南京城頭上發出一番感慨：

實際上我於明治四十四年弱冠以來，以解決「滿洲問題」為目標，暗地裡一直對國民黨懷有敬意，然而由於他們的容共政策，特別是蔣介石依附英美的政策導致與日本絕交，我的夢想也隨之破滅。在排日侮日的高潮時飽嘗不快，擔憂著皇軍的前途，我憤然離開此地，昭和四年的夏天裡的回憶不斷浮現在我眼前……

「等著瞧吧！」這不是單單出於私憤，背信棄義的人日後必遭天譴，這一點從那時起成為我堅定的信念。長眠於紫金山中腹的孫文倘若在天有靈，想必也會悔恨而泣吧。[1]

這時，離佐佐木第一次踏上中國土地已三十一年之久，離他被派駐南京國民政府任日本使館武官已十年之久。

次日，仍有零星戰鬥。佐佐木寫道：「沒有比守將逃走，被拋棄的支那兵更悲慘的人了。他們有無鬥志誰都清楚，更確切地說，他們之所以拼命抵抗，是由於沒有退路。」

被日軍佔領的南京一片殘破，「黃金十年」打造的現代化首都化爲烏有。佐佐木描繪道：「太平門外的大護城河中堆滿了死屍。空蕩無人的房屋都被搜刮一空。軍裝等物品散亂一地。手榴彈和步槍子彈丟得比比皆是。加上要害地點都被埋上地雷，眞是危機四伏。城內大道上爲了進行巷戰和防空，全部構築了大型工事。發動機全被毀或被燒的汽車，一排排地被丟棄。其間都是亂七八糟丟棄的被服和器材，遍地狼藉。我方的空襲，將國民政府、軍官學校，以及其他軍事設施炸得體無完膚。城外機場也是一樣。民房被燒成一片廢墟，有的火勢至今不滅，仍在熊熊燃燒著，看不到一個居民，只有喪家犬盲目地遊蕩著。下關原來的鬧市已被燒成灰燼，沿江馬路上丟棄著數百輛汽車，岸邊數百具屍體一個個被水沖入江中。」

十年前，佐佐木在南京曾住過的房子後面有一塊地，周圍沒有一戶人家。他不止一次從二樓窗戶發現野雞，並開槍擊中。如今那兒已蓋起很多房屋，原來的住房隱藏在一片濃郁的綠陰之中，好不容易才找到。「出於對往事的深深懷念，我進入屋內，據說于右任曾在這裡住過。隔壁是蘇聯使館的雄偉建築。順便說一下，這個使館其後被燒毀了，據推測可能是爲了毀滅某種證據。」至少在這一時刻，在與蘇聯爭奪中國的競爭中，日本勝利了。但隨後，

1　佐佐木到一，〈旅團長佐佐木到一日記：占領敵都何等光榮〉，南方網，2014年6月6日。

日本將迎來徹底失敗，蘇聯將迎來全盤勝利。佐佐木數十年來爲之奮鬥的一切將化爲烏有，他本人也將淪爲蘇聯和中共的階下囚。

「孫中山領導的國民黨爲『支那之曙光』」

一八八六年，佐佐木出生於日本愛媛縣，父親爲陸軍軍官。一九〇二年，他考入日本陸軍士官學校第十八期，與山下奉文與阿南惟幾等名將是同年。畢業後，作爲第五師團的一員，以關東軍名義派駐旅順，這是他第一次到中國。此後，他兩度應考陸軍大學都名落孫山，直到一九一四年第三次才考上，選擇學習漢語、研究中國。在日本陸軍大學，研究中國並不是一流頂尖人才的成長道路。一流人才大多研究歐美軍事，只有二流人物才會研究中國。佐佐木承認此一事實：「因爲知道自己成績並不很好，因此下定決心不管別人怎麼說都要去支那。」

日本正是「大正民主」時代，民間對中國的觀感較爲正面，政府的對華外交也相對友善。日本作家武者小路以後鳥先飛爲比喻，認爲「支那覺醒時分，將會是最先進的國家」。芥川龍之介於一九二五年遊歷中國，看到不少陰暗面，仍相信「中國將會成爲一個了不起的國家」，他在廣州白雲寺亭壁上看到「殺盡倭奴方罷休」的塗鴉，對兩國關係產生了「模糊不清的不安」。谷崎潤一郎於一九二六年訪問中國，發現變動中的中國不再是異國情趣的舞台，不再是容納其展示夢幻和空想的空間。[2] 在此背景下，佐佐木傾向於將中國看作值得幫

2　西原大輔，《谷崎潤一郎與東方主義：大正日本的中國幻想》（北京：中華書局，2005），頁275-276。

助的、後知後覺的兄長，他希望到中國發現自己的、也是日本的未來。

陸大畢業後，佐佐木於一九一八年派赴青島守備軍司令部附，次年轉任西伯利亞派遣軍司令部附及步兵第七十一聯隊中隊長，參與出兵西伯利亞的軍事行動。一九二一年十二月，他調入參謀本部中國班。

一九二二年，佐佐木被參謀本部以武官身份派遣到廣州，接替磯谷廉介。佐佐木充滿叛逆精神，被叫做「吵架到一」，在軍中受到冷遇。他得不到擔任段祺瑞或張作霖等北洋要人軍事顧問的職務，只能屈就於誰都不感興趣的駐廣東武官的冷板凳。

廣東是孫文的據點，佐佐木接觸到國民黨勢力，開始結交孫文和其領導的國民黨高層。不久，孫文依靠滇桂聯軍轟走陳炯明，佐佐木被聘爲其軍事顧問，擁有大本營特別出入證，不必向門衛說明，即可徑直而入。當軍閥沈鴻英來犯時，他與孫文、日本士官學校前輩學長及時任廣東政府軍政部長的李烈鈞、參謀總長程潛等一起乘軍用列車觀戰。在列車中，孫文介紹他認識了參謀處長蔣介石，他對蔣並未留下深刻印象。他隨後拜訪草創初期的黃埔軍校，以日本陸軍大學畢業生的眼光來看，黃埔這個草台班子無甚可觀，在回憶錄中亦未提及時任黃埔軍校校長的蔣介石。[3]

九月，佐佐木與孫文一起乘汽艇拖拽的帆船向陳炯明的惠州基地進發，他的報告爲日本日後在長江作戰提供了範例。他測繪的香港地圖成爲日軍一九四一進攻香港的依據。他搞到兩百多張十萬分之一的兩廣地圖，得到參謀本部次長武藤信義的表揚。據他說，外界傳說由孫文親手設計的中山裝，是他在沙面一家日式西服店爲國民黨設計的。一九二四年八月上

3　戶部良一，〈日本軍人的蔣介石觀〉，收入黃自進、潘光哲主編：《蔣介石與現代中國的形塑・第一冊：領袖的淬煉》，頁129。

旬，他奉調回國，孫文等親自歡送。

在此期間，佐佐木醉心於國民革命，與孫文有過巨大共鳴。他推崇孫文的興亞主義，認為孫文是「憂國的志士」、「擁有遠大的抱負但卻沒有個人野心的人」，中國國民黨是由一些「人格高潔」的人組成。他預料中國將發生「第四次革命」。為此，他遭到軍中同僚嘲笑與輕蔑，認為他「中了國民黨的毒」。他不以為然：「我從我自己的信念出發，甘願承受『吹捧』孫中山的誹謗。」

佐佐木之所以醉心於國民黨，是因為他厭惡不斷爭權奪利的北洋政府軍事勢力，以及糾纏於這些人的日本軍人。比他早一代的舊支那通，如同袁世凱的顧問坂西利八郎，利用與中國軍閥建立起的密切關係與操縱軍閥的手段，以維護、擴大日本的影響力或權益。佐佐木等新一代支那通與此相反，視軍閥的存在為一種時代錯誤，不以透過軍閥的手段來完成使命。舊支那通關心的焦點聚集在北方軍閥的動向，致力於北伐軍閥的情報收集和分析；新支那通則聚焦於南方的國民黨的行動，認為南方才是中國的希望所在。[4] 佐佐木發現，國民革命軍具有高昂的士氣和嚴正的紀律，認為即使北伐會稍稍威脅日本的權益，但支持中國革命，從長遠角度來看，也符合日本利益。[5]

國民黨北伐軍興之際，佐佐木已奉召回國，只能遙遠觀察。在北伐案通過第三天，日本駐廣州總領事森田寬藏即已掌握此資訊，卻未能充分理解北伐所蘊含的時代精神。八月十三日，廣州總領事館向東京提出報告，認為此次北伐同孫文生前所領導的多次北伐一樣，最終

4 戶部良一，〈日本軍人的蔣介石觀〉，收入黃自進、潘光哲主編：《蔣介石與現代中國的形塑·第一冊：領袖的淬煉》，頁128。

5 菊池秀明，《末代王朝與近代中國：清末、中華民國》（桂林：廣西師範大學出版社，2014），頁257。

將不了了之，因爲廣州軍力薄弱且財政困難。報告也提出此次北伐有兩個新特點，一是有蘇聯顧問同行，二是較爲重視政治宣傳。日本外務大臣幣原喜重郎在眾議院的報告中論及中國事務時說，「南北勢力的對抗，無論在兵力或政策上，仍是相互僵持難分高下的情況……」他主張不干涉中國內政，中國有其歷史發展規律，任何國家若根據自我本位主義而想加諸於中國社會制度的改革，都絕對不可能成功。[6]

日本軍方卻有不同看法。陸軍部次官畑英太郎認爲，北伐軍爲非友好的軍事勢力，利用孫、吳以抗衡南軍，爲上上之策。只是吳佩孚也持反日立場，與日本素無來往，故難以向其施加援手。一九二七年一月十七日，畑英太郎向北京政府軍事顧問坂西利八郎中將、奉天軍事顧問松井七夫少將傳達訓令，雖「對南方的某些合理性主張表示同情」，但因爲「共產主義將會帶給中國以及其他國家以傷害，爲此日本只得要求南方政府斷絕與蘇聯的關係，並逐漸清算內部，將內部的危險份子徹底清除後，再團結純國民黨同志重整河山，實施穩健政治」。國民黨人會聽從這個建議嗎？

「濟南事件讓我的夢想徹底破滅了」

一九二七年三月，佐佐木回到闊別三年卻已改朝換代的中國，擔任日本政府與南京的聯絡官。他比大部分日本的支那通都更先預計到蔣介石會成爲國民黨最高領袖，對黃埔軍校出身的年輕軍官表示欣賞，對於國民黨完成國民革命、統一全國、恢復國權實現立憲政治寄予

6 黃自進，《蔣介石與日本：一部近代中日關係史的縮影》（台北：中央研究院近代史研究所，2012），頁83。

很大期待。

但是，佐佐木在一份寫給日本軍政當局的祕密報告書《國民黨的將來》中，表達了某種隱憂：「孫中山去世後，國民黨破壞力也許將更加難以控制」，「舊軍閥已經不再是國民革命的敵人了。我國成了國民黨新政權的對手。爲滿洲問題，必須盡早制定相應政策」，對於處理對華政策較爲軟弱的日本政府，他哀歎說「讓奉天王國爲國民革命的怒濤所呑沒」——果然，在國民革命末期，張學良在東北宣佈改旗易幟，歸順南京，日本在滿洲的利益受到嚴重威脅。[7]

佐佐木到南京時，正是蔣介石清黨和南京政府成立前夕，他向南京政府轉達了日本對清黨的支持。這成爲戰後他被關押在撫順戰犯管理所期間中共給他定的罪狀之一。一九五五年四月十六日完成的《偵訊佐佐木到一的總結意見書》中記載：「（該犯）挑撥蔣介石背叛革命，堅定其分裂革命陣營的反動意志，進行屠殺中國革命群眾的罪惡活動。如一九二七年，該犯受日本軍參謀總長金谷指示，策動蔣介石與共產黨分裂的活動，該犯曾把金谷令蔣介石驅逐共產黨員的密電親手送給蔣介石，又將蔣介石承受指示的覆電轉給金谷，促成了蔣介石更加徹底地叛變革命。」該記錄充滿中共的意識形態語言。已病入膏肓的佐佐木，於五月二十一日簽字認罪：「以上總結意見，已經翻譯用日語向我宣讀，我完全同意。」早年日本軍人的意氣風發，此時已煙消雲散。

一九二八年一月四日，蔣介石復職國民革命軍總司令，繼續北伐。佐佐木申請充當隨軍觀察員，蔣介石期待佐佐木在北伐軍與日本軍發生衝突時充當雙方聯絡管道，准許該要求。

7 野村浩一，《近代日本的中國認識》（北京：中央編譯出版社，1999），頁109-110。

結果正如蔣擔心的那樣，兩軍在濟南發生嚴重衝突，此次衝突對中日兩國關係造成毀滅性影響，奏響了兩國全面戰爭的序曲。

四月八日，蔣在徐州下總攻擊令。四月十九日，日本田中政府通過出兵保護山東僑民的決策。四月二十六日，日軍第六師團五千人經青島進入濟南。北伐軍於五月一日入濟南，總兵力爲五萬人。兩軍在濟南城內緊張對峙，蔣日記中寫道：「五時起床，六時進入濟南城，沿途日本軍隊沙袋鐵絲網警戒甚嚴，不許我軍及人民通過，如此橫暴其國必亡。」蔣氏之詛咒，只是過嘴巴癮，他仍強調「惟有忍辱而已」。

五月三日上午，北伐軍士兵大約三十人，在麟趾門的滿洲日報經銷店吉房長平家與日本東區警備隊第四中隊發生戰鬥。以該衝突爲開端，在商埠內各處，皆有中日軍隊的小規模衝突。日本參謀部的戰史說：「此一小戰鬥，瞬間擴大到商埠地整個區域，到處成爲盲目射擊的戰場。」日軍戰死者九人，日僑被殺者十二人。在此期間，在商埠地內的山東交涉公署主任蔡公時等十六人，遭日軍槍殺。[8]

面對嚴峻事態，佐佐木上場了。蔣在日記中記載：「忽聞遠方微有機槍聲，以爲軍隊試槍，正令調查之際，忽得日軍與我部士兵衝突，在街上開火，各軍皆有加入……而派佐佐木調查，中途亦爲我軍民毆辱，乃派人往阻無效，以各部湊雜其間，皆非一部官長所可指揮，亦非何軍官能負責撤兵，至下午日軍開炮隆隆不絕，事情擴大。」蔣承認，北伐軍軍紀混

8 中方譴責日軍虐殺無武裝的文職外交人員；日方報告則聲稱，日軍八人分隊經過該建築時遭到建築內人員之狙擊，一等兵玉井、白石中彈身亡，該分隊其他六人衝入建築內向上射擊，再轉往其他戰線。下午七時，日軍另一中隊來此搜索，進入地下室時再度遭到似爲便衣隊之射擊，日方遂予以殲滅。中國利用假扮成便衣的軍人放冷槍的挑釁模式，此後不斷使用，這是刺激日軍佔領南京之後無差別殺戮逃兵和平民的原因之一。臼井勝美著、陳鵬仁編譯，《中日外交史（北伐時代）》（台北：水牛出版社，1989），頁77-78。

亂，已不聽長官指揮，卻對佐佐木的遭遇輕描淡寫、一筆帶過。其實，佐佐木被搜出身上帶有太陽旗，被辨認出是日本人，遭到中國士兵們圍毆。包圍佐佐木的士兵們高喊「打倒日本帝國主義」和「殺了他，殺了他」，佐佐木做好死的準備，後經蔣派人解救得以倖存，卻身負重傷。

「五三」事件發生後，日本政府在翌日的內閣會議中通過再追加派遣一個師團赴山東的決定。五月七日下午，第六師團師團長福田彥助向中方提出中國軍隊撤出濟南及膠濟鐵路沿線兩側二十華里等五項要求，限十二小時內答覆（時間已過去四小時）。蔣在日記中記載：「此種橫逆，古今未聞……以今日情勢觀之，國其亡也，日軍進逼未有已也，尚能人爲。」[9]

五月八日，中方沒有答覆，日軍遂展開軍事行動。此後三天，雙方發生多次激戰。日軍出動四千八百六四二人，戰死二十六人。中方受害者多數爲市民，據濟南慘案後援會代表統計，中國軍民共死亡三千六百人。[10]

時任軍事委員會高級參謀的賀國光承認，若中方應付得法，此一慘劇或可避免發生。第一，他親眼目睹日方應中方要求撤除防禦工事。第二，衝突發生時，中方有二、三十人尚在日軍轄區內子澡堂洗澡，經交涉，日方派遣憲兵多人護送歸還。第三，佐佐木曾建議在商埠四週放置國旗，雙方各自派憲兵隔開官兵，以避免衝突擴大。賀氏判斷，慘案屬於偶然，並非日方有計畫之行動。[11]

---

9 黃自進，《蔣介石與日本：一部近代中日關係史的縮影》，頁117-118。
10 臼井勝美著、陳鵬仁編譯，《中日外交史（北伐時代）》，頁84-85。
11 郭廷以、沈雲龍、謝文孫，〈賀國光先生訪問紀錄〉，《口述歷史．第七期．軍系與民國政局》，頁24。

然而，濟南前線的司令官楊杰對此類防患於未然的建議置之不理。中方十多萬軍隊麇集，打了勝仗，兵驕將橫，進入市區，如入無人之境。賀氏在軍長高桂茲軍部稍稍停留，就聽見十多人高聲大嚷：「我一排槍就殺日本人十幾個。」可見，鏖戰多日、已殺紅眼的士兵，又經過長期反日政治宣傳，已失去紀律和理智。賀氏指出：「此案予治軍者之教訓，凡攻下城池，軍隊不宜接近市區。」

當時遭到北伐軍搶劫、殺戮的日本僑民，大都是安分守己的窮人——除了少數經商者，都是在日本難以維生的苦力。山東民眾對日本僑民的印象不差：「是時的日本僑商，多戴著一副有笑容的面具，大致上都能安份自約，很少恃著他們的法寶『領事裁判權』來欺淩當地人；所以山東土著，卻能和他們平安相處。……他們在山東的各地，本地人除了知道他們是『東洋人』之外，善良的民間，根本沒有人把他們視爲敵對。而他們也儘量和中國人拉交情。……至於那些貧窮的日僑，他們在山東各城市裡，拉著他們國家的特產——東洋車（黃包車），在街頭巷尾兜生意，態度既和氣又謙遜，許多當地婦女，因此不再乘坐轎子，都改坐東洋車。別看他們身材矮小，但跑起來可眞快！不僅快，又舒服，而且價錢又較轎子低廉，所以連婦女小孩，都不討厭東洋朋友。」[12]

美國《紐約時報》駐華記者哈雷特．阿班是唯一到現場調查並撰寫報導的西方記者。他採訪了福田將軍及其助手們、日本駐濟南領事西田、英國及德國駐濟南領事、美國及英國的傳教士，還拜訪了美國資助的山東基督教學院。他一向較爲同情中國的處境而厭惡日本，但他認爲，開頭應該怪中方。福田一開始就用路障和鐵絲網將濟南外國人居住區的兩個部分圍

12 失名，〈濟南「五三慘案」親歷記〉，《春秋雜誌》，總第380期（1973）。

起，五月二日，蔣對此提出抗議，當晚，福田將障礙物拆除（與賀國光的說法相符）。五月三日，日本總領事西田到舊城與國民黨當局會晤，其座車多次遭到射擊——這個細節進一步說明，中方的指稱，即日方故意挑起衝突一說不確。隨後，北伐軍士兵開始搶劫日本人的商店，雙方發生衝突。

濟南的通訊已全部斷絕，阿班乘坐火車到青島，趕赴電報局發稿。電報局辦事員拒絕發出電報，說這是「親日的版本，肯定不眞實」。阿班反駁說：「你沒有審查權，我不接受這個藉口。」此人這才說出眞話：「你的電報太長了，而且我們三個月沒有領到薪水了。」對方是要索賄。阿班問額外需付多少錢，多方獅子大開口說六百，經過幾番討價還價，以一百五十元成交。阿班的獨家報導轟動世界。隨後，他發現，那個電報局的小無賴將他的報導翻譯成中文和日文，向旅館中各國媒體記者兜售，開頭要價三百元，最後逐步減到五十元。[13] 阿班的這一遭遇，生動地說明了中國人的「愛國賊遊戲」或「愛國賊生意」何其無恥與精明。這種做法是信奉武士道的佐佐木所不能想像和不能容忍的。

「容共反日的國民黨已經腐化墮落」

阿班只是遭遇索賄和欺騙，佐佐木卻險些爲他支持的中國革命付出生命代價。

佐佐木在濟南衝突現場身負重傷，傷好之後回到南京，直到一九二九年被調回國內。正如他自己所說，「濟南事件讓我的夢想徹底破滅了。廣東時期的我，實在是太年輕了」，當

13 哈雷特・阿班，《民國採訪戰：〈紐約時報〉駐華首席記者回憶錄》，頁64-75。

年他對於國民革命的共鳴消失了。

在一九二七年三月的南京事件中，有若干日本外交官和僑民受到北伐軍傷害（三十五名日本女僑民被強暴，五人被打成重傷）。剛到任的佐佐木認爲，這種排外事件是因爲中國人長期受帝國主義欺壓，是國民革命中一時性脫軌行爲，他相信國民黨取得政權後，會以負責的立場抑制這些激進行爲。[14]這一看法與日本政府的立場一致。日本政府事後表現得相當克制，還勸說英美支持蔣。遭到闖入日本領事館的北伐軍士兵槍擊的日本總領事森岡正平將此一事件解讀爲「國民黨不良份子……攻擊日本，俾使蔣介石陷於窘境」，參謀本部第二部長松井指出「這次暴亂的責任歸於南方派中的過激份子即共產派」，外相幣原認爲「南京事件爲武漢方面促蔣下台的苦肉計」。[15]

事發之後，日本政府拒絕與英美共同派軍艦炮擊南京，嚴令停泊在長江的軍艦「不准開炮轟炸南京城」。日本國內民意沸騰，艦長荒木龜雄上尉因「無顏面對國民」而切腹自殺以謝罪（未遂）。

一年後，濟南事件發生，日本媒體和民間對中國的態度翻轉，充滿激烈的反華情緒。駐日特派員殷汝耕報告：「此間關於濟南消息日漸具體化。我軍隊將日僑剝皮、割耳、挖眼、去勢、活埋、下用火油燒毀、婦女落裸體遊街當眾輪奸等事，日人言之鑿鑿，其所轉載京津、倫敦、紐約各外報均對日同情，歸咎於我。」日本輿論普遍認爲，此前幣原的不干涉主義一類溫和外交沒有贏得中國的友誼，而反遭辱，所以必須「膺懲暴戾支那」。日本出兵，

14 戶部良一，〈日本軍人的蔣介石觀〉，收入黃自進、潘光哲主編，《蔣介石與現代中國的形塑・第一冊：領袖的淬煉》，頁129。

15 陳謙平，〈從南京事件到濟南慘案：蔣介石親英美外交政策的確定〉，《蔣介石與現代中國的形塑・第二冊：變局與肆應》，頁377-381。

主要是保護日本在山東的僑民，並對日本僑民在北伐軍進軍過程中所受傷害作出報復，並非與北洋軍閥簽訂「密約」而介入中國內戰。北伐軍繞過濟南繼續對張宗昌和奉軍作戰，日軍未做干涉。[16]

身處風暴眼的佐佐木，震驚於中國國內反日、抗日的風起雲湧，指責這是中國革命正在墮落的表現。他認爲，國民黨提倡反帝國主義、恢復國家主權有其合理性，但是「以爲只有攘夷是民族革命的唯一手段就大錯特錯了。只要不將退一步修身治內作爲第一要事，就是忘了正視自己並沒有資格要求廢除所謂不平等條約的這幅模樣」。他將之歸咎於支那的民族性，「無論是支那的民族性、家族制度還是國家制度中，都無限蘊含著促進這種墮落的要素」。國民黨的激進民族主義教育，讓士兵們產生排外思想，追求中國自立的革命，讓中國人變得無比傲慢：

> 從被卑劣之極的宣傳所迷惑、操縱的支那所得到的，除了憤懣之外什麼也沒有……不幸的是，我還不得不承受了排日的支那加於我的許多極為不快的經歷……為支那人考慮的人必然會成為被利用的犧牲品。

一戰中，德意志帝國和俄羅斯帝國崩潰，英法損失巨大而相對削弱，形成了日美兩國在太平洋地區激烈競爭的局面。[17] 南京政府成立後，沒有理會日本拋出的橄欖枝，倒向此前反對的英美，尤其是美國，讓佐佐木等支那通感到遭受背叛：「中國的對日感情在惡化，也因

16 失名，〈濟南「五三慘案」親歷記〉，《春秋雜誌》，總第380期。

17 吉爾伯特．羅茲曼，《中國的現代化》（南京：江蘇人民出版社，1995），頁301。

爲中國要復興、獨立的自尊心越高，就越輕視日本，另外還會利用歐美各國對日牽制。……中國簡直就像一條蚯蚓一樣，就算將其斬斷也不會死掉。」他譴責說：「國民黨採取容共政策使得蘇聯和共產黨都紮根下來，危害了國家統一；依附英美則是出賣國家主權加快了殖民地化，這種愚蠢在不斷重覆著。」

佐佐木解釋說，不是自己對中國的態度發生「豹變」，而是蔣介石和國民黨「豹變」。國民革命軍已「墮落」，國軍與過去的軍事勢力一樣，「退化」成對蔣、馮、李、閻等個人效忠的「封建性的私兵集團」。他指責蔣「打著國家的旗號，實際上以私黨出賣國利民福謀取私利，只是標榜國家統一而已」。[18]

經歷對中國的「幻滅」的日本支那通，並非佐佐木一人。日本記者橘樸從二十世紀初來到中國，輾轉於大連、北京、濟南等地，撰寫了無數關於中國的報導。一九二五年之後，他成爲滿鐵本社調查課特約顧問，將全部精力傾注於中國社會的「活體解剖」。他注視著國民革命這一激烈變動的過程，一開始就沒有將「北伐軍的勝利」單純視作「軍事上的成功」，而從中發現「民眾的力量」。他很快又發現，「無產者中佔最大多數的是貧民，最有勢力的是匪徒」，「以農村無賴漢爲主力的暴動，即共產黨所謂農民運動的行爲，眞是荒謬絕倫的胡作非爲」。這些「無賴漢」，正是國共兩黨軍隊的主要兵員，這些人怎麼可能擔當起國家改造、解放的事業？橘樸將蔣介石稱呼爲「寧波拿破崙」，「他是拿破崙式的軍閥的同時，又是袁世凱式的軍閥」。[19]這也大致是佐佐木對南京政府和蔣介石的看法。

18　戶部良一，〈日本軍人的蔣介石觀〉，《蔣介石與現代中國的形塑‧第一冊：領袖的淬煉》，頁131。

19　野村浩一，《近代日本的中國認識》，頁242、246。

從朋友到敵人，再到死於監獄的戰犯

從五三事件爆發後的一九二八年五月十一日起，蔣介石改稱日軍爲倭軍、日本爲倭寇。至於對「五三」慘案的記載及迴響，蔣在日記中寫道：「嗚呼，濟南七日記之恥辱慘痛甚於揚州十日記，凡我華人得忘此仇乎。」從五月十四日起更將「每日必記滅倭方法一條」列爲每日日課。「五三」慘案成爲蔣介石視日本爲仇敵的起點。此一轉變，不僅是蔣介石個人的選擇，也是參與北伐的國民黨領袖們的共同感受。中國朝野的仇外對象從英國轉爲日本。[20]

蔣對日本和日本人的仇恨，也將佐佐木包括在內。佐佐木不惜付出生命代價避免中日衝突，事後卻未得到蔣的尊重與慰問。他養好傷回南京後，再未有機會得到蔣的接見。南京政府上下皆視之爲居心叵測的日本間諜。在這一點上，國共兩黨的意見罕有地保持一致。戰後中共的《偵訊佐佐木到一的總結意見書》中特別指出：「由一九二七年三月以後，直接充任日本與蔣介石做了官方的聯絡官。爲維持日本在我國東北的罪惡勢力，該犯協助日本大間諜頭子本庄繁策動張作霖與國民黨分裂，企圖組織東北傀儡政府，變我國東北爲日本殖民地，並積極搜集我國當時政府的組織情況和軍事實力等情報，即時報告給日本參謀部。」

一九二九年，佐佐一被調回日本，繼續擔任軍職。他對中國的評價與日本主流社會「討伐暴支」的狂熱論調幾無差異，甚至有過之而不及。他回憶起之前曾在濟南事件中遭到中國「暴兵暴民」騷擾的經歷後，以更爲激進的言論號召「懲罰中國」：

20 黃自進，《蔣介石與日本：一部近代中日關係史的縮影》，頁123。

吾輩同胞必須把這一點作為支那民族殘忍的一面牢記在心。我認為必須刻骨銘心地認識到將來只要有機會這一切必將重演。他們如果認為對方比自己軟弱，就夜郎自大、氣勢洶洶，這種心理，恐怕了解支那人的日本都知道。如果再煽動一下的話，就不知道將會發展成怎樣的殘暴的行為了。

一九三二年十二月，佐佐木被調到關東軍司令部，任滿洲國軍政部顧問。兩年後，升任少將，成爲滿洲國最高軍事顧問。一九三七年八月，轉任步兵第十六師團三十旅團旅團長，在南京、常熟、徐州等地作戰。次年，升任中將，出任北支那駐屯憲兵隊司令官。八月，任第十師團師團長。一九四一年，被編入預備軍。一九四五年七月，蘇聯出兵滿洲前夕，出任關東軍第一四九師團中將師團長。

日本的頹勢已無法扭轉，關東軍無力抵抗如潮水般南下的蘇軍。八月十八日，佐佐木在齊齊哈爾被蘇軍俘虜並帶往西伯利亞。他在濟南事件中身體受傷留下痼疾，西伯利亞的惡劣生存條件更是雪上加霜。

一九四九年十月，中共建政，蘇軍將這批「戰犯」引渡給中共。佐佐木與溥儀等人被關押在撫順戰犯管理所。具有諷刺意味的是，此前曾與之血戰的若干國民政府高級將領也被關押於此。

佐佐木一生研究中國，後半生大都在中國活動和作戰，卻未能實現青年時代「提攜」中國、幫助中國如同日本那樣走向現代化的雄心壯志。他最不希望看到的赤潮席捲中國，卻在中國成爲事實。

在中共製作的《偵訊佐佐木到一的總結意見書》中，爲之列出四宗罪：第一，積極從事間諜活動，搜集我國軍政情報罪；第二，操縱僞滿洲國軍事實權，大肆擴編僞軍，屠殺我國東北抗日軍及和平居民；第三，參加指揮南京大屠殺；第四，指揮憲兵、特務、警察等大肆逮捕、屠殺我華北抗日組織工作人員的罪行。一九五五年三月三十日，在此文件上簽字畫押之後九天，佐佐木病死於撫順戰犯管理所。

在戰爭最後階段，佐佐木若仍在日軍中服役，向國民黨投降，或許能像岡村寧次那樣獲得赦免，回到日本安度晚年，甚至被蔣以重金聘請到台灣幫助防守，成爲「白團」成員。不幸的是，佐佐木再赴滿洲，成爲蘇聯和中共的戰俘，等待他的就只能是被囚禁至死。

臨死之前的佐佐木到一，或許哀歎一生也未能理解中國，中國像一個萬花筒，不斷發生劇烈變化。日本歷史學家菊池秀明認爲：佐佐木到一的中國觀，與其說是作爲軍人的，不如說是具有近代日本知識分子共同的缺點。在對外國文化有一個充分的認識之前，他就把中國社會的某部分理想化了，而在夢想破滅之時，又對中國本身產生排異反應。[21]

二十世紀上半葉，日本的對華政策的初衷是避免中國赤化、共同防共，卻加速了中國的赤化和共產黨的勝利，難怪毛澤東多次表示要感謝日本人幫助他奪取政權。日本對華政策的錯誤，佐佐木應承擔一定責任，他本人付出的代價是十年牢獄生活以及死在獄中。

毋庸置疑，佐佐木到一是日本陸軍支那通群體的典型代表。他的經歷、言行的論述反映著那一代日本支那通們彼時彼地的政治抉擇。同時，也是近代以來日本對華政策失敗的縮影。[22]

21 菊池秀明，《末代王朝與近代中國：清末、中華民國》，頁258-259。
22 沙青青，《暴走帝國：近代日本的戰爭記憶》（北京：東方出版中心，2018）。

中國研究系列 12

1927：反共之年

作　　　者：余　杰
社長暨總編輯：鄭超睿
發　行　人：鄭惠文
編　　　輯：鄭欣挺
封 面 設 計：楊啓巽
排　　　版：旭豐數位排版有限公司

出版發行：主流出版有限公司 Lordway Publishing Co. Ltd.
出 版 部：臺北市南京東路五段 389 巷 5 弄 5 號 1 樓
電　　話：(02) 2766-5440
傳　　眞：(02) 2761-3113
電子信箱：lord.way@msa.hinet.net
劃撥帳號：50027271
網　　址：www.lordway.com.tw

經　　銷：
紅螞蟻圖書有限公司
臺北市內湖區舊宗路二段 121 巷 19 號
電話：(02) 2795-3656　　傳眞：(02) 2795-4100

2023 年 9 月 初版 1 刷
書號：L2308
ISBN：978-626-97409-6-3（平裝）
Printed in Taiwan

國家圖書館出版品預行編目資料

1927：反共之年 / 余杰著 . -- 初版 . -- 臺北市 : 主流出版有限公司 , 2023.09

面；　公分 . --（中國研究系列 ; 12）

ISBN 978-626-97409-6-3（平裝）

1.CST: 民國史　2.CST: 人物志

628.4　　112013416